走遍全球
TRAVEL GUIDEBOOK

U0596986

上海
杭州·苏州·14个水乡古镇

日本大宝石出版社 编著

中国旅游出版社

本书中使用的记号·简称

本文中以及地图中出现的 ❶ 表示旅游咨询处。其他标记如下。

该地区在整体地图上的位置、去该地区的方法

各景点在地图上的位置
★ ★ ★ 景点的推荐力度

🏠 地址
☎ 电话号码
🕐 开放时间
🛑 休息日
🚇 交通
URL 网址（省略 http://）

📬 投 稿
读者在旅行中的亲身经历。

SHANGHAI

浦东地区 *Pudong Area*

不断开发的现代化都市

Map p.18~19

浦东地区 特征与景点

ACCESS
乘地铁2号线在陆家嘴站、东昌路站下车，或乘地铁4号线在塘东大道站下车，还可以乘地铁2、4、6、9号线在世纪大道站下车后即到。

黄浦江东侧江阔的一带，被称为浦东。浦东地区原来是一片湿地，在上海市政府的主导下，1990年启动了开发浦东的项目，开发了以金融、商业为中心的"陆家嘴金融贸易区"、自由贸易区的"外高桥保税区"、以生产、加工为中心的"金融输出加工区"、以高新技术产业为中心的

有敬处境彩台的浦东地区

"张江高新技术开发区"，从而成为华东地区的经济支柱地，尤其是陆家嘴金融贸易区开设证券交易所之后，正逐步成为商业区得到了集中的开发，成为摩天大厦林立的第一商业街。浦东其实是指从黄浦江东侧区域，而面向游客的中心区是指黄浦江两侧，也就是对岸的那片江域（Map p.17-D2）。浦东地区基本上都是商业街，地铁站陆家嘴一带是主要观光区，建设世纪大道站周边大型商场和高级酒店集中，也是游人经常喜顾的地方。

一般游客最常去的地方是陆家嘴中心绿地附近，那里高层建筑林立，有东方明珠塔和上海环球金融中心观景厅、上海海洋水族馆等著名景点，还有浦东香格里拉大酒店和上海柏悦酒店等多家一流酒店。而且从江边的滨江大道可以眺望外滩一带的风景，夜间在这里更能感到来此约会的情侣。从这里前往外滩，建议您走外滩观光隧道，可以在穿越黄浦江的即时尽情享受梦幻般绚烂无限的彩光世界。浦东最繁华的商业街，位于世纪大道地铁站西侧的新上海商业区，那里有上海第一八佰伴等大型商场，最适合轻松逛街购物。

开发过程中也留味盎然悠闲的风景

不断开发的浦东地区高楼林立

上海环球金融中心

浦东的观光系列

Map p.18-B3
★ ★ ★

2008年诞生于上海浦东新区的高度492米的摩天大楼，在象征性的新颖楼体外形之内，除了金融中心的主要功能之外，还配备了餐厅与酒吧，从79楼到93楼为五星级的上海柏悦酒店，成为世界屈指可数的高层酒店之一。

北面高层观看枪外的客房

🏠 上海环球金融中心
🏠 世纪大道100号
☎ （021）38672008
🕐 各店铺情况不同
🛑 各店铺情况不同
💰 免费
（观景台100~150元）
🚇 乘地铁2号线在东昌路站下车后步行15分钟，或在陆家嘴站下车后步行约20分钟
URL www.swfc-observatory.com

56

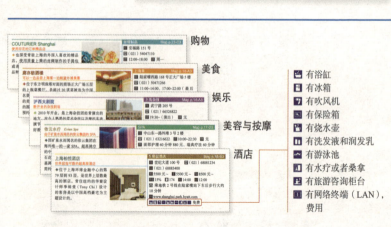

购物

COUTURIER Shanghai
时尚标志　　　　Map p.23-C3
🏠 安福路151号
☎ （021）54047110
🕐 12:00~18:00　周一

美食

露亦航海楼　　　　Map p.18-A3
🏠 陆家嘴西路168号正大广场5楼
☎ （021）50471266
🕐 11:00~14:00、17:00~22:00（最后
点菜）

娱乐

沪西大剧院　　　　Map p.14-A3
🏠 武宁路205号
☎ （021）66526822
🕐 19:30~（演出）　无

美容与按摩

晓云水疗 Evian Spa　　　Map p.17-C3
🏠 中山东一路外滩3号2楼
☎ （021）63216622　🕐 10:00~22:30　无
💰 面部护理60分钟880元，足疗按摩60分钟

酒店

上海柏悦酒店　　　　Map p.18-B3
🏠 世纪大道100号　☎ （021）68881234
🏠 68883400
💰 5500元~　💰 5500元~　💰 8500元~
15%　🕐 15%　无
🚇 乘地铁2号线在陆家嘴站下车后步行大约10分钟
URL www.shanghai.park.hyatt.com 💰免费

🛁 有浴缸
🧊 有冰箱
💨 有吹风机
🔒 有保险箱
☕ 有烧水壶
🧴 有洗发液和润发乳
🏊 有游泳池
♨ 有水疗或者桑拿
ℹ 有旅游咨询柜台
💻 有网络终端（LAN），费用

地图

- 🅜 观光点
- 🅗 酒店
- 🅖 美食
- 🅢 商店
- 🅒 便利店
- 🅒 咖啡馆 & 酒吧
- 🅣 娱乐设施
- 🅔 美容 & 按摩
- 🅑 银行
- ✉ 邮局
- 🏥 医院
- ✪ 学校
- 💡 公交车站
- 🚻 厕所

其他

Map 参照的地图页数
- 住 地址
- ☎ 电话号码
- E-mail 电子邮件
- FAX 传真
- 开 开放时间
- 营 营业时间
- 休 休息日
- 费 费用
- 服务 服务费
- 座 座位数
- URL 网址（省略 http://）
- 地 地铁
- 巴 巴士
- 火 火车
- 出 出租车
- 步 步行

酒 店

- S 单人间
- T 双人间
- W 双人大床
- SW 套房
- E 加床
- D 多人间费用
- 服务 服务费
- ☐ 房客数
- IN 入住
- OUT 结账

■如何使用刊登的信息

　　本书尽可能详细地收集信息，但是，记述越是具体，就越是容易产生图书内容与实际情况之间的误差。餐厅或者商店迁址或者关张的情况很多，也许当您实际去旅行的时候已经发生了变更。景点的门票以及车费等费用，随着季节也会变化，因此本书里提供的数据，请您仅作为参考使用。

■关于地图

　　本书尽可能以实地调查的结果为参考进行绘制，不过地图的准确性仍会有欠缺，这一点请谅解。

■关于酒店费用

　　本书中刊登的住宿费用，是酒店公示的面向散客的房间正规价格。酒店房价随着季节和运转率上下浮动得很厉害，无论在前台交涉或者在网上预约，多数情况都可以杀价。因此，本书刊登的费用请您仅作为参考，在预约房间的时候，请务必确认清楚。

　　标注"服务10%"时，如果房费是 500 元，付账的时候应交 550 元。标注"服务无"的时候，就是说房费中已经包含服务费等费用，付账的时候只要付房费就可以了。

■关于投稿

　　来自读者的各种信息，编辑部通过实地调查或者电话进行了确认。内容尽量忠实于原文，反映投稿者的个人喜好。

Contents

上 海

Shanghai

上海最新 NEWS

了解上海最新的信息！

上海外滩美术馆
重新开放

在外滩的北部，在一片建于 20 世纪初期的建筑群中，有一座展示现代美术的美术馆。这里曾经对公众开放，但是其后又休馆了一段时间，2011 年 10 月重新开放。美术馆六层有一家视野极好的咖啡馆。
（Map p.17-C2）

URL www.rockbundartmuseum.org

这座建筑，无论装饰物还是外观设计都很好地把东西方的风格融合在了一起

泰康路的新面孔
TAIKANG TERRACE

大楼位于昼夜热闹的泰康路北侧，楼里聚集了一些创意办公室。楼内有餐厅和餐馆，参观泰康路的时候，可以顺便去看一看。（Map p.104-A1）

URL www.taikangterrace.com

作为一个时尚的景点而广受瞩目

上海最高的大楼
上海中心大厦现身

2008 年开始施工，预计 2014 年完工，上海中心大厦（上海塔）的建设正在稳步进行。完成后高度 632 米，预计开设瞭望台观赏区域和酒店区域。它的形状就像一个盘旋上升的螺旋体一样。与高耸于浦东地区的金茂大厦、上海环球金融中心等一起构成国际金融中心的核心部分。
（Map p.18-B4）

正在施工中的上海新标志

上海世博会原址
世博轴项目

　　2010年举办上海世博会之后，在世博会原址又举办过各种各样的活动。如今为了把世博轴作为商业区域重新利用，这里进行了再次开发。梅赛德斯奔驰文化中心作为一项多功能设施，也举办音乐会等活动。而且，预计到2015年，数家酒店也将相继投入使用。（Map p.10-B3）

上／梅赛德斯奔驰文化中心还有一个可以欣赏美景的观景台
左／被称为"世博大道"的世博轴是一条主要的中心大道

外观很雄伟

浦东的震旦博物馆
已对外开放

　　从对岸就可以看到有一座金灿灿的大楼，闪烁着格外耀眼的光彩，那就是震旦大厦。这座位于浦东的陆家嘴地区的大楼下面有一座博物馆，于2012年对外开放。博物馆的设计出自日本名家安藤忠雄之手。（Map p.18-A4）

被公认为四星级机场的上海虹桥
国际机场

　　2012年，在英国民航权威评价机构SKYRAX举办的国际机场星级排名项目中，上海虹桥国际机场作为质量上乘的机场被认定为四星级机场。第1、第2航站楼共进驻了世界90%的航空公司，成为国内继首都国际机场、海口美兰机场之后的第三家四星级国际机场。（Map p.10-A3）

上／上海虹桥综合交通枢纽
左／2010年投入使用的第2航站楼

快速了解上海
分区介绍

先弄明白上海的几个主要地区，
然后配合着此次出行的目的，
朝着想去的目标地区出发吧！

原法国租界地区 ➡ p.96

说到以前的
法国租界，其实
范围很大，在这
里主要介绍一下
常熟路车站西侧
的安福路周边一带。这里保留了很多葡
萄酒商店和西式小洋楼，其中还有时尚
的咖啡馆和小商店。

南京东路·西路地区 ➡ p.80

南京东路

从人民广场车
站向东延伸的一条
路，是上海最繁华的
商业街，也是一条热
闹的步行街。吃饭、
购物、休闲，一应俱
全。南侧还有名为福
州路的书店一条街。

南京西路

从人民广场站向西延伸的区域里，
有上海博物馆。南京西路站南侧的吴江
路上有美食大楼。这里还有静安寺、可
以看杂技的上
海商城剧院、
高级商场和酒
吧，是最适合
逛街的地方。

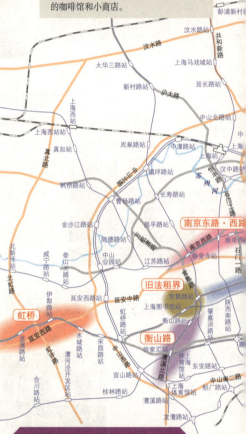

虹桥地区 ➡ p.98

这里居住着很多常驻上海的外国人，
外国餐厅和商店也很多，附近有上海动
物园，离上海虹桥国际机场也不远。

衡山路地区 ➡ p.94

衡山路车
站前面有上海
国际礼拜堂，
总是聚集着来
自世界各国的
信徒。周围有很多西餐厅和酒吧，喧哗
热闹直至深夜。徐家汇车站附近有电脑
商城和百货商场，吸引了众多的当地人。

虹口地区 ➡ p.90

以鲁迅公园为中心，周围有鲁迅故居和再现当年街道风采的多伦路文化名人街。

外滩地区 ➡ p.72

"外滩（Bund）"是个通称，这是从一个港口发展起来的地区，沿黄浦江向南北延伸，在租界时代，沿着中山东一路建造了一批历史悠久的建筑群，从黄浦江畔的黄浦江公园处，可以眺望对岸的浦东风景。

浦东地区 ➡ p.56

开发浦东的项目是从1990年开始的，现在已经是世人瞩目的主要商业区。像东方明珠塔和上海环球金融中心等可以饱览上海美景的观景台也不少。世纪大道是这里的主要街道，其西侧的正大广场可以让人充分享受购物的乐趣。

豫园地区 ➡ p.63

豫园是上海市保存最好的最具中国特色的地方。以豫园为中心，附近有豫园商城、老字号餐厅、店铺，沉香阁等寺院与庙宇也散布其间。

淮海中路地区 ➡ p.84

随处可以看到法租界时期建造的洋房，更有大型商场林立的购物街和孙中山先生晚年居住的故居纪念馆。

长

江苏省

靖江

江阴

滁州市

扬州市
镇江市

南京市

茅山

常州市

苏南硕放国际机场

无锡

马鞍山市

宜兴市

巢湖市

太湖

芜湖市

高淳

长兴

宣城市

湖州市

南陵

安徽省

莫干山

安吉

德清

泾县

宁国市

p.267
(杭州市区)

黄山区

旌德

临安市

杭州市

萧山区

黄山

富阳市

休宁

徽州区

p.393 (龙门)

桐君山

浙江省

黄山市

桐庐

诸暨市

齐云山

新安江水库
千岛湖

淳安

仙华山

建德市

浦江

江西省

义乌市

东阳市

景点　　高速公路(建设中·计划)　　铁路　　机场　　省会　　地级市　　县、县级市(区)　　乡、镇、村

6

北

0　　　　40km

C　　　　　　　　　D

1

如东

p.308 (苏州市区)

通州市

南通市　海门市

p.8~9 (上海市全图)

张家港市

启东市

崇明

崇明岛

长兴岛

太仓市

昆山市　嘉定区　宝山区

横沙岛

长
江
口

东
海

苏州市

木渎　角直

吴江市　同里　锦溪　青浦区

上海虹桥国际机场

七宝

上海浦东国际机场

2

周庄

金泽　朱家角

南汇区

上海市

西塘　松江区

南浔　枫泾　奉贤区

乌镇　嘉善

嘉兴市

金山区

平湖市

桐乡市　海盐

海宁市

杭州湾

3

杭州湾
跨海大桥

杭州萧山国际空港

慈溪市

岱山

余姚市

P.395 (绍兴)

绍

p.395
(绍兴地区图)

上虞市

舟山市　普陀山

宁波市

4

嵊州市　新昌

奉化市

象山

南溪温泉

天台山　宁海

C　　　　　　　　　D

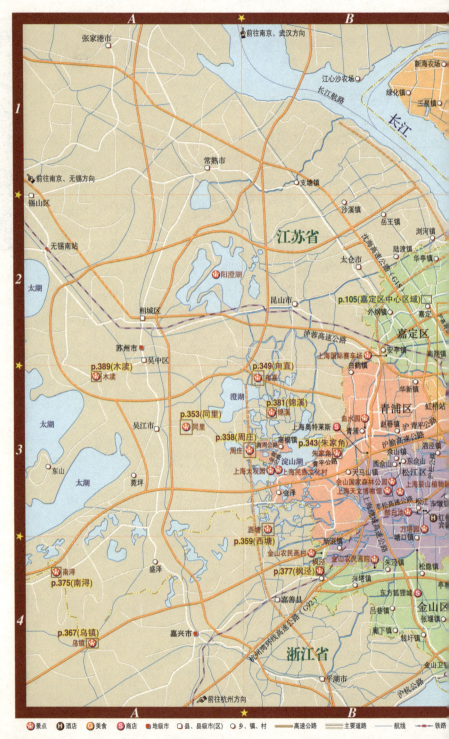

临江

新港

江苏省

启东市

黄海

1

新隆沙

古藏繁饭庄

镇

H 东平国家森林公园

建设镇

建设公路

H 上海宝岛度假村

崇明岛

崇
明
镇
I港

H 顺利大酒店

港沿镇

崇明县

新河镇

新河港

陈海公路

堡镇

寅阳

前哨农场

陈家镇

东滩鸟类自然保护区

团结沙

石洞口港

H 宝山大酒店

上海淞沪抗战纪念馆

上海旅游集散中心宝山分站

吴淞口客运码头

镇

长兴岛

潘石

长兴乡

宝山区

宝山镇

吴淞口

p.10-11
(上海市区)

黄浦江

外高桥镇

外高桥公寓酒店

富民

横沙岛

横沙乡

兴隆

长江口

前往青岛、大连方向

2

上海长江大桥

上海长江隧道

颛路镇

长江航路

东海

3

上海西站

市中心区

上海站

金桥镇

川杨奉路

浦东新区

每虹桥国际机场

上海川沙公园

卫海公路

川沙镇

上海川沙公园

浦东机场华美达大酒店

上海浦东国际机场

海南站
镇

徐浦大桥

周浦镇

周祝公路

祝桥镇

桥

H 闵行饭店

坦直镇

三灶镇

中华民族大观园

闵行区

H 莘建饭店

下沙镇

上海野生动物园

上海影视乐园

甲嘉湖高速

泖南公路

南汇

老港镇

浦江

奉浦大桥

金汇镇

航头镇

新场

南雁区

三墩镇

万祥镇

头桥镇

四团镇

东海农场

新渡镇

沪金高速公路

奉贤

奉贤区

南奉公路

川南奉公路

奉城镇

东海农场

新寺镇

星火农场

五四农场

芦潮港镇

山

沪金金高速公路

芦潮港

前往温州、香港方向

4

H 金山宾馆

小金山岛

浴场

大金山岛

杭州湾

前往普陀山方向

北

20km

0

长江

上海绕城高速（G1501）

东一大道（A20）

随塘公路

黄浦江

高桥镇

高东镇

东川公路

军工路

共青森林公园

东靖路

杨高北路

高行镇

邯郸路

地铁10号线

翔殷路

曹路镇

上海兰生大酒店

中山北二路

上海旅游集散中心
杨浦发车点

12号线（建设中）

地铁6号线

金桥镇

金海路

金桥路

1933老场坊

犹太难民在上海纪念馆

杨浦大桥

上海实华国际旅行社

杨高中路

外环高速（S20）

黄浦江

杨树大道

p.18~19
（浦东周边）

浦东大道

罗山路

上海科技馆

上海八音盒珍品阵列馆

上海市公安局出入境管理局

浦东新区

龙东大道

川沙路

地铁2号线

世纪大道

张杨路

世纪大道站

绣绣路

上海证大艺术超市

喜马拉雅美术馆

乐乐非非想

p.26~27
（浦电路周边）

上海科技馆站

地铁2号线

世纪公园

龙阳路

张江镇

申华商务大酒店

博建路

花木镇

龙阳路站

龙阳路

张江高科站

华夏东路

SUPERIOR

上海磁悬浮交通科技馆

磁浮线（上海磁浮列车）

张江路

上海中医药博物馆

江天宾馆

六里镇

北蔡镇

16号线（建设中）

华夏中路

浦东白莲泾长途客运站

三林镇

11号线（建设中）

外环高速（S20）

迎宾高速（S1）

前往上海浦东
国际机场

康桥镇

南汇区

六灶镇

闵行区

周周公路

闵行区

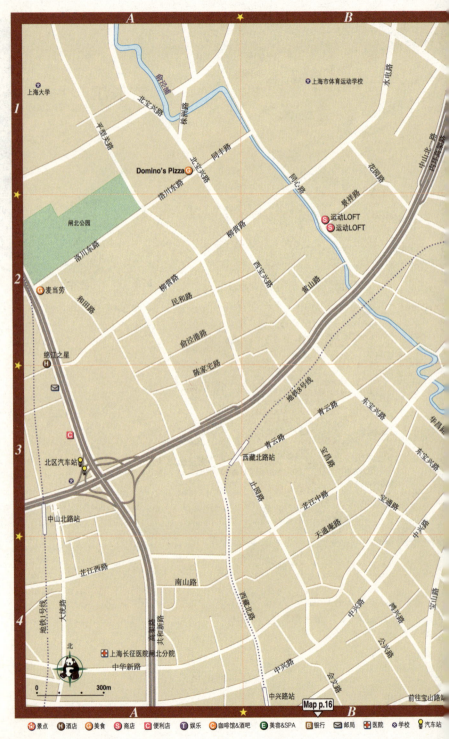

上海大学 ⊗

上海市体育运动学校 ⊗

水电路

俞泾浦

北宝兴路

株洲路

坤天路北

同丰路

坤天宝北

中山北二路

哈尔滨路

Domino's Pizza Ⓖ

洛川东路

花园路

景祥路

柳营路

运动LOFT Ⓢ
运动LOFT Ⓢ

闸北公园

洛川东路

西宝兴路

黄山路

麦当劳 Ⓖ

和田路

柳营路

民和路

俞泾港路

陈家宅路

地铁8号线

青云路

东宝兴路

锦江之星 Ⓗ

青云路

宅昌路

东宝兴路

华昌路

✉

Ⓒ

西藏北路站

坤江中路

北区汽车站 🚲

花江中路

宝通路

中山北路站

天通庵路

中兴路

花江西路

南山路

大统路

宝山路

共和新路

地铁1号线

会文路

前往宝山路站

北

上海长征医院闸北分院 ✚

中华新路

中兴路

中兴路站

Map p.16

0   300m

A   ★   B

Ⓦ景点　Ⓗ酒店　Ⓖ美食　Ⓢ商店　Ⓒ便利店　Ⓣ娱乐　Ⓒ咖啡馆&酒吧　Ⓔ美容&SPA　Ⓑ银行　✉邮局　✚医院　⊗学校　🚲汽车站

12

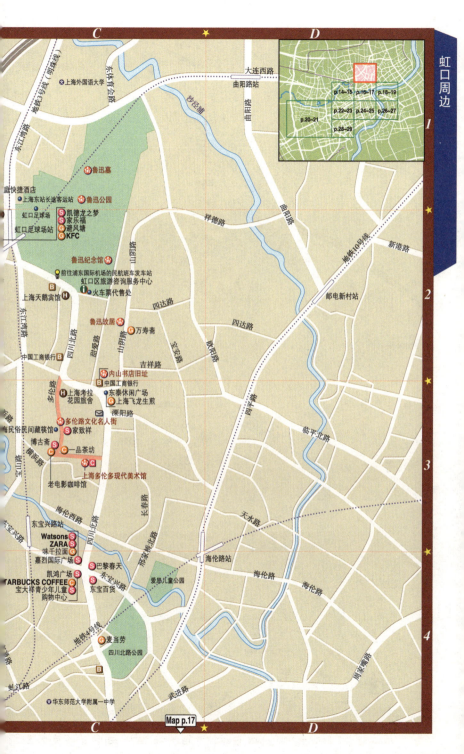

C

D

★

上海外国语大学

东体育会路

地铁3号线（明珠线）

大连西路

曲阳路站

东江湾路

沙泾浦

曲阳路

祥德路

庙快捷酒店

鲁迅墓

上海东站长途客运站

鲁迅公园

虹口足球场

虹口足球场站

凯德龙之梦
家乐福
避风塘
KFC

山阴路

鲁迅纪念馆

前往浦东国际机场的民航班车发车站

虹口区旅游咨询服务中心

上海天鹅宾馆

火车票代售处

四达路

地铁10号线

新港路

邮电新村站

四达路

鲁迅故居

万寿斋

东横浜路

甜爱路

四川北路

欧阳路

宝安路

中国工商银行

吉祥路

临平路

内山书店旧址

中国工商银行

多伦路

上海考拉
花园旅舍

东泰休闲广场

溧阳路

上海飞龙生煎

四平路

临平北路

海民俗民间藏筷馆

多伦路文化名人街

家宝祥

博古斋

一品茶坊

上海多伦多现代美术馆

老电影咖啡馆

长春路

天水路

海伦西路

东宝兴路站

Watsons
ZARA

四川北路

味千拉面

嘉烈国际广场

巴黎春天

邢家桥北路

海伦路站

爱思儿童公园

海伦路

海伦路

STARBUCKS COFFEE

凯鸿广场

乔宝兴路

宝大祥青少年儿童
购物中心

东宝百货

地铁4号线

麦当劳

雨家嘴路

四川北路公园

虹江路

武进路

华东师范大学附属一中学

Map p.17

★

C

D

D

p.14~15   p.16~17   p.18~19

p.22~23   p.24~25   p.26~27

p.20~21

p.28~29

1

2

★

3

★

4

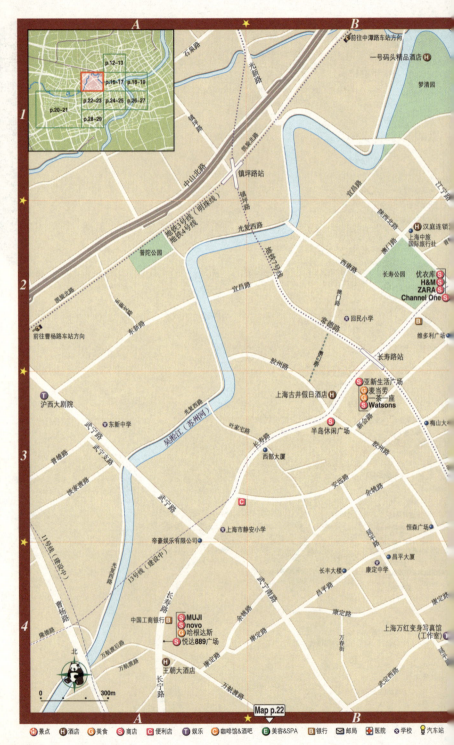

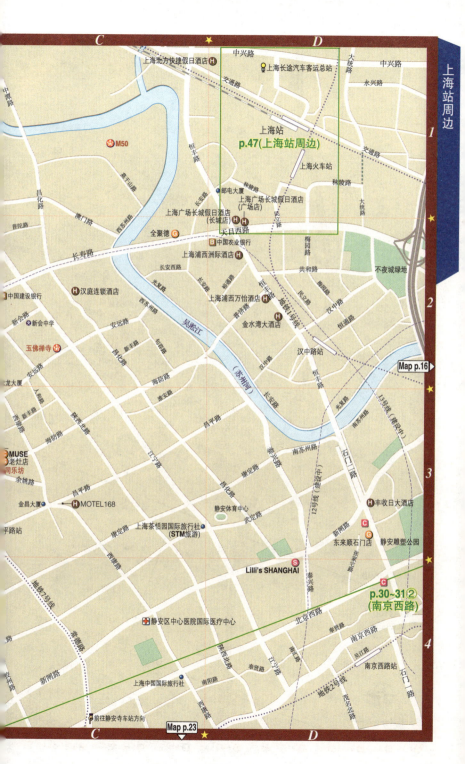

Map p.16

Map p.23

p.47(上海站周边)

p.30~31②
(南京西路)

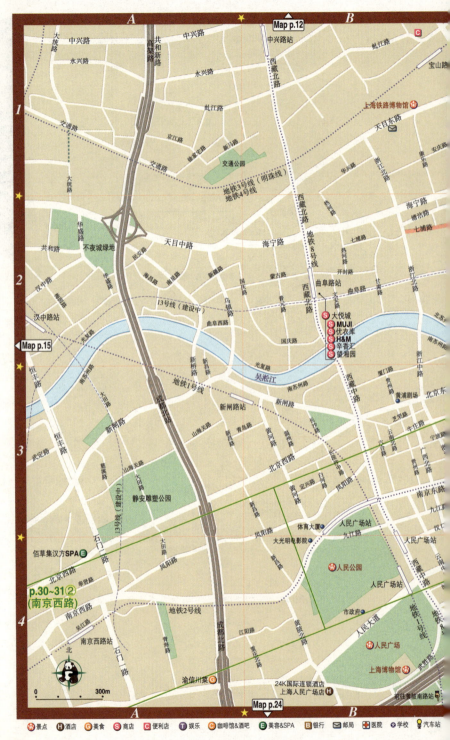

大统路
中兴路
永兴路
共和新路高架路
中兴路
中兴路站
西藏北路
虹江路
宝山路
C

1

交通路
京江路
徐家宅路
新口路
交通公园
地铁3号线（明珠线）
地铁4号线
西藏北路
上海铁路博物馆
天目东路
浙江北路
康乐路
海宁路
塘沽路
七浦路

大统路
华盛路
共和路
不夜城绿地
华盛路
天目中路
海宁路
西藏北路
地铁8号线
七浦路
浙江北路
海宁路

2

汉中路
西康路
新昌路
13号线（建设中）
曲阜西路
曲阜路站
西藏北路
曲阜路
甘泉路
大悦城
MUJI
优衣库
H&M
辛香汇
望湘园
北苏州路
南苏州路
浙江中路

汉中路站
光复路
新桥路
地铁1号线
吴淞江
西藏中路
黄浦剧场
北京东路

3

恒丰路
武定路
蒙溪路
新闸路
山海关路
新闸路站
黄河路
长沙路
北京西路
芝罘路
牛庄路
云南中路
南京东路
广西北路
人民广场站
人民广场站

静安雕塑公园
13号线（建设中）
凤阳路
黄河路
凤阳路
体育大厦
大光明电影院
人民广场站
九江路
人民公园
人民广场站
西藏中路

4

佰草集汉方SPA E
北京西路
石门二路
秦关路
石门一路
南京西路
吴江路
南京西路站
地铁2号线
成都北路
江阴路
威海路
重庆北路
市政府
人民大道
人民广场
上海博物馆
地铁1号线

p.30~31②
(南京西路)

北

0   300m

渝信川菜 G
24K国际连锁酒店
上海人民广场店 H
前往豫园南路站

Map p.12
Map p.15
Map p.24

14 景点　H 酒店　G 美食　S 商店　C 便利店　T 娱乐　C 咖啡馆&酒吧　E 美容&SPA　B 银行　邮局　医院　学校　汽车站

16

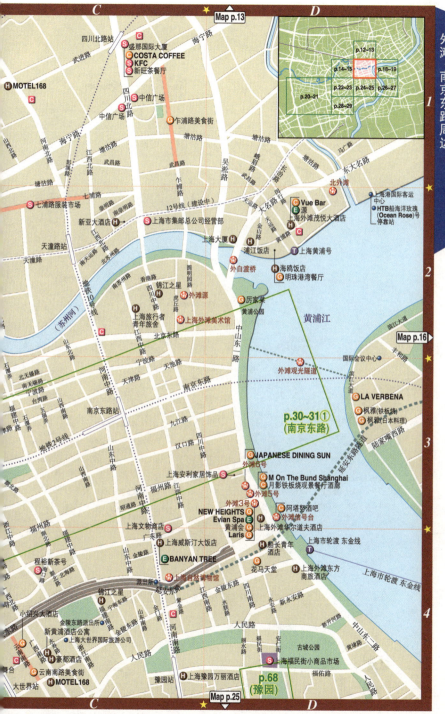

Map p.13

p.12~13
p.14~15 p.18~19
p.20~21 p.22~23 p.24~25 p.26~27
p.28~29

四川北路站
盛那国际大厦
COSTA COFFEE
KFC
新旺茶餐厅

MOTEL168

中信广场
中信广场

乍浦路美食街

七浦路服装市场
新亚大酒店
上海市集邮总公司经营部

北外滩
Vue Bar
源
上海外滩茂悦大酒店

上海港国际客运中心
HTB船海洋玫瑰(Ocean Rose)号停靠站

上海大厦
浦江饭店
上海黄浦号

外白渡桥
海鸥饭店
明珠港湾餐厅

圆明园路
锦江之星
外滩源

黄浦江

上海旅行者青年旅舍
上海外滩美术馆
厉家菜
黄浦公园

国际会议中心

外滩观光隧道

LA VERBENA
枫雅(铁板烧)
枫雅日本料理

p.30~31①
(南京东路)

Map p.16

南京东路站

JAPANESE DINING SUN
外滩6号
M On The Bund Shanghai
月影铁板烧观景餐厅酒廊
外滩5号
阿塔努酒吧
外滩信号台
上海外滩华尔道夫酒店
桥长青年酒店
上海市轮渡 东金线
上海市轮渡 东金线

上海安利家居饰品
NEW HEIGHTS
Evian Spa
Laris
黄浦区

上海文物商店
上海威斯汀大饭店

BANYAN TREE

上海自然博物馆

花马天堂
上海外滩东方商旅酒店

锦江之星
延安东路

小绍兴大酒店
金陵东路派出所
新黄浦酒店公寓
上海大世界国际旅游公司

上海福民街小商品市场

豪都酒店
云南路美食街
MOTEL168

上海豫园万丽酒店
豫园站
p.68
(豫园)

古城公园

中山东二路

人民路

Map p.25

17

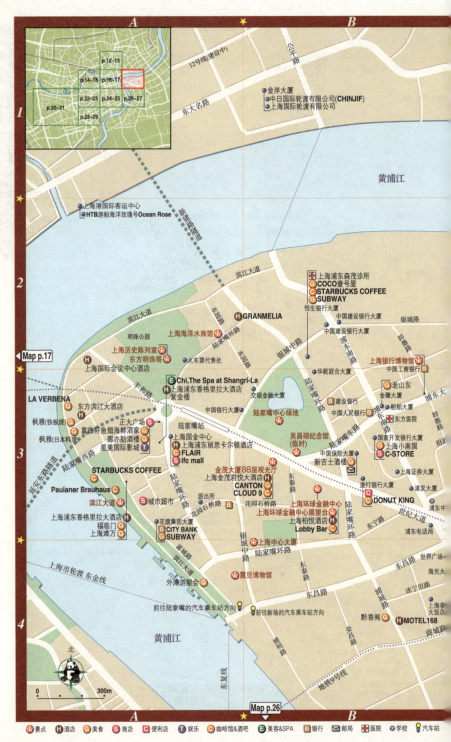

A　**B**

p.12-13
p.14-15　p.16-17
p.22-23　p.24-25　p.26-27
p.20-21
p.28-29

1

12号线(建设中)

公平路

东大名路

金岸大厦
●中日国际轮渡有限公司(CHINJIF)
●上海国际轮渡有限公司

黄浦江

上海港国际客运中心
●HTB游船海洋玫瑰号Ocean Rose

新蕴路隧道

滨江大道

2

上海浦东森茂诊所
COCO壹号屋
STARBUCKS COFFEE
SUBWAY

恒生银行大厦　中国建设银行大厦

中国建设银行大厦　银城路

明珠公园　上海海洋水族馆　陆家嘴环路
上海历史陈列室　　　　　　银城中路
东方明珠塔　火车票代售处　华能联合大厦
上海国际会议中心酒店

上海银行博物馆
中国工商银行
老山东
金穗大厦　船舶大厦

◀ Map p.17

陆家嘴环路

丰利路

Chi,The Spa at Shangri-La
上海浦东香格里拉大酒店
紫金楼　　　　　交银金融大厦

LA VERBENA

东方滨江大酒店

枫雅(铁板烧)

枫雅(日本料理)

富临轩鱼翅海鲜酒家
廊亦肪酒楼
星美国际影城

中国银行大厦　陆家嘴中心绿地

上海国金中心
上海浦东丽思卡尔顿酒店
FLAIR
ifc mall

金茂大厦88层观光厅
上海金茂君悦大酒店
**CANTON
CLOUD 9**

中国人民银行大厦
建设银行
吴昌硕纪念馆
(临时)
新吉士酒楼

东方医院
国家开发银行大厦
上海小南国
C-STORE

渣打银行大厦
浦发大厦

STARBUCKS COFFEE

Paulaner Brauhaus

滨江大道

上海浦东香格里拉大酒店
福临门
上海滩万

城市超市

花园石桥路　花园石桥路
派出所

CITY BANK
SUBWAY

花旗集团大厦

上海环球金融中心
上海环球金融中心展望台
上海柏悦酒店
Lobby Bar

东泰路

东泰路

DONUT KING
世纪大道
浦东中
浦东电话局

上海证券大厦

3

延安东路隧道
陆家嘴西路

富城路　滨江大道

上海市轮渡 东金线

外滩游艇会

银城中路
上海中心大厦

震旦博物馆

东昌路

东昌路

世界广场
海光二
冰宇田路
黔香阁
MOTEL168

上海海
大饭店
蔚城路

4

黄浦江

北

前往陆家嘴的汽车乘车站方向　前往新场的汽车乘车站方向

地铁9号线

0 ─── 300m

A　**Map p.26**　**B**

● 景点　 H 酒店　 G 美食　 S 商店　 C 便利店　 T 娱乐　 C 咖啡馆&酒吧　 E 美容&SPA　 B 银行　 ✉ 邮局　 ✚ 医院　 ◇ 学校　 ♀ 汽车站

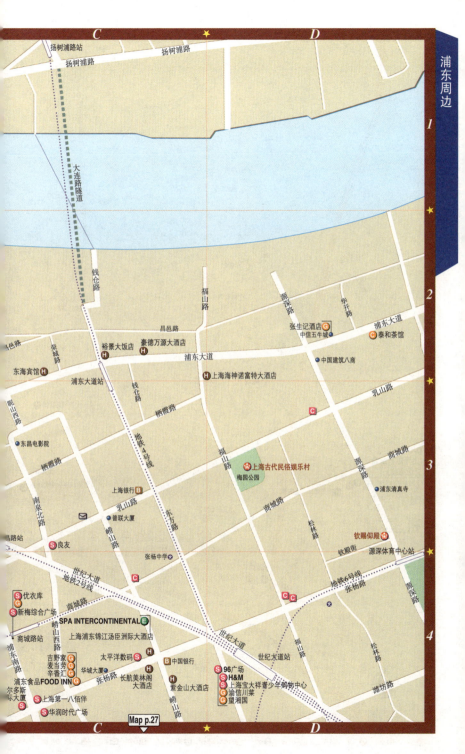

C · D

1

扬树浦路站
扬树浦路
扬树浦路

大连路隧道

2

钱仓路
福山路
源深路
华开路
浦东大道
昌邑路
张生记酒店 G
裕景大饭店 H
豪德万源大酒店 H
中信五牛城
泰和茶馆 C
东海宾馆 H
浦东大道
浦东大道站
钱仓路
栖霞路
上海海神诺富特大酒店 H
乳山路
中国建筑八商

3

东昌电影院
栖霞路
福山路
上海古代民俗娱乐村
梅园公园
商城路
商城路
南泉北路
上海银行 B
乳山路
源深路
崂山西路
东方路
松林路
钦赐仰殿
昌路站
良友 S
普联大厦
钦殿街
源深体育中心站
张杨中学

4

世纪大道
地铁2号线
C
地铁6号线
张杨路
源深路
优衣库 S
商城路
C C
张杨路
新梅综合广场 S
崂山西路
松坊路
SPA INTERCONTINENTAL E
商城路站
上海浦东锦江汤臣洲际大酒店
世纪大道
浦东南路
世纪大道站
福山路
吉野家
G
太平洋数码
H
劳当劳
辛香汇
G
华城大厦
中国银行
96广场 S
H&M H
尔多斯
华城大厦
长航美林阁
紫金山大酒店
上海宝大祥青少年购物中心 S C
际大厦
浦东食品 FOOD INN
张杨路
大酒店
崂山路
渝信川菜 C
望湘国 G
上海第一八佰伴 S
华润时代广场 S

Map p.27

C · D

19

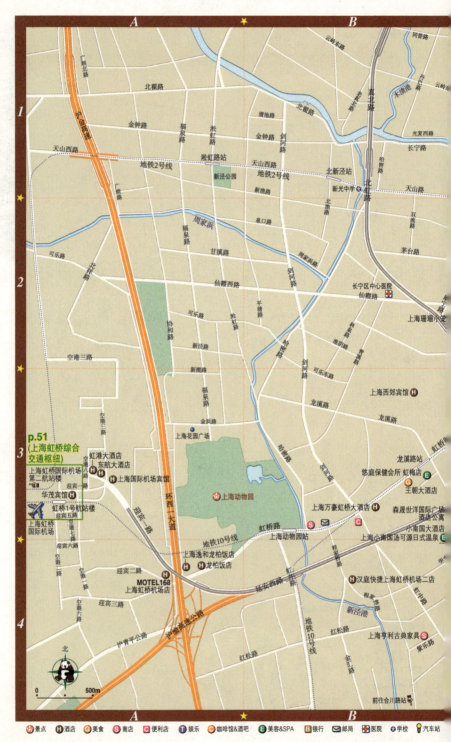

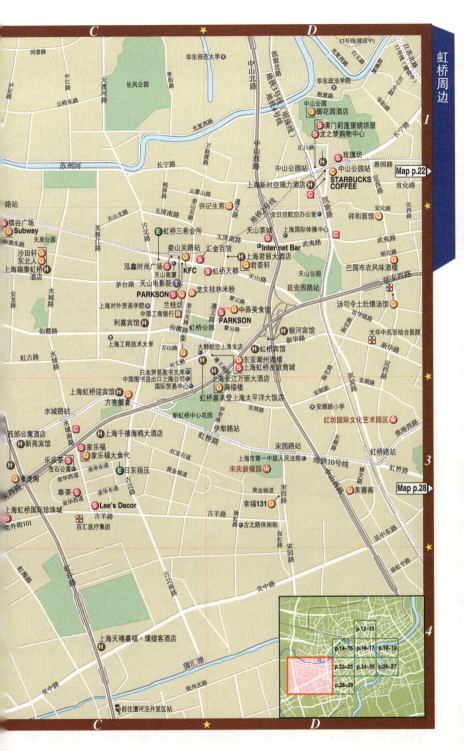

C

D

43号线(建设中)
11号线(建设中)
江苏北路
光复西路
白玉路
同普路
中江路
云岭东路
华东师范大学
中山北路
地铁3号线(明珠线)
地铁4号线
华东政法学院
航渡路
长宁路
凯旋北路
大渡河路
长风公园
枣阳路
光复西路
中山西路
中山公园
御花园酒店
长宁路
万航渡路
苏州河
长宁路
棉屏南路
云雾山路
遵义路
中山西路
中山公园站
上海新时空瑞力酒店
STARBUCKS COFFEE
澳门莲蓉蛋烧饼屋
龙之梦购物中心
玫瑰坊
汇川路
中山公园站
愚园路
长宁路
愚园路
宜化路
Map p.22
安化路
安化东路
安化路
祥和面馆
武夷路
昭化路
路站
缤谷广场
Subway
新渔东路
天山路公园
许记生煎
玉屏南路
遵义路
全日空航空办公室
天山茶城
天山路
上海国际体操中心
天山南路
上海君丽大酒店
Internet Bar
夷夷路
巴国布衣风味酒楼
延安西路
沙田轩
东北人
上海瑞泰虹桥酒店
天原公园
虹桥三希会所
娄山关路站
汇金百货
泓鑫时尚广场
KFC
君荟轩
虹桥天都
安龙路
水城路
仙霞路
茅台路
天山商厦
天山电影院
PARKSON
上海对外贸易学院
中国工商银行
利嘉宾馆
兰桂坊
龙文桂林米粉
遵义路
中西美食街
虹桥公园
PARKSON
紫云路
延安西路站
银河宾馆
新华路
汤司令土灶煨汤馆
华池路
光华中西医结合医院
新华路
仙霞路
万山路
荣
古北路
上海工程技术大学
日本贸易图书文库
中国图书进出口上海公司
国际贸易中心
大韩航空上海支店
虹桥宾馆
东亚潮州酒楼
上海虹桥茂馆商城
上海长江万丽大酒店
满福楼
虹桥喜来登上海太平洋大饭店
虹古路
水城路
遵义路
安顺路
凯旋西路
安顺路小学
安顺路
上海虹桥迎宾馆
方亮蟹宴
水城路站
西郊公寓酒店
新苑宾馆
C
上海千禧海鸥大酒店
家乐福
家乐福大食代
宝石公寓
红宝石路
新虹桥中心花园
伊犁路站
虹桥路
红坊国际文化艺术园区
虹桥路
宋园路站
上海市第一中级人民法院
地铁10号线
虹桥路站
乐凯茶
E
日东指压
黄金城道
奉茶
荣华西道
荣华东道
宋园路
宋庆龄陵园
Map p.28
芙蓉阁
Lee's Decor
上海虹桥国际珍珠城
老外街101
古羊路
百汇医疗集团
荣华西道
荣华东道
古北南路
姚虹路
幸福131
黄金城道
宋园路
张虹路
古北路休闲街
古羊路
宋园路
吴中东路
虹梅路
虹许路
古北南路
吴中路
蒲汇塘
上海天禧嘉福·璞缇客酒店
钦州北路
蒲汇塘
吴中路
前往漕河泾开发区站

p.12-13
p.14-15
p.16-17
p.18-19
p.22-23
p.24-25
p.26-27
p.28-29

C

D

1

2

3

4

21

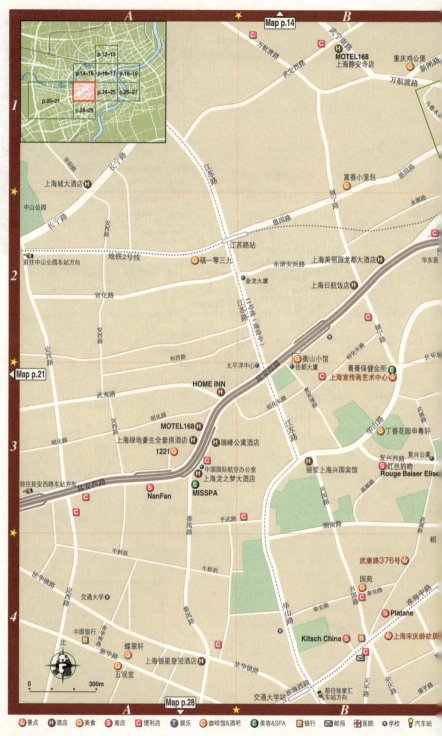

Map p.14

Map p.21

Map p.28

A			**B**	

p.12–13
p.14–15 **p.16–17** **p.18–19**
p.20–21 **p.24–25** **p.26–27**
p.28–29

武宁南路
MOTEL168
上海静安寺店
重庆鸡公煲
新闻路

万航渡路

江苏路
武定西路
万航渡路

上海城大酒店
中山公园
长宁路
安西路
季阳路
长宁路
镇宁路
愚园路
富春小笼包

永源路

地铁2号线
前往中山公园车站方向
宜化路
江苏路站
福一零三九
东渚安浜路
金龙大厦
上海美丽园龙都大酒店
上海日航饭店
江苏路(新羽中)
镇宁路
华东医

安西路
定西路
和西路
太平洋中心
佳都大厦
衡山小馆
菁菁保健会所
上海宣传画艺术中心
昭化东路
长乐

武夷路
昭化路
HOME INN
延安西路
昭化路
江苏路
武康路
伊山路
丁香花园申春轩

昭化路
MOTEL168
上海绿地豪生全套房酒店
1221
瑞峰公寓酒店
中国国际航空办公室
上海龙之梦大酒店
丽笙上海兴国宾馆
复兴西路
复兴公寓
红色的吻
Rouge Baiser Elise

前往延安西路车站方向
延安西路
NanFan
MISSPA
番禺路
平武路
兴国路
湖南路
稻

生桥浜
生桥浜
武康路376号
园苑
兴国路
华山路
永嘉路
淮海中路

洪华镇路
定西路
交通大学
香港
新华路
中国银行
蝶翠轩
上海银星皇冠酒店
法华镇路
华山路
泰安路
永嘉路
Kitsch China
Platane
上海宋庆龄故居

北
五观堂

0   300m

交通大学站
淮海西路
前往徐家汇车站方向
天平路
华山路

22

景点	酒店	美食	商店	便利店	娱乐	咖啡馆&酒吧
美容&SPA	银行	邮局	医院	学校	汽车站	

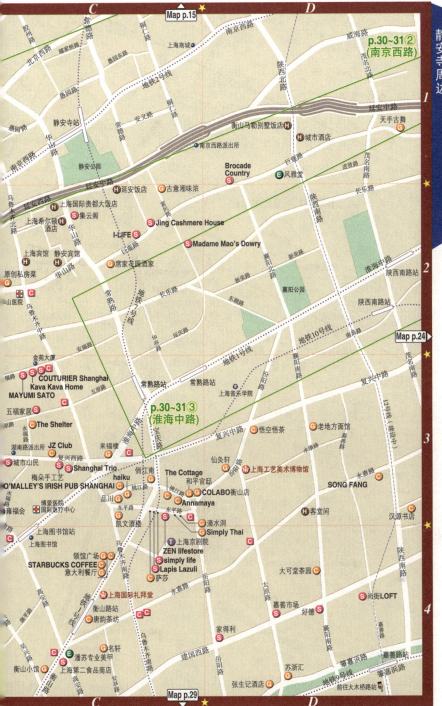

Map p.15

p.30~31②
(南京西路)

1

地铁2号线

上海商城

南京西路

威海路

茂名北路

陕西北路

铜仁路

延安中路

衡山马勒别墅饭店 H

天手古舞 G

城市酒店 H

静安寺站

安义路

常德路

铜仁路

南京西路派出所

上海国际贵都大饭店 H

静安公园

延安中路

延安饭店 H

古意湘味浓 G

Brocade
Country S

风雅堂 E

进贤路

茂名南路

长乐路

华山路

延安西路

上海希尔顿酒店 H

集云阁 S

Jing Cashmere House S

乌鲁木齐北路

南京西路

华山路

I-LIFE S

巨鹿路

Madame Mao's Dowry S

新乐路

陕西南路

2

上海宾馆 静安宾馆

席家花园酒家 G

襄阳北路

襄阳公园

淮海中路

陕西南路站

原创私房菜 G

华山路

常熟路

长乐路

东湖路

陕西南路站

山医院 C

乌鲁木齐中路

地铁1号线

延庆路

安福路

地铁10号线

襄阳南路

富民路

鱼头路

Map p.24

金苑大厦 C

常熟路

茂名南路

复兴中路

3

COUTURIER Shanghai S
Kava Kava Home S
MAYUMI SATO C

五福里

巨鹿路

常熟路站

常熟路站

p.30~31③
(淮海中路)

上海音乐学院

复兴中路

悟空悟茶 G

老地方面馆 C

12号线(陕西中)

五福家居

The Shelter C

水城路

仙灸轩 G

永康路

茂名路

湖南路派出所

JZ Club C

复兴西路

来福楼

宝庆路

上海工艺美术博物馆 M

SONG FANG

永康路

城市山民 S

Shanghai Trio S

俏江南 G

The Cottage G

衡山路

客堂间 H

汉源书店 C

haiku S

桃江路

桃江路

COLABO S

梅朵手工艺
O'MALLEY'S IRISH PUB SHANGHAI S

品川 C

Annamaya

东平路

博爱医院
雍福会 国际医疗中心 C

凯文酒楼

滴水洞 C

Simply Thai S

Simply Thai

上海图书馆站 C
上海图书馆

上海京剧院 T

ZEN lifestore S

乌鲁木齐南路

simply life S

客堂间

领馆广场 G

STARBUCKS COFFEE G
意大利餐厅 G

simply life
Lapis Lazuli S

萨莎

大可堂茶园 G

大原路

陕西南路

4

上海国际礼拜堂 M

嘉善市场

尚街LOFT S

衡山路站

唐韵茶坊 C

C C

乌鲁木齐南路

好德 C

嘉善路

潘苏专业美甲 E

名轩 G

家得利 S

苏浙汇

嘉善路站

衡山小馆 G

上海第二食品商店 G

建国西路

岳阳路

张生记酒店 G

地铁9号线

前往大木桥路站

襄阳南路

肇嘉浜路

Map p.29

C

D

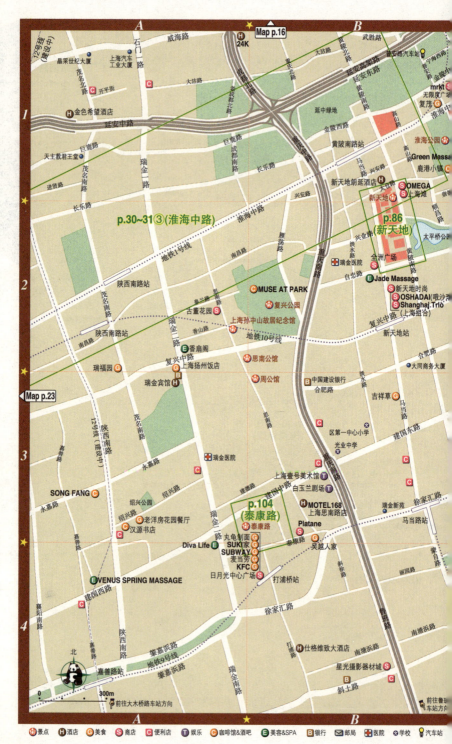

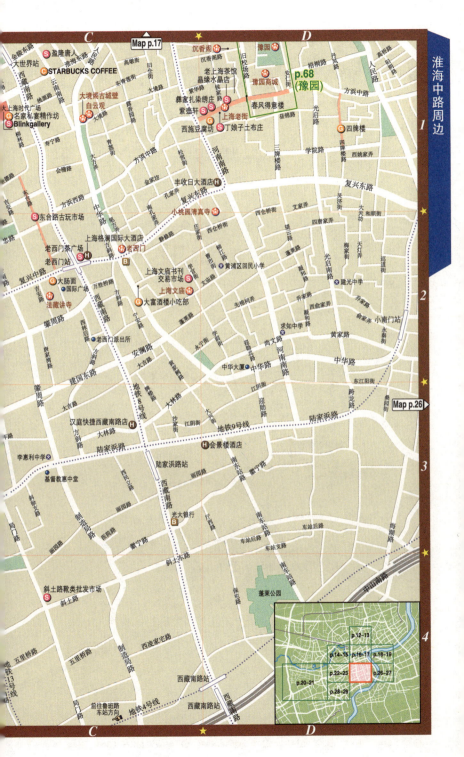

Map p.17

沉香阁
沉香阁路
豫园
p.68
(豫园)

STARBUCKS COFFEE
盈隆唐人
大世界站
西藏南路
老上海茶馆
晶缘水晶店
豫园商城
日校场路
春风得意楼
大境阁古城墙
白云观
彝家扎染绣庄
紫壶轩
上海老街
四牌楼
名家私家精作坊
Blinkgallery
西施豆腐坊
丁娘子土布庄

丰收日大酒店
复兴东路
东合路古玩市场
小桃园清真寺
西仓桥街
上海格澜国际大酒店
老西门
老西门茶广场
黄浦区回民小学
老西门站
上海文庙书刊
交易市场
大肠面
上海文庙
国际广场
大富酒楼小吃部
法藏讲寺
老西门派出所
安澜路
中华大厦
中华路
小南门站

地铁8号线
汉庭快捷西藏南路店
地铁9号线
陆家浜路
会景楼酒店
李惠利中学
陆家浜路站
西藏南路
基督教惠中堂
光大银行
Map p.26

斜土路靴类批发市场
斜土路
蓬莱公园
西凌家宅路
西藏南路站
地铁4号线
前往鲁班路
车站方向

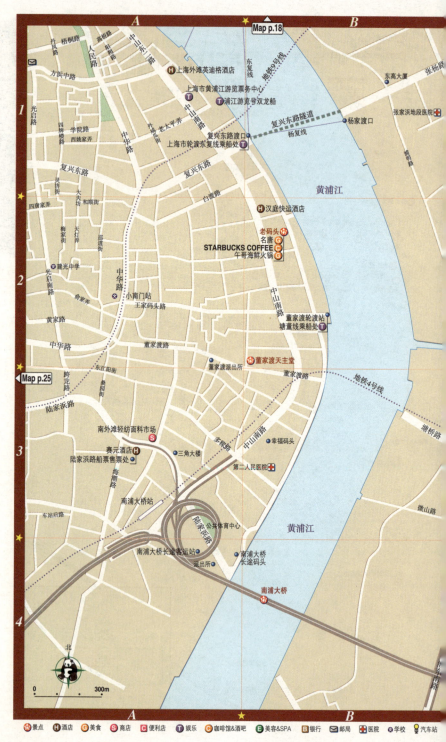

A

B

丹凤路
万浜中路
桥桥路
高楼路
中山东二路
人民路

1

光启路
四牌楼路
学院路
西姚家弄
中华路
中山南路
竹头平弄
老太平弄

H 上海外滩英迪格酒店
上海市黄浦江游览票务中心
T 浦江游览号双龙船
复兴东路渡口
T 上海市轮渡东复线乘船处

东复线
地铁9号线
东高厦
张杨路

张家浜地段医院
复兴东路隧道
杨家渡口
杨复线

复兴东路
复兴东路
复兴东路

四牌家弄
吴济街
大兴坊
和顺街
天灯弄
巡道街
白渡路

黄浦江

H 汉庭快运酒店

桐家街
建光中学

老码头
名唐
STARBUCKS COFFEE
午哥海鲜火锅
C C C

2

光启南路
柏家弄
黄家路
中华路
中华路
小南门站
王家码头路
董家渡路
董家渡路

中山南路

董家渡轮渡站
塘董线乘船处 T

Map p.25

东江阳街
跨龙路
蒙阳街
陆家浜路

董家渡派出所

董家渡天主堂
董家渡路
董家渡路

地铁4号线

塘桥路

3

南外滩轻纺面料市场 S
赛元酒店 H
陆家浜路船票售票处
三角大楼
圣毓路
中山南路
幸福码头

第二人民医院 ✛

微山路

南浦大桥站

陆家浜路
公共体育中心

黄浦江

4

车站后路
北
南浦大桥长途客运站
派出所
南浦大桥长途码头

南浦大桥

0   300m

H 景点　H 酒店　G 美食　S 商店　C 便利店　T 娱乐　☕ 咖啡馆&酒吧　E 美容&SPA　B 银行　✉ 邮局　✛ 医院　☆ 学校　🚌 汽车站

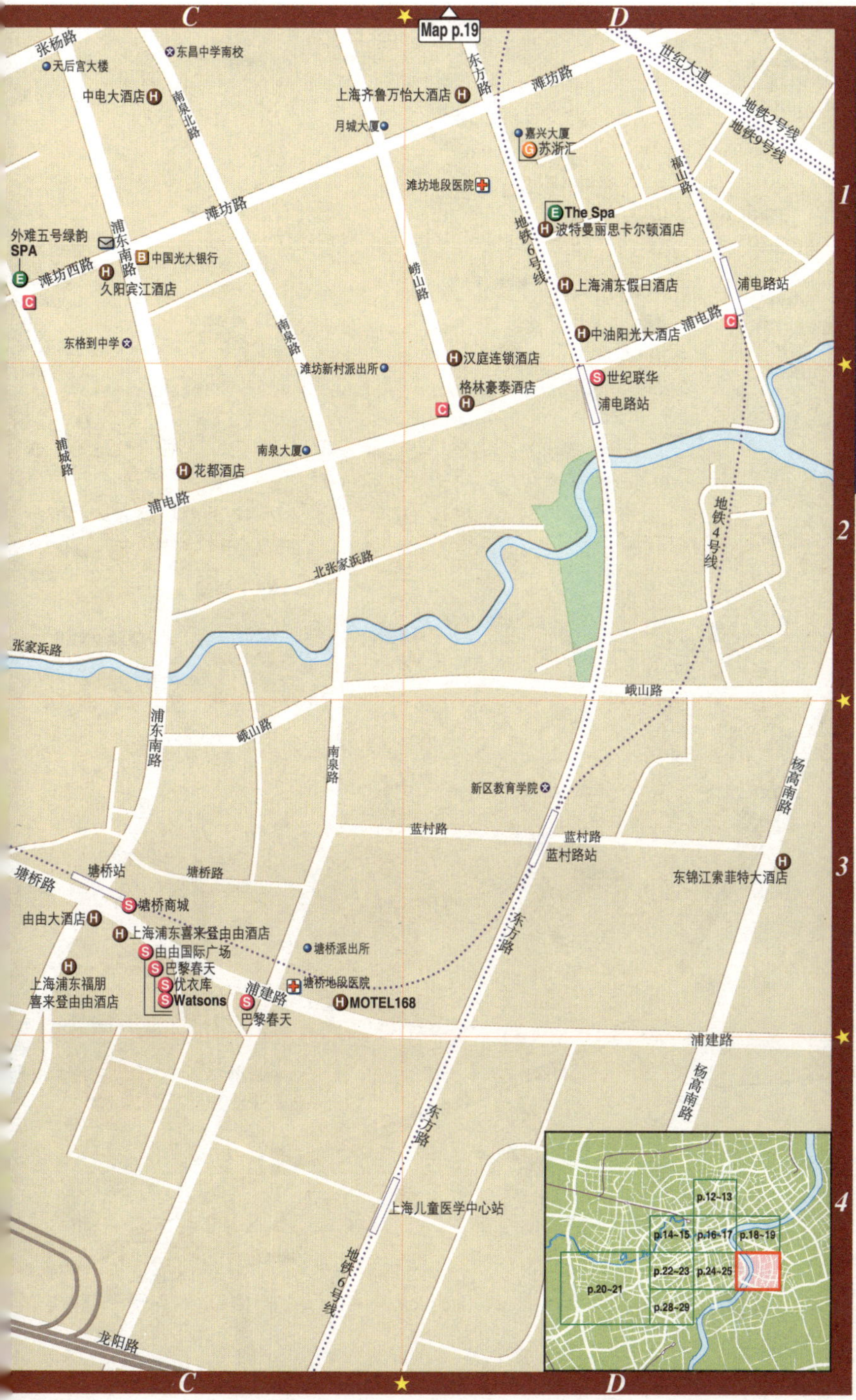

Map p.19
C
D
张杨路
天后宫大楼
东昌中学南校
中电大酒店
南泉北路
上海齐鲁万怡大酒店
东方路
潍坊路
世纪大道
地铁2号线
地铁9号线
月城大厦
嘉兴大厦
苏浙汇
潍坊地段医院
福山路
潍坊路
The Spa
波特曼丽思卡尔顿酒店
外滩五号绿韵
SPA
浦东南路
中国光大银行
潍坊西路
久阳宾江酒店
崂山路
地铁6号线
上海浦东假日酒店
浦电路站
浦电路
中油阳光大酒店
东格到中学
南泉路
潍坊新村派出所
汉庭连锁酒店
格林豪泰酒店
世纪联华
浦电路站
浦城路
南泉大厦
花都酒店
浦电路
地铁4号线
北张家浜路
张家浜路
峨山路
峨山路
浦东南路
南泉路
杨高南路
新区教育学院
蓝村路
蓝村路
蓝村路站
塘桥站
塘桥路
塘桥路
东锦江索菲特大酒店
塘桥商城
由由大酒店
上海浦东喜来登由由酒店
东方路
塘桥派出所
由由国际广场
巴黎春天
上海浦东福朋
喜来登由由酒店
优衣库
Watsons
浦建路
塘桥地段医院
MOTEL168
巴黎春天
浦建路
杨高南路
东方路
上海儿童医学中心站
地铁6号线
龙阳路
p.12~13
p.14~15
p.16~17
p.18~19
p.22~23
p.24~25
p.20~21
p.28~29
1
2
3
4

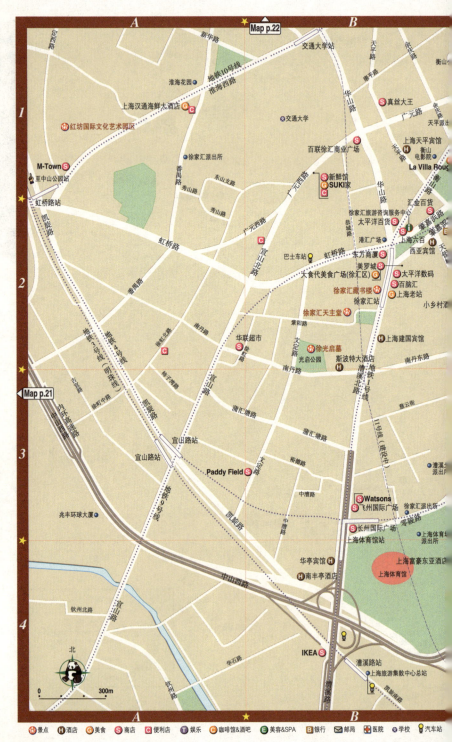

A
B

Map p.21

1

2

3

4

定西路
新华路
交通大学站
天平路
衡山路
淮海花园
地铁10号线
淮海西路
华山路
广元路
天钥桥路
上海汉通海鲜大酒店
真丝大王
红坊国际文化艺术园区
交通大学
广元西路
上海天平宾馆
衡山电影院
百联徐汇商业广场
La Villa Rouge
M-Town
徐家汇派出所
新鲜馆
SUKI家
汇金百货
至中山公园站
番禺路
秀山路
虹桥路
东山支路
徐家汇旅游咨询服务中心
太平洋百货
虹桥路站
凯旋路
秀山路
广元西路
恭城路
港汇广场
上海六百
西亚宾馆
虹桥北路
巴士车站
虹桥路
东方商厦
美罗城
太平洋数码
香樟路
大食代美食广场(徐汇区)
百脑汇
上海老站
徐家汇藏书楼
徐家汇站
小乡村
徐家汇天主堂
南丹路
华联超市
紫阳路
梅陇支路
徐光启墓
上海建国宾馆
地铁4号线(明珠线)
文定路
光启公园
斯波特大酒店
南丹东路
南丹路
凯虹路
宜山路
蒲汇塘路
地铁1号线
慈云路
宜山路站
蒲汇塘路
裕德路
11号线(建设中)
宜山路站
地铁9号线
Paddy Field
文定路
中漕路
兆丰环球大厦
Watsons
飞州国际广场
徐家汇派出所
长州国际广场
上海体育场站
上海体育馆站
华亭宾馆
上海富豪东亚酒店
凯旋路
钦州北路
南丰亭酒店
上海体育馆
宜山路
中山西路
钦州路
IKEA
漕溪路站
华石路
上海旅游集散中心总站
北
凯旋南路

0   300m

漕溪路

28

景点 酒店 美食 商店 便利店 娱乐 咖啡馆&酒吧 美容&SPA 银行 邮局 医院 学校 汽车站

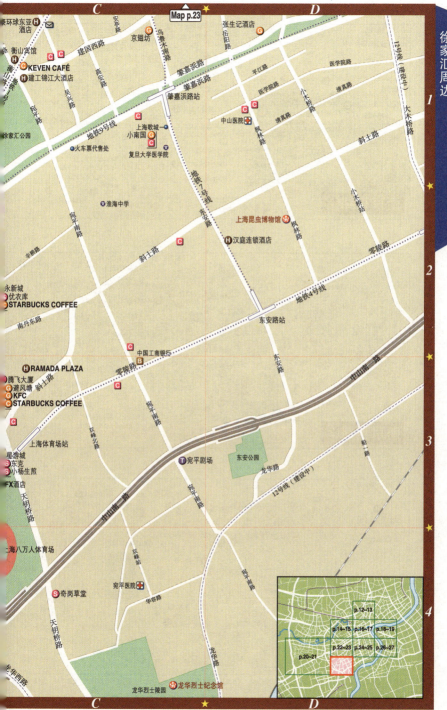

Map p.23

C

D

環球球东亚酒店

衡山宾馆

KEVEN CAFÉ
建工锦江大酒店

建国西路

京翅坊

乌鲁木福路

张生记酒店

肇嘉浜路

肇嘉浜路

肇嘉浜路站

医学院路

平江路

医学院路

小木桥路

清真路

清真路

斜土路

12号线（陕西南）

大木桥路

1

徐家汇公园

地铁9号线

上海歌城

小南国

火车票代售处

复旦大学医学院

中山医院

枫林路

徐家汇公园

淮海中学

地铁7号线

东安路

上海昆虫博物馆

汉庭连锁酒店

枫林路

零陵路

小木桥站

2

永新城
优衣库
STARBUCKS COFFEE

南丹东路

斜土路

中国工商银行

零陵路

地铁4号线

东安路

东安路站

2

RAMADA PLAZA

腾飞大厦
避风塘
KFC
STARBUCKS COFFEE

斜土路

宛平南路

上海体育场站

双峰北路

宛平南路

东安路

中山南二路

帕路

3

星游城
东克
小杨生煎
FX酒店

天钥桥路

宛平剧场

东安公园

龙华路

12号线（建设中）

3

上海八万人体育场

中山南一路

双峰站

宛平南路

奇岗草堂

宛平医院

华客路

天钥桥路

龙华路

宛平南路

华容路

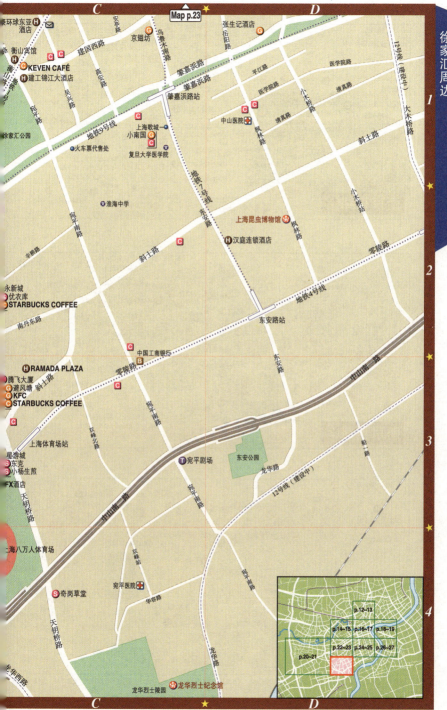

p.12–13

p.14–15 p.16–17 p.18–19

p.22–23 p.24–25 p.26–27

p.20–21

4

龙华西路

龙华烈士陵园

龙华烈士纪念馆

C

D

南京東路周辺図一 M p.17

南京西路周辺図一 M p.16、23

淮海中路③

淮海中路周辺図一 M p.23、24

上海地铁线路图

上海的交通

抵达

取出行李之后就可到抵达楼层。抵达楼层有酒店咨询处、旅游咨询服务中心、餐厅等，需要的话可以在这里选择。

在航站楼大厅里旅游咨询服务中心，可以收集一些相关资料

沿着指示标前往公交车或者出租车的乘车处

有两个航站楼，航站楼之间可以自由往返

到了到达大厅，就可以直奔目的地了

■上海机场的主页
URL www.shanghaiairport.com

■上海浦东国际机场附近的酒店
●莫泰168
大众美林阁机场店
Map p.33 上海浦东国际机场整体示意图
迎宾大道6001号
☎ （021）38799999
FAX （021）68852526
S T 358元~　SW 988元~
E 100元　712
IN 14:00　12:00
从上海浦东国际机场步行直达
URL www.motel168.com
免费

●浦东机场华美达大酒店
浦东机场启航路1100号
Map p.9-C3
☎ （021）384949
FAX （021）68852889
S T 1400元~　SW 2480元~
E 259元　服 15%　370
IN 14:00　12:00
从上海浦东国际机场坐机场大巴大约5分钟
URL www.ramadaairportpd.com
免费

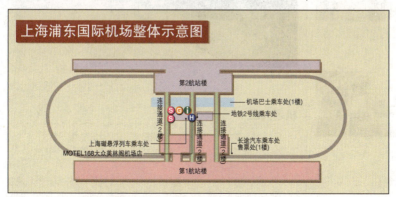

上海浦东国际机场整体示意图

第2航站楼

机场巴士乘车处(1楼)
地铁2号线乘车处

连接通道(2楼)

上海磁悬浮列车乘车处
MOTEL168大众美林阁机场店

长途汽车乘车处
售票处(1楼)

第1航站楼

H 酒店　　G 美食　　S 商店　　咖啡馆&酒吧　　i 旅游咨询服务中心

■上海磁悬浮列车

费用是普通座位单程50元，往返80元。绿色座位单程100元，往返160元。从机场发车是7:02~21:42，从龙阳路发车是6:45~21:40，发车间隔是15~20分钟。出示机票（登机牌不可）可打8折。

不要错过看最高时速的显示数字

■磁悬浮列车线路延长

现在往返于上海浦东国际机场和龙阳路站之间的磁悬浮列车，预计要从龙阳路站延长至上海虹桥国际机场。延长后就可以用磁悬浮列车把上海浦东国际机场和上海虹桥国际机场连接起来了。

一下子就到了市内，很方便

购买车票，接受行李检查后进入候车区

车站站牌上标明了目的地

从上海浦东国际机场去市内的交通

磁悬浮列车

上海浦东国际机场的机场站与地铁2号线的龙阳路站（Map p.11-C3）之间大约30公里，列车只需要7分20秒就可以把两个站连接起来，因此列车作为世界最高速列车登录吉尼斯世界纪录。列车的最高时速能到达431公里。

到达后按照"磁浮"的指示进入通道，在专用的售票处买票，从自动检票口进站。在站台上不要随便走动，接近发车时刻的时候会有人引导，在这之前请在候车区等待。

乘车不对号入座，不过由于是根据座位数量售票，可以确保购票人都有座位。有普通座位和绿色座位，即使普通座位也足够宽敞。车体很宽，因此车内显得也很宽敞。列车发车的时候一点儿声音都没有，很顺溜地就跑起来了。行李箱等大件行李，可放在各车厢内专门放置行李的地方，这一点尽可放心。

列车驶出车站后车速很快就提升了，从车窗向外眺望，完全判断不出车速是多少，不过各车厢里都有时间与速度的数字显示屏，让人一目了然。大概在两站的中间地段可以达到最高时速，可是因为全程距离比较短，所以431公里的速度也不过10秒钟左右，由于瞬间就会开始减速，所以千万别错过了最高时速的数字显示。

虽然最高时速能达到431公里，但是从整体行车时间来看，时速一般在300公里左右，另外需要注意的还有，列车在发车前一分钟关闭车门。在终点站龙阳路下车后，就可以换乘通往市内的2号线地铁了。

地铁

2010年，地铁2号线延长到上海浦东国际机场，这样就可以乘坐地铁从机场去市内中心区域，甚至可以去上海虹桥国际机场了。乘车地点位于1号航站楼和2号航站楼的二楼连接通路的中间地方。从上海浦东国际机场的浦东国际机场站到广兰路车站大约30分钟，5元；也可以到前面的人民广场车站，大约60分钟，7元。需要注意的是，无论从机场出发还是从市内出发，都必须在广兰站换乘（同一站台）。

地铁2号线，各线路地铁的车身颜色也各不相同

机场大巴

上海浦东国际机场跟市内各区域都通过机场大巴连接了起来，1号航站楼的乘车地点是在到达大厅出口的对面，2号航站楼是在一楼乘坐。每条线路都有很大的指示牌。

车票可以在到达大厅或者车内购买。大巴从第1航站楼出发，经由第2航站楼前往各个不同的目的地。运营时间是6:00~21:00，间隔时间是

10~15分钟（乘车地点1号航站楼在1、8号门出口，2号航站楼在23号门出口）。

第2航站楼的机场大巴乘车站

从上海浦东国际机场发车的机场大巴，从1线到8线，一共有8条线路（8线一般游客很少利用），从机场到市中心大概是1小时。线路分别开往上海虹桥国际机场、城市航站楼（静安寺）、银河宾馆、鲁迅公园、上海火车站（名品商场前）、安化路定西路（中山公园）、上海南站，运营时间是7:00~23:00，间隔15~25分钟。车费14~30元，根据下车地点价格不同。但是线路、车费、时间经常有变更，乘车时需要再确认。

第1航站楼的机场大巴乘车站

连接1号航站楼和2号航站楼的机场班车，如果利用1号航站楼和2号航站楼之间的连接通道，步行的话大约需要10分钟

长途汽车

机场的长途客运站（1号航站楼一层）有开往江南各地的长途车，除了下面介绍的，还有开往昆山、嘉兴、青田、张家港、义乌等地的车次。

■ **杭州** 1天12个车次，所需时间大约3小时，车费100元
■ **苏州** 1天17个车次，所需时间大约2小时30分钟，车费84元（经由上海虹桥国际机场）
■ **无锡** 1天10个车次，所需时间大约3小时，车费100元（经由上海虹桥国际机场）

出租车

在1号航站楼一楼到达大厅、2号航站楼二楼到达大厅，一出门就有开往市中心的出租车乘车站。到浦东中心部大概30分钟，车费150元左右，到浦西中心区域40~50分钟，车费180元左右，一出到达大厅，往往会有黑出租的司机过来搭话，为了避免纠纷，请一定要到出租车乘车站去打车。

人多或者行李多的时候，可以乘坐面包车型的出租车，这种出租车可以乘坐6个人，车费跟普通的出租车一样，根据计价器付费。

上海浦东国际机场1号航站楼机场大巴详细情况				
线路（乘车点）	目的地	距离/所需时间/车费	出发时间	途中经停车站
机场1线（6号门前）	上海虹桥国际机场	61公里/大约60分钟/30元	7:00～23:00间15分钟一趟	直达中途不停车
机场2线（7号门前）	城市航站楼（静安寺）	53公里/大约60分钟/22元	6:30～23:00间15分钟一趟	直达中途不停车
机场3线（8号门前）	银河宾馆	52公里/大约90分钟/16～24元	7:00～23:00间15分钟一趟	龙阳路站、打浦桥肇嘉浜路天平路
机场4线（8号门前）	鲁迅公园	52公里/大约80分钟/16～22元	7:00～23:00间15分钟一趟	德平路浦东大道五角场、运光新村

※2号航站楼的发车时刻是在1号航站楼发车后5分钟

上海浦东国际机场机场专线线路图

机场1号线：浦东国际机场—上海虹桥机场
机场2号线：浦东国际机场—城市航站楼(静安寺)
机场3号线：浦东国际机场—银河宾馆
机场4号线：浦东国际机场—鲁迅公园
机场5号线：浦东国际机场—上海火车站
机场6号线：浦东国际机场—安化路定西路(中山公园)
机场7号线：浦东国际机场—上海南站

上海虹桥国际机场第1航站楼

第1航站楼的到达大厅

前往第2航站楼的机场班车

从上海虹桥国际机场去市内的交通

地铁

　　2010年，地铁10号线延长到了上海虹桥国际机场1号航站楼、2号航站楼、综合枢纽的虹桥火车站，这样从机场乘坐地铁就可以到达市中心。从1号航站楼的"虹桥1号航站楼"站到虹桥路站大约15分钟，4元；到南京东路大约35分钟，4元；坐一站地到达第2航站楼的"虹桥2号航站楼"站，则可以换乘地铁2号线。

机场大巴

　　上海虹桥国际机场和上海市内各区域之间有机场大巴运营，乘车点有几个，就在走出到达大厅之后正对面的地方。每条线路都有很大的指示牌，要先确认自己的目的地。车票上车后购买。

　　从上海虹桥国际机场1号航站楼发车的机场大巴有4条线路。目的地分别为卢浦大桥、清涧新村、人民广场、浦东杨家渡，到达市中心需30分钟到1小时。6:00~24:00运营，间隔10~25分钟。车费1~7元，目的地不同价格不一样。线路、车费、时间常有变更，乘车时请确认。另外乘车点有可能会转移到第2航站楼。

长途汽车

　　上海虹桥国际机场并没有长途客运站，不过可以乘坐10号线地铁，在第二站虹桥火车站下车，从那里步行 5 分钟，就可到达上海长途汽车虹桥西站[Map p.51 图标注的是上海长途汽车虹桥站（西站）]，穿过大厅就到了，除了以下列出的线路之外，还有开往常州、扬州、南京、嘉兴、合肥、广州等地的车。（→p.48）

还有很多开往各地的长途大巴

从到达大厅出门后步行一会儿就能到达地铁 10 号线乘车处

上海长途汽车虹桥站（西站）

- ▨ **杭州**：13:50~21:50、每天 4 班　费 60 元
- ▨ **苏州**：9:50~21:00、每天 19 班　费 51 元
- ▨ **无锡**：11:20~20:50、每天 10 班　费 72 元
- ▨ **乌镇**：10:50、13:30、15:50、每天 3 班　费 49 元
- ▨ **南浔**：7:20~19:30、每天 12 班　费 54 元
- ▨ **昆山**：9:00~22:00、每天 14 班　费 49 元

上海虹桥综合交通枢纽的大厅，有通往各停车场的指示牌

■ **上海虹桥国际机场附近的酒店**
上海国际机场酒店（→p.254）
MOTEL 168 上海虹桥机场店
（→p.257）

■ **上海长途汽车虹桥店（西站）**
Map p.51　Map p.10-A3
🏠 申虹路 298 号地下一楼
☎ （021）34661821
🕐 7:00~22:00
🚇 乘坐地铁 2 号线、10 号线在虹桥火车站下车后步行大约 2 分钟
🈳 无

从 1 号航站楼发车的机场大巴。去往上海浦东国际机场的大巴从 2 号航站楼发车

出租车

行李多的时候，最方便的办法是坐出租车，出了 1 号航站楼 B 楼到

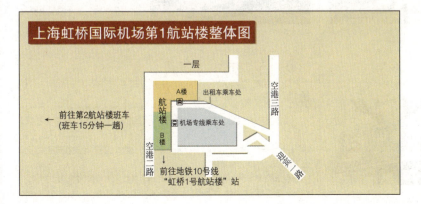
上海虹桥国际机场第1航站楼整体图

一层

A楼　出租车乘车处

航站楼

B楼

机场专线乘车处

空港三路

紧邻一路

空港二路

← 前往第2航站楼班车
（班车15分钟一趟）

↓ 前往地铁10号线"虹桥1号航站楼"站

上海虹桥国际机场 1 号航站楼机场大巴详细情况

线路	目的地	距离 / 所需时间 / 车费	出发时间	途中经停车站
806 路	卢浦大桥	19 公里 / 大约 60 分钟 / 车费 2~5 元	6:00~23:00 每 10~15 分钟一趟	上海动物园、程家桥、虹许路、交通大学、徐家汇、枫林路、打浦桥、瞿溪路
807 路	清涧新村	15 公里 / 大约 60 分钟 /1~2.5 元	5:30~23:00 每 20 分钟一趟	上海动物园、中新泾、天山路、云岭东路、金沙江路、煤气站、沪定路
938 路	浦东杨家渡（张杨路浦明路）	82 公里 / 大约 80 分钟 /2~7 元	6:00~24:00 每 8~15 分钟一趟	上海动物园、程家桥、漕溪北路（华亭宾馆）、上海游泳馆（八万人体育场）、西藏南路、塘桥、第一八佰伴
1207 路	上海动物园	3.4 公里 / 大约 15 分钟 /1 元	6:00~20:00 每 8~15 分钟一趟	迎宾一路机场广场

上海虹桥国际机场 2 号航站楼

线路	目的地	距离 / 所需时间 / 车费	出发时间	途中经停车站
机场 1 线	上海浦东国际机场	61 公里 / 大约 60 分钟 /30 元	6:00~23:00 每 15~25 分钟一趟	直达中途不停车
941 路	上海火车站	18 公里 /45~60 分钟 /2~6 元	5:30~23:00	1 号航站楼、上海动物园、虹桥路虹梅路、水城路仙霞路、天山路芙蓉江路、中山西路天山路、中山公园、曹家渡、长寿路、常德路
枢纽 4 路	紫竹科技园区	25 公里 /90~120 分钟 /1~8 元	6:00~23:00	七莘路沪青平公路、七宝、七莘路、华茂路、沪闵路东川路、东川路莲花南路、莲花南路紫月路
枢纽 9 路	嘉定西地铁站	32 公里 /45~60 分钟 /10 元	6:00~23:00	申昆路、G15 公路、陆家山路、嘉定西站

乘车站的站牌上写着目的地和途经的各站

到达大厅出口左侧有出租车乘车处

达大厅之后向左，往 A 楼的方向就是出租车乘车处。起步价 3 公里以内 14 元，到市中心大概 15 分钟，40 元左右。

走出到达大厅后，经常会有黑出租的司机过来搭讪，为了避免纠纷，请一定到出租车乘车处去打车。

上海市内的交通

地铁

上海市内的交通工具中，地铁是最方便的，不会堵车，车费也便宜，一般 3~9 元（如果换乘的话，也许会超出一点儿）。正式名称是"轨道交通"，一般称"地铁"。市中心部分在地下运行，郊外行驶在高架桥上。上下班高峰时段会非常拥挤。

到 2013 年 5 月，已经开通了 12 条线路，具体为 1 号线、2 号线、3 号线、4 号线、5 号线、6 号线、7 号线、8 号线、9 号线、10 号线、11 号线、13 号线。

地铁入口指示牌

乘坐方法

地铁票为磁卡型，可以在售票窗口或者自动售票机上购买。使用自动售票机的时候，先按票价按钮（3元、4元等按钮，一元进制），然后放钱取票，从下面的零钱出口找零。仅限1元和5角的硬币以及5元和10元的纸币。

进出车站使用自动检票机，先把车票放到上面的传感器上，读取后手持车票推动旋转杆进入站内。出站的时候，把票插入检票机后，推动旋转杆出站。背包等要接受安检。

换乘引导说明，让人放心

便捷的上海公共交通卡

出租车、地铁、公交车、黄浦江渡船、上海旅游集散中心的旅游项目都能刷卡。20元的押金，按照10的倍数原则进行充值。在主要的地铁站、部分便利店里都可以购买或者充值，非常方便（参照边栏※1）。另外位于市中心区提供交通卡服务的上海公共交通卡服务中心也可以办卡。

■上海地铁主页
🖥 www.shmetro.com

■上海公共交通卡服务中心
（Map p.30-B1）
🏠 九江路609号
☎ （021）63611100
🕐 9:30~18:30
（周六、周日~16:30）
🚫 无
🚇 地铁1、2、8号线人民广场站下车，步行4分钟
🖥 www.sptcc.com

※1
在车站的服务柜台（窗口）可以办理退卡手续。卡内余额不足10元的，当场可以跟20元押金一起全额退还；卡内余额超过10元（含10元）不足2000元时，扣除5%的退卡手续费后当场退还。

市民离不了的上海公共交通卡

24小时不限次数随便乘坐地铁的一日票18元

72小时不限次数随便乘坐地铁的三日票45元

地铁线路详情介绍				
线路名称	线　　路	运营时间	票价	主要换乘站
地铁1号线	富锦路站—莘庄站	5:30~22:30	3~7元	人民广场站（2、8号线）上海体育馆站（4号线）
地铁2号线	浦东国际机场站—（广兰路站换乘）—徐泾东站	6:00~22:00	3~9元	人民广场站（1、8号线）中山公园站（3、4号线）世纪大道站（4、6、9号线）
地铁3号线（明珠线）	江阳北路站—上海南站站	5:25~22:30	3~7元	上海南站站（1号线）中山公园站（2、4号线）
地铁4号线	世纪大道站—上海火车站站—中山公园站—上海体育馆站—西藏南路站—世纪大道站的环线	5:53~22:53	3~4元	上海体育馆站（1号线）中山公园站（2、3号线）世纪大道站（2、6、9号线）西藏南路站（8号线）
地铁5号线	闵行开发区站—莘庄站	6:00~22:00	2~3元	莘庄站（1号线）
地铁6号线	港城路站—济阳路站	5:30~22:30	3~6元	世纪大道站（2、4、9号线）
地铁7号线	美兰湖站—花木路站	6:00~22:00	3~6元	镇平路站（3、4号线）
地铁8号线	市光路站—航天博物馆路站	5:30~22:30	3~6元	人民广场站（1、2号线）
地铁9号线	杨高中路—松江新城站	5:30~22:30	3~7元	宜山路（3、4号线）、世纪大道站（2、4、6号线）
地铁10号线	新江湾城站—航中路站 新江湾城站—虹桥火车站	5:30~21:55 5:30~22:00	3~6元	陕西南路站（1号线）、南京东路站（2号线）、虹桥路站（3、4号线）、海伦路站（4号线）、老西门站（8号线）、四平路站（8号线）、虹桥火车站站（2号线）
地铁11号线	江苏路站—嘉定北站 江苏路站—安亭站	6:00~22:00 6:09~21:55	3~6元	曹杨路站（3、4号线）
地铁13号线	金运路—金沙江路	6:00~22:00	3~4元	

※运营时间显示的是始发站的首末车发车时间

地铁的乘坐方法

1 找到地铁入口

　　路上到处都有地铁的指示牌，因此寻找地铁站很简单。在市中心区地铁在地下行驶，而在郊区则在高架桥上行驶。

➡ 地铁站周围都有标注距离的地铁标识，入口也很醒目

2 买票

　　可在自动售票机上或者售票窗口购买。使用自动售票机时操作如下：

1	确认目的地之后，按下票价按钮。
2	投入硬币或纸币。
3	拿到卡型车票。
4	找零在下面的出口拿。

➡ 先在触摸屏上点击目的地，然后点击购票张数

➡ 投入钱币。自动售票机既有硬币纸币均收的机器，也有只收硬币的机器，没有零钱的情况下，可以到售票窗口买票

3 检票进站

　　地铁检票均为自动检票。把票放在闸机感应器上读取，之后推动闸杆进站。

➡ 站台上有导航显示屏，有下一趟车何时到站等信息

➡ 检票通过的时候，读取车票的地方是闸机上面的圆形部位，把车票放在上面读取后推杆进站

4 检票出站

　　出站时，把车票插入闸机内推杆出站。车票会被自动收回。持交通卡的人是跟进站时一样的操作方法。

➡ 检票出站，把车票插入圆形部位下方的入口即可，车票会被回收，推开前面的闸杆出站。使用上海交通卡的时候，把卡放到圆形部位刷卡

出租车

出租车运营较规范，然而与想乘车的人数相比，出租车的数量远远不够，因而在下雨的时候或者深夜打车的话，经常会发生争夺出租车的情况。

空车的标志

车费

请尽可能事先准备一些小额的纸币或者零钱。使用交通卡的话，在下车前，用交通卡在计价器上刷卡付费，记着要一张出租车发票，一旦有什么东西遗忘在车里，可根据票上显示的出租车公司与其联系。普通的中型出租车，起步价（3公里以内）14元，3~10公里每公里2.4元，10公里以上每公里3.6元。夜间（23:00~次日5:00）的话，起步价（3公里以内）18元，3~10公里每公里3.1元，10公里以上每公里4.7元。停车的时候每5分钟加收2元。

街道上有很多出租车

出租车包车服务

如果是中型出租车，包车一天的价格大概500元，如果去上海近郊等相对距离比较远的地方600~800元。需要从一开始就谈清楚的费用包括：司机的午餐费用、高速费、景点的停车费等。要注意的是有的司机可能会以回来晚了，或者超出预想的公里数了等为理由提出加价的要求。

避免纠纷

最简单、最重要的就是要发票，上海的正规出租车使用的都是计价器自动打印发票的装置，发票上有价格等信息，投诉的话会成为重要的证据（比如从什么地方上车，在哪里下车，由于绕远被收取高额的车费等）。

为了避免纠纷，选择出租车公司也是一种自卫手段，评价最好的是"上海大众出租车"（标识是桑塔纳2000银绿色车体），第二受欢迎的是"强生出租车"（标识是桑塔纳银黄色车体）。

受到广泛好评的上海大众的出租车

强生的出租车

上海世博会时新登场的出租车，车内宽敞舒适。车费跟普通出租车一样

■ 主要的出租车公司

● 上海大众
上海最大的出租车公司
☎（021）96822（预约）
（021）62580780
（失物问询、投诉）

● 强生
上海第二大出租车公司
☎（021）62580000（预约）
（021）62581234
（失物问询、投诉）

● 锦江
☎（021）96961（预约）
（021）64169292
（失物问询、投诉）

● 上海巴士
☎（021）96840（预约）
（021）64312788
（失物问询、投诉）

● 海博
☎（021）96933（预约）
（021）61132828
（失物问询、投诉）

名牌编号的下面的星，三星以上是优秀司机的标识

■ 适合轮椅的出租车

在上海，地铁站内电梯比较少，轮椅移动困难的情况很多，这种时候，有一种装有车载轮椅升降机的出租车很适合坐轮椅的乘客出行，这种车被大家称为"阳光车"。上海大众出租车公司引进了这种车。可以预约 [☎（021）96822]。据说如果是轮椅乘客，车费可以打七折。

■ 小心黑出租

机场和车站附近会看到黑出租，当发生被多收费等纠纷时会很无奈，一般大的车站都有正规的出租车站，还是坐正规的出租车吧。在磁悬浮龙阳路车站坐出租车，有时候会遇到多收钱的司机，要好好确认一下金额。

■ 下雨天难打到车

一到下雨天，很多平时利用公共交通工具的人就会转而坐出租车，因此非常难打到车。

41

车头显示汽车的线路和是否为空调车

公交车

上海市的公交车大概有 500 条线路，像密集的网一样沟通了市内的大街小巷，成为上海市民出行的重要交通工具，只要掌握了正确的线路，就能到达市内的任何一个地方。从早 4:00 运营到晚上 23:00，主要线路上即使深夜也有夜班车运营。

除了普通公交车，还有无轨电车、小公共、双层巴士等，种类繁多。

市里的书店等地方卖的上海交通地图上有公交线路的详细介绍，有一份这样的地图就能很容易地乘坐市内公交车了。另外公交车站牌上列出了所有车站的名称和票价，很容易弄明白从哪里上下车。

乘车方法与票价

上海很多公交车都是无人售票，有售票员的都是近郊的公交车或者私营的小公共汽车。乘坐无人售票汽车时，把钱投入投币箱内，基本上不会找零，最好提前准备好一元硬币。使用公交卡的人，乘车时在指定的地方刷卡，票价市内 1~2 元（空调车 2~4 元），单一票制的线路有很多。

乘坐市内公交车的注意事项①

上海人基本以公交车作为上下班的交通工具，因此最好避开上下班的高峰时段，这个时间段车内非常拥挤，想在目的地下车也是一件很辛苦的事情，还要注意车内的小偷，坐在座位上打盹的时候，相机或者钱包被偷走的事情时有发生，行驶在主要道路上的公交车，即使到夜里很晚的时候乘客也很多，可以放心乘坐，但是 21:00 之后，那些没什么乘客的公交车要少坐。

把市内所有地方都连接起来的市内公交车

站牌上的线路标示得很清楚

便捷的市内公交车

市内公交车的乘坐方法

1 寻找车站

上海市内有大约500条公交线路，需要注意的是，由于地铁施工等原因，有些车站的地点可能与线路图上标注的不太一样。

○ 车站的路牌上写有公交车线路与票价

○ 有空调车（公交车线路编号有"空调"两个字）和非空调车

2 上车

不设找赎，需要提前自备零钱。大多数是无人售票车，不过也有一部分出口附近有售票员，可以直接把钱交给售票员，也可直接刷公交卡。

○ 付现金时，把规定的钱投入投币箱内，1~2元，车程越远越贵

○ 使用公交卡时在刷卡机上刷卡。上海公交卡，除了公交车，还可以用于地铁、出租车等，使用起来很方便

3 下车

在汽车接近下车的车站时换到下车门处，高峰时段，尤其是早上6:00~8:00，和傍晚17:00~20:00，这两个时间段不仅由于太拥挤不容易下车，而且很容易遇到小偷。

■上海旅游集散中心总站
Map p.28-B4

🏠 中山南二路 2409 号
☎ (021) 53514830 (售票)
　 (021) 24095555 (咨询)
🕐 7:00~19:00
休 无
🚇 地铁 3 号线漕溪路站下车
即到
🌐 www.chinassbc.com
※售票处在地下一楼，候车
室和乘车场在一楼

上海旅游集散中心总站在漕
溪路站前

旅游巴士

　　开往上海近郊著名观光景点的旅游巴士从上海旅游集散中心总站发车，包括每天运营的天天开班和仅在周六日运营的双休班两种，费用基本都包含景点门票，使用起来很方便。2012 年 4 月，总部从上海八万人体育场的旁边，搬到了地铁 3 号线漕溪路站的对面，车站也开始使用新车站。

　　到了周末，景点处会聚集几十辆看起来相同的旅游巴士，很难区分自己所乘坐的是哪辆车，这种时候最好记住车牌号。

天天开班游

　　每日运行的郊外观光巴士，费用中包含景点的门票，有的含导游和午餐，有的不含，即使去同样的景点，也会因所含项目不同而价格不一样。天天开班游、上海市内景点游、双休班游的车票都在同一窗口购买。

保存有许多历史建筑的同里

- 🟫 杭州：杭州（→p.265）费 188 元
- 🟫 苏州：苏州（→p.307）费 190 元
- 🟫 周庄：周庄（→p.337）费 155 元
　　（自助游 150 元）
- 🟫 同里：同里自助游（→p.352）费 130 元
- 🟫 西塘南湖：西塘自助游（→p.358）费 150 元
- 🟫 乌镇：乌镇（→p.364）费 165 元
- 🟫 南浔：南浔（→p.372）费 150 元
- 🟫 枫泾：枫泾（→p.376）费 100 元
- 🟫 无锡（→p.384）费 190 元

上海市内景点游

- 🟫 上海 1 日 9:00 发车 费 275 元
- 🟫 朱家角（→p.342）费 85 元
- 🟫 大观园（→p.341）费 88 元
- 🟫 上海影视乐园（→p.110）费 98 元

位于上海市内的水乡朱家角

双班休游

　　只在周六周日运行的观光巴士，由于都是一些受欢迎的线路，所以最好提前一天买票。

- 🟫 沙家浜尚湖 费 110 元（12 月~次年 5 月）、120 元（6~11 月）
- 🟫 苏州自助游 费 228 元
- 🟫 同里自助游 费 130 元
- 🟫 西湖南湖 费 150 元
- 🟫 角直：角直自助游（→p.348）费 99 元
- 🟫 锦溪：锦溪（→p.380）费 88 元

双层观光巴士

　　在上海市内行驶的双层观光巴士，运营区域为浦西地区和浦东地区，浦西地区的都市观光旅游 1 号线从上海城市规划展示馆发车，浦东地区的上海陆家嘴旅游观光环线从东昌路和富城路的交叉口发车。两种车都

被称为"江南第一水乡"的周庄

建议大家乘坐二层的敞开车厢座位，可以以全新的视角观赏路上风景，跟走路时看到的感觉完全不同。

都市观光旅游1号线

■线路

上海城市规划展示馆车站→上海博物馆→南京东路步行街东侧→外白渡桥→外滩欧风建筑群→外滩浦江埠头→豫园→上海古城墙→大韩民国临时政府原址→新天地东侧（所需时间约1小时）

■ 都市观光旅游1号线
Map p.30-A1
🚇 乘坐地铁1、2、8号线在人民广场站下车后步行大约3分钟
🏠 人民大道上的都市观光专用停车场"上海城市规划展示馆"
☎ （021）62520000
🕐 9:00～20:00（11月～次年3月～19:00）
费 30 休 无
🌐 service.springtour.com/citysight/index.asp
※观光巴士的线路或者时间有临时变更的情况

上车场的站牌标示得很清楚

上／周游浦西地区的都市观光旅游1号线

左／外滩的欧风建筑群
右／苏州河上架起的外白渡桥

八国语言的录音讲解器

上海陆家嘴旅游观光环线

■线路

上海市轮渡（浦东）车站→陆家嘴环路→金茂大厦88层观光厅·上海环球金融中心→东方明珠塔→上海海洋水族馆（所需时间大约20分钟）

摩天大厦林立的浦东区

■ 上海陆家嘴旅游观光环线
Map p.18-A4
🚇 乘地铁2号线在陆家嘴站下车后步行大约10分钟
🏠 东昌路与富城路交叉口[上海市轮渡（浦东）站前]
☎ 服务热线（021）68885552、15000222270（上海锦江公共交通）
🕐 9:00～22:30（冬季～21:00）
休 无
费 20元（含一杯饮料）

周游浦东地区的上海陆家嘴旅游观光环线

也是浦东标志塔的东方明珠塔

有专门摆放饮料杯的小桌

长途客运车

发往各个城市的长途车

　　上海市内有几个长途汽车站，规模比较大的长途车站包括上海火车站北侧的上海长途客运总站、上海南站南侧的上海长途客运南站、云大路北侧的浦东白莲泾长途客运站、与虹桥火车站连接的上海长途客运站虹桥西站。

　　除了这些规模较大的长途车站之外，还有很多小规模的长途客运站。这些小规模的长途车站也有开往目的地的长途车，因此事前可以在酒店前台问讯处咨询确认，选择最方便的长途客运站。

电子显示屏上的时刻表

　　在长途客运站，先通过电子显示屏或者咨询服务处发放的时刻表确认打算乘坐的车辆情况。电子显示屏上实时显示车辆的目的地、发车时间、票价以及有无空座等信息。确认之后到售票窗口（售票处）买票。

这里是售票窗口。买票后在候车室等候检票

上海长途汽车客运总站

　　是上海的主要客运站，位于上海火车站北侧。由于这里也是长途火车和地铁的换乘车站，所以终日人多拥挤，车站周边有快餐店或其他可以就餐的餐厅，乘车之前可以在餐厅内休息。

上海站周边

A
上海长途汽车客运总站
上海旅游集散中心(北区分站)
麦当劳 🄖

中兴路
孔家断路
交通路
B
N
0 100m

亚繁龙门
大酒店 🄗
上海铁路
大厦酒店 🄗
KFC 🄖
西南出口
行李寄存处
去香港的车站(出入境联检大厅)
上海站南广场
第一自动售票处
出租车乘车入口(地下一楼)
1等候车室(软座候车室)
出租车乘车站入口
(地下一楼)
上海邮电大厦 ✉
友谊服饰商厦
味千
拉面
上海广场长城假日酒店
(长城楼)
上海广场长城假日酒店
(广座楼)
机电大厦远东
大酒店 🄗
KFC 🄖
长安路
恒丰路
售票处
售票处
🄖 上海站快餐世界
候车室(地下)
入口
第二自动售票处
东南出口
行李寄存处
上海站联合售票处
联合售票大楼
环龙商城
KFC 🄖
老娘舅
上岛咖啡
🄖 麦当劳
中亚美爵酒店
梅
园
路
新梅华东
大酒店 🄗
浦东国际机场
机场专线发车点
Watsons
🄗
天目西路
家里不夜城
民立路
太平洋百货
🄢 不夜城商厦
秣陵路
交通路
地铁3、4号线上海火车站
上海站
2
3
恒丰路
长安路
秣陵路

🄗 酒店 🄖 美食 🄢 商店 🄒 便利店 ✉ 邮局 🚏 巴士站

上海长途汽车客运总站发车的主要线路发车情况
■杭州（到达杭州客运中心）: 6:50~20:30 运营，每天28班，[费]59元
■苏州（到达苏州南门长途汽车站）: 7:00~19:40 运营，每天20班，
[费]35元
■周庄: 7:00、12:00、16:50，每天3班 [费]20元
■南京: 7:00~19:00 运营，每天10班 [费]97元
■绍兴: 6:40~19:20 运营，每天9班 [费]73~80元
■合肥: 9:40、11:50、14:20，每天3班 [费]147元
■武汉: 16:30、17:50，每天2班 [费]261元
■扬州: 6:30~17:30 运营，每天16班 [费]84元
■青岛: 17:00~20:00 运营，每天7班 [费]203元

上海长途客运南站

　　客运南站位于火车站上海
站的南侧，北侧是巨大的太阳造
型的上海南站建筑，据说客运站
采用了与太阳相互呼应的月亮造
型。高达21米的客运站大厅，采
用挑空的建筑方式，周围使用玻
璃，光照充足，使得整个空间显
得宽敞明亮。客运站与上海南站

上海长途客运南站的外观

■上海长途汽车客运总站
Map p.15-D1、47-A1
[住] 中兴路 1666 号
[时] 5:00~23:00
[休] 无
　　乘坐地铁1、4号线在
上海火车站下车或者乘坐3
号线在上海站下车后步行大
约10分钟

*终日人多拥挤的上海长途汽车
总站*

宽敞的上海长途汽车总站大厅

*上海站位于上海长途汽车总站
的南侧*

■上海长途客运南站
Map p.10-B4、48
[住] 石龙路 666 号
[电] (021) 54353535
[时] 6:00~23:00
　　乘坐地铁1、3号线在
上海南站下车后步行大约5
分钟
[网] www.ctnz.net

上海长途客运南站的站前广场

■南站附近的酒店

●奥凯酒店上海南站店
Map p.48

🏠 石龙路 569 号

☎ (021) 51502300

💰 S 288 元~ T 288 元~

💳 无 🛏 186

IN 14:00 OUT 12:00

🚇 乘坐地铁 1、3 号线在上
海南站下车后步行大约 10
分钟

宽带免费

沿石龙路而建的奥凯酒店上海
南站店

上海长途客运南站前有指示塔,
很容易找到

■上海长途汽车虹桥站

Map p.51　Map p.10-A3

🏠 申虹路 298 号

☎ (021) 34661820

🚇 乘坐地铁 2、10 号线在虹
桥火车站下车后步行大约 5
分钟

🕐 7:00~22:00

休 无

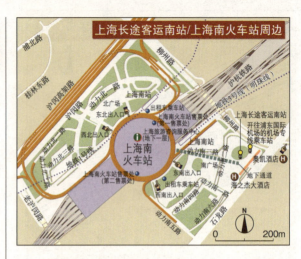

上海长途客运南站/上海南火车站周边

0　　　200m

通过地下通道连接起来（步行大约 5 分钟）,一进入大厅就能看到电子显示
屏上的滚动时刻表,等到自己想去的目的地显示出来后,确认车辆的发车时
刻、是否有座以及票价等情况,然后进入大厅右侧的售票处的窗口,告诉售
票员要去的目的地。拿着车票并进行行李安检后,到候车室等候。

上海长途客运南站发车的主要线路发车情况

■杭州: 6:40~20:50 运营,每天 35 班　费 59 元

■苏州: 6:27~20:00 运营,每天 40 班　费 30

■周庄: 每天 6 班　费 29 元

■南京: 9:31~16:50 运营,每天 5 班　费 105 元

■绍兴: 7:10~19:55 运营,每天 27 班　费 80 元

■无锡: 6:40~19:07 运营,每天 16 班　费 53 元

■南浔: 7:14~18:05 运营,每天 8 班　费 41 元

■乌镇: 7:44~18:17 运营,每天 7 班　费 33 元 ~44 元

■武汉: 14:18,每天 1 班　费 220 元

■青岛: 17:31、19:01、20:10,每天 3 班　费 204 元 ~224 元

上海长途汽车虹桥站

　　位于上海虹桥综合交通枢纽内部西侧,
除了发往江苏省的苏州与无锡等地以及浙
江省的杭州、南浔等地的车次之外,还有
发往山东省和安徽省的车次。上海虹桥综
合交通枢纽是把上海虹桥国际机场 2 号航

线路导引

站楼、地铁、火车站连接起来的交通枢纽,换乘方便快捷,是上海的主
要交通枢纽,近年内预计会建成磁悬浮列车的始发站。

上海长途汽车虹桥站的主要线路发车情况

■杭州: 13:50、18:30、20:20、21:50,每天 4 班　费 80 元

■苏州: 9:50~21:00 运营,每天 19 班　费 51 元

■无锡: 11:20~20:50 运营,每天 10 班　费 72 元

■南京: 10:10、14:10,每天 2 班　费 105 元

■乌镇: 10:50、13:30、15:50,每天 3 班　费 49 元

■南浔: 7:20~19:30 运营,每天 12 班　费 54 元

上海最大的综合交通枢纽外观

浦东白莲泾长途客运站

在浦东新区投入使用的长途客运站。虽然车次比较少，不过距离地铁 7 号线云台路车站很近，而且不需要专门到浦西区的大型长途车站，从这里就可以乘坐发往各主要地区的长途车，很方便。每天的乘车人数大概有一万人。

在候车室等车

浦东白莲泾长途客运站的主要线路发车情况

- ■ **杭州**：10:20、12:30、16:50、19:00，每天 4 班　费 60 元
- ■ **扬州**：6:36、8:36、12:46，每天 3 班　费 93 元
- ■ **苏州**：8:50，每天 1 班　费 38 元

长途火车

上海有上海火车站、上海南站、上海虹桥站等几个火车站。2010 年投入使用的上海虹桥车站将成为今后最主要的火车站，是去往杭州或苏州方向的高速铁路首发站，现在正在进行扩建工程施工，另外和谐号（动车组，以字母 D 打头）已经从 2007 年开始运行，高铁（以字母 G 打头）已经从 2010 年开始运行，因此能够在很短的时间内前往杭州和苏州方向。座位可以放倒，有 1 等座席、2 等座席和特等座席，买票的时候需要出示身份证或护照。给其他人代买车票需要提供护照号码。

列车种类

D= 动车组……时速在 200 公里以上
G= 高铁……全名 China Railways High-speed，最快的时速达到 300 公里以上
T= 特快……经停站很少
K= 快速……途中停车站很多

售票处

■ **浦东白莲泾长途客运站**
Map p.11-C3
住 浦东南路 3843 号
☎（021）58836764
🚇 乘坐地铁 7 号线在云台路站下车步行大约 5 分钟
🕐 5:00~19:00
休 无

离火车站很近也很方便的浦东白莲泾长途客运站

在 1~12 号窗口买票

■ **上海火车站售票处**
● 第一自动售票处
Map p.47-B2
住 秣陵路 303 号
上海火车站南广场车站一层
☎ 无
🕐 6:00~22:30
休 无
※ 仅限苏州、南京等短距离的当日车票、和谐号（CRH）车票，以及有空座位的当日长途车票
● 上海站联合售票处
Map p.47-B3
住 梅园路 385 号联合售票大楼 1 楼
☎ 无
（综合问讯处）
🕐 24 小时
休 无
※ 办理当天以及 6 日以内的车票。有些线路的长途火车卧铺票很难买到，尽量提前购买。

上海火车站外面有很多餐饮店

49

上海火车站的地下通道

2008年开通的上海—北京之间的动车卧铺列车

动车车内，很宽敞

上海站（上海火车站）

向全国各地发车的火车站，2010年开通了上海到南京之间的高铁（沪宁高速铁路）。从上海火车站检票出站后，在路面上很难打到出租车，最好是在地下的出租车乘车处排队打车。

上海火车站可以换乘1、3、4号地铁，除此之外，北侧还有规模很大的长途客运站。

上海火车站地下出租车乘车处

上海火车站发车的主要线路列车情况

■杭州：7:55~20:19 运营，每天4班（只有G），所需时间1小时22分钟~1小时31分钟 费93~279元

■苏州：6:05~21:00 运营，每天56班（D、G、T、K），所需时间25分钟~1小时16分钟 费15~122元

■无锡：6:05~23:18 运营，每天77班（D、G、T、K），所需时间42分钟~1小时37分钟 费20~95元

■南京：6:05~23:48 运营，每天71班（D、G、T、K），所需时间1小时51分钟~3小时50分钟 费47~220元

■北京：18:14、20:01、20:07，每天3班（G、T），所需时间11小时45分钟~15小时9分钟 费179~1392元

上海南站（上海南火车站）

仅次于上海火车站的于2006年投入使用的大型火车站。在上海南站可以换乘地铁1、3号线，其南侧有规模很大的长途客运站。需要注意的是，随着上海虹桥火车站的投入使用，和谐号（动车组、以字母D打头）、高铁（以G打头）已经不在上海南站发车。

自助售票处排队购票

■上海南站售票处

●上海南站第一售票处
Map p.10-B4、48
住 沪州路·沪闵路·石龙路
地铁1、3号线上海南站车站下车后到地上二层（东北）
☎（021）95105105
（综合问讯处）
营 5:30~23:30
休 无
※可购买当日以及10日以内的车票，也有自动售票机。

●上海南站第二售票处
Map p.10-B4、48
住 沪州路·沪闵路·石龙路
地铁1、3号线上海南站车站下车后到地上二层（东北）
☎（021）95105105
（综合问讯处）
营 7:30~19:30
休 无

上海南站发车的主要线路列车

■杭州：6:49、13:47、15:07、17:53，每天4班（只有T），所需时间1小时51分钟~2小时32分钟 费29~119元

■苏州：4:30~22:33 运营，每天10班（T、K），所需时间1小时05分钟~1小时29分钟 费16~99元

■无锡：4:30~22:33 运营，每天9班（T、K），所需时间1小时35分钟~2小时05分钟 费22~109元

■绍兴：5:20，一班（只有K），所需时间2小时34分钟 费38~132元

■南京：4:30~22:33 运营，每天9班（T、K），所需时间3小时21分钟~4小时56分钟 费74~147元

候车室

上海虹桥火车站

　　2010年投入使用的上海虹桥火车站，位于上海虹桥综合交通枢纽内，是上海最大的车站。2010年，上海和杭州之间开通了沪杭高铁，仅用40分钟就将两站连接起来，2011年开通了到北京南站的京沪高铁，成为高铁的重要基地。上海虹桥火车站可以换乘地铁2、10号线，在车站西侧有长途车客运站。

宽敞的候车室，还有咖啡厅和快餐店

上海虹桥火车站发车的主要线路列车

■**杭州**：6:38~21:52 运营，每天53班（D、G），所需时间49分钟~1小时45分钟 **费**49~164元

■**苏州**：6:35~21:15 运营，每天32班（D、G），所需时间25分钟~44分钟 **费**26~60元

■**无锡**：6:35~21:15 运营，每天42班（D、G），所需时间42分钟~1小时17分钟 **费**39~95元

■**绍兴**：7:06~15:31 运营，每天16班（只有D），所需时间1小时40分钟~2小时17分钟 **费**68元、78元

■**上海虹桥火车站售票处**
Map p.51
住 申兰路
☎（021）95105105
营 7:00~23:00
休 无
※ 可购买6日以内的车票，也有自动售票机。

高铁的始发终点站上海虹桥站

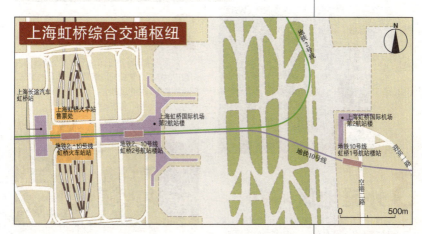

上海虹桥综合交通枢纽

（地图标注：上海长途汽车虹桥站、上海虹桥火车站售票处、上海虹桥国际机场第2航站楼、地铁2、10号线虹桥火车站、地铁2、10号线虹桥2号航站楼站、上海虹桥国际机场第2航站楼、地铁10号线虹桥1号航站楼站、地铁10号线、地铁2号线、空港二路、空港一路、迎宾一路）

0　　500m

乘坐轮船

　　上海有国际航路和国内航路，国际航路使用上海港国际客运中心。国内航运请参考以下内容

吴淞口客运码头（Map p.9-C2）

■**前往普陀山**：20:00 出航，所需时间约12小时　　**费**109~409元

南浦大桥长途码头（Map p.26-A4）

■**前往普陀山**：8:00 出航，所需时间约4小时　　**费**258元

■**吴淞口客运码头**
Map p.9-C2
住 华成路271号
☎（021）56575500
营 8:00~19:45　**休** 无
※ 可购买2日以内的船票。

■**陆家浜路乘船票售票处**
Map p.26-A3
住 陆家浜路456号赛元大酒店16楼10号　**营** 8:30~16:30
休 无
※ 可购买6日以内的乘船票。乘船处在南浦大桥长途码头（Map p.26-A4），需要注意的是南浦大桥长途码头并不卖乘船票。

上海

上海的交通

51

不容错过的
上海十大著名体验

在有限的时间里有效地游览上海。
一定不能错过的著名景点和项目是这些!
参照着这些愉快地玩转上海吧。

Best **10**

1 观景厅

浦东地区有一座标志性的电视塔和两座摩天大楼,这三座建筑的观景台都可以让人一览上海市内的美景。

上海环球金融中心 >>> p.56
金茂大厦 88 层观光厅 >>> p.57
东方明珠塔 >>> p.57

2 豫园地区 >>> p.63

江南古典园林的豫园,是由 5 个景区和内园组成的名园,豫园周边都是古香古色的建筑,形成极具中国特色的地方,除了大饱口福之外,还可以享受购物、传统茶馆带来的惬意。

3 外滩地区 >>> p.72

有一大片租界时代建造的欧风建筑群,这个地区被通称为"外滩"。在翻新后的大楼里,可以在风景绝佳的餐厅内就餐,也可以悠闲购物。这片建筑群的东侧,沿黄浦江的那条人行道,也成了眺望迷人风景的好地方,外滩的建筑群和对岸的浦东美景都让人流连忘返。

4 上海杂技 >>> p.217

上海杂技以超凡脱俗、令人震撼的高超演技,在各剧场里别出心裁地向观众展示着惊心动魄的杂技传奇,请不要错过近距离观看广受世界好评的上海杂技。

5 上海博物馆 >>> p.80

可以算得上中国三大博物馆之一了，馆内大约收藏了12万件精品文物，如果想漫步其中慢慢欣赏那些精髓，至少需要半天的时间。

6 泰康路 >>> p.104

曾经是小工厂集中的地区，经过翻修后，如今一些新的小店铺早已陆续开业了，成为时尚独特的景区。

7 南京东路 >>> p.80

上海最繁华的步行街，从老字号的文具店到快餐店，各种各样的店铺一应俱全，只是在街上漫步也会让人心情愉悦。到了晚上这里便灯火辉煌，亮如白昼。

8 黄浦江游船 >>> p.221

乘坐游船，可以在水上360度全方位欣赏上海的夜景。可以享受外滩灯火中的石造建筑群以及浦东摩天大厦的夜景。

9 H 空间美术馆 >>> p.80

在上海非常受关注的H空间美术馆，去拜访一下充满个性的画廊，感受一下抽象化的异世界风采。

10 近郊的水乡 >>> p.336

上海市内也有包括七宝在内的几个水乡，很方便就能到达，不过如果想领略一下水边的生活状态，那就要稍微走远一点，到周庄或者朱家角等近郊水乡去看一看了。

分区介绍

从高层酒店眺望到的上海夜景

上海的观光景点

上海 概 要

　　上海，位于北纬 30° 23′ ~ 31° 27′，东经 120° 52′ ~ 121° 45′，面积 6340.5 平方公里，为中国整体面积的 0.06%，人口 2347.46 万（2011 年）。

　　上海是牵引中国经济发展的主力军，与政治中心的北京一起为大家所熟知。

　　上海的气候属于亚热带海洋性气候，四季明显，夏季高温多雨，冬季酷寒干燥，年平均气温 18.2℃。

　　在各大媒体中经常出现的上海给人的感觉好像是个规模巨大的城市，其实高楼林立的新兴区域却是非常狭窄的。除去青浦区和嘉定区等郊外的部分，一般游客参观的景点几乎都在以人民公园为中心步行 1 小时左右的范围之内。

　　这个范围之中有几个主要的地区，每个地区由于历史背景和开发情况不同而形成了各自不同的地区特色。

位于黄浦江西侧的连成一片的历史性建筑

上海 市内的观光景点

作为观光重点而必须游览的主要是外滩（→ p.72）和豫园（→ p.63），这是初次造访上海的游人最想参观的地方。

外滩是一条沿江的大道，路边是一排租界时期建造的石质建筑群，是上海标志性的区域。漫步在黄浦江边的滨江道上，可以遥望对岸的浦东风景，路边大楼里面也有可以享受外滩与浦东美景的餐厅或酒吧。

2010年开业的新地标"新天地时尚"

而豫园是名园之一，也是上海最具中国特色的景区，参观完豫园之后，可以在豫园旁边的豫园商城享受上海的传统美食，体验一下购买工艺品的乐趣，而且豫园一带的建筑保留着几十年前的风貌，可以感受一下老住户的日常生活状态。

对文化感兴趣的游客可以去参观上海博物馆，这里陈列的文物慢慢品味的话需要花上几天的时间才能看完。对上海或江南的历史感兴趣的游客，推荐您去看看位于东方明珠一楼的上

江南古典园林——豫园

海城市历史发展陈列馆，那里采用"融物于景"的场景化展示手法，辅以高科技的技术手段，向游人展示着江南一带的风俗习惯。

想参拜宗教寺院的人，最著名的玉佛禅寺不容错过，可观赏从缅甸请来的玉佛。另外上海龙华古寺以及上海静安寺也都是游人经常造访的名刹。

如果想体验上海的现代化风采，可以去浦东的东方明珠塔以及上海环球金融中心和金茂大厦88层观光厅，从这些上海标致性建筑的观景厅看到的上海市景卓越非凡。

还有聚集了一些小的店铺、咖啡馆和酒吧的泰康路（→ p.104），这里不断地发展变化着，如今也是最时尚的景点之一。漫步在这条小路上，对比着那些隐约可见的新旧差异，可以感受到一种独具特色的时尚氛围。除此之外，再现法国租界街景的新天地（→ p.85）也是一个集购物与美食于一体的好去处。

已成为著名观光景点的泰康路

上海 郊外的观光景点

如果您想体验一下与上海不同的江南韵味的话，建议去上海的郊外转一转。比如离上海不远又广受欢迎的水乡古镇周庄（→ p.337），整个水乡小镇都成了观光地，可以在小镇里自由参观水乡风景，如果时间富余，还可以去看看已经列为世界遗产的以园林著称的同里（→ p.352），还有与周庄、同里并称"江南水乡三明珠"的用直（→ p.348）也非常值得一去。

浦东地区 *Pudong Area*

不断开发的现代化都市

Map p.18~19

浦东地区　特征与景点

黄浦江东侧辽阔的一带，被称为浦东，浦东地区原来是一片湿地，在上海市政府的主导下，1990年启动了开发浦东的项目，开发了以金融、商业为中心的"陆家嘴金融贸易区"、自由贸易区的"外高桥保税区"、以生产·加工为中心的"金融输出加工区"、以高新技术产业为中心

有数处观景台的浦东地区

的"张江高新技术开发区"，从而成为华东地区的经济支柱地，尤其是陆家嘴金融贸易区开设证券交易所之后，这里作为商业区得到了集中的开发，成为摩天大厦林立的第一商业街。浦东其实是指从黄浦江东侧区域，而面向游客的中心区是指黄浦江两侧，也就是外滩对岸的那片区域（Map p.17-D2）。浦东地区基本上都是商业街，地铁站陆家嘴一带是主要观光区，地铁世纪大道站周边大型商场和高级酒店集中，也是游人经常惠顾的地方。

一般游客最常去的地方是陆家嘴中心绿地附近，那里高层建筑林立，有东方明珠塔和上海环球金融中心观景厅、上海海洋水族馆等著名景点，还有浦东香格里拉大酒店和上海柏悦酒店等多家一流酒店。而且从江边的滨江大道可以眺望外滩一带的风景，夜间在这里常能见到来此约会的情侣。从这里前往外滩，建议您走外滩观光隧道，可以在穿越黄浦江的同时尽情享受梦幻般缤纷无限的彩光世界。浦东最繁华的商业街，位于世纪大道地铁站西侧的新上海商业区，那里有上海第一八佰伴等大型商场，最适合轻松逛街购物。

ACCESS

乘地铁2号线在陆家嘴站、东昌路站下车，或乘地铁4号线在浦东大道站下车。还可以乘地铁2、4、6、9号线在世纪大道站下车后即到。

开发过程中也有略显悠闲的风景

不断开发的浦东地区高楼林立

■上海环球金融中心

住 世纪大道100号

☎ （021）38672008

營 各店铺情况不同

休 各店铺情况不同

費 免费

（观景台100~150元）

🚇 乘地铁2号线在东昌路站下车后步行15分钟，或在陆家嘴站下车后步行大约20分钟

🌐 www.swfc-observatory.com

上海环球金融中心

浦东的观光名胜

Map p.18-B3

★★★

2008年诞生于上海浦东新区的高度492米的摩天大楼，在象征性的新颖楼体外形之内，除了金融中心的主要功能之外，还配备了餐厅与酒吧，从79楼到93楼为五星级的上海柏悦酒店，成为世界屈指可数的高层酒店之一。

也有风景绝佳的休息室

上海环球金融中心展望台
世界最高的观景台   Map p.18-B3 ★★★

从地下一层入口乘坐高速电梯只需 66 秒就可抵达展望台。展望台位于 94 层、97 层、100 层，可以透过玻璃一览上海城区的景色。尤其是 100 层的展望台，号称"世界最高的展望台"，可以透过玻璃地板看到地面上的景观。由于高达 492 米，所以楼顶上方经常有云层覆盖。

位于 100 层展望台的空中走廊

可以眺望到对岸的浦西地区

俯瞰的时候金茂大厦也可以尽收眼底

■ 上海环球金融中心展望台
住 世纪大道 100 号
☎ （021）68777878
營 8:00~23:00（入场~22:00）
休 不固定，要事先从网页上确认
费 120 元（~94 层）
150 元（~100 层）
交 乘地铁 2 号线在东昌路站下车后步行 15 分钟，在陆家嘴站下车后步行大约 10 分钟
網 www.swfc-observatory.com

东方明珠塔
上海的标志性塔   Map p.18-A2 ★★★

高 468 米，成为继 2012 年开放的东京天空树之后，亚洲第二高的电视塔，从各展望台可以 360 度环视上海的城区全景，尤其是到了夜间，可以眺望黄浦江上交叉行驶的船只以及外滩的夜景，与位于 90 米处的室外观光层透过玻璃看到的景色是完全不同的感觉，塔内还开设了以蜡人形式再现老上海街景和生活形态的上海城市历史发展陈列馆。

有魄力的塔成了一种标志

■ 东方明珠塔
住 世纪大道 1 号
☎ （021）58791888
營 8:00~21:30
休 无
费 120 元（上球＋陈列馆）、150 元（上球＋下球＋陈列馆）、180 元（空间客舱＋上球＋下球＋陈列馆）、上海城市历史发展陈列馆 35 元
交 乘地铁 2 号线在陆家嘴站下车后步行大约 3 分钟
網 www.opg.cn

到了晚上，更充满了梦幻般的感觉

金茂大厦 88 层观光厅 Jin Mao Observatory 88
可以俯瞰浦东建筑群的摩天大楼   Map p.18-B3 ★★★

这是一栋矗立在世纪大道上的高达 420.5 米的 88 层摩天大楼，乘坐前往展望台的电梯之前，要先在地下一层入口进行行李安检。从地下

■ 金茂大厦 88 层观光厅
住 世纪大道 88 号
☎ （021）50475101
營 8:30~21:30

银色金属感的摩登大厦

一层乘坐专用电梯以每秒上升 9 米的速度，仅用 40 秒就可以到达展望台。下电梯后，东方明珠塔和外滩的楼群马上就会映入眼帘。展望台处于 340 米高的地方，可以 360 度全景俯视浦东、黄浦江、外滩等处的高层建筑群，人好像身处仙境一般。这里特别推荐华灯初上的街区夜景。在 87 层，有世界少有的高层酒吧"CLOUD"，位于可以俯瞰东方明珠的高度也是这座大厦的魅力之一。从大厦的 53 层到 87 层是上海金茂君悦大酒店。在大楼中间部位有一个直通顶层的高达 33 层的"空中中庭"，成为这家酒店的标志，很值得去观赏一下。从地面上仰望大厦的时候，就会发现这种以竹子为主题设计的现代化建筑，其外观给人一种相当震撼的感觉。

休 无　　88 元
🚇 乘地铁 2 号线在陆家嘴站
下车后步行大约 6 分钟
🌐 www.jinmao88.conm

滨江大道　　Map p.18-A2~A4
可以感受清风的滨江公园　　★★

🏠 滨江大道
🕐 5:00~23:00（7~9 月 ~24:00）
休 无　　免费
🚇 乘地铁 2 号线在陆家嘴站
下车后步行大约 5 分钟

大道沿着黄浦江东岸蜿蜒延伸，风景秀丽，视野良好。可以眺望对岸的外滩楼群，是个适合拍照的地方，很多游人都会停下脚步，以外滩为背景拍照留念。路边有很多长椅，可以坐下来悠闲惬意地休息，公园内有几处可以眺望黄浦江风景的咖啡馆和餐厅，晚上可以在这里观看江对岸灯火辉煌的历史建筑群在水中的倒影，度过一段浪漫的时光。

入口的花坛被修剪得很漂亮

是个适合休息的好地方

上海海洋水族馆 Shanghai Ocean Aquarium　　Map p.18-A2
在世界最长的海底隧道中漫步　　★★★

■ 上海海洋水族馆
🏠 陆家嘴环路 1388 号
📞（021）58779988
🕐 9:00~18:00（春节、5 月黄金周、7~8 月暑假期间、10 月黄金周时 ~21:00）
休 无
　 160 元
🚇 乘地铁 2 号线在陆家嘴站
下车后步行大约 6 分钟
🌐 www.sh-soa.com（中英文）

地下共 2 层、地上共 3 层的亚洲最大水族馆，可以参观大约 300 种总共 1 万多只水生生物。乘坐扶梯上到二楼，这里设有中国展区、南美洲展区、非洲展区等 9 个展区。水族馆中一定要参观的是位于地下二层长 155 米的海底隧道，头顶和两侧是水族馆里宽阔的海面，沿着自动步行道前进的时候，可以抬头观赏那些来回游动的鱼。

馆内礼品店里有丰富的礼品

如果想仔细观赏，可以乘自动步道往下走

令人游兴大发的外观

上海科技馆
Map p.11-C3

不可思议的宇宙与人类世界 ★★

有一个区域是可以跟机器人对弈的

建于浦东地区、面积达98000平方米的科学技术馆，馆内有生命、机器人、宇宙、自然等12个展区以及4D和立体巨幕等四个影院。除常规展览外，还会举办一些主题展览，能跟世界各地的机器人进行游戏大战、无重力体验等可以参与的项目也丰富多彩。馆内有多家餐厅可以尽享美食。

■上海科技馆
住 世纪大道 2000 号
☎（021）68542000
（内线 6888）
营 9:00～17:15
休 无
费 60
交 乘地铁 2 号线在上海科技馆站下车即到
网 www.sstm.org.cn

中国、俄罗斯、美国等生产的导弹

让人联想未来的建筑外形

陆家嘴中心绿地
Map p.18-B3

被现代化的大楼包围起来的绿地公园 ★

周围被现代化的大楼包围，占地面积 10 万平方米的三角形公园，其美丽的绿色草坪让人禁不住想进去走一走，但这些草坪都是经过人工修剪整理的，所以禁止入内。公园中央有一个水池，倒映着大大小小的广告牌，园内盛开着美丽的花朵，建议您在位于绿地之间的咖啡馆稍作休憩。

■陆家嘴中心绿地
Map p.18-B3
住 陆家嘴东路 15 号
☎（021）58875487
营 5:00～22:00（7/1～9/30）
5:00～21:00（10/1～次年 6/30）
休 周一 费 免费
交 乘地铁 2 号线在陆家嘴站下车步行大约 5 分钟

上海 ● 浦东地区

可在公园内散步

修剪得整齐的公园内有水池，是适合休憩的好地方

■杨浦大桥
[住] 浦东大道 2175 号
[休] 无
[交] 乘地铁 6 号线在德平路站
下车后步行大约 10 分钟

看起来像竖琴的弦一样纤细

■世纪公园
[住] 锦绣路 1001 号
[电] (021) 58339286
[时] 3/16~11/15 (7:00~18:00)
11/16~3/15 (7:00~17:00)
[休] 无 [费] 10 元
[交] 乘地铁 2 号线在世纪公园
站下车即到
[网] www.centurypark.com.cn
(中文)

■上海川沙公园
[住] 城南路 437 号
[电] (021) 58982285
[时] 5:00~18:00 (4/1~6/30)
5:00~19:00 (7/1~9/30)
鹤鸣楼: 8:00~16:30
游船: 8:00~16:30
游乐园: 8:30~16:30
[休] 无
[费] 免费 (鹤鸣楼也免费)
[交] 乘坐地铁 2 号线在川沙站
下车后步行大约 10 分钟

公园离浦东国际机场也很近

杨浦大桥
剪影优美的大桥
Map p.11-C2
★

连接浦东新区和杨浦区的大桥。1993 年开通的杨浦大桥全长 768 米，是一座线条流畅的大桥。跨河部分长约 600 米，这个长度在世界上也是名列前茅的，在横跨黄浦江的桥梁之中也是质量最上乘的。如果乘坐黄浦江上的游览船，就可以清楚地看到杨浦大桥全貌，到了晚上，杨浦大桥的夜景更是美不胜收。

世纪公园
令人感觉悠闲的布满绿色植被的公园
Map p.11-C3
★★

位于浦东新区，以湖区为中心的公园是上海最大的公园，占地140 万平方米。园内除了湖区之外，还有国际花园、世纪花钟、鸟类保护区等很多景点，园内还可以享受打高尔夫和骑车的乐趣。

高楼大厦中神话一样的存在

上海川沙公园
庭院美观、环境幽静的公园
Map p.9-C3
★★

市民熟悉的中等规模公园，面积大约5.3 万平方米，是以清波碧水而驰名的古典江南园林。湖里可以泛舟。建于西侧池畔的鹤鸣楼 7 层

绿色公园是当地市民放松的好地方

建造精美的鹤鸣楼

塔高 54.5 米，观光可到五层，各层都可以环塔一周眺望风景，河对岸的东侧有游乐园，可以看到玩耍中的孩子们，公园前的大路上，有卖蔬菜等物品的摊位，显示出一派热闹的景象。

上海八音盒珍品陈列馆 Map p.11-C3

珍宝八音盒与活动玩偶聚集一堂 ★★

也展示了很多大型的八音盒

以 1796 年在瑞士制造、被认定为世界上第一个八音盒的珍品为代表，主要展出 19 世纪至 20 世纪制造的古董八音盒的博物馆。除此之外还有手摇风琴以及日本、法国、瑞士的活动玩偶等，同时销售各种类型的八音盒。

■上海八音盒珍品陈列馆
住 丁香路 425 号东方艺术中心内
☎ (021) 68547647
⏰ 10:00~18:00（入馆~17:00）
休 无
费 50 元、中学生以下 30 元
🚇 乘地铁 2 号线在上海科技馆下车后步行大约 5 分钟

吴昌硕纪念馆 Map p.18-B3

清末文化名人的数量庞大的作品展 ★

吴昌硕既是清末的画家，同时也是书法家、诗人和篆刻家。他是一名多才多艺的文化名人，给同时代的文人或者学者带来很深远的影响。为了弘扬他的艺术成就，在 1995 年开业的纪念馆之中，不仅展出了吴昌硕的艺术作品，还再现了他的工作室和卧室。模仿了山西北路的吴家旧居而修建的纪念馆，是一种被称为"石库门"的上海传统建筑类型。

纪念馆的建筑再现了吴昌硕的旧居

■吴昌硕纪念馆
※ 2012 年 4 月，由于改造，临时从华夏东路 1539 号华夏文化园内搬到了陆家嘴绿地
住 陆家嘴路 15 号
☎ (021) 58786863
⏰ 9:30~16:00
休 周一
费 10 元
🚇 乘地铁 2 号线在陆家嘴站下车后步行大约 7 分钟

上海证大艺术超超市 Zendai Art S-Supermarket Map p.11-C3

年轻艺术家的作品汇集一堂 ★★

专门展示并当场销售国内外年轻艺术家作品的大型仓库型博物馆，其前身是现代美术馆，当时只展出现代艺术，现在收集了中国传统水墨画、西洋画、照片、实物等不限题材的各种作品。价格 20~2000 元，大多数相对比较便宜。同时也销售跟艺术有关的书籍。

展出并销售各种各样的作品

■上海证大艺术超超市
住 芳甸路 199 弄 28 号浦东证大拇指广场
☎ (021) 50336156
⏰ 10:30~18:30
费 免费
🚇 乘坐地铁 2 号线在上海科技站下车后坐出租车约 5 分钟

上海中医药博物馆 Map p.11-C3

学习中国自古以来的传统医学 ★★

位于浦东新区上海中医药大学校园内的中医药专业博物馆。2004 年开放的博物馆，系统介绍了从石器时代到现今的中国传统医学情况。馆内展示着装订成册的医药学术著作、清代使用的药瓶，另有介绍药用鹿角霜、人参、大黄药效的展示空间。

从一层到三层是展示空间

■上海中医药博物馆
住 张江高科技园区蔡伦路 1200 号
☎ (021) 51322712
⏰ 9:00~16:00
休 周一
费 15 元
🚇 乘坐地铁 2 号线在张江高科站下车后步行大约 15 分钟

博物馆的入口

上海银行博物馆　　Map p.18-B3

介绍中国的银行业百年历史的博物馆　★★

　　位于中国工商银行大厦的 7 楼，是以银行为主题的博物馆。1847 年，英国东方银行在上海开设中国首家银行。1897 年中国人自己开设的最早的银行——中国通商银行也在上海成立，中国的银行史是以上海为中心发展起来的。在同一博物馆内还以丰富的资料对这段银行发展史进行说明，同时展出了 20 世纪初使用的存折、作为促销手段赠送的储钱罐以及跟银行相关的珍贵物品。

位于陆家嘴金融区域

钦赐仰殿　　Map p.19-D3

三国志时代建造的道教寺院　★★

　　上海屈指可数的以规模著称的寺院之一，寺院的历史可以追溯到三国时代。据说一开始是以"东岳行宫"的名字建造的，此后随着时代的变迁，不停地重建，到清乾隆年间再建的时候，改成了"钦赐仰殿"的名字，沿用到现在。

飞檐的建筑特色

周末这里人相当多

上海磁悬浮交通科技馆 Shanghai Maglev Museum　Map p.11-C3

可以了解磁悬浮所有相关知识　★★

原创商品

　　2005 年在上海浦东国际机场到龙阳路之间开始的世界首次运行的磁悬浮列车的博物馆，通过丰富的资料和图表、显示器、模型等详细说明了磁悬浮引进上海的经过、磁悬浮的原理、以日本和德国为首的磁悬浮开发国家当时竞争的情况、磁悬浮交通的展望等。在馆内的商店可以买到冰箱贴、钥匙链、模型等仅在这里限量销售的商品。

用模型和显示器进行详细说明

科技馆位于磁悬浮列车龙阳路车站的正下方

豫园地区 *Yuyuan Area*

继承江南传统的地方　　　　　　　　　Map p.25、68

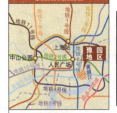

豫园地区　特征与景点

　　以豫园为中心的地区是上海最具中国特色的地方，现在的人民路和中华路是破坏城墙之后修建的马路，这里曾经是近代以后租界时代称为"上海城"的地方，是当地人的居住区。从河南中路往南走，与人民路交会的地方就是旧上海城的入口老北门的所在地。在这个范围内，直到现在仍然是一片几十年前盖的木结构建筑，是上海百姓挤在一起生活的地方。在这里还保留着上海其他地区很难见到的传统市场，还有一些从前的摊位也分布在各处。

豫园商场里的土特产商品多得令人目不暇接

　　与豫园为邻的豫园商城，是一个中国传统的江南风格建筑连成一片的观光区域，是无论哪个游人都想进去看一看的地方，这里有老字号商铺、餐厅、茶馆等，是个可以尽情享受中国传统氛围的地方。

　　到达豫园地区之后，首先从东侧的豫园开始参观吧，豫园的正面入口是建在豫园商城的中间水池上的老字号茶馆"湖心亭"的前面。参观完豫园之后，可以去参拜老城隍庙，很多虔诚的当地人都在参拜。

　　在豫园商城可以享受饮食和购物的乐趣。想吃饭的话，可以去传统的上海菜的名店"上海老饭店"以及以上海小笼包著称的"南翔馒头店"；休息的话去上海代表性的茶馆"湖心亭"；购物的话除了工艺品专卖店之外，还有位于豫园商城南侧某大楼地下宽敞的古董市场。豫园南侧贯穿东西的方浜中路（上海老街）也是一条礼品商业街，道路两旁都是鳞次栉比的礼品店和古董店，是个可以边散步边享受购物的地方。

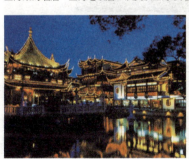

夜里豫园一带灯火通明

豫园商城里店铺超多

上海老街里保留着那种令人熟悉的气氛

豫园　　　　　　　　　　　Map p.25-D1、68

保留着浓厚的中国特色的园林　　　　　★★★

　　位于旧上海城的东北部，被称为江南古典园林名园的豫园，最初建造于1559年，是明代官员潘允端为了父亲潘恩费19年建造的私园。由明代园艺名匠张南阳亲自指挥施工建造而成，因其精湛的造园技巧而被古人称赞为"东南名园之冠"。现在的面积大约是2万平方米，据说当时的规模大概有5万平方米。

　　当时非常精美的园林，在潘允端死后也随着潘家的衰落而逐渐荒废

ACCESS

🚇 乘地铁10号线在豫园站下车后步行大约5分钟

❶ 旅游咨询处

南黄浦旅游咨询服务中心
Map p.68-A2
🏠 旧校场路149号
☎ （021）63555032
🕐 9:00~19:00
休 无
🚇 乘地铁10号线在豫园站下车后步行大约5分钟

■豫园
🏠 安仁街218号
☎ （021）57358960
🕐 8:30~17:30（入场~17:00）
休 无　💰 30元（4/1~6/30、9/1~11/30 40元）
🚇 乘地铁10号线在豫园站下车后步行大约10分钟
🌐 www.yugarden.com.cn

精心处理的细节之处

通过摆放巨石达到灵活运用空间的
做法是豫园的一个造园特征

精美的雕刻随处可见

了，后来的1760年，城隍庙的道士接手了豫园园林的管理，花费了20年的时间建楼阁、造石山，再次恢复了其当年的风采，后来又历经时代的风雨，1961年修建成现在的规模与样式，成为上海首屈一指的名园。豫园的名称取"豫悦老亲（让老人安度晚年）"之意。

园内分为五个景区和内园，各自有不同情趣的风光景色，在几个堂楼之间设置巨石，形成各具特色的令游客赏心悦目的空间。

慢慢品味传统的中国园林的造园技巧吧

回廊

豫园内景点

① 三穗堂

进入豫园正门后，最先走到的地方就是三穗堂，堂前有一块大石头，上面是前国家主席江泽民1999年来访时写的"海上名园"几个字，石头后面的建筑就是三穗堂。

建于1760年的三穗堂内部

建于1760年，传说在清代的时候是官员举行庆典的地方，三穗之名源自《后汉书茂传》中的"梁上三穗"（参考边栏）的典故。建筑的房门之上也到处可见与典故相关的稻穗雕刻，三穗堂的建筑据说是上海最古老的木建筑之一，因不曾使用一枚钉子而闻名，屋顶之上雕刻着《三国演义》里著名的人物关羽和刘备，是一座细节之处也非常讲究的建筑。厅堂之内自上而下挂着《城市山林》、《灵台经始》、《三穗堂》三幅很大的匾额，匾额下面有现代书法家写的《豫园记》。

② 仰山堂·卷雨楼

位于三穗堂里面的二层楼阁，下层称"仰山堂"，上层为"卷雨楼"，建于 1866 年。仰山堂前面有回廊，从这里眺望豫园的景色是整个豫园游览之中的一个亮点。在这儿可以观赏在宽阔美丽的水池中畅游的鲤鱼，右侧有架在水池之上的带飞檐屋顶的木桥，中央有由奇石堆积而成的人造大假山以及山顶上的凉亭，这种仰望石山的感觉真的很恰仰山堂的名字。围绕仰山堂的回廊上设有朱漆栏杆，可以倚着栏杆慢慢地欣赏园内秀丽的景色。

卷雨楼的窗框和栏杆上也有精美细致的雕刻，看起来相当漂亮，不过不能进去参观。

③ 大假山

在仰山堂和水池之间耸立着大假山，为一座高 14 米的人造假山，据说是用从距离上海 200 公里的浙江省运来的大约 2000 吨的武康石堆积而成的，由明代江南造山名家张南阳设计建造而成，是华中地区现存假山中最古老、最精美的一座，园内的建筑大多数都是后来重建的，这座山虽然被削掉了一部分，不过却是唯一一处保持着明代原貌的景观。假山顶上的小亭子名叫望江亭，是 400 年前上海的最高建筑，可以眺望黄浦江的景色。

也有造型精美的太湖石

④ 渐入佳境

渐入佳境是位于大假山东侧的游廊，入口有一对铁铸雌雄双狮，脚踏圆球的是雄狮，据说是元代的时候在河南省安阳县铸造而成。

狮子雕像前面的游廊上有一座小桥，西面是大假山，东面是水池与亭台楼榭的美丽景色。游廊里有一块高 2.3 米的太湖石，根据其优美的造型被称为"美人腰"。进入游廊往前走有一个洞口，从这里可以走出大假山。

观景超群

⑤ 鱼乐榭

从渐入佳境穿过洞口有一座鱼乐榭，从这里可以眺望豫园最有名的微型花园，"鱼乐"之名取自《庄子·秋水篇》。鱼乐榭采用的是"小中见大"的变换手法，利用很小的空间来表现无限广阔的感觉，这也是江南园林一种特有的表现形式。旁边有树龄超过 300 年的古藤老树，给这里的绝色美景增添色彩。再往前走就是被称为"复廊"的两侧单面空廊。

⑥ 万花楼

万花楼是一座两层建筑的楼阁，清代 1843 年在明代建造的花神阁原址上改建而成，在这里可以观赏放置于一楼四个角落里的精美镂空雕刻，入口右侧是竹子，右侧里面是梅花，左侧里面是兰花，左侧是菊花。

入口的左右有树龄 100 年左右的木兰花以及 400 年左右的银杏树，很有情调，万花楼周围有错综复杂的回廊，也别有一番韵味。东侧

建筑风格古典雅致

山顶上建有望江亭的大假山

渐入佳境的游廊

在鱼乐榭可以观赏美丽而宽敞的庭院

不容错过的镂空雕刻

是游人可以坐下休息的八角形古井亭，再往里是藏宝楼，正对面是点春堂。

堂内的朱漆家具等也要仔细欣赏

⑦ 点春堂

为了响应 1853 年的太平天国起义，武装起义的小刀会在此设立指挥总部。从万花楼往东走，穿过古井亭即可到达。这是一座横宽的长方形建筑，现在的建筑是 1868 年重建的，堂内陈列着与小刀会有关的资料，除此之外那镀金栏杆上的雕刻，以及上漆的家具等也应该好好参观一下。

楼阁周围密集地点缀着很多石块和树木，若改变观赏的角度，则看到的景色也是不同的，可以细细品味这种变化带来的乐趣。

厅堂对面是名为"打唱台"的小型戏台，戏台周围种植着银杏、茶梅等名树。戏台一半架在池中，屋顶之上有精美的雕像可以走近细看。打唱台的东侧有静宜轩，登上台阶之后可以看到豫园外面的安仁街，点春堂周围有几处龙壁和回廊，远观可以发现它们之间的不同之处。

⑧ 和煦堂

和煦堂在打唱台南侧，是一座方形建筑，中间展出的是用榕树制作的家具或雕刻作品，那种形态是其他木材无法表现出来的，而榕树却可以制作成各种有趣的形状。和煦堂的西侧有一棵树龄 150 年左右的茶梅树，被称为"茶梅王"。

⑨ 龙壁

堂内陈设着充满艺术性的家具

在点春堂西侧有一面被称为"龙壁"的墙，最前面有一个用黏土做成的龙头，龙身上的鳞片是用瓦片来表现的，那种神态栩栩如生，好像马上就要腾飞起来的样子。

墙头上蜿蜒起伏的龙

和煦堂的南侧有一道"双龙戏珠门"，两条龙头对头，身体各向左右一侧延伸。此处可以靠近观察龙头，通过这道门的时候别忘了抬头看一下，园内其他地方也有几处龙壁。

⑩ 会景楼

过了和煦堂前面那道门就到了老君殿，西边的那个建筑就是会景楼，从这里往南的区域近年来正在重修，主要由水景构成。

楼内有精美的雕刻，有高 2 米、宽 3 米的紫檀木大屏风，在龙形图案之中雕刻着四季的花卉图案，还镶嵌着很多玉石和翡翠。清代的龙雕木桌和与之配套的座椅也是精美绝伦。

会景楼三面环水，有很多大大小小的岩石装点其中，还种植着石榴、枫树和罗汉松等树木，在会景楼和九狮轩之间有一片竹林。

请仔细观察细节之处

⑪ 九狮轩

会景楼的西北处就是九狮轩，悬建于水池的上方，周围有竹子环绕，南侧有月台，可以从这里看到豫园中央区域的全景，南面的流觞亭

66

是个视野不错的观景台，是观赏九狮轩和会景楼的好地方。

被竹子环绕的九狮轩

⑫ 得月楼

出了会景楼的南门就到了得月楼，现在这个朱漆建筑成了一家卖礼品的商店，从这里看到的会景楼景色特别棒，晚上月亮倒映在水中，看起来特别美，据说潘允端也在这里赏过月，得月楼对面的建筑是藏书楼。

著名的赏月景点

九狮轩南侧的流觞亭

⑬ 玉华堂

与玉玲珑隔水池相对而建，这里曾经是潘允端的书房。如今堂内再现了明代读书人的书房，摆放着明代的红木桌椅、毛笔、书架等物品，可以说是很好地表现出了当时的书房样式。

跟园内其他建筑一样，门上的镂空雕刻无论哪里都很精巧细致，

在玉玲珑前方建造的玉华堂室内

房间里匾额上的字出自明代书画家文徵明之手。据说潘允端整天坐在这里眺望对面那个高3米的玉玲珑，因其精美的造型而看得出神。玉玲珑造型复杂，魅力无穷，经常使得观赏者挪不动脚步。

玉华堂的东侧是展室，可以举办一些画展。

⑭ 玉玲珑

位于园内东部的玉玲珑是江南三大名石之一。三块奇石中最有名的一块就是共有72孔的玉玲珑。据说北宋最后的皇帝宋徽宗造园的时候从全国收集奇石，而这块玉玲珑应被献上去的，却不知道因为什么没有送往京城，而是留在了这里。后来放在浦东三林塘的储昱建造的南园之中，储昱的女儿嫁给了潘允端的弟弟，在建造豫园的时候，就把玉玲珑从浦东搬到了豫园之中。玉玲珑后面的观龙桥修建于16世纪，在"文化大革命"中被毁，现存的桥是1987年重建的。

中式园林中必不可少的标志性石头

⑮ 内园

穿过用金文写着"内园"的气派的大门，就来到了宽敞的庭院之中，这里本来是城隍庙的花园所在地，从1956年开始，在重修的过程中成为豫园的一部分，虽然经过了几次战火的洗礼，但是豫园地区的保存状态还是比较完好的，据说现在的内园完全体现了清代小园林的样式。

内园的内部布局

内园入口

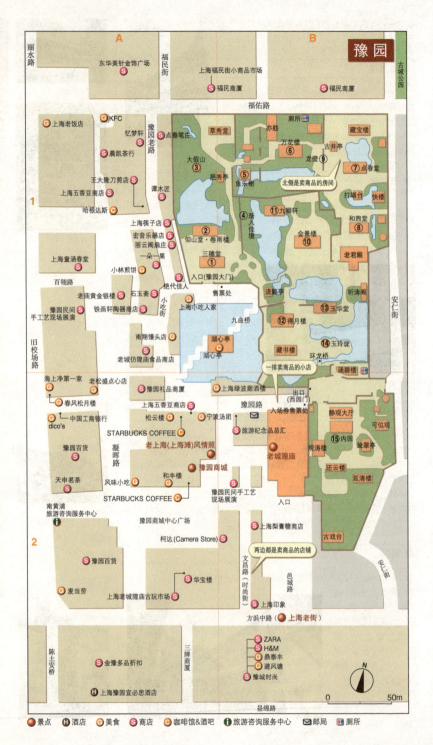

里面北侧是销售书画作品等的静观大厅，西南有观涛楼、船舫、还云楼、古戏台。观涛楼是上海城内最高的三层木结构建筑，从楼上可以饱览黄浦江的景色，很多诗人都到此造访并咏诗留念。

虽然并不是很大，华丽的内园却完好地表现了清代的特色，因此包括建筑的细节部分都应该认真地观赏一下。

尤其是内园最里面的古戏台，是最值得看的地方，被称为"江南园林第一台"，7平方米见方的舞台上，几重屋顶的背面以及上面像兽头石一样的龙都制作得非常精美，墙上那细小的黄金雕刻也不要错过，从古戏台两侧的建筑都可以看到戏台，栏杆上的镂空雕刻既复杂又精致，让观赏者百看不厌。

豫园商城　　　　　　Map p. 25-D1、68-A~B1~2
感受生机勃勃的上海　　　　　　　　　　　★★★

这是上海的一个著名景点，是游人必到的地方。曾经是上海城的老百姓居住区，如今再现了旧上海的街道风貌，成为位于豫园西侧的一片广阔的购物商城，江南风格的传统建筑鳞次栉比，100多家商铺、礼品店、餐厅等连接在一起，可以体会到与浦东或者外滩的那种优雅考究完全不同的上海氛围，是一个让人感觉很亲切的地方。

还有像连环画一样的演出

总是热闹非凡的广场上，有时会举行玩具或者工艺品的现场演示销售。这里有很多卖刚出锅的小吃的店铺，特别是在这一带最受欢迎的南翔馒头店的门口总是有很多排队等候的人，这里有外卖的上海小笼包，二楼和三楼是餐厅。另外还有再现20世纪二三十年代风貌的照相馆。

豫园旁边的豫园老路上挤满了很多小店铺，是一条很热闹的马路，如果有喜欢的店铺可以进去看看，更可以杀杀价。

老城隍庙　　　　　　　Map p.68-B2
上海人喜欢的庙　　　　　　　　　　　　　★

位于豫园旁边，为了祭祀城墙内的保护神城隍神。如今跟门庭若市的豫园商城一起变得很热闹，农历初一或十五参拜的人很多，有时候还有诵经活动，另外庙内还设有茶室。

现在的庙是1926年重建的

大境阁古城壁　　　　　　Map p.25-C1
上海唯一现存的明代城墙与楼阁　　　　　　★★

附近成为市民散步的地方

明朝的时候为了防御不断侵略的倭寇，于1553年建造的城墙和大境阁。这是上海古城墙中唯一保存下来的部分，成为古代城市风貌流传至今的重要的历史遗产。大境阁在清代时增建成现在的3层楼，在二层展示着

■豫园商城
住 方浜中路269号
☎（021）63559999
營 8:30~21:00（各店铺不同）
休 无
❖ 乘地铁10号线在豫园站下车后步行大约5分钟

■老上海（上海滩）风情照相馆
Map p.68-A2
住 豫园商场中心广场（新绿波廊酒楼旁边）
☎ 13585688128（手机）
營 8:00~21:00
休 无
費 彩色照片（照片10元）、服装5元、相框10元）、黑白照片（照片15元、服装5元、相框15元）

穿着旧式服装和旗袍留念

■老城隍庙
住 方浜路249号
☎（021）63284494
營 8:30~16:30
休 无
費 10元
❖ 乘地铁10号线在豫园站下车后步行大约8分钟

城隍庙内有很多保护神

■大境阁古城壁
住 大境路259号
☎（021）63852443
營 9:00~16:00
休 无　費 5元
❖ 乘地铁8号线在大世界站下车后步行大约10分钟

有关大境阁变迁的历史资料。

■上海老街

■上海老街
🏠 方浜中路
☎ 各店铺不同
🕐 8:00~18:00 左右（各店铺不相同）
休 各店铺不同
🚇 乘地铁 10 号线在豫园站下车步行大约 5 分钟

两边的建筑让人感觉像是穿越到了另外的时空

■沉香阁
🏠 沉香阁路 29 号
☎ （021）63203431
🕐 7:00~16:00
休 无
💰 5 元
🚇 乘地铁 10 号线在豫园站下车后步行大约 5 分钟

■上海文庙
🏠 文庙路 215 号
☎ （021）63761640
🕐 9:00~16:45（入场~16:00）
休 无
💰 10 元
🚇 乘地铁 8、10 号线在老西门站下车后步行大约 5 分钟

在每周周日举办的旧书市场上淘宝

上海老街
令人开心的步行购物街

Map p. 68-A~B2
★★

　　仅次于豫园商城的很受瞩目的逛街好去处，近年来被再次开发，是位于豫园南侧的一条贯通东西的路，大约长 1 公里，这条路两侧整齐地排列着 100 多家礼品店铺或者茶馆，都是明代风格的建筑，再现了古上海的风貌，比豫园商城更令人安心的气氛让游人可以悠闲地散步，如果走累了还可以在怀旧氛围的茶馆里休息一下。

小商店沿街排列

沉香阁
百姓信仰集中的古老寺院

Map p.25-D1
★

融入生活区的古寺

　　寺院位于离豫园很近的沉香阁路上，亦被称为"慈云禅院"，作为历史悠久的古老寺院闻名于世。小巧的寺院内香火很旺，寺院被包围在一种安静而肃穆的氛围之中，1981 年经国务院决定，成为 142 家开放寺院之一。院内有天王殿、大雄宝殿、观音阁、释迦殿等，释迦殿内有各种表情的释迦牟尼像。春节前几天门前会排长队，直至深夜。沉香阁的入口不太好认，别走过了。

上海文庙
祭祀孔子的古迹

Map p.25-C2
★

　　上海文庙也称为"孔庙"，本来这里是间学校，现在的文庙是 1856 年重建的。每周周日，这里会开办旧书市场，人多热闹。文庙前的文庙路到中华路之间挤满了卖食品或者文具的商店，当地的大人或者孩子们经常来这里，很热闹。周边保留了一些老上海的景象，可以边散步边体验这种老上海的氛围。

大成堂前的孔子像

文庙路上的旧书商店很多

老西门
保留着从前的风貌

Map p.25-C2 ★★★

这是明代修建的上海城墙的仪凤门的俗称，看豫园地区的地图就能发现，把人民路和中华路连接起来的是一条完美的椭圆形道路，这本来是城墙的所在地，现在城门和城墙都已经被拆掉了，不过城门的名字还作为这一带的通称继续使用，1918年开通了市内电车，成为上海交通

一走进弄堂，就走进了充满活力的世界

的重要工具。如今老西门附近还保留着那种传统的热闹的气氛。一走进弄堂，就能感受到老百姓充满活力的生活氛围，在老西门的十字路口附近，超市和餐厅等店铺相连，在这里能看到晾晒的衣服和扎堆的孩子们跟老人。

■老西门
住 复兴东路·中华路周边
乘地铁8、10号线在老西门站下车后步行大约3分钟

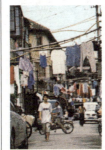
可以看到让人怀念的景象

白云观
历经沧桑之后重新复苏的上海道观总院

Map p.25-C1 ★

建于清光绪十二年（1886年）的道观，作为北京白云观的下院曾经

视线被那鲜艳的红墙所吸引

鼎盛一时，"文化大革命"中，道观不仅建筑被毁，收藏的众多教典与书画也被焚烧一空，道观受到毁灭性的打击而进入休眠状态。现在的道观是"文革"结束之后的1978年开始重建的，上海市道教协会的总部也设于此。

■白云观
住 大境路239号
☎（021）63855366
⏰ 8:00~16:30
休 无
💰 5元（含上香费）
乘地铁8号线在大世界站下车后步行大约10分钟

小桃园清真寺
上海第一清真寺

Map p.25-D1~2 ★

也被称为"清真西寺"，是上海现存最完整的一座清真寺，从老西门附近的复兴东路进入一条名叫小桃园路的岔路，就能看到。修建时间要追溯到1917年，1925年扩建成现在的规模，进入北大门之后有一个长方形的院子，建筑属于西亚伊斯兰建筑风格，大殿的面积有500平方米，一般不对外开放，不过有时候可以参观。

■小桃园清真寺
住 小桃园路52号
☎（021）63775442
⏰ 9:00~19:00（一般情况下不允许入内，部分时间段可以入场）
休 无
💰 免费
乘地铁8、10号线在老西门站下车后步行大约8分钟

建筑本身精美卓绝的伊斯兰寺庙

外滩地区 *Waitan Area*

租界时代的欧美风格建筑林立

Map p.17、13-D1

外滩地区 特征与景点

浦西的外滩是作为上海的港口发展起来的地区，沿着黄浦江向南北延伸。在中山东一路，有一批建造于19世纪后半期到20世纪前半期的欧式建筑群，这些风格各异的石质大楼鳞次栉比，在黄浦江畔的人行道上也可以眺望观赏。每当夜晚来临，外滩的楼群灯火通明的夜景使人犹如置身梦幻般的氛围之中（不同的时期，亮灯的时间会有调整）。

到了清晨，市民可以在黄浦公园里打打太极拳，也可以跳跳社交舞。白天这里聚集的多是来自国内外的观光客，很多人都会以对岸浦东的高层建筑群为背景拍摄纪念照。也有情侣会被这里浪漫的气氛吸引而来，让我们也一起来倾听黄浦江上交叉行驶的轮船汽笛声，一起眺望那华灯初上，灯火辉煌的浦东夜景吧。

作为港口发展起来的外滩，并排耸立着一批租界时代建造的大楼，在夜里灯火辉煌

在外滩散步是一件令人愉悦的事情，如果想眺望租界时代的石质建筑群，步行在中山东一路的西侧效果比较好，出自不同建筑名家之手的形状各异的建筑群一定会令人赏心悦目。

外滩里侧（西侧）的九江路和汉口路等地也保留了很多欧式风格的建筑，一定不要错过。另外，如果喜欢欣赏夜景，乘坐黄浦江上的游览船也是很好的选择。这样就可以在黄浦江两侧同时欣赏到怀旧风格的外滩风情和现代化风格的浦东夜景。

外滩3号 Map p.17-D3

在外滩最早重建的大楼 ★★

建于1916年的租界时代的欧式建筑大楼，于2004年用现代化的设计改建成综合性大楼，成为第一个重建的大楼，馆内有乔治·阿玛尼的旗舰店和法国依云公司经营的面向女性的依云水疗中心，还有多家高级餐厅。

新巴洛克样式的外滩3号

ACCESS

☒ 乘地铁2号线、10号线在南京东路站下车后步行大约10分钟

ⓘ 旅游咨询处

上海旅游咨询服务中心
Map p.31-D1
☒ 中山东一路陈毅广场
☎ (021) 63735389
☒ 9:00~21:00
☒ 无
☒ 乘地铁2号线、10号线在南京东路站下车步行大约15分钟

■外滩3号
☒ 中山东一路外滩3号
☎ (021) 63233355
☒ 各店铺不同
☒ 无
☒ 乘坐地铁2号线、10号线在南京东路站下车步行大约10分钟
☒ www.threeonthebund.com

外滩 18 号

高级品牌进驻的综合大楼 ★★

Map p.31-D1

建于 1923 年，内有高级品牌如卡地亚、中国设计师亲自设计的精品店、餐厅、酒吧、最适合约会谈生意的咖啡馆等，获"2006 年亚太文化遗产保护奖"。

装饰艺术风格的内景

可以欣赏美丽夜色的广式餐厅滩外楼

外观显得豪华大气

■外滩 18 号
Map p.31-D1
⚐ 中山东一路外滩 18 号
☎ （021）63237066
⚒ 各店铺不同　休 无
🚇 乘地铁 2、10 号线在南京东路站下车后步行大约 8 分钟
🌐 www.bund18.com

外滩 5 号

既可享受美丽夜景又能品尝高级料理 ★★

Map p.17-D3

这里曾经是日本商船公司的办公所在地，是一座综合大楼，内有风景绝佳的酒吧和客厅室内用品店。

拥有露台的 M on The bund Shanghai（米氏西餐厅）

边欣赏夜景边品尝美酒的 Moonsha Teppanyaki & Lounge（月影铁板烧景观餐厅酒廊）

大楼被认为是日本近代西洋式建筑风格

■外滩 5 号
⚐ 中山东一路外滩 5 号
☎ 无　开 各店铺不同
休 无
🚇 乘地铁 2、10 号线在南京东路站下车后步行大约 10 分钟

外滩 6 号

用餐环境绝佳的餐厅大楼 ★★

Map p.17-D3

中国人自办的第一家银行的旧址，据说建筑式样带有英国安妮女王的复古风格，特征是尖形屋顶。馆内有多喜佳伴纳（Dolce&Gabbana）品牌上海旗舰店。

东京和食餐厅（JAPANESE DINING SUN）

在天地一家可以品尝到以宫廷料理为基础的风味美食

格外醒目的豪华外观

■外滩 6 号
⚐ 中山东一路外滩 6 号
☎ 无　开 各店铺不同
休 无
🚇 乘地铁 2、10 号线在南京东路站下车后步行大约 10 分钟

视野好又令人心情愉快的观景大道

对岸的浦东可以尽收眼底

■黄浦公园
🏠 中山路一路周边
📞 无
🕐 5:00~18:00（4/1~10/31）、
6:00~18:00（11/1~次年3/31）
（外滩观景大道常年开放）
休 无 費 免费
🚇 乘地铁2、10号线在南京
东路站下车后步行大约6分钟

黄浦公园
Map p.31-D1
到上海一定要看一看
★★★

　　曾经是外国人专用的公园，1868年由苏格兰人修建而成，上海第一家西洋式公园，内有曾任上海市市长的陈毅的雕像。另外在南面的沿黄浦江一侧有外滩观景大道，白天在这里散步也不错，不过更应该去欣赏一下那梦幻般的夜景，那种氛围跟白天所感受到的完全不同（亮灯时间随季节变化）。在这里也可以欣赏到对岸的浦东夜景，晚上的外滩观景大道游人如织，热闹非凡。

位于中山东一路最北面公园内的纪念碑

■南浦大桥
🏠 南浦大桥
📞（021）63763155
🚇 乘地铁4号线在南浦大桥站下车后步行大约2分钟

南浦大桥
Map p.26-A~B4
雄伟壮观的白色吊桥
★

　　在横跨黄浦江的几座大桥之中非常醒目又造型美观的一座，这座把浦东一带和浦西的中山一带连接起来的大桥于1991年竣工，全长846米（主桥部分）。从上海浦东国际机场前往上海市内的时候，要走这里，走近的时候会感到一种规模上的震撼力。桥塔高154米，宽30.35米，共花费了8.2亿元。

把浦东和浦西连接起来的重要桥梁

■外白渡桥
🏠 中山东一路
📞 无
🕐 常年开放
🚇 乘地铁2、10号线在南京东路站下车后步行大约12分钟

外白渡桥
Map p.17-D2
保留租界时代氛围的桥梁
★★

　　这是一座架在苏州河上的铁桥。苏州河位于黄浦公园旁边，与中山东一路平行。最初的桥梁是英国人于1856年修建的，现在的桥是1907年建成的，桥两岸的街门原封不动地保留了下来，保持着当年的样子，现在成了行人专用通道。

可以同时俯瞰苏州河与黄浦江

外滩观光隧道 Bund Sightseeing Tunnel Map p.17-D2~3、31-D1

在光的隧道中穿越时空 ★★

把隔黄浦江相望的浦东与外滩连接起来的
全长 646.7 米的水底隧道。在地下相通的隧道
也成为一处观光景点，乘坐大约容纳 10 人的无
人驾驶的密封观光车通过只要不到 5 分钟的时
间。几种不同类型的彩灯同时闪烁，不断地变
换着颜色和形状，让人通过彩光隧道到达对岸。
加上一些神奇的音响效果，会给人一种在新老
上海之间穿越时空的感觉。可以把它当作快速
连接浦东和外滩的交通工具，一个人也可以轻
松乘坐。

乘坐金属机身的密封观光车

外滩的隧道入口，从这里前往位于地下的车站

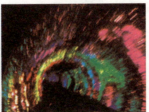
在看那变幻无穷的彩光时不知不觉一下子就到了

■外滩观光隧道
🏠 中山东一路 300 号（浦西）、
滨江大道 2789 号（浦东）
☎ （021）58886000
🕐 8:00~22:00（周五～周日、
节假日 ~22:30）
休 无
💰 单程 50 元、往返 60 元
🚇 乘地铁 2、10 号线在南京
东路站下车后步行大约 7 分
钟（浦西）、乘地铁 2 号线
在陆家嘴站下车后步行大约
6 分钟（浦东）

外滩信号台 Map p.17-D3

外滩观景大道上的信号台 ★★

信号塔位于外滩南端，高 49.8 米，建于
1908 年，其前身是气象信号台，被评为上海市
优秀历史建筑。二层有酒吧，从旋转楼梯可
以上到露台，从那里的高台可以 360 度俯瞰
外滩和浦东的景色。这个塔还是上海地址的零
起点。

现在也发挥信号塔的功能

■外滩信号台
🏠 中山东二路 1 号
☎ （021）33130871
🕐 15:00～次日 1:00（二楼有
酒吧"阿塔努酒吧"）
休 无
💰 免费
🚇 乘地铁 2、10 号线在南京
东路下车后步行大约 20 分钟

卢浦大桥 Map p.10-B3

惊险刺激！从海拔 100 米高处眺望 ★★

2003 年开
通，横跨黄浦
江全长 550 米
的卢浦大桥，
是造型美观的
白色拱形大
桥，成为连接
浦东和浦西
的重要交通要

可以眺望黄浦江上往来的船只和上海城区的景色

桥顶上有观光平台

道，从桥上的观光平台可以眺望浦东以及上海中心市区的高层建筑群，
建议天晴的时候去看一看。请注意身高不足 120 厘米的人不能往上爬。

■卢浦大桥
🏠 鲁班路 909 号
✉ 800-620-0888（热线电话）
☎ （021）63058355
🕐 8:30~17:30（售票处 ~17:00）
休 无
💰 80
🚇 乘地铁 4 号线在鲁班路站
下车后步行大约 10 分钟
🌐 www.lupubrige.com

穿越到租界时代

外滩欧式建筑介绍

租界时代的外滩，曾盛开了一系列璀璨的建筑之花。在黄浦江沿岸，建造了一批美丽的历史性建筑。欧式建筑始建于19世纪中期至19世纪末，以带阳台的砖石建筑为特征的殖民样式以及新文艺复兴时期样式等英国风格的建筑占了一大半。但是到了20世纪20年代，欧美流行的艺术装饰风格的高层建筑开始在上海流行，现存建筑中多半是在20世纪20~30年代建造的，因此使用了多种不同的建筑样式，让我们一起从南到北一一浏览一下这些密集地排列在1.5公里范围内的租界时代的庄严建筑吧。（Map p.31-D1）

② 上海外滩华尔道夫酒店
（原上海总会）

现存的建筑是1910年改建的，新巴洛克式样式，在外滩的建筑之中，其美丽的轮廓引人注目，参与建筑设计的是英国的设计事务所塔兰特＆莫里斯事务所。完成内部装修的是日本的建筑专家下田菊太郎，这里曾经是英国人开办的上海总会，现在是上海外滩华尔道夫酒店。

④ 外滩5号
（原日本日清汽船公司大楼）

日清汽船公司，是由1907年的商船公司等四家公司（日本邮船、大阪商船、湘南汽船、大东汽船）为了统一中国的业务而合资组建的公司。作为这家公司的上海分店，于1921年开工，1925年落成。建筑式样据说是日本近代西洋式建筑，设计者是以古典主义样式著称的德和洋行（Lester, Johnson & Morriss）建筑设计事务所。

延安东路
广东路

  外滩1号 ① 外滩2号 ② 外滩3号 ③   外滩5号 ④ 外滩6号 ⑤

南← 中山东一路

① 外滩1号
（原阿克贝恩大楼）

位于外滩的建筑群中的最南端，1916年作为阿克贝恩商会的公司大楼竣工，后来交给亚细亚火油公司，名字也改成亚细亚大楼。精美壮观的新巴洛克式样式是其主要建筑风格，有半圆形的门面，入口和阳台上有成排的柱廊，上面使用了白色的砖，而下面的部分则是棕色的。

③ 外滩3号
（原联合人寿保险公司大厦）

1916年由英商公和洋行（Palmer & Turner Group, P&T）设计完成，当时是联合人寿保险公司的办公楼与高级住宅。虽然有艺术装饰的要素，但是从整体来看属于新巴洛克样式。到了21世纪，由世界级建筑大师迈克尔·格雷夫斯设计翻新。

⑤ 外滩6号
（原中国通商银行）

在林立的外资银行之中，这是由中国人开办的第一家银行——中国通商银行。作为这家银行的总店，这座大楼建于1897年，是哥特式样式与西洋古典主义样式相融合的英式安妮女王复古风格的建筑类型，尖形的屋顶是主要标志，看起来感觉非常华丽。这种建筑样式跟旧和平饭店南楼⑮是一样的。

⑥ 泰国盘谷银行
（原大北电报公司大楼）

曾经是丹麦设立的电信公司大北电报公司的办公大楼，建造于1907年。大北电报公司是1882年跟英系的大东电报公司一起在中国开设第一家电话交换局的公司。建筑两侧上方的圆形屋顶是主要标志，有动感的圆柱属于新巴洛克样式，设计者是全亚洲最大的建筑事务所英商通和洋行。

⑧ 外滩12号
（原香港上海银行）

1923年竣工的建筑，曾经是英系香港上海银行使用的大楼，从白色的大圆顶形屋顶、排列成八角形的柱廊、严格的左右对称等处都可以看出新古典主义的建筑特色，被英国人称赞为"从苏伊士运河到白令海峡之间所有建筑中最美最出色的建筑"。后来经过改建、修复变成了现在的样子，由英商公和洋行设计建造而成。

⑩ 上海市总工会
（原交通银行）

1940年作为官立交通银行而建的，在外滩的历史性建筑群之中，可以算是最新的建筑，是外滩历史性建筑群最后的建筑样式艺术装饰样式最繁荣时期诞生的产物，没有华美的装饰与曲线，式样简单，多采用直线或正方形。入口使用黑色大理石，感觉像是把入口包围起来，这也是它的一个建筑特征。

泰国盘谷银行 ⑥

招商局 ⑦

福州路

外滩12号 ⑧

上海海关 ⑨

汉口路

上海市总工会 ⑩

中 山 东 一 路

➡ 北 | 接下页

⑦ 招商局
（原轮船招商局大楼）

是在上海经营水运、汽船业务的外国大型企业美国汽船公司旗昌洋行的大楼，后来卖给了1877年李鸿章最早成立的汽船公司"轮船招商局"，成为轮船招商局的办公大楼。建筑本身主要是砖建筑，二楼与三楼朝外的部分有阳台式的外廊，下面部分多用拱形，上面部分多用圆柱，整个建筑上下部分很完美地结合在一起。

⑨ 上海海关
（原江海关）

让人印象深刻的是屋顶上非常醒目的时钟塔，最初的建筑是作为江海关于1857年完工的，现在看到的是第三代建筑，是1925年由英商公和洋行（Palmer & Turner Group, P&T）设计并完成的，顶层是新巴洛克式的装饰性式样，采取直线形的装饰艺术风格，这种设计反映出了时代的变迁，墙壁较多地使用了平面设计。现在的使用单位是上海海关。

11 中国外汇交易中心
（原华俄道胜银行）

1901 年竣工，曾经是华俄道胜银行上海支行大楼。设计者是德国建筑设计师海因里希·贝克，是上海最早的钢筋混凝土结构大楼，拱形入口处使用圆柱，通过使用直线或正方形调节整体平衡，并在上海最早引入了瓷砖墙面。

13 友邦保险大楼
（原《字林西报》大楼）

在中国发行时间最长的英语版《字林西报》的报社大楼，1922 年竣工，屋顶两侧有一对望楼塔是主要建筑特色，是由设计了现外滩五号 ④ 和现招商银行 ⑫ 等诸多外滩大楼的跟上海的建筑设计密切相关的英国德和洋行（Lester, Johnson & Morriss）建筑设计事务所。

15 旧和平饭店南楼
（原汇中饭店）

白墙与红砖的对比让人感觉很美观，设计者是英国的玛礼逊洋行（Scott &Carter），英式建筑式样的新文艺复兴建筑风格（女王安妮复兴）。原汇中饭店竣工于 1906 年，作为当时上海最豪华的高级酒店闻名于世。1965 年改名为和平饭店南楼重新开业，2011 年作为斯沃琪和平饭店艺术中心再次开业。

 中国外汇交易中心 ⑪ 　九江路　 招商银行 ⑫ 　 AIA ⑬ 　 外滩18号 ⑭ 　 旧和平饭店南楼 ⑮ 　南京东路　 费尔蒙和平酒店 ⑯

接前页　南 ←

中山东一路

12 招商银行
（原台湾银行）

是日本在台湾开设的台湾银行的上海支店，1926 年建成的钢筋混凝土结构大楼，正面的几根粗大的爱奥尼克柱是其主要建筑特色，这座大楼的设计者是德和洋行建筑设计事务所。日本公司的原日清汽船（现外滩 5 号 ⑤）的办公大楼与现友邦保险大楼 ⑬ 也是同一家设计事务所设计的。

14 外滩 18 号
（原渣打银行）

设计者是在上海留下了很多代表性建筑的英商公和洋行设计事务所，1923 年由英商公和洋行设计而建的原渣打银行的历史性建筑。新古典主义的建筑风格，是当时非常流行的建筑式样。这里根据威尼斯的建筑师和再开发商的改造构想，进行了为期两年的修复与修缮，使整个大楼里充满了装饰艺术的风格。

16 费尔蒙和平酒店
（原沙逊大厦）

建于 1830 年，建造者是当时操控上海的大财团代表沙逊商会，沙逊商会与当时著名的英商公和洋行设计事务所联手建造了这座大楼，当初最上面的部分是沙逊自用的房间，其他则是酒店、餐厅、办公等的综合大楼。四角锥形的屋顶是其主要建筑特色，美观的直线装饰艺术风格。作为和平饭店北楼，是闻名遐迩的历史性建筑。

17 中国银行
（原中国银行总行）

作为中国银行总行，是在上海德国总会的原址上建造的，1937年竣工。这座建筑的特色是融入了中国特色的装饰艺术风格。尤其是房顶的式样，以及整个壁面从上到下的水印花样，都让人感受到传统的中国式的建筑氛围，大楼入口的大门一直沿用当年那厚重的旋转大门。

19 中国农业银行
（原杨子保险公司大楼）

由上海最有实力的英商公和洋行（Palmer & Turner Group, P&T）设计事务所设计，于1916年竣工，巧妙地使用了装饰艺术风格，半圆形拱窗，壁面与侧面有很多细致而优雅的雕刻装饰，上层有爱奥尼克柱廊，屋顶采用的是把重斜坡屋顶的孟莎式。建筑样式是融入了装饰艺术风格的折中样式。

21 外滩28号
（原格林邮船大楼）

1922年建的钢筋混凝土大楼，现在是上海广电集团大楼，以前是总部设在格拉斯哥的大型海运公司——格林邮船公司的办公大楼。设计者是在外滩设计了现在费尔蒙和平酒店16等多家历史性建筑的英商公和洋行（Palmer & Turner Group, P&T）设计事务所。屋顶中央耸立的塔以及壁面与屋顶上美丽的雕刻装饰都是此建筑的主要特色。

滇池路

中国银行 17

中国工商银行 18

中国农业银行 19

外滩27号 20

外滩28号 21

中国光大银行 22

北京东路

中山东一路　　➡北

18 中国工商银行
（原横滨正金银行）

1924年作为横滨正金银行的上海支行，由英商公和洋行（Palmer & Turner Group, P&T）设计事务所设计竣工。中心部耸立的爱奥尼克柱以及女性面部浮雕装饰增强了其西洋建筑特色。

20 外滩27号
（原怡和洋行商会）

1920年竣工，当时的英资怡和洋行商会在上海贸易、海运、保险、不动产等方面都有很强大的经济实力，这座大楼就是怡和洋行商会的办公大楼，采用了希腊罗马的建筑样式，美丽的爱奥尼克柱廊设置在中间部位，很好地调节着整体建筑的平衡，建筑样式可以算是新巴洛克式。

22 中国光大银行
（原东方汇理银行）

东方汇理银行作为租界时代的法系主要银行，具有相当大的实力。1914年这座大楼是作为东方汇理银行上海支行而建的，通过雕刻的装饰处理，使用曲面，赋予了这座宏伟的建筑一种动感的故事性氛围。样式是新巴洛克式。与泰国盘谷银行6都是由英商通和洋行设计而成。

南京东路·西路地区

Nanjing Donglu · Nanjing Xilu Area

最适合散步的上海东西延伸的大街　　　　Map p.30~31 ①②

ACCESS

南京东路：乘地铁1、2、8号线在人民广场站下车、或乘地铁2、10号线在南京东路站下车即到。

南京西路：乘地铁2号线在南京西路站下车，或者乘地铁2、7号线在静安寺站下车即到

❶ 旅游咨询处

静安区旅游咨询服务中心
Map p.30-A2
南京西路 1678 号
（021）62483259
9:00~18:00
无
乘地铁 2、7 号线在静安寺站下车即到

■上海博物馆
人民大道 201 号
（021）63723500 63724550
9:00~17:00（入场~16:00）
无
免费（只有举办特别展览时收费）
乘地铁 1、2、8 号线在人民广场站下车后步行大约 7 分钟
www.shanghaimuseum.net

■上海美术馆
南京西路 325 号
（021）63272829
9:00~17:00（入场~16:00）
无
免费
乘地铁 1、2、8 号线在人民广场站下车后步行大约 3 分钟
※上海美术馆五楼有提供烟台美食的赛马西餐厅 "Kathleen's 5"。

南京东路地区　特征与景点

总是热热闹闹的步行街南京东路

　　19 世纪上海成为租界地之后迅速开发的最古老的繁华大街，是所有到上海来的中外游客一定会逛的一条大街。从老字号的餐厅到快餐店全都有，游客丝毫不必为吃饭的地方发愁。购物、按摩、娱乐等都可以体验一下。晚上可以逛到很晚，路上有观光用的电瓶车可以乘坐。

南京西路地区　特征与景点

　　有几家高级商场和百货大楼，周末有很多来买流行服饰的女性顾客，显得更加热闹，西侧的静安寺地铁站周边除了百货大楼，还有一些别出心裁的酒吧，也有不少常驻上海的外国游人喜欢的店铺，东侧的南京西路地铁站南侧的吴江路有不少受欢迎的饮食店和餐厅，是品尝美食的地方。

上海博物馆 Shanghai Museum　　　Map p.16-B4
触及古代中国的历史　　　　★★★

　　上海博物馆（→ p.114）跟北京故宫博物院、南京博物馆一起称为中国三大博物馆。庞大的收藏品分成各馆展出，有世界闻名的青铜器，还有陶瓷器和书法、绘画、雕刻、印章、玉器、明清家具等 11 个展室（馆），馆内很大，慢慢看需要花半天到一天的时间。

天圆地方造型的建筑外观

上海美术馆 Shanghai Art Museum　　　Map p.31-D2
欣赏丰富多彩的美术作品　　　　★★★

　　人民公园里的一栋 5 层楼，建于 1933 年，曾经是租界时代的赛马俱乐部。1956 年创办美术馆，其前身是康乐大饭店。后来于 1866 年进行了装修，入口的文字是鲁迅的笔迹。馆内收藏了国宝级的水墨画和油画等 4000 件以上美术作品。一楼展示的是近现代艺术家

曾经是赛马场的痕迹的台阶栏杆

的绘画或者摄影作品，以及上海画家的作品等，二楼是展室和咖啡厅，三楼是主题展，四楼是阅览室，五楼是餐厅。

钟塔建筑

一楼展示着现代艺术家的绘画和摄影作品

人民公园·人民广场

位于上海市中心区的绿色公园

Map p.16-B4、30-A1 ★

曾经是英国租界时代的跑马场。新中国成立之后成为人民广场和人民公园。1951 年开放了人民广场，第二年开放了人民公园，后来建造了市政府等大楼，成为市民休息放松的地方。

被修整得很漂亮的公园

■人民公园·人民广场
住 人民大道
开 常年开放
休 无
费 免费
交 乘地铁 1、2、8 号线在人民广场站下车即到

东西走向的人民大道北侧是人民公园，南侧是人民广场。北侧林立着上海大剧院、上海城市规划展示馆、市政府等建筑，也有水池和步行道。东侧是一些摊位店铺，白天的时候很热闹。南侧的人民广场上有中国三大博物馆之一的上海博物馆，博物馆正对面有美丽的喷泉和花坛。在这里可以看到很多的情侣或者带家人出来玩的人，是一个遍布绿色而又平静的公园，到处都有长椅，也可以坐下来悠闲地读书，地铁 1、8 号线和 2 号线都可以在人民广场换乘。

上海城市规划展示馆
Shanghai Urban Planning Exhibition Center

Map p.30-A1

轻松了解上海的发展过程 ★

了解上海的过去和未来的展览设施，一进入大厅，就看到正在旋转的浦东建筑群和上海市的模型，中间的二层夹层有个叫作"百度上海"

■上海城市规划展示馆
住 人民大道 100 号
☎ (021) 63184477
开 9:00～17:00
休 周一
费 30
図 乘地铁 1、2、8 号线在人民广场站下车后步行大约 1 分钟
網 www.supec.org

5000：1 比例的上海市实景　　可以了解上海城市变迁的展览设施

的展厅，把今昔的上海的照片贴在展示板上，让人一目了然。二层是主题展室，但最值得看的是三楼，这是上海城市的未来构想模型，连很细小的地方都表现出来了。灯光下的模型看起来非常美，寻找那些著名的景点也是一件很有意思的事情。五楼是咖啡厅，可以俯瞰上海市景。

■上海静安寺
住 南京西路 1686 号
☎ (021) 62566366
开 7:30～17:00
休 无
费 30
図 乘地铁 2、7 号线在静安寺站下车后即到

上海静安寺
历史悠久的上海名刹

Map p.30-A2

★ ★ ★

　　建于三国时期的名刹，最初是建于吴淞江（苏州河）北岸的真言宗寺院重元寺，1008 年改名为静安寺，1216 年迁移至现在的地方，具有 1800 年的悠久历史。寺院与周边的现代化建筑混杂在一起，让人感受到时代的变迁。

壮观威严的上海静安寺入口

宝相庄严的玉佛像

矗立于高楼大厦之间的寺院里参拜的游人络绎不绝

上海杜莎夫人蜡像馆
Madame Tussauds SHANGHAI

完全跟真人一样，让人忍不住想去打招呼 ★★

Map p.30-A1

总部在伦敦的杜莎夫人蜡像馆 2006 年在上海也开业了。先是在雅典奥运会 110 米跨栏比赛中获得金牌的优秀运动员选手"刘翔"在入口处迎接，进入馆内后下一个登场的是美国总统"奥巴马"，接下是"麦当娜"、"老虎伍兹"、"迈克尔·杰克逊"等世界一流明星，除此之外还有导演"张艺谋"、"刘德华"等中国名人蜡像。

跟崇拜的明星们一起留念

图中哪一个才是真人呢？

■杜莎夫人蜡像馆
住 南京西路 2-68 号新世界商厦 10 楼
☎ (021) 63587878
开 10:00~22:00（售票 ~21:00）
休 无
费 150 元
交 乘地铁 1、2、8 号线在人民广场站下车后步行大约 2 分钟
网 www.madame-tussauds.com/shanghai

上海展览中心

苏联风格建筑的展览中心 ★★

Map p.30-B2

1955 年竣工，是上海最早的展览中心，建造于新中国成立初期时期，因此尖塔顶上闪耀的巨大红五星和建筑式样无不表现出了苏联的浓郁氛围，除了用于接待国家元首级别的海外政治要人和召开政治会议之外，还经常举办展览会、产品展销会、就业研讨会等活动。

很多重要会议在这里召开

巨大的红五星是建筑的标志

■上海展览中心
住 延安中路 1000 号
☎ (021) 62790279
开 根据活动而不同
休 无
费 根据活动而不同
交 乘地铁 2、7 号线在静安寺站下车后步行大约 10 分钟

少年宫

私宅旧址 ★★

Map p.30-A2

少年宫是为 16 岁以下的孩子们举办音乐、绘画、舞蹈等艺术活动的地方，少年宫内的西式洋楼是租界时代三大犹太富豪之一的嘉道理的私宅，由于大量使用大理石装修因此也被称为"大理石大厦"，占地 1500 平方米，房间 20 间，入口大厅高达 25 米，宛如宫殿一般豪华气派。

有广阔草坪的花园

创办者是宋庆龄

■少年宫
住 延安西路 64 号
☎ (021) 62498661
开 不固定
休 没有
费 免费
交 乘地铁 2、7 号线在静安寺站下车后步行大约 5 分钟

淮海中路地区

Huaihai Zhonglu Area

引导流行的先锋地   Map p.24~25、30~31 ③

Map p.24~25、30~31 ③

ACCESS

🚇 乘地铁 1 号线在黄陂南路站下车，或者乘地铁 1、10号线在陕西南路站下车、或者乘地铁 10 号线在新天地站下车，或者乘地铁 1、7 号线在常熟路站下车均可到达

ℹ 旅游咨询处

卢湾区旅游咨询服务中心

Map p.31-C3

🏠 成都南路 138 号

☎ （021）53861882

🕐 9:00~20:30

🈳 无

🚇 乘地铁 1 号线在黄陂南路站下车后步行大约 5 分钟

淮海中路地区 特征与景点

淮海中路是一条位于市中心南侧的东西走向的大路，主要是指连接地铁 1 号线黄陂南路站和常熟路站之间的那片区域。

东侧的黄陂南路站附近高楼林立，大型商场都集中在新开发的区域，作为大楼的租户进入上海时代广场或者香港广场等大楼，以设计师品牌为主，引进世界上最时尚的服装服饰，成为流行时尚的发源地。

各道路上都有明显的路标，简单易懂

在陕西南路地铁站和常熟路地铁站之间曾经是"二战"前的原法国租界地，现在那些西式洋楼和林荫道仍然让人感受到一种很独特的氛围，周边有一些利用租界时代的建筑改造成的经典酒店，里面设有餐饮设施，不仅可以住宿，还可以享受一下这里的美食，体验一下那种怀旧的气氛。

在黄陂南路地铁站南侧，是把"二战"前被称为石库门的集体公寓改造成现代化风格的新天地，是一个以游人为主，常驻的外国人也经常光顾的时尚区域，这里的特色是有很多奢侈品商店。这里的餐厅虽然多少有点儿贵，不过评价也相当不错。还有外国人喜欢的时尚杂货店和酒吧，营业结束时间比一般中国店铺要晚一些，感觉很方便。

一个商场密集的大型购物区

1932 年开业至今仍在使用的国泰电影院

多家商店进驻的商业大楼比较多

新天地

在游人中很受欢迎的观光景点

Map p.24-B1~2、31-D3、86

★★★

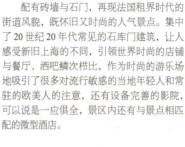

配有砖墙与石门，再现法国租界时代的街道风貌，既怀旧又时尚的人气景点。集中了20世纪20年代常见的石库门建筑，让人感受新旧上海的不同，引领世界时尚的店铺与餐厅、酒吧鳞次栉比，作为时尚的游乐场地吸引了很多对流行敏感的当地年轻人和常驻的欧美人的注意，还有设备完善的影院，可以说是一应俱全，景区内还有与景点相匹配的微型酒店。

成为观光景点后非常热闹

■新天地
住 太仓路、黄陂南路、兴业路、马当路
开 各店铺不同
休 各店铺不同
交 乘地铁1号线在黄陂南路站下车，或者乘10号线在新天地站下车后步行大约3分钟
网 www.xintiandi.com

上海

淮海中路地区

石库门造型的新天地

新天地的东侧有一个非常适合散步的公园

变成资料馆的邮局

在开放区域休息一下心情也会很好

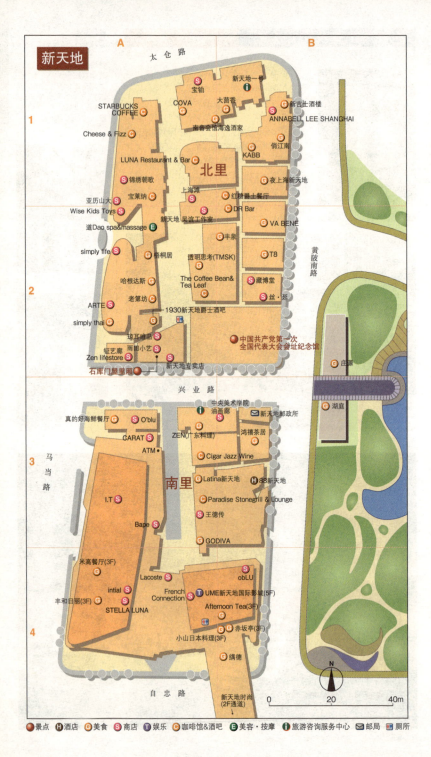

新天地

太仓路

宝铂
新天地一号
COVA
大茴香
新吉士酒楼
STARBUCKS COFFEE
南春会馆海逸酒家
ANNABELL LEE SHANGHAI
Cheese & Fizz
俏江南
KABB
LUNA Restaurant & Bar
北里
锦绣朝歌
上海滩
夜上海新天地
亚历山大
宝莱纳
红糖爵士餐厅
Wise Kids Toys
新天地 吴泾工作室
DR Bar
道Dao spa&massage
VA BENE
丰泉
simply life
梧桐居
透明思考(TMSK)
T8
哈根达斯
The Coffee Bean& Tea Leaf
藏博堂
ARTE
老第坊
丝·延
simply thai
1930新天地爵士酒吧
琼耳唯晶
钮艺廊
雨田小艺
中国共产党第一次
全国代表大会会址纪念馆
Zen lifestore
石库门屋里厢
新天地专卖店

兴业路

中央美术学院
真的好海鲜餐厅
O'blu
涵画廊
新天地邮政所
CARAT
ZEN(广东料理)
鸿禧茶居
ATM
Cigar Jazz Wine
马当路
南里
Latina新天地
88新天地
I.T
Paradise Stonegrill & Lounge
王德传
Bape
GODIVA
米高餐厅(3F)
Lacoste
obLU
intial
French Connection
UME新天地国际影城(5F)
丰和日丽(3F)
Afternoon Tea(3F)
STELLA LUNA
赤坂亭(3F)
小山日本料理(3F)
绸德

新天地时尚
(2F通道)

自忠路

黄陂南路

庄顺
湖庭

0   20   40m

N

景点 酒店 美食 商店 娱乐 咖啡馆&酒吧 美容·按摩 旅游咨询服务中心 邮局 厕所

中国共产党第一次全国代表大会会址纪念馆 `Map p.86-B2`
中国共产党的历史纪念地 ★★

　　1921年7月中国共产党召开第一次全国代表大会的地方，建筑是上海代表党员李汉俊的住所，毛泽东和来自全国的13名党员在这里集合，中途由于警察搜查，大家撤退，在浙江省嘉兴宣布了中国共产党的成立。

　　二楼是展厅，展出了说明当时情况的书信和照片，有关于第一次全国代表大会的会场情况及历史和社会背景的说明介绍。另用蜡人再现了当时的情景，并在入口处播放相关视频。

■中国共产党第一次全国代表大会会址纪念馆
住 黄陂南路374号
☎ （021）53832171
开 9:00~17:00（入场~16:00）
休 无
费 免费
🚇 乘地铁1号线在黄陂南路站下车后步行大约4分钟

展示当时情景的资料馆

深具历史感的门牌

中国社会主义青年团中央机关旧址 `Map p.31-C3`
社会主义青年团的秘密组织旧址 ★

　　1920年8月，上海共产党小组成立了中国社会主义青年团，青年团的中央机构设置在这里。当时为了掩饰机构的存在，在门口挂上了"外语学社"的牌子，向学员教授俄语、法语等语言。在学员之中还有后来成为中华人民共和国主席的刘少奇。1925年改称为"中国共产主义青年团"。2004年修复后对外开放，现在一共开放了一、二楼共计7个房间，展示了当时的家具、照片等实物。入口在从淮海中路进入一个小胡同里的住宅街道上。

■中国社会主义青年团中央机关旧址
住 淮海中路567-6号
☎ （021）53823370
开 9:00~11:00、13:00~16:00
休 无
费 免费
🚇 乘地铁1号线在黄陂南路站下车后步行大约8分钟

位于住宅街一角的社会主义青年团的秘密组织旧址

馆内样貌

周围是普通市民生活的地方

住 香山路 7 号
☎ （021）64372954
开 9:00～16:00
休 无　费 20 元
🚇 乘地铁 1、10 号线在陕西南路站下车后步行大约 12 分钟

孙中山先生晚年生活了 6 年的住宅

上海孙中山故居纪念馆　　Map p.24-A2
孙中山先生晚年跟夫人一起生活的住所　　★★★

　　广东的护法运动失败后，孙中山夫妇返回上海后，支持并援助护法运动的加拿大华侨集资赠送了一座住宅。位于复兴公园后面，中国革命党领袖孙中山（1866～1925 年）与夫人宋庆龄（1893～1981 年）1918～1924 年共同在这里生活，58 岁孙中山先生去世后，夫人宋庆龄在这里居住到 1937 年。

孙中山文物馆入口处的孙文雕像　　跟夫人一起生活的旧居

　　孙中山铜像的后面是孙中山文物馆，摆放着家族照片和遗物，可以看出当时的样子，二楼有留声机和先生穿过的外衣，当时的地图等。三楼有刻有孙中山名字的印章。

　　住所是在一座漂亮的 2 层洋楼里面，现在住所内部也对外开放了，根据宋庆龄的记忆忠实地再现了当时的样子，就是在这里孙中山与共产党代表李大钊以及苏联使节越飞一起促成了第一次国共合作的实现，也是在这里孙中山执笔了《孙文学说》。

　　石建的洋楼一层，是色调沉稳的食堂和客厅，二楼是书房和卧室，从一楼和二楼都能看到修整得很漂亮的庭院，也是一个很不错的看点。

住 淮海中路 1843 号
☎ （021）64747183
开 9:00～17:00（入场～16:30）
休 无
费 20 元
🚇 乘地铁 10 号线在交通大学站下车后步行大约 5 分钟

上海宋庆龄故居　　Map p.22-B4
蒋介石赠予的住宅　　★★★

　　以孙中山的夫人身份闻名的宋庆龄（1893～1981）曾担任过国家名誉主席，为和平运动和文化教育事业做出了很大的贡献。故居是二层楼建筑，一楼是客厅、餐厅和厨房，二楼是卧室、浴室、餐桌、冰箱、餐具架、睡房。

　　宋庆龄文物馆内展出了孙中山的帽子、与孙中山在东京举办的结婚仪式（1915 年 10 月 25 日）上的照片、美国尼克松总统以及各国名人赠送的礼品。上写"福寿金"的书，是她六十大寿时妹妹宋美龄送的生日礼物。车库里展示的是宋庆龄当时乘坐的汽车。

宋庆龄文物馆里展出了很多遗物和照片

宋庆龄文物馆里坐在椅子上微笑着的宋庆龄雕像

淮海公园
当地市民休息的地方

Map p.24-B1

★

■ 淮海公园
地 淮海中路 117 号
☎ (021) 63866377
开 5:00~18:00
（7/1~9/30~19:00）
休 无
费 免费
交 乘地铁 1 号线在黄陂南路
下车后步行大约 4 分钟

公园修建于 1956 年，朝向繁华的淮海中路。园内分为 5 个景区，围桌打扑克的人，或者用体育器械锻炼身体的人使得公园里总是热热闹闹的，

节假日很多人全家来玩儿，根据公园里常见情景制作的铜像公园里变得更热闹了

从淮海中路一跨进公园之中，就能立刻感受到一种悠闲放松的气氛。

周公馆
作为周恩来上海据点的安静的洋楼

Map p.24-B3

★★

■ 周公馆
地 思南路 73 号
☎ (021) 64730420
开 9:00~16:00
休 无
费 免费
交 乘地铁 1、10 号线在陕西南路站下车后步行大约 12 分钟

西式典雅的洋楼上爬满了常春藤

后来成为国务院总理的周恩来在 1946 ~ 1947 年，为了与国民党蒋介石会谈，从南京来上海时的落脚点儿，是中国共产党驻上海代表处前身。这是一座在原法国租界区内建的花园式洋楼，里面的办公室、卧室以及生活用品都保持了当年的样子，可以从中看出当年一次次谈判时的艰难状况。

法藏讲寺
拥有中西折中建筑的天台宗寺院

Map p.25-C2

★★★

■ 法藏讲寺
地 吉安路 271 号
☎ (021) 63114971
开 7:30~16:00
休 无　费 5 元
交 乘地铁 8、10 号线在老西门站下车后步行大约 5 分钟

在浙江省天台山出家的和尚于 1923 年修建的上海唯一一座天台宗寺院。与静安寺、龙华寺、玉佛寺并称为上海四大佛教寺院。"文化大革命"时遭到破坏，1997 年终于进行了全面重建，遭到破坏前的本殿大雄宝殿是众所周知的罗马风格建筑样式，重建后变成了欧式与中式相融合的建筑风格。

佛像和周围的装饰品都是金光闪闪的

修复得富丽堂皇的大雄宝殿

复兴公园
诉说 100 年历史的法式园林

Map p.24-B2、31-C3

★★

■ 复兴公园
地 雁荡路 105 号
开 5:00~18:00
（10/1~3/31 6:00~）
休 无
费 免费
交 乘地铁 10 号线在新天地站下车后步行大约 6 分钟

1909 年法国修建的上海最古老的公园之一，开放时名为"顾家宅公园"，1944 年改名为"大兴公园"，1946 年改为现在的名字。当初开放的时候除了法国人其他人不得入内，因此也被称为"法国公园"，现在作为中国唯一的法国风格园林的公园而闻名。

让人心情愉悦的步行大道　　对市民很重要的休憩空间

虹口地区 *Hongkou Area*

上海的风水宝地

Map p.17、13-D1

Map p.17、13-D1

虹口地区 | 特征与景点

虹口地区因虹口港而得名，位于上海中心城区东北部，位于市区东北部通向市中心的必经处。虹口区境内经济发达。四川北路商业街是全市三大市级商业街之一。鲁迅公园、鲁迅纪念馆以及矛盾、丁玲等一批文化名人故居坐落虹口，多伦路文化名人街享誉海内外。

怀旧风格的医院

鲁迅公园
Map p.13-C1~2

可以悠闲地打发时光的安静公园 ★★

公园占地面积 28.63 万平方米，是上海主要历史文化纪念性公园和中国第一个体育公园。园内有国家文物保护单位——鲁迅墓、上海鲁迅纪念馆、尹奉吉义举纪念地——梅亭及碑石。公园内有山有水有瀑布，山水之间，堤桥相连，景色优美，总体上保留了英国风景园的特点。公园本来叫虹口公园，由于鲁迅经常来公园散步，因此 1988 年改名为鲁迅公园。公园内有小规模的游乐园。

可以坐在长椅上悠闲地打发时间

当地市民聚集

鲁迅墓
Map p.13-C1

长眠于有缘之地的鲁迅 ★★

从鲁迅公园入口往里走，在公园中心附近可以看到被树木环绕的鲁迅坐在椅子上的雕像。鲁迅本来被埋葬于万国公墓，1956 年根据国务院的决定迁移到现在的鲁迅公园内西北角，墓碑使用花岗岩，雕刻着毛主席亲笔题写的"鲁迅先生之墓"字迹。墓前的坐像是鲁迅 80 周年诞辰的

时候建的，威严而英勇的鲁迅像看起来仿佛正要开口讲些什么。鲁迅墓被定为全国重点文物保护单位。

鲁迅纪念馆 Shanghai LU XUN Museum　Map p.13-C2
可以感受鲁迅生活　★★

　　纪念馆里展示了很多"中国近代文学之父"鲁迅的遗物。以前的纪念馆在山阴路大陆新村10号，鲁迅去世20周年的1956年迁到鲁迅公园内。进门后首先看到吸烟的鲁迅雕像好像在欢迎大家的光临，二楼有"鲁迅一生的事迹"展示厅，还有再现小说《阿Q正传》场面的模型等，纪念馆内还有与鲁迅有过深交的内山完造经营的内山书店，销售书籍和一些纪念品。在书籍陈列走廊里，收集了鲁迅的所有著作。

介绍"鲁迅一生的事迹"的陈列室前的展览大厅　"鲁迅纪念馆"几个字出自周恩来之手

■鲁迅纪念馆
住 四川北路2288号（鲁迅公园内）
☎ （021）65402288（内线132）
开 9:00~1700（售票处~16:00）
休 无
费 免费
交 乘地铁3、8号线在虹口足球场站下车后步行大约10分钟

鲁迅故居 LU XUN'S Former Residence　Map p.13-C2
跟挚爱的家人一起生活的住所　★★

故居附近是普通市民生活的住宅区

鲁迅生活过的红砖建筑

　　代表中国的文学作家鲁迅，在1933年4月11日到1936年10月19日55岁去世之前，生活了三年半的家，鲁迅去世后，其家人曾经搬家，但是鲁迅夫人许广平在1950年把家具等物品赠送到这里，恢复了故居的原貌，1989年开始对外开放，沿着山阴路有一个指示牌，沿着砖建的建筑一直往里走就到了鲁迅故居。在原日本租界建的红砖房，完全保持了当年的样子。买票后有人给做馆内讲解，1楼是客房和餐厅，2楼是书房兼卧室，3楼是客房和孩子的房间。卧室的日历和钟表停留在鲁迅去世那天的日期以及去世的时刻早晨5点25分。这里出售的介绍鲁迅故居的书价格10元。

■鲁迅故居
住 山阴路132弄9号
☎ （021）56662608
开 9:00~16:00
休 无
费 8元
交 乘地铁3、8号线在虹口足球场站下车后步行大约15分钟

多伦路文化名人街　Map p.13-C3
可以偶遇当年文化名人的散步街　★★

　　曾经是日本租界的虹口周边，是很多20世纪20~30年代文化名人生活的地方。多伦路文化名人街再现了当年的街貌，北面从四川北路和东江湾路交叉口开始，呈L形状，是一条石子铺成的道路，入口处有一个很气派的大石门，路上有很多晒太阳或者闲聊的老人，有一种很祥和的

■多伦路文化名人街
住 多伦路
开 各店铺不同
休 无
交 乘地铁3号线在东宝兴路下车后步行大约3分钟

路上的文化名人铜像随处可见

入口那气派的大石门成为这条路的标志

走一会儿后可以坐在长椅上好好休息

气氛。这里有很多当年的洋楼，还有很多古董店、商店或饮食店。如果有喜欢的商店可以进去逛一逛。有的咖啡厅里飘荡着一种怀旧的氛围，也可以在街上悠闲散步。到处都可以看到当年的文化名人的铜像，可别错过了！

慢慢地散步也觉得很有意思的地方

内山书店

鲁迅和芥川都曾造访过的传说中的中日文化沙龙

Map p.13-C3
★★

内山完造开办的内山书店自 1929 年之后的书店旧址。内山与前来购书的鲁迅、郭沫若、矛盾等中国作家都结下了深厚的友谊，除了常驻上

■内山书店
住 四川北路 2050 号
开 9:00~15:00
休 周六·周日
费 免费
交 乘地铁 3、8 号线在虹口足球场站下车后步行大约 10 分钟

Column 内山书店与鲁迅

内山完造到上海后于 1917 年开办了内山书店，主要销售那些在当时的上海很活跃的左翼作家的书籍，书店里慢慢聚集了很多文学爱好者，听说这种情况的日本文学爱好者也开始造访内山书店，从而促成了中日之间的文学交流。1927 年鲁迅到内山书店购书，机缘巧合，鲁迅跟内山建立了深厚的友谊。1930 年鲁迅参加了中国自由运动大同盟等社会运动，被国民党当局列入了黑名单，并面临被逮捕的危险，在朋友内山的周旋下，移居到拉莫斯公寓。后来 1932 年上海事变爆发，为了安全，鲁迅以内山书店职员的名义住到了出租的房子里，那就是现在的鲁迅故居。1936 年鲁迅去世，内山发起了鲁迅文学奖，并被选为编辑鲁迅全集的顾问。内山回到日本之后，也仍然致力于中日友好，成为中日友好协会的创立者之一。1959 年得急病去世，根据内山

的遗言，他的遗体被葬在上海的万国公墓。在东京神保町，有内山的弟弟于 1935 年开办的内山书店。

在内山书店旧址保留的纪念牌

旧址里展示着很多贵重的资料和照片

海的日本人，就连芥川龙之介和谷崎润一郎等到上海拜访的日本作家们也经常到书店与中国的文人们进行交流，这个书店起到了中日文化沙龙的作用。现在的旧址已经成了中国工商银行，不过二楼设有内山书店陈列室，可以浏览当时的相关资料。

二楼、三楼的展览让人想起过去的岁月

也展出了内山亲笔写的原稿

犹太难民在上海纪念馆
犹太人在上海虹口集中居住的地方　★★

Map p.11-C2

教堂一楼中央的礼拜堂

　　第二次世界大战期间上海的犹太人居住的教堂，现在成为主题纪念馆，详细地介绍了当时的一些照片和到上海避难的具体情况。犹太人于1902年创办了教会，1907年修建了会堂，1927年迁移到了现在的地址。2007年虹口地区政府进行了改装，之后开始对外开放。

■犹太难民在上海纪念馆
住 长阳路62号
☎ (021) 65126669
开 9:00~17:00（入场~16:30）
休 无
费 50元
地 乘地铁4号线在"大连路"站下车后步行大约10分钟

还展出了使用过的生活用品

展示牌

衡山路地区

Hengshan Lu Area

具有浓郁法国风情的原法国租界　　　Map p.23-C3~4、28~29

ACCESS

🚇 乘地铁 1 号线在衡山路站下车，或者乘 1、9 线在徐家汇站下车即到

ℹ️ 旅游咨询处
徐家汇旅游咨询服务中心
Map p.28-B2
🏠 肇嘉浜路 1068 号
☎ （021）64070098
🕐 9:30~22:00
休 无
🚇 乘地铁 1、9 号线在徐家汇站下车后步行大约 1 分钟

■上海国际礼拜堂
🏠 衡山路 53 号
☎ （021）64376576
🕐 只有周日（圣诞节期间 休息一周）7:30~9:00、10:00~11:30（汉语弥撒）、14:00~15:30、16:00~17:30（英语弥撒）
休 周一～周六
🚇 乘地铁 1 号线在衡山路站下车后步行大约 2 分钟

衡山路地区　特征与景点

　　曾经是原法国租界地的衡山路地铁站周边，有很多西式洋楼、各国风味餐厅、酒吧等，作为上海最佳的夜生活地区而闻名，到了夜里就成了酒吧一条街，也聚集了很多的外国人。白天的衡山路，西式洋楼在两排的法国梧桐之间隐约可见，可以一边感受租界时代的气氛一边放松心情，那些古老的建筑之中还有一些小店铺和咖啡厅，从中找一找是不是有喜欢的小店吧。

绿树成荫的衡山路

上海国际礼拜堂　　　　　　Map p.23-C4
各国信徒云集的国际礼拜堂

　　位于衡山路，是为了以美国人为主的各国信徒而建的共同礼拜堂。建于 1925 年，周围是清水红砖的围墙，是哥特式风格的英国建筑教堂，保留着当年的样貌。

　　每到做礼拜的时间，会有很多人来做弥撒，即使是能容纳 600 人的大规模教堂，也有很多挤不进去的人坐在院子里进行祈祷，有机会的话去看一看吧。

被爬山虎覆盖的教堂是上海市优秀近代建筑

礼拜堂里总是挤满了人

上海工艺美术博物馆

Map p.23-D3

工匠常驻的上海传统工艺的殿堂 ★★

剪纸、刺绣、翡翠、灯笼等上海传统工艺齐聚一堂，向游人进行展示，各种工艺的工匠常驻这里进行现场制作，游人

租界时代法国公司老总的住宅

慢慢地鉴赏展出的工艺品

可以购买展示的作品。博物馆使用的是 1905 年竣工的文艺复兴风格的西式建筑，带一个很大的花园，高高的天花板，铺满大理石的大厅，光是这座建筑就让人觉得有参观的价值。

徐光启墓

Map p.28-B2

位于市中心的明代大文人长眠的陵墓 ★★

非常安静的中西融合的墓地

徐光启是明代的进士，作为天文学者和农学者都创下了不朽的功绩。他是上海人，是个有名的天主教徒，在上海基督教传教方面做出了很大的贡献。徐光启墓周围聚集了徐家汇天主堂（圣依纳爵主教堂）以及徐家汇天文台等跟徐光启有些渊源的地方。徐家汇的地名也

来源于徐光启的姓氏。

徐家汇天主堂

Map p.28-B2

以冲天的尖塔为主要特征的天主教教堂 ★★

1910 年落成的上海最大的天主教教堂，建筑是哥特式样式，特征是两个朝天耸立的尖塔。1920 年之前是中国最高的建筑。教堂内有美丽的圆顶天花板，据说可以同时容纳 2500 人做弥撒。中央的大祭坛是 1919 年复活节时从巴黎运过来的。

庄严耸立的教堂引人注目

徐家汇藏书楼

Map p.28-B2

矗立在高楼大厦之间的最古老的近代图书馆 ★★

法国耶稣教会于 1847 年设立的上海最古老的近代图书馆，现在是上海图书馆的一部分。现存建筑建于 1897 年，以开放式的阳台为代表的殖民时期建筑与明代的楼阁风格建筑相融合。虽然对外开放，不过仅限在每周六的14:00~16:00限定180人免费参观。

宽阔明亮的殖民时期建筑特色

上海
衡山路地区

■上海工艺美术博物馆
住 汾阳路 79 号
☎ （021）64314074
开 9:00~16:00
休 无 ¥ 8 元
☒ 乘地铁 1、7 号线在常熟路站下车后步行大约 15 分钟

无产阶级艺术品

■徐光启墓
住 南丹路 17 号光启公园内
开 6:00~18:00
休 无
¥ 免费
☒ 乘地铁 1、9 号线在徐家汇站下车后步行大约 12 分钟

■徐家汇天主堂
住 浦西路 156 号
☒ 乘地铁 1、9 号线在徐家汇站下车后步行大约 6 分钟

■徐家汇藏书楼
住 漕溪北路 80 号
☎ （021）64874095
开 （14:00~16:00）（周六）
休 无
¥ 免费
☒ 乘地铁 1、9 号线在徐家汇站下车后步行大约 5 分钟

原法国租界地区

Former French Concession Areas

怀旧氛围的漫步大道 　　　　　　　　Map p.22-B3、23-C2~3

ACCESS

🚇 乘坐地铁1、7号线在常熟路下车或者乘10号线在上海图书馆站下车后即到

保留着租界时代的样貌

天气好的时候可以在街边椅子上休息

原法国租界地区　特征与景点

　　常熟路地铁站西侧的安福路，位于原法国租界的西侧。租界时代建了一批怀旧风格的老房子，烘托着一种很熟悉而又亲切的氛围。这一带有很多感觉不错的小店，在常驻上海的欧美人之中很受欢迎。这里有很多法国梧桐树，春天的新绿和秋天的红叶都让人感觉惬意。家居饰品店或者定制时装店以及咖啡馆都不少。跟安福路西侧平行的五原路，也有很多分散的小店铺，可以逛逛街，也可以找一家喜欢的咖啡馆休息一下。从安福路往西进入武康路，这条路上有很多历史悠久的豪宅，散步的时候欣赏一下那些建筑式样也是不错的选择。

租界时代的建筑时隐时现，感觉很时尚

也有被定为上海市优秀历史建筑的老房子

96

安福路上有时髦的家居饰品店

有喜欢的小店就进去看看吧

那种古香古色的建筑构造也
不要错过

咖啡馆也多，可以找一家喜欢的好好放松一下

街边法国梧桐树

上海宣传画艺术中心

Map p.22-B3

欣赏一下保存完好的宣传艺术品

★★

　　收集了数百件从 1949 年新中国成立到 1976 年"文化大革命"结束出品的中国共产党宣传画、饰品或者徽章等，这个时代出品的宣传艺术品至今仍对中国现代艺术作家产生很深刻的影响，需要注意的是展室位于一座普通民宅的地下，不太容易找。

■ 上海宣传画艺术中心
住 华山路 868 号 BOC 室
☎ (021) 62111845
开 10:00~17:00
休 无　圆 20 元
交 乘地铁 1、7 号线在常熟路站下车后步行大约 15 分钟
网 www.shanghai.propagandaart.com

超多的宣传画集聚一堂

都是跟毛泽东有关的宣传画展室

虹桥地区 *Hongqiao Area*

整齐漂亮的高级住宅地段

Map p.17、13-D1

ACCESS

🚇 乘地铁 3、4 号线在延安西路站下车、或者 3、4、10 号线在虹桥路站下车后步行大约 15 分钟，在 10 号线宋园路站、伊犁路站、水城路站下车步行大约 5 分钟

■ 宋庆龄陵园
🏠 宋园路 21 号
☎ (021) 62754034、
(021) 62754145
🕐 8:30~17:00 (售票处 ~16:30)
休 无
💰 免费
🚇 乘地铁 10 号线在宋园路站下车后即到

■ 上海动物园
🏠 虹桥路 2381 号
☎ (021) 62687775
🕐 6:30~17:00 (冬季 ~16:30)
动物馆开馆时间：8:00~16:30
休 无
💰 40 元
🚇 乘地铁 10 号线在上海动物园站下车即到

■ 锦江乐园
🏠 虹梅路 201 号
☎ (021) 54216858
🕐 8:45~17:00
(售票处 ~16:30)
休 无
💰 70 元 (含入园费与 3 个项目费用)、100 元 (含入园费与 6 个项目费用)
🚇 乘地铁 1 号线在锦江乐园站下车后步行大约 3 分钟

虹桥地区 特征与景点

虹桥是上海乃至世界著名的商业区之一，依托虹桥综合交通枢纽、国家大型会展项目等带动上海经济发展。

宋庆龄陵园　　Map p.21-D3
宋庆龄长眠的地方　　★★

既是政治家又是孙中山夫人的宋庆龄的公墓。陵园内庄严肃穆，满眼绿色，陈列馆内展示着她在有国外来客时穿的衣服以及她自出生到去世之间的很多照片，馆内还销售相关书籍。

宋庆龄白玉像　　　让游客了解宋庆龄一生的陈列室

上海动物园　　Map p.20-A~B3
小朋友们都喜欢　　★★

1955 年开放，规模之大屈指可数，园内喂养着来自国内外的 600 种 6000 只以上的动物及鸟类。动物园内还有海狮和大象表演。

憨态可掬的大熊猫

锦江乐园　　Map p.10-B4
位于市内的游乐场　　★★

锦江乐园是位于上海市内的大型游乐场，如果乘坐大摩天轮，可以饱览上海的城区景色，园内有很多全家人或情侣来玩的游人，离地铁站很近，相当方便。

游乐园内有大型摩天轮，总是很热闹

其他地区 *Other Area*

继承江南传统的地方　　　　　　　　　Map p.25、68

玉佛禅寺　　　　　　　　　Map p.15-C2
上海最大的禅宗寺院　　　　　　　★★★

　　浙江省普陀山的僧侣慧根法师创办的上海最大的禅宗寺院。他在印度以及我国西藏等国家和地区结束修行回国的时候在缅甸请到了五尊佛像，为了供奉其中的两座佛像于 1882 年创建了云佛禅寺，其鲜艳的黄色围墙非常醒目。

殿内有很多金光闪闪的佛像

　　大雄宝殿后面的般若丈室的二楼有玉佛楼，里面供奉着高 1.95 米、重约 1 吨的玉佛，玉佛的面色沉稳而优雅，玉佛身上镶嵌着翡翠和玛瑙，是一尊非常华美的佛像。大雄宝殿西侧的卧佛殿里供奉着涅槃像。

　　来参拜的人络绎不绝，大家都诚心地进行祈祷。

■ 玉佛禅寺
住 安远路 170 号
☎ （021）62663668
开 8:00~17:00（入场~16:30）
休 无
费 20 元（农历的初一和十五 10 元）、10 元（参拜玉佛楼）
🚇 乘地铁 7 号线在长寿路站下车后步行大约 10 分钟

黄色的墙壁令人印象深刻

上海龙华古寺　　　　　　　Map p.10-B4
久负盛名的古老寺庙　　　　　　　★★★

　　传说是三国时期吴国的孙权于 242 年创建的上海最古老的禅宗寺院，上海龙华古寺门前的龙华塔高 41 米，是七层八角的佛塔，据说最初建于三国时期。现在的塔是北宋初期再建的，1984 年曾经翻新。

　　进入大门后，弥勒殿、天王殿、大雄宝殿、三圣宝殿、方丈室、藏经楼在中轴线上按顺序排列，天王殿和大雄宝殿的左侧是罗汉堂，两边有钟楼和鼓楼，据说这种排列方式象征着龙的姿态，放在这里的大钟高 2 米，重 6.5 吨。

左／寺院入口，附近的建筑也跟寺院很搭配
右／入口前笔立着七层八角的龙华塔

■ 上海龙华古寺
住 龙华路 2853 号
☎ （021）64566085
开 7:00~17:00（入场~16:30）
休 无
费 10 元
🚇 乘地铁 3 号线在龙漕路站下车后步行大约 9 分钟

堂内供奉着菩萨像

上海植物园 Shanghai Botanical Garden　Map p.10-B4
可以看到 800 种以上的牡丹花　　　　　★★

盆景园里有各种形状的盆栽

展览温室内的热带雨林馆

■上海植物园
住 龙吴路 1111 号
☎ (021) 54363369
开 7:00~17:00
(展览温室 8:30~)
休 无
费 15 元 (门票)、40 元 (含
门票、展览温室、盆景园、
兰室),其他设施另外收费
交 乘地铁 3 号线在石龙路站
下车后步行大约 7 分钟
网 www.shbg.org

■上海野生动物园
住 南六公路 178 号
☎ (021) 61180000
开 8:00~17:00 (3/1~11/30 售
票处~16:00)(8:30~16:30 12/1~2
月底售票处~15:30)
休 无
费 130 元
交 乘地铁 2 号线在张江高科
站下车后换乘张南线公交车在
上海野生动物园站下车即到
网 www.shwzoo.com

■上海淞沪抗战纪念馆
住 友谊路 1 号
☎ (021) 56115728
开 9:00~16:00
休 周一
费 免费 (登塔 2 元)
交 乘地铁 3 号线在友谊路站
下车后步行大约 22 分钟
网 www.china813.com

■上海铁路博物馆
住 天目东路 200 号
☎ (021) 51221987、
51221575
开 9:00~11:30 (入馆~11:00)、
14:00~16:30 (入馆~16:00)
休 周日·周一 费 10 元
交 乘地铁 3、4 号线在宝山
路站下车步行大约 5 分钟
网 www.museum.shrail.com

上海植物园规模之大在国内名列前茅,培育了从盆栽到热带植物大概 3000 种,根据不同的种类设置了不同的风景区,尤其不能错过的是可以观赏到 800 个以上品种的牡丹园和能够领略中国园林之美的盆景园。兰室也像园林一样精美,展览温室内还有展望塔等,门票背后是浏览图,很方便参观。

上海野生动物园 Shanghai Wild Animal Park　Map p.9-C3
153 公顷的野生动物园

1995 年开放,占地 153 公顷的园内有来自世界各地的 200 种动物,园内分为坐观光车浏览区和步行浏览区,野生动物区分为 9 个区域,可以近距离观察豹或狮子,转一圈大约需要 30 分钟。动物表演场内可以看到小熊和大象的表演,很受孩子们的欢迎,最有人气的大熊猫在熊猫馆内观看。

受欢迎的动物表演　　　　园内也有珍稀动物白虎

上海淞沪抗战纪念馆　Map p.9-C2
了解沉重的战争

上海淞沪抗战纪念馆位于长江沿岸的宝山地区,2000 年对外开放。进入宝山临江公园内一直往前走到尽头,一座玻璃建材的塔就是纪念馆的标志,宝山地区是我国军民两次浴血抵抗日本帝国主义侵略的主战场,馆内展示的是与两次抗战相关的照片、资料及模型等。

从塔上可以眺望长江

上海铁路博物馆 Shanghai Railway Museum　Map p.16-B1
了解活跃在上海的铁路的发展史

2004 年博物馆对外开放,英国的古典式建筑,本来是上海北站所在地,展出的物品有 1960~1970 年使用的设备以及历史图表,可以了解铁道的发展与变迁的相关知识。

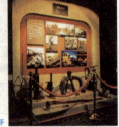

轨距 600 毫米的美国制蒸汽火车头

展示了修建铁路时使用的工具等

 上海动物园里非常大,从入口往熊猫馆的方向大概走 5 分钟就能看到园内观光车 (15 元),坐车观光就很方便了。

龙华烈士纪念馆
诉说革命先烈功勋的纪念馆

Map p.29-C4

★

上有原国家主席江泽民的题词

纪念馆位于上海市龙华烈士陵园内，是为了纪念从1840年鸦片战争到1949年新中国成立期间，为革命而奉献出生命的上海烈士而建。馆内展出了上海革命的历史记录、烈士们的故事资料，以及照片、各种相关实物等1000多件。馆内的工作人员每隔30分钟用汉语讲解一次。

■ 龙华烈士纪念馆
住 龙华西路180号
☎ （021）64685995
开 9:00~16:30（入馆~16:00）
休 周一
费 免费（龙华烈士陵园门票1元）
🚇 乘地铁4号线在上海体育馆站下车后步行大约20分钟
🌐 www.slmmm.com

上海公安博物馆
展出世界各地多个国家的手枪

Map p.10-B3

★★

在中国只有北京和上海有公安（警察）博物馆，分为历史、犯罪、搜查、监狱等十个主题，展出的物品数量庞大，超过1万件，上海馆的特点是收集了世界17个国家200多把枪支，其中还有租界时期上海青帮老大杜月笙从不离身的瑞士手枪等少见物品。

建筑的外观相当庄严

■ 上海公安博物馆
住 瑞金南路518号
☎ （021）64720256
开 9:00~16:00
休 周日
费 8元
🚇 乘地铁4号线在大木桥路站下车后步行大约15分钟

上海昆虫博物馆
超过100年历史的有来历的昆虫殿堂

Map p.29-D2

★★

其前身是1868年法国神父设立的上海震旦博物馆昆虫部，是座有历史渊源的博物馆，从世界各地收集了很多濒临灭绝的昆虫标本，有很多珍贵的收藏品，甚至被称赞为"亚洲的大英博物馆"。有"昆虫界的马拉松金牌得主是谁？""谁是平衡木冠军？"等有趣味的主题展览，都是从孩子到大人喜闻乐见的一些内容。

■ 上海昆虫博物馆
住 枫林路300号
☎ （021）54924191
开 9:00~16:30（入场~16:00）
休 无
费 15元
🚇 乘地铁4、7号线在东安路站下车后步行大约10分钟
🌐 www.shem.com.cn

五彩缤纷的展示令人心情愉悦

位于中国科学院院内

董家渡天主堂
巴洛克建筑样式的古老教堂

Map p.26-B2

★

别名"圣方济各·沙勿略教堂"，1853年外国人最早创建的天主教教堂。大堂顶部是拱形吊顶，能起共鸣作用。西班牙建筑家设计建造的，建筑的墙壁上使用了西洋风格的4米高的爱奥尼克式大柱子。1989年列入上海市文物保护单位。

■ 董家渡天主堂
住 董家渡路185号
☎ （021）63787214
开 7:00~（周一~周五）、6:30~（周六）、8:00~（周日）
休 无
费 免费
🚇 乘地铁4号线在南浦大桥站下车后步行大约20分钟

上海

其他地区

矗立在上海市民生活区的教堂

教堂内部非常宽敞

■上海辰山植物园
住 松江区辰花路 3888 号
☎ （021）37792288
开 8:00~17:30（11/1~次年
2/28~17:00）
休 无
费 60 元
交 乘地铁 9 号线在辰山植物
园站下车后换乘 19 路区间
车在辰山植物园站下车即到

上海辰山植物园
聚集了来自全世界的各种植物

Map p.8-B3

巨大温室的新颖外观让人不由得联想到某种巨大的
生物

位于上海市郊外的松江
区，2010 年开业，上海排名
第二的植物园，面积 207 公
顷。除了当地松江的植物，
还收集了全中国甚至是世界
五大洲的植物。春夏秋冬的
各色植物搭配得很协调。巨
大的玻璃温室的曲线造型也
很醒目，无论孩子还是大人
一年之中任何季节都可以在
这里享受植物的乐趣。园内
有频繁发车的班车（10 元），既方便园内的移动，又能欣赏到各种不
同色彩的植物。

温室内四季如春，可以观赏到不同季节的植物

崇明岛
在长江岛上尽享大自然的风光   Map p.9-C1 ★★

崇明岛是中国第三大岛，环岛的长江水中可以捕捞到珍贵的鱼类，东部的海滩作为白鹤和天鹅的栖息地而闻名。东平国家森林公园占地面积 3.5 平方公里，里面有娱乐景点，还有动物林和几处人工湖，其中有一个作为泳池对外开放。除此之外这里还可以进行攀缘练习。

■崇明岛
（东平国家森林公园）
住 北沿公路
☎ （021）59338266
开 8:30～16:00
休 无　費 70 元
交 在中山北路与共和新路的交叉口处乘巴士车站乘坐申崇一线在东平国家森林公园站下车，或者乘坐地铁 2 号线在上海科技馆站换乘申崇二线公交车在东平国家森林公园站下车
网 www.dpslpark.com

东平国家森林公园里可以尽情地划船

里面还设置了住宿设施

前往崇明岛的公交车

新场
有 1300 年历史的朴素小镇   Map p.9-C3 ★★

新场古镇位于浦东新区南侧的南汇区，是一个保留着平常百姓生活原貌的水乡古镇。沪南公路南侧是古镇主要的区域，保存了很多古老的建筑。虽然不能进入建筑内部，不过这些保存下来的古老建筑上都注明了建造的年代、使用的建筑材料、面积等内容。可以步行参观，在新场历史文化陈列馆内详细介绍了新场的历史和人民的生活状况。虽然游客还不算多，有些地方还在施工，不过这里却是个非常适合漫步浏览的小镇。

清乾隆二十四年（1759 年）建造的青龙桥

■新场
住 南汇区新场镇
☎ （021）58170650
开 9:00～16:00
休 无
費 免费（各景点参观费另付）
交 在浦东新区东昌路的车站乘沪南线在新场站下车即到，乘车时间大约 1 小时 15 分钟

新场古镇的风貌

古老民房连接在一起的新场街道

上海
●其他地区

■泰康路

住 泰康路 210 弄周边（泰康路和建国中路之间）

☎ 无

开 各店铺不同

休 各店铺不同

交 乘地铁 9 号线在打浦桥站下车后步行大约 3 分钟

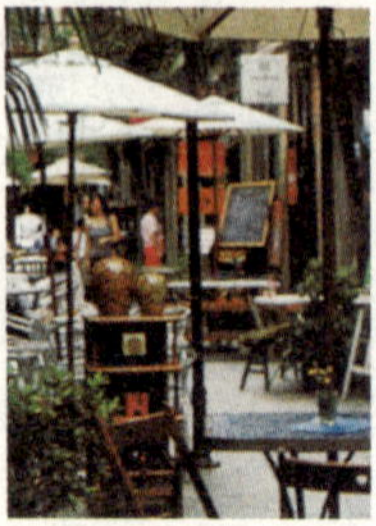

有很多时尚的咖啡馆

泰康路

Map p.24-B3、104

有 1300 年历史的朴素小镇

★★★

通过改造工厂或者仓库而创造的艺术空间，汇集了来自全世界的创作者，到处是时尚而款式新颖的商店、世界各国风味的餐厅、工作室等，在上海的年轻人或旅行者之间备受欢迎和关注。现在泰康路的规模还在不断扩大中。

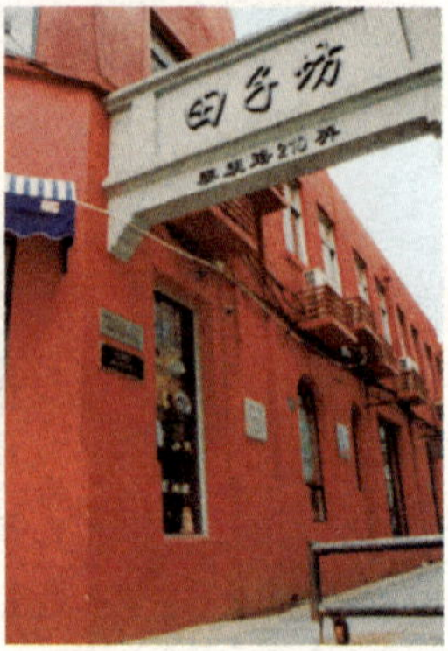

泰康路入口

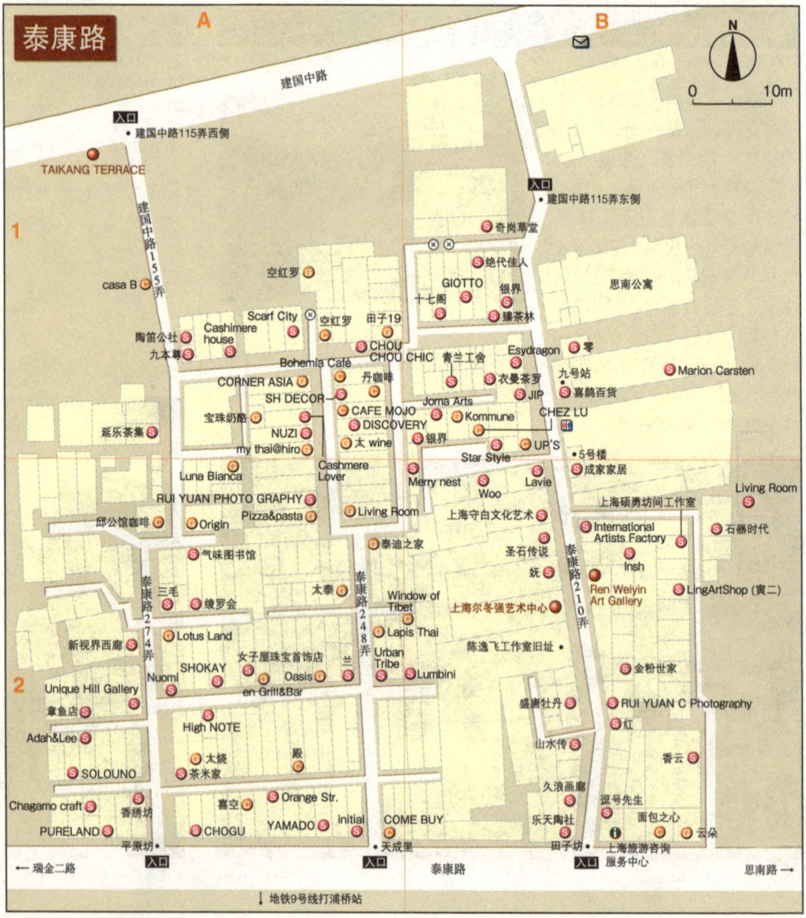

景点 美食 商店 咖啡馆&酒吧 旅游咨询服务中心 邮局 厕所

嘉定区一带 *Jiading Qu Area*

巡视历史悠久的江南园林　　Map p.8-B2、10-A1~2、105

嘉定区一带　特征与景点

秋霞园　　　　　　　　　　　　　　Map p.105-B1
南北向广阔的园林　　　　　　　　　　　　　　★★

　　建于 1502 年，1987 年对外全面开放的上海五大古典园林之一的秋霞园，由龚氏园、沈氏园、金氏园、城隍庙四部分组成，是明代的江南风格的园林。园内有楼阁、华池、竹林、三曲桥等，四季显示出完全不同的景观可以令人尽享美景。

　　进入位于东大街侧的南门之后，有城隍庙大殿，内有 60 多座泥塑的

神像。寻找一下自己出生那年的干支的代表神像也是一件很有意思的事情。

　　园内有销售工艺品的商店和休息室，可以悠闲地慢慢浏览。

从秋霞园的碧光厅看到的景观

可以倚在栏杆边休息一下

嘉定孔庙　　　　　　　　　　　　Map p.105-B2
祭拜孔子，学习孔子的思想　　　　　　　　　　★★

　　位于汇龙潭的西侧，过了龙门桥右侧就是，创建于 1219 年（南宋的

ACCESS

🚇 乘地铁 11 号线在嘉定北站下车后坐出租车大约 10 分钟即到

一进大门就可以看到城隍庙大殿

■秋霞园
住 嘉定区东大街 314 号
☎（021）59531949
开 8:00~16:30
休 无　料 10 元
🚇 乘地铁 11 号线在嘉定北站下车后坐出租车大约 10 分钟或者乘坐嘉定 10 路在中心医院下车后步行大约 5 分钟

城隍庙大殿内有很多的神像

■嘉定孔庙
住 嘉定区南大街 183 号
☎ （021）59530379
开 8:00~16:30（入场~16:00）
休 无
费 20 元
交 乘地铁 11 号线在嘉定西站下车后在嘉定西站汽车站乘坐 5 路在塔城西路、博乐路站下车后步行大约 5 分钟

嘉定十二年），过了桥之后，在入口前的汇龙潭沿岸，有雕刻 72 头狮子的石柱，这代表了孔子优秀的 72 名弟子。

庙内的大成殿是明代的建筑式样。孔庙内有金色的 72 尊泥雕像。庙前有元明清三朝的牌坊。

展览室内用出土物品和文物简明介绍了嘉定区的历史。

孔子像看起来像是正在微笑的样子　石碑上刻的是弟子们将孔子言行集结成《论语》

■汇龙潭
住 嘉定区塔城路 299 号
☎ （021）59529604
开 8:00~17:00（入场~16:00）
休 无
费 5 元
交 乘地铁 11 号线在嘉定西站下车后在嘉定西站汽车站乘坐 5 路在塔城西路、博乐路站下车后步行大约 3 分钟

汇龙潭　　Map p.105-B2
风景独特充满魅力的广阔园林　★★

建于明万历十六年（1558 年）的江南风格的园林，"潭"是深水池的意思，是由横沥河注入的水流形成的大水池。水池中间有一座名为盈亏山的小岛，弯弯曲曲的玉虹桥把小岛与岸边连接起来。水潭由 5 条像龙一样的河流汇集而成，应奎山坐落潭中，绿水环抱，宛如一颗明珠，自古有五龙抢珠之称，汇龙潭因此而得名。

从应奎山可以望到魁星阁全景

园林东侧的怡安堂

引人注目的华美的百鸟朝凤台

园内有很多树龄超过 200 年的古木，入口有北门和西门两处，从北门进入之后穿过绥ege堂、竹林后有一个名叫玉连池的小水池，旁边有一个小型游乐园，可以看到嬉戏玩耍的孩子们。园内还有一个名为碧荷池的小水池。百鸟朝凤台造型优美，上有历史故事的浮雕，顶上雕刻了 20 个螺旋和 400 只鸟儿。

■法华塔
住 嘉定区南大街 349 号
☎ 无
开 8:00~16:30（入场~16:00）
休 无
费 5 元
交 乘地铁 11 号线在嘉定北站下车后，换乘嘉定 10 路公交车在中心医院下车后步行大约 10 分钟

法华塔　　Map p.105-B2
视野绝佳的嘉定标志性塔　★★

创建于 1205~1207 年的法华塔，1996 年进行了改建。周边有很多餐厅或者商店，既热闹又充满活力。

进入大门后，左侧的建筑一楼是嘉定古代历史文物陈列室，内有竹质笔筒（竹刻）等文物。二楼是顾维钧陈列室，内有顾维钧穿过的衣服和与他相关的资料。

高 40 米的塔内台阶很陡峭，从塔上眺望嘉定的市景不过可以爬到第七层

也可以登塔，台阶狭窄而陡峭，但是上去之后视野非常好，塔周围有河流和石桥，以及以石子铺成的风情独特的南大街，正面是宽敞的公园。

竹刻博物馆　　Map p.105-B2
值得一看的精湛的制作工艺　★★

位于法华塔南侧的展示竹雕刻艺术的博物馆，嘉定著名的竹子产

地，因此竹雕刻也很闻名，雕刻手法起源于明代，著名的"朱氏三代"竹雕艺术技法据说是朱鹤祖孙三代开创的，使嘉定竹刻艺术得到了很大的发展。馆内展示了各种各样的竹雕艺术作品。

位于繁华街附近的嘉定别墅内

古猗园

猗猗绿竹、幽静曲水的公园

Map p.10-A2 ★★

位于嘉定区南翔镇的名园，建造于明万历年间（1522~1573年），当时叫作"猗园"。园内以鸳鸯湖为中心，西南有明代建筑白鹤厅，北侧有石舫、东侧有梅花厅。园内多梅树与腊梅树，从冬天到初春空气中飘荡着一股香甜的花香，园内广植翠竹，与亭树和水池极为相配，就连垃圾桶

与建筑和谐搭配的园林

也是可爱的竹子的造型。这里是小笼包的正宗产地，因此到处可以见到南翔小笼包的牌子，卖小笼包的店铺也很多，古猗园的旁边是古猗园餐厅，可以品尝南翔小笼包的美味。现在入口处买餐券的就餐方式，款台旁边写着各种菜单，简明易懂。

上海国际赛车场
Shanghai International Circuit

近距离观看世界最快的速度

Map p.8-B2 ★★

举办令世界瞩目的盛大仪式的赛车场

前往赛车检修处的入口是中国特色的大门

从上海市中心开车往西北方向大约1小时，位于嘉定区安亭镇的上海国际赛车场从2004年开始举办F1大奖赛的中国站比赛。赛道整体造型犹如上海的"上"字，会场内能容纳20万观众。主看台座位使用通常认为吉利的红色和橙色，让人感觉色彩鲜艳，其设计者是德国建筑家赫尔曼·提尔克，他曾经设计过几个国家的赛车场。观看比赛的门票在网上有销售，考虑到交通的问题，最好还是参加旅行社组织的观赛团比较方便。

■ 竹刻博物馆
住 南大街321号
☎（021）59537232
开 8:00~16:30
休 无　费 免费
➡ 乘地铁11号线在嘉定北站下车后换乘嘉定10路公交车在中心医院站下车后步行大约10分钟

■ 古猗园
住 嘉定区南翔镇沪宜路218号
☎（021）59122225
开 7:00~17:00
休 无
费 12元
➡ 乘地铁11号线在南翔站下车后换乘南翔一路公交车在古猗园站下车后即到

可以在古猗园旁边的古猗园餐厅品尝著名的小笼包（20元/20个）

■ 上海国际赛车场
住 嘉定区伊宁路2000号
☎（021）69569999
开 9:30~16:00
休 无
费 50元
➡ 乘地铁11号线在上海赛车场站下车后步行大约5分钟
🌐 www.icsh.sh.cn

投稿 古猗园餐厅是豫园南翔馒头店的根儿，也就是说是南翔小笼包的发祥地，店内有自助餐，座位自选，在款台处递交购买的餐券，自己拿好筷子、汤勺、放醋用的小碟后在座位上等候。味道和气氛都能让人很满意。

■佘山国家森林公园
🏠 松江区佘山镇
☎ (021)57651666(东佘山园)、
(021)5765423(东佘山园)
🕐 冬季 8:00~16:30
夏季 7:30~17:00
休 无
💰 免费(竹海乐园 10 元、
上海天文博物馆 12 元)
🚇 乘坐地铁 9 号线在佘山站下
车后在嘉松南路车站换乘沪陈
线公交车在佘山站下车即到

可以享受森林浴

砖结构的天主教教堂外观

■上海天文博物馆
🏠 松江区环山路
🕐 9:00~17:00(入场~ 16:00)
休 无
💰 12 元
🚇 乘坐地铁 9 号线在佘山站下
车后坐西佘山园缆车大约 5
分钟到山顶,再步行 5 分钟

松江区一带

Songjiang Qu Area

历史性建筑大量留存   Map p.8-B3~4

松江区一带 景点

佘山国家森林公园   `Map p.8-B3`
充分享受大自然的乐趣   ★★

　　位于松江区佘山镇的佘山一带的广阔的自然公园,1993 年被国家森林部指定为国家森林公园。公园以青松公路为界分为东山和西山两部分,无论哪边都可以在大自然里享受森林浴,适合徒步旅行,全部走下来需要半天到一天的时间。

东佘山园

　　从入口进去后,一直是持续不断的上下起伏的坡路,散步的路在竹林之间,被绿色环绕,空气清新,令人心旷神怡。与其说逛景点,不如抱着户外旅行的目的去走一走。
　　途中有色彩丰富的观光塔,可以从上面俯瞰整个东佘山园,蝴蝶园里的蝴蝶落满了整整一墙,山路很长,可以慢慢前行,东佘山园东北侧山脚下可以看到宽阔的月湖。

西佘山园

　　西佘山园的景点包括天主教教堂和天文台,属于中国最古老教堂的山顶圣母大堂,从 1925 年开始修建,到 1935 年完工,罗马样式与天主教样式相融合的建筑风格,在砖建的墙壁中间部分有基督教绘画,屋顶很高,也有一定的深度。
　　另外,上海天文博物馆内有中国最古老的天文台,100 多年以来作为天文观测设施而使用至今,从两边都可以坐缆车上去,一上台阶就能看到。坐缆车时间大约

彩色玻璃很漂亮的山顶圣母大堂

5分钟，前进得很缓慢。

2004年对外开放的上海天文博物馆，位于西佘山园内，分为时间展馆、历史馆和观测室几部分，由一楼和二楼组成，一楼是天文方面的展室，二楼望远镜观测室里的精华是长达40米的大望远镜，外面有日晷。

上海天文博物馆外面的日晷

从这个入口进去后去天文台

醉白池

上海五大古典园林之一

Map p.8-B3

★★

里面有碑刻画廊和雪海堂等景点

■醉白池
住 松江区人民南路64号
☎ 无
开 8:00~17:00
休 无
费 12元
乘地铁9号线在松江大学城站下车后在白马站换乘松重线公交车在醉白池下车即到

长长的走廊令人印象深刻，园林向东西两侧横向延伸。池青草绿，古朴清雅。据说是清顺治年间，画家顾大甲为了模仿唐代大诗人白居易边饮酒边作诗而修建的园林。园名取自苏东坡的《醉白堂记》。白居易生于河南，与唐代诗人李白、杜甫、韩愈一起被称为"李杜韩白"。苏东坡（苏轼）生于四川，是宋代的代表性诗人，也是著名的书法家。

进入园内后有一个照壁，里面有开阔的水池，既有小型公园，又有可以划船的水池，是个别有风情的园林。从前面的回廊可以观赏美丽的池中景色。东侧除了展览的书画和石刻之外，还有各具特色的画廊和盆景园。

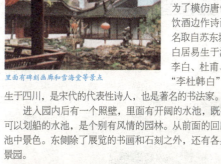
可以悠闲地在园内散步

🏠 松江区中山东路 235 号

📞 无

🕐 8:00~16:30

🚫 无 💰 12 元

🚇 乘地铁 9 号线在松江新城站下车后在外国语小学站换乘松闵线巴士在方塔园下车即到

兴圣教寺塔在水池中的倒影非常漂亮

■上海影视乐园

🏠 松江区东墩镇北松公路 4915 号

📞 (021) 57601166、57601627

🕐 8:30~16:30
（售票 ~15:30）

🚫 无 💰 50 元

🚇 乘地铁 1 号线在莲花路站下车后在莲花路站换乘莲漕线巴士在车墩站下车后步行大约 10 分钟

上海旅游集散中心总站（Map p.28-B4）发出的旅游大巴 9:00 发车，98 元

方塔园

花木繁多的历史公园

Map p.8-B3 ★★

　　公园的象征是兴圣教寺塔，这个佛塔是方形塔，也被称为"方塔"，这在圆塔居多的中国是很少见的。塔建于北宋的熙宁元祐年间（11 世纪后半期），可以登塔，北侧有照壁，照壁是明洪武三年（1370 年）创建的松江府城隍庙，墙壁的中央画着一种想象中的怪兽"犾"，据说这个怪兽贪得无厌，什么东西都要吃，即使这样还不满足，最后吞日而亡。

　　方塔园的入口在中山东路侧，园内的兴圣教寺塔的里面有宽阔的水池，是个占地面积 11.5 公顷的大公园。从醉白池去往方塔园的路上，有五金店、油漆店、生鲜市场，具有浓郁的生活气息。

方塔园的入口，旁边有博物馆

园内的照壁

上海影视乐园

沉浸在旧上海的街道之中

Map p.8-B3 ★★

招牌上画的老上海的样子

　　位于松江区的上海影视乐园，是一个再现 20 世纪 30 年代的上海街貌的摄影村。园内忠实地再现了苏州河、南京路、石库门、欧式建筑群中景观。路上还有电车，给人一种穿越回到以前时代的感觉。

　　园内剧场的节目内容，不同的时期也有所改变，在去之前最好打电话确认一下。

从入口进去后，跟实物一模一样的酒店和街道跃入眼帘

旧上海风格的招牌

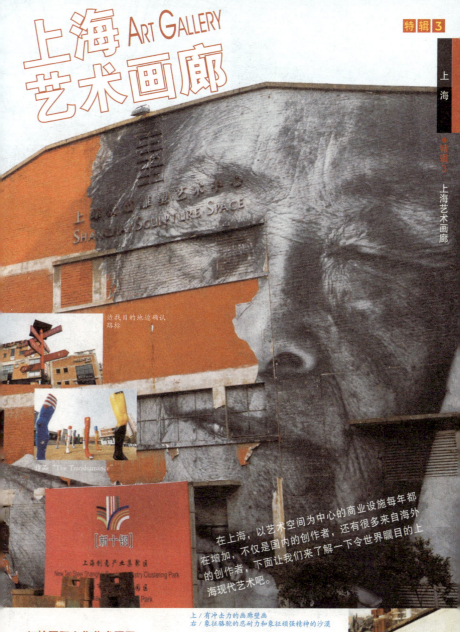

上海 ART GALLERY
艺术画廊

边找目的地边确认路标

作品 "The Transhumance"

在上海，以艺术空间为中心的商业设施每年都在增加，不仅是国内的创作者，还有很多来自海外的创作者，下面让我们来了解一下令世界瞩目的上海现代艺术吧。

红坊国际文化艺术园区

在以前的制铁工厂原址上建造的艺术场地。在被称为"红坊"的园内，以巨大的脚和名人的脸为装饰的公园为中心，画廊或者咖啡馆等围绕作品而建，在这里可以近距离观赏中国艺术家的雕刻或绘画作品。

上／有冲击力的画廊壁画
右／象征骆驼的忍耐力和象征顽强精神的沙漠

Map p.21-D3，28-AI

住 淮海西路 570 号　　☎（021）62817382
开 各设施不同　　休 各设施不同
费 各设施不同　　🚇 乘地铁 3、4、10 号线在虹桥路站下车后步行大约 3 分钟

左／物理学家爱因斯坦也成了艺术品主题
右／坐在长椅上说话的妇女雕像艺术

上左／有很多还没用过的仓库　上右／仓库内有工作室，参观工作室需要预约　右／利用宽敞的场地和巨大的仓库创作出这样的作品

半岛 1919

　　由 1919 年创建的纺织工厂和仓库改建而成，多数都是作为工作室使用，对外开放的画廊不多，其中还有潘微、孙良、曲丰国等上海代表性的现代艺术家的工作室。

Map p.10-B1

🏠 淞兴西路 258 号　☎ (021) 56846256　🕐 各设施不同
🛑 各设施不同　💰 免费
🚇 乘地铁 3 号线在淞滨路站下车后步行大约 8 分钟

矗立在绿色环绕的人民广场的一角

上海当代艺术馆　　MOCA Shanghai

　　以现代艺术与现代建筑为主题的美术馆，除了常规展览之外，还积极地跟一些海外机构或者美术馆合作举办一些主题展，在三楼的咖啡厅"Art Lab"可以品味下午茶（88 元）。

可以充分采光的有中庭的空间

Map p.30-A1

🏠 南京西路 231 号人民公园内　☎ (021) 63279900
🕐 10:00~18:00　🛑 无　💰 20 元
🚇 乘地铁 1、2、8 号线在人民广场站下车后步行大约 3 分钟
🖥 www.mocashanghai.org

M50

对苏州河畔的纺织工厂进行装修改建后，形成了数家画廊集中的 M50，可以说这是把中国艺术家和欧美艺术家融合在一起的上海 SOHO。既有老字号的画廊也有大力推出年轻艺术家的新画廊。

Map p.15-C1
- 莫干山路 50 号
- 各设施不同
- 各设施不同　各设施不同
- 乘地铁 1、4 号线在上海火车站下车后步行大约 15 分钟

上／老字号画廊"东廊艺术"
左／受欢迎的"Shanghai Art Gallery"
右／苏州河岸上的建筑

左／二楼的画廊"敦煌艺术中心"
右／大楼里有咖啡厅和餐厅

1933 老场坊

集餐厅、咖啡厅、购物等于一体的综合设施，据说原来是宰牲场建筑。大楼具有外方内圆的奇特构造，这种美观而独特的外形对于建筑迷们有很大的吸引力。

Map p.11-C2
- 溧阳路 611 号
- （021）65011933
- 8:30~22:00（自由参观），各店铺不同
- 无
- 乘地铁 4、10 号线在海伦路站下车后步行大约 10 分钟
- www.1933shanghai.com

内有 30 间以上的各国画廊

上海多伦多现代美术馆

位于多伦路文化名人街入口的艺术设施。建筑给人一种现代化的智能构造的印象，馆内是圆柱形的挑空结构，馆内也举办国内外的现代艺术作品展。

Map p.13-C3
- 多伦路 27 号　（021）65872530
- 10:00~17:00　周一　免费
- 乘地铁 3 号线在东宝兴路下车后步行大约 3 分钟
- www.duolunmoma.org

也致力于陈列、研究、教育、收藏、通信等方面的工作

漫步其中，细细品味

上海博物馆的所有精品

　　总面积达 38000 平方米的上海博物馆有一个很大的圆形中庭，馆内陈列的物品从新石器时代到明清时代直至近代，范围非常广，其中国宝级的珍贵文化财产数不胜数。举办特别展的时候人会很多，特别拥挤，而且有时间限制，因此游人应该在时间充裕的时候慢慢浏览。

一楼

中国古代青铜馆

　　中国的青铜器在世界上享有很高的评价，馆内展示了商（殷）周时期的青铜器及春秋晚期的酒樽等大约 400 件陈列品。商周时代的青铜器上装饰的花纹多为动物花纹，从龙、凤等想象中的动物到马或者鱼等实际存在的动物花纹都有。每一种不同意义的优美花纹都有记录当时贵族社会活动的相关铭文。另外千万不要错过商晚期的"镶嵌十字文方钺"、夏代的饮酒器"束腰爵"、三足虎头洗、内壁刻有 290 个铭文的西周中期的"大克鼎"等。

春秋时期的作品青铜器制的酒壶"龙纹壶"

青绿色的镶嵌工艺品壶"镶嵌几何纹散"

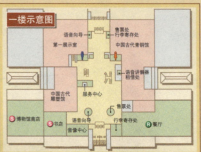

一楼示意图

语音向导·行李寄存处
售票处
第一展示室
中国古代青铜馆
语音讲解器租借处
中国古代雕塑馆
服务中心
售票处
博物馆商店
书店
语音中心·音像中心
行李寄存处
餐厅

上／春秋晚期的"牺樽"，胴体内是中空的，放入热水可以烫酒的酒器
左／商晚期的"亚口方罍"颈部有鸟纹，肩部有兽纹，中央部分是羊头装饰

中国古代雕像馆

展出了从战国到明代横跨大约2000年的120件雕刻与塑像作品。主要陈列着战国的彩绘木俑、北魏的石佛、宋代的铜像等，大多数是陵墓的陪葬品或者佛教遗址出土的文化财产。

有中国特色的佛像，比如北魏时代的佛镏金铜像、北齐时代的释迦牟尼佛石像、唐代的天王石像等主要作品。

"陶彩绘骑马俑"是唐代的作品

金代的"菩萨漆金彩绘木雕像"

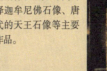

550年左右雕刻的"岐法起等造佛石像"

唐代（722~765年左右）制作的"思维菩萨像"

千尊佛像密密麻麻地雕刻在一面石壁上的"千佛石碑"

唐代的雕刻"天王石像"

北魏时期的"佛镏金铜像"

二楼

中国古代陶瓷馆

从古代到近代大约8000年间制作的陶瓷器，按照时间的顺序共展出大约500件，这些陶瓷器是上海博物馆值得自豪的作品，因为有很多其他地方看不到的珍贵物件，其中明代仿造伊斯兰金属器制作的"景德镇窑青花折枝山茶纹扁壶"、1974年出土的新石器时代的"崧泽文化黑陶刻纹盖罐"、宋代的"龙泉窑青釉三足炉"是代表性的作品。

于1522~1566年高温烧制的绘有莲花图案的"景德镇窑青花缠枝纹罐"

暂得楼陶瓷馆

展出了由著名的中国文化鉴赏家胡惠春收集的陶瓷器，可以观赏到从他捐赠给上海博物馆的359件物品中精选出来的特别突出的130件精品。以宋代到清代的陶瓷器为主，清代官窑制作的作品是水平最高的。在一个角落里再现了那些随着历史而不断登场的各种窑的样貌。

二楼示意图

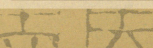

三楼

中国历代绘画馆

　　馆内面积 1200 平方米，回廊式的展厅，室内装修具有传统的古代建筑特色，展出了从唐代到清代的水墨画或者彩色画 120 多件。馆内有长椅，可以坐下来慢慢观赏。除了那些非常贵重的画卷之外，还展出了现代艺术家的绘画作品，代表作品有描绘西晋时期的竹林七贤的唐代色彩鲜艳的《高逸图鉴》、清代的《竹石图轴》、明代的《春山积翠图轴》等。

中国历代印章馆

　　中国特色的艺术之中包含有印章艺术，印章艺术欣赏的是雕刻图案之精巧、材质之珍奇、雕刻文字造型之秀美。这里展出了大约 500 件印章，甚至有 3000 年以前的古代印章。可以关注一下各种各样的印章所使用的石材与材质。代表作品有战国时期的"陈之新都铜玺"、乌龟造型的前汉时期的"广汉大将军章银印"、清代的"赐兰堂石章"、"淫读古文甘闻异言石章"等。

传说中的麒麟造型的清代银印"多罗定郡王印"

展柜中展出了各种各样的印章

雕工细致精美的寿山石（田黄）印章

雕刻技术高超的动物图案印章

展品就像是在昏暗的展室中飘浮在空中

中国历代书法馆

　　按照不同的朝代展出了超过 100 件的宋代到清代的书法，在大量的书法之中，展出了 60 多件艺术性很高的能代表不同时代的作品，代表作品有祝允明写的"草书前后赤壁赋卷"、宋代的"参政帖"、清代的"行书论书帖轴"等。

三楼示意图

中国历代绘画馆
中国历代书法馆
中国历代绘画馆
中国历代印章馆
商店

四楼

中国少数民族工艺馆

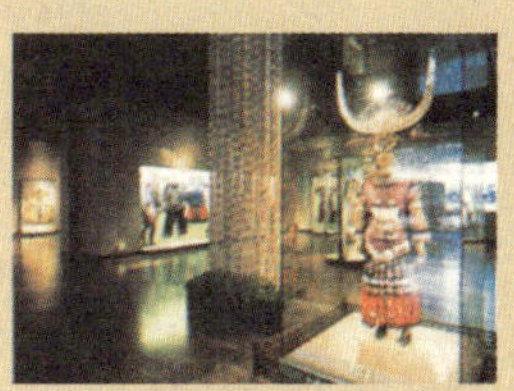

展示色彩鲜艳的服饰和工艺品

展出了少数民族的服饰、装饰品、工艺品、纺织品、刺绣等600多件文物。尤其是民族服饰与假面的种类特别多，色彩也很丰富，这些展示的物品证明了中国少数民族文化的独创性。其中有清代的“维吾尔族镶边平金绣花卉纹黑绒女马甲”、20世纪前半期的“维吾尔族花铜水盆”、“高山族贝衣”、“傣族钟花人物故事银罐”、20世纪后半期的“水族马尾绣背篼”等。

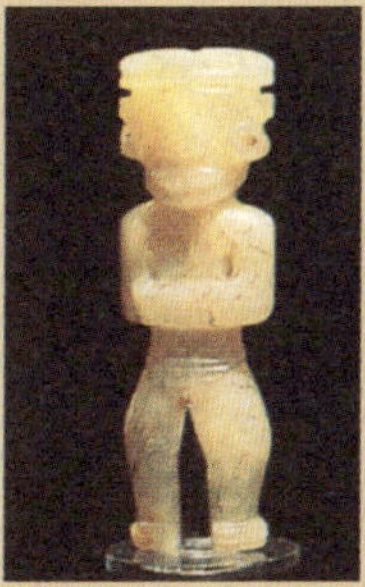

公元前24世纪～前20世纪的作品“神人”

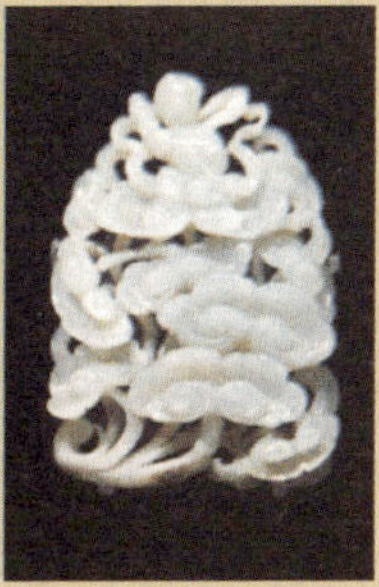

明代的“腾云童子”

中国古代玉器馆

展出了400多件从古代到清代的玉器，玉工艺品制造开始于大约7000年以前，尤其是殷周时代的作品非常精巧，让人不敢相信那是3000年以前的作品，人物造型的“神人”是4000年前雕刻而成的，另外东汉时代的孔雀与白虎造型的“四灵玉胜”以及明代的“腾云童子”也一定要欣赏一下。

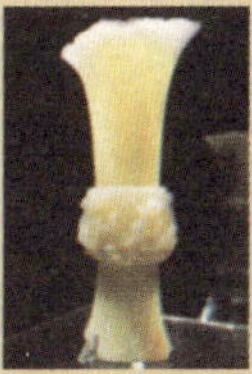

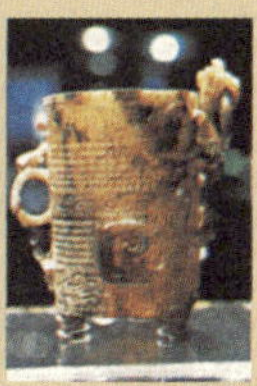

左/翡翠雕刻的清代“三螭纹玉觚”
右/1997年从安徽出土的“朱雀衔杯踢虎卮”

中国明清家具馆

展出了明清时期的家具100多件，木质家具尤其是红木家具比较多，每件家具都雕刻精美而讲究，是一些兼备实用性而又具有登峰造极的装饰效果的作品。明代的“黄花梨木宝座式镜台”、清代的“紫檀木仿竹节雕鸟纹多宝格”让人一看就知道制作这些家具一定花费了相当多的精力。

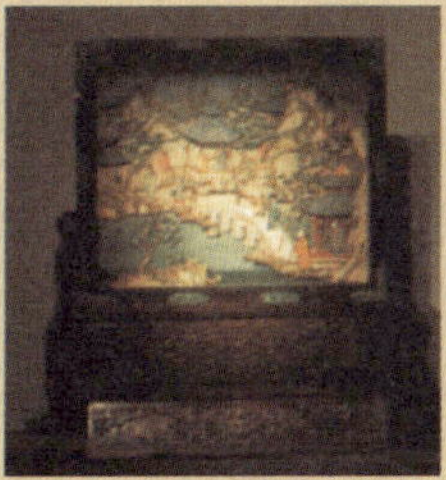

清代的镶嵌工艺品“紫檀木嵌染牙插屏式座屏风”

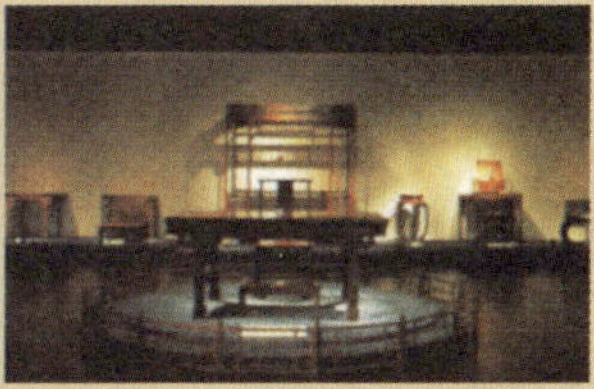

展出了雕工精美的明清家具

中国历代钱币馆

货币跟陶瓷器都是上海博物馆引以为豪的收藏品，展出了从3000年前直到近代的多达7000多件的货币，年代不同货币的造型也不一样，可以边看边作个比较。秦代的“平肩弧足空首布”、汉代的“一刀平五千金错刀”、南北朝时期的“永通万国”、明代的“永乐通宝背三钱”等货币是大家观赏的重点货币。

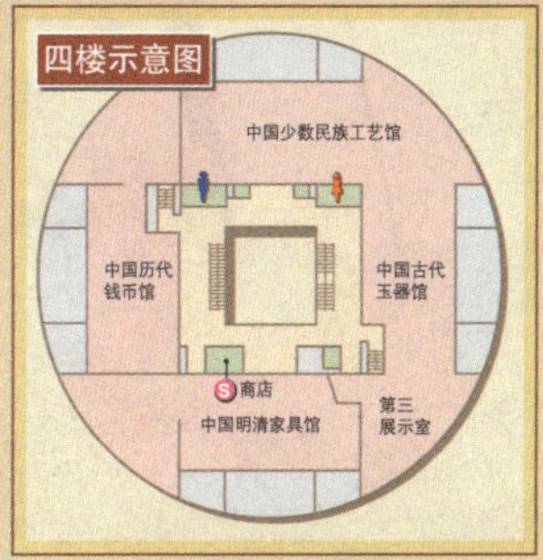

购 物
SHOPPING

上海购物概况

南京路地区

南京东路是国内游客购买纪念品的地方，除了有著名的文具店"朵云轩"和刀具店上海张小泉剪刀总店之外，奶制品以及食品类也能买到，在南京西路有一些百货商场。

淮海中路地区

除了那些高级品牌入驻的大型商场之外，一路上还有很多受欢迎的商店，可以购买各种商品，有几家面向游客的茶叶店。

外滩地区

外滩地区有很多欧式建筑，有些通过内部装修重新焕发出活力，如外滩18号或者外滩3号、6号、5号等，有几家品牌店以承租的方式进入这些大楼内部，可以去逛一逛。

豫园地区

这里聚集了众多的国内外游客，豫园商城之中有毛笔或者筷子等商品的专卖店。这里的商场里也有古董市场，附近还有一些礼品店，专门卖中国面料首饰盒或者传统商品以及熊猫商品。

新天地地区

新天地有很多的商店，对游人来说比较方便的是市里一些分散的特产店在这里都汇聚一堂，购买礼品比较方便。

店铺大搜集
Shopping

红色的吻
上等的法国布艺

◆法国布艺专卖店，是法国女老板亲自设计的床上用品或者家居服装用品商店。刺绣的颜色、设计以及面料顾客都可以自己选择，可以接受定做。

高雅的中国风商品　　Map p.22-B3

🏠 复兴路299弄-2号
☎ （021）64318019
🕙 10:30~18:30（周日11:00~）
🈺 春节连休7天
🚇 乘地铁1、7号线在常熟路站下车，或者乘10号线在上海图书馆站下车后步行大约10分钟
🔗 www.rougebaiser-elise.com

左／位于原法国租界区
中／门把手装饰品
右／优质的天然材质的中国布艺

上海安利家居饰品
优雅的中国风商品

◆这是一家利用中国传统设计和技术的高品质的中国风商店。将江南地区传统的手工刺绣用于上等的丝绸上而制作的商品非常受欢迎。有各种高雅的室内装饰面料以及装饰小提袋、手提包、家居服装等，种类齐全。

高雅的中国风商品　　Map p.17-D3

🏠 中山东一路8弄1号
☎ （021）64458218　🕙 10:00~22:00
🈺 无　🚇 乘地铁2、10号线在南京东路站下车后步行大约15分钟
🔗 www.annabel-lee.com

左／一共10种颜色的丝绸包每个180元，玉坠饰品每个90元
中／剪纸或京剧系列的手绢每个120元
右／排列在一起的高雅商品

CHEZ LU
中国丝绸商品大全

◆ 拥有自家工厂，在泰康路设有店面的丝绸商品店。卖手提包、鞋、小饰品、靠垫、桌面装饰布、灯罩等用美丽的丝绸制作的商品。各种商品可谓应有尽有，记事本套或者书套很适合送人当礼品。

左／闪着美丽光泽的高级丝绸包 295 元
右／店里的商品摆得满满当当的

丝绸制品　　Map p.104-B1
住 泰康路 210 弄 7 号大院 4 室
☎ (021) 54656739　營 10:00~20:30
休 无
乘地铁 9 号线在打浦桥站下车后步行大约 4 分钟
www.chezlu.cn

上海组合
可爱的法式中国风商品

◆ 将中国的传统元素与法国的现代风格融合，同时体现了上海特色的组合商品。每年的主题色彩都会改变，总是会不断地推出新的商品。除了手提包、坐垫套之外，还有儿童服装。

左／最适合旅行时携带的珠宝袋
右／用丝绸材质做的小包，一套三个

丝绸制品　　Map p.24-B2
住 马当路 245 号新天地时尚 1 楼 129 单元
☎ (021) 53580188　營 10:00~22:00
休 春节 3 天
乘地铁 10 号线在新天地站下车即到
www.shanghaitrio.com
※复兴西路 37 弄 6 号有一家兼工作室的商店

上海 Suzhou Cobblers
可爱而色彩艳丽的刺绣鞋

◆ 这是店面不大的一家小商店。店内摆满了色彩艳丽的绣花拖鞋和包，上面绣了莲花或金鱼等中式图案。这些非常精美的刺绣是由苏州的传统工艺制作而成。手工织成的面料制作的手工刺绣拖鞋 680 元一双。

左／很受欢迎的绣有漂亮荷花的拖鞋
右／店内所有商品均为手工制作

丝绸制品　　Map p.31-D1
住 福州路 17 号 101 室
☎ (021) 63217087
營 10:00~18:30
休 春节 6 天、国庆节 3 天
乘地铁 2、10 号线在南京东路站下车后步行大约 15 分钟
www.suzhou-cobblers.com（英文）

上海

购物 店铺大搜集

上海滩
世界品牌的中国风商品

◆以 20 世纪 30 年代的上海为背景的香港品牌。独具个性而色彩艳丽的丝绸商品给人以高品质的感觉。把中国传统元素引入全球时尚行列的中国风商品，受到了世界名人的大力支持。

丝绸制品	Map p.86-A1

住 太仓路 181 弄新天地北里 15 号 3 单元
☎ (021) 63841601　營 10:30~23:00
休 无
🚇 乘地铁 1 号线在黄陂南路站下车后步行大约 3 分钟
🔗 www.shanghaitang.com

※锦江饭店（Map p.30-B3 茂名南路 59 号）、浦东 上海店（Map p.18-A3 富城路 33 号）、浦东国际机场店（Map p.36）

COUTURIER Shanghai
使用印花的订单精品店

◆也深受常驻上海的外国人喜欢的精品店。使用质量上乘的丝绸制作的手提包或者胸花等的半定制商品，样式可爱，品种齐全。

丝绸制品	Map p.23-C3

住 安福路 151 号
☎ (021) 54047110
營 12:00~18:00
休 周一
🚇 乘地铁 1、7 号线在常熟路站下车步行大约 5 分钟
🔗 www.couturiershanghai.com

丽饰
休闲礼品商店

◆很适合购买礼品的商店，有很多常用的小饰品，价格实惠，品种齐全，方便携带，造型具有原创设计的特色。

手工艺品	Map p.21-C3

住 古羊路 1038 号
☎ (021) 62199230
營 10:00~18:00
休 春节 5 天
🚇 乘地铁 10 号线在水城路站下车步行大约 9 分钟
※淮海中路 1564 号、浦东金桥碧云路 633 号 C3 室也有分店

逸居新天地生活馆
炒热上海商品的主角

◆从充满情趣的日用品到适合送礼的高级货一应俱全，餐具类、蜡烛、笔记本的种类尤其多，除了原创商品外，从欧洲进口的商品也很多。

手工艺品	Map p.86-A2

住 马当路 159 号新天地北里 101 单元
☎ (021) 63875100
營 10:00~22:00　休 无
🚇 乘地铁 1 号线在黄陂南路下车后步行大约 4 分钟
🔗 www.simplylife-sh.com
※东平路 9 号也有分店

雅瓷轩
位于世外桃源般的静安别墅里的陶瓷器店

◆无论年轻的创作者还是知名创作者的陶瓷器都可以代理的艺术画廊，既有茶具或者装饰品的小型商品也有大的瓷壶或摆件，店面里还展出了景德镇陶艺大学学生的作品并现场销售。

陶瓷器	Map p.31-C2

住 南京西路 1025 弄 166 号
☎ (021) 62564575
營 11:00~21:30
休 春节 1 天
🚇 乘地铁 2 号线在南京西路下车步行大约 6 分钟

I-LIFE
品质上乘、用色讲究的中国风商品

◆位于安静的巨鹿路，销售手提包和丝绸小饰品的商店，其中也有店主自己设计的原创性商品，用羊绒和丝绸制作的披肩以及丝绸拖鞋等都是比较受欢迎的礼品。

丝绸制品	Map p.23-C2

🏠 巨鹿路 830 号
☎ （021）62494776
🕐 12:00~21:00
休 春节休 4 天
🚇 乘地铁 1、7 号线在常熟路站下车后步行大约 10 分钟

Lilli's SHANGHAI
用布做的泰迪熊很受欢迎

◆这家店的设计师是日本人，制作的设计商品很受欢迎，用丝绸面料制作泰迪熊的订单尤其多。

丝绸制品	Map p.15-D4

🏠 新闸路 1051 号茂盛大厦 1D
☎ （021）62531469
🕐 9:00~17:30（周日 10:00~）
休 节假日
🚇 乘地铁 2 号线在南京西路下车后步行大约 10 分钟
🌐 www.lillishanghai.com

CHOGU
各种商品聚集的

◆喜欢古董或古典风格的老板收集的各种商品陈列在位于泰康路的店铺里，有通过磁铁的作用浮在空中旋转的地球仪、俄罗斯的照相机、德国制的钟表、手工制的马口铁车等，品种丰富。

杂货	Map p.104-A2

🏠 泰康路 272 号
☎ （021）64155152
🕐 9:00~23:00
休 春节 1 星期
🚇 乘地铁 9 号线在打浦桥站下车后步行大约 2 分钟

梅朵手工艺坊
很多用旧布做的手提包和坐垫

◆小店位于原法国租界区，那里有几家气氛不错的杂货店和咖啡馆。有点粗犷感觉的手工艺品店。作品都是店主自己手工制作的独一份的商品，用云南、贵州等地少数民族的旧布做成的手提包很受欢迎。

手工艺品	Map p.23-C3

🏠 复兴西路 43 号
☎ （021）64333113
🕐 11:00~21:00
休 春节 1 星期
🚇 乘地铁 1、7 号线在常熟路站下车后步行大约 6 分钟

青珑工坊
最适合日常生活使用的款式餐具

◆款式餐具或者市内商品、蜡烛等把小店内排得满满的，从青瓷器风格的中国特色商品，到玻璃制品、东南亚风格的商品，种类繁多，相当受欢迎。

陶瓷器	Map p.23-C3

🏠 东平路 9 号
☎ （021）64743219
🕐 11:00~23:00
休 无
🚇 乘地铁 1、7 号线在常熟路站下车或者乘 1 号线在衡山路站下车后步行大约 5 分钟

NanFan
外国人喜欢的精致的中国风商品

◆已经自成一种品牌商品，在上海花园酒店一楼也开设了柜台，颜色与材质相配合，缝制得也很细致讲究，似乎发出一种感性的光泽。

民族商品　　　　　　Map p.22-A3

住 延安西路 1228 弄 2 号嘉利大厦 10 楼 K 室
☎（021）62825928、13611704156（手机）
休 周六·周日·节假日
🚇 乘地铁 2 号线在江苏路站下车后步行大约 15 分钟或者乘 3、4 号线在延安西路下车后步行大约 10 分钟

SH DECOR
有些狂热的顾客认为店里的商品是上海 NO.1

◆位于时尚店铺与咖啡馆集中的泰康路，是一家别致而现代化的商品店。韩国人老板设计的原创性蜡烛和色彩艳丽的茶具是受欢迎的商品。

民族商品　　　　　　Map p.104-A1

住 泰康路 248 弄 41 号
☎（021）54653260
营 10:00~20:00
休 无
🚇 乘地铁 9 号线在打浦桥站下车后步行大约 4 分钟

锦绣坊
把少数民族元素加入感觉不错的商品之中

◆贵州省苗族姐妹经营的中国西南少数民族制作的手工艺品店。苗族语言中"蝴蝶"是母亲的意思，因此以蝴蝶为图案的商品很多。银手镯（480 元～）等装饰品很多。

民族商品　　　　　　Map p.23-D1

住 巨鹿路 616 号
☎（021）62792677
营 10:30~19:00
休 春节 1 星期
🚇 乘地铁 1、10 号线在陕西南路站下车后步行大约 10 分钟

卓玛
位于泰康路的西藏商品店

◆位于被称为上海 SOHO 的泰康路一角，经营者是藏族三姐妹，布置着西藏家具和佛像的店内有浓郁的西藏氛围，店内有银饰品和羊绒商品。

民族商品　　　　　　Map p.104-B1

住 泰康路 210 弄 7 号 6 室
☎（021）54652113
营 10:00~22:00
休 无
🚇 乘地铁 9 号线在打浦桥站下车后步行大约 5 分钟

Ling ArtShop（寅二）
艺人与设计师的商品并列的商店

◆销售现代艺术家的陶瓷器的茶具、原创性的装饰品，曾在日本长住的李老板严格挑选的上海或者瑞典、丹麦等国工艺术家制作的新颖的设计产品整齐地在店内摆列着。

设计师商品　　　　　Map p.104-B2

住 泰康路 200 号 3 号 1 楼 117
☎（021）64666369
营 10:00~18:00（周日 10:30~17:00）
休 无
🚇 乘地铁 9 号线在打浦桥站下车后步行大约 5 分钟

Platane
法国与中国传统相融合的现代化商品

◆法国老板经营的生活类商店，老板亲自设计的在景德镇烧制的原创性瓷器很受欢迎。其他品质上乘的中国风室内用品也为商店增色不少。

设计师商品	Map p.24-B3

佳 泰康路 156 号
☎（021）64662495
营 10:00~20:00（周六·周日 11:00~）
休 节假日不定期休息
🚇 乘地铁 9 号线在打浦桥站下车后步行大约 6 分钟
🖥 www.platane.cn
※武康路439号也有分店（Map p.22-B4）

上海硕勇坊间工作室
品质优良色泽美丽

◆是住在贵州省的少数民族苗族人开的刺绣商店，代代相传的刺绣图案之中有各不相同的含义，可以多多询问店员商品图案的含义。手提包 800 元，坐垫 280 元。

设计师商品	Map p.104-B2

佳 泰康路 220 号 2 楼
☎（021）64734566
营 10:00~18:00
休 无
🚇 乘地铁 9 号线在打浦桥站下车后步行大约 5 分钟

喜鹊百货
法国和中国传统相融合的现代化首饰

◆英国籍的中国女老板经营的首饰专卖店。除了老板设计的商品外，还有日本或者欧美的设计师设计的作品可供挑选，所有商品在店内摆放，其中加入黑曜石做成的首饰很受欢迎。

珠宝	Map p.104-B1

佳 泰康路 210 弄 9 号 906 室
☎（021）64735066
营 10:00~20:00
休 春节 8 天
🚇 乘地铁 9 号线在打浦桥站下车后步行大约 4 分钟

琼耳唯品
成为新天地话题的珠宝店

◆由在法国学习设计并成为珠宝设计师的琼耳树立起的品牌，以大自然和中国传统为主题的作品，在世界各国受到好评。中国牡丹和双重幸福的耳环尤其受到关注。

珠宝	Map p.86-A2

佳 太仓路新天地 181 号
☎（021）63262140
营 10:30~22:00
休 无
🚇 乘地铁 1 号线在黄陂南路站下车后步行大约 4 分钟

Marion Carsten
具有东洋美的珠宝

◆德国女老板亲自设计的珠宝店，自由地使用汉字或者竹子等中国风格图案，创造出非常精彩的现代化款式，加入珊瑚与珍珠的装饰品很受欢迎。

珠宝	Map p.104-B1

佳 泰康路 210 弄 908 室
☎（021）64153098
营 10:00~21:30
休 无
🚇 乘地铁 9 号线在打浦桥站下车后步行大约 5 分钟
🖥 www.marioncarsten.com

忆梦轩
买得起的中国风商品

◆记事本、相册、相片框架等既实用感觉
又好的中国风商品种类齐全，手提袋及装
饰品盒等用上乘的丝绸制作的时尚商品，
很适合当送人的礼品。

丝绸制品　　　　　　　　Map p.68-A1
🏠 豫园老路 14 号
☎（021）63559999（内线 1937）
🕐 9:00~21:00
休 无
🚇 乘地铁 10 号线在豫园站下车后步
行大约 5 分钟

新天地　吴谊工作室
世界上独一份的商品

◆出生于上海的艺术家吴谊的商店兼工
作室，使用白瓷、青瓷或者玉石等传统材
质，亲手制作成造型与图案优美的摆件、
茶具或者首饰等，每一件都是独一份的原
创商品。

设计师商品　　　　　　　Map p.86-A2
🏠 大仓路 181 弄新天地 15 号 2 单元
☎（021）63110665
🕐 10:30~22:30
休 无
🚇 乘地铁 1 号线在黄陂南路站下车后
步行大约 4 分钟或者乘地铁 10 号线在
新天地站下车后步行大约 5 分钟。

Esydragon
品种丰富

◆以中国传统设计图案为主题的商品摆
满了店内的空间，除了高雅优质的陶瓷
制商品或者室内商品之外，还有很多价
格优惠的茶杯或者一些小饰物，很适合
做送人的礼品。

综合杂货　　　　　　　　Map p.104-B1
🏠 泰康路 210 弄 20 号
☎（021）54658382
🕐 9:00~22:00
休 无
🚇 乘地铁 9 号线在打浦桥站下车后步
行大约 5 分钟

mrkt
材质令人愉悦的日用商品

◆哈佛大学毕业的空间设计师设计的
多功能的生活用品，使用毛毡与羊毛，
设计的商品颜色亮丽且使用方便，很
受欢迎。

综合杂货　　　　　　　　Map p.24-B1
🏠 淮海中路 138 号无限度广场 334 室
☎（021）63756338
🕐 10:00~22:00
休 无
🚇 乘地铁 1 号线在黄陂南路站下车后
步行大约 5 分钟
🌐 www.mrktstore.com

哦沙玳
有像沙包一样令人熟悉的很不错的商品

◆位于新天地地铁站直达的新天地时尚
的手工制作的时尚杂货店，只用布制作
的手提包系列及披肩都很受欢迎。一针
针缝制而成的布鞋 695 元，新商品中
还有 280 元的 iPad 套。

综合杂货　　　　　　　　Map p.24-B2
🏠 马当路 245 号新天地时尚 L-232 室
☎（021）53867866
🕐 10:00~22:00
休 无
🚇 乘地铁 10 号线在新天地站下车直达
🌐 www.oshadai.com
※ 2012 年 4 月，马当路 119 号 1 楼 2
单元新店开始营业

MAYUMI SATO
用色新潮的时尚性商品

◆时尚而高雅的精品店，店内陈列着MAYUMI设计并制作的手提包、围巾、小饰品袋等细节部分都很讲究的商品。颜色新潮而可爱，广受顾客的好评。

丝绸制品　Map p.23-C3
- 安福路 169 号
- ☎（021）54033903
- 🕐 12:0020:00
- 休 节假日不定期休息
- 🚇 乘地铁 1、7 号线在常熟路站下车后步行大约 6 分钟
- 🌐 www.mayumisato.com

蓝毗尼
受欢迎的西藏商品

◆多个国家的商品都有，店面不大，摆放着很多从尼泊尔和我国西藏运来的商品以及装饰品，蓝毗尼的店名（Lumbini）取自释迦牟尼诞生的地方。

民族商品　Map p.104-B2
- 泰康路 248 弄 12 号
- ☎（021）64455618
- 🕐 10:00~22:00
- 休 无
- 🚇 乘地铁 9 号线在打浦桥站下车后步行大约 5 分钟

钲艺廊
独特着色的小物件很有吸引力

◆以传统图案的现代化陶器类为主的高品质的杂货店，手描的图案着色独特，非常有魅力，另外还有精心制作的仿古茶具、创作者自制的商品、原创性灯具等。

陶瓷器　Map p.86-A2
- 兴业路 118 号
- ☎（021）53822070　🕐 10:30~22:30
- 休 节假日不定期休息
- 🚇 乘地铁 1 号线在黄陂南路站下车后步行大约 4 分钟，或者乘地铁 10 号线在新天地站下车后步行大约 5 分钟
- 🌐 www.zenlifestore.com

海上青花
有很多时尚的陶瓷器

◆女老板是一位年轻的中国陶艺艺术家，这是一家原创性的陶瓷器商店，从艺术作品到平时使用的餐具类到最适合送礼的上海特色的茶杯等，种类丰富，品种齐全，还有把陶瓷器和旧屋木材结合起来的家具。

陶瓷器　Map p.31-D1
- 福州路 17 号 103 室
- ☎（021）63230856
- 🕐 10:30~18:30
- 休 春节 6 天
- 🚇 乘地铁 2、10 号线在南京东路站下车后步行大约 15 分钟

乐天陶社
聚集了很多独特的商品

◆以中国商品为主，除此之外还聚集了很多美国、日本、欧洲艺术家设计的茶杯或者茶托、茶壶等，老板本人也是创作者，也陈列着自己的作品。

陶瓷器　Map p.104-B2
- 泰康路 220 号
- ☎（021）64735957
- 🕐 10:00~20:00
- 休 春节 4 天
- 🚇 乘地铁 9 号线在打浦桥站下车后步行大约 2 分钟
- 🌐 www.potteryworkshop.com.cn

青兰工舍
排列着色泽艳丽的瓷砖

◆全部手工绘制的壁挂瓷砖或者瓷砖盒，品种齐全，在店铺的墙面上摆满了各种尺寸和款式的作品，老上海图案或者神仙图案的商品很受欢迎。

Map p.104-B1

🏠 泰康路 278 弄 49 号
☎ （021）54656006
🕐 9:30~21:30
休 春节 3 天
🚇 乘地铁 9 号线在打浦桥站下车后步行大约 5 分钟
🔗 www.pureland.cn

左／使用 10cm×10cm 的瓷砖做成的宝石盒 268 元
右上／位于泰康路
右下／壁挂瓷砖 40 元

上海筷子店
从时尚到传统的花样商品

◆销售各色筷子的专卖店，用竹、银、红木、黑檀等各种材质制作而成，带有防滑部分的筷子形状也是各种各样，很适合作为礼品送人。

Map p.68-A1

🏠 豫园老路 37 号
☎ （021）63553643
🕐 8:30~21:00（周六·周日~22:00）
休 无
🚇 乘地铁 10 号线在豫园站下车后步行大约 5 分钟

左／景泰蓝
右上／礼物比较轻，很适合当礼物
右下／店内有一种豫园特有的气氛

点春笔庄
专家也会造访的文房四宝店

◆销售笔、墨、砚台等用于书法或绘画的中国文具的商店，笔的粗细和材质决定了价格的高低不同，也有送礼用的套装文具，印章的话 10 分钟就能刻好。

左／可以根据自己的喜欢定做毛笔
右／很多文具排列的店内，也可以定做印章

文具·绘画　　Map p.68-A1

佳 豫园老路 11 号
☎ 13901753658（手机）
🕘 8:30~21:00（周六·周日 ~22:00）
休 无
🚇 乘地铁 10 号线在豫园站下车后步行大约 5 分钟

D.ART GALLERY
收集农民画作品的画廊

◆挂满农民画作品的画廊，这些农民画用艳丽的色彩描绘农村朴素生活。以上海金山地区为主，只收集为数不多的原创性的作品。

左／用艳丽的色彩描绘农村日常朴素生活的农民画
右／店铺位于原法国租界内

文具·绘画　　Map p.31-C3

佳 南昌路 63 号
☎（021）63854401
🕘 10:00~19:00　休 无
🚇 乘地铁 1、10 号线在陕西南路站下车后步行大约 5 分钟
🖥 www.d-art.cn

晶缘水晶店
可以给创作者写一幅色彩丰富的原创性的绘画文字

◆晶缘水晶店内收集了很多能量之石，位于礼品店云集的上海老街上，店内一角有一个销售色彩丰富的绘画文字的柜台，可以用龙、鸟、花等吉祥的图案组合成色彩鲜艳的绘画文字。样品也丰富多彩，游客可以拜托创作者写一幅原创的绘画文字。

左／色彩艳丽的绘画文字，一个字 30 元
右／印章也多种多样，可以挑选自己中意的

文具·绘画　　Map p.25-D1

佳 方浜中路 387 号
☎（021）53832035
🕘 9:00~19:30
休 无
🚇 乘地铁 10 号线在豫园站下车后步行大约 5 分钟

上海 ● 购物 店铺大搜集

雨田小艺
很多都是老板自己设计的艺术品

◆使用民族元素手工制作的原创性的树脂黏土艺术品。店铺位于新天地，像个艺术长廊，只是参观也令人赏心悦目。

民族商品　　　　　　　　Map p.86-A2

🏠 太仓路 181 弄新天地 25 号 1 单元
☎（021）63201692
🕙 10:30~22:00
休 无
🚇 乘地铁 1 号线在黄陂南路站下车后步行大约 4 分钟，或者乘 10 号线在新天地站下车后步行大约 5 分钟

彝家扎染绣庄
位于上海老街一角的传统工艺品店

◆销售云南少数民族中流传的工艺品，有手工刺绣或者扎染的布料、坐垫套、串珠以及用精致小提袋装起来的陶器等，都是些在其他商店里无法买到的商品。

民族商品　　　　　　　　Map p.25-D1

🏠 方浜中路 397 号
☎ 13701705826（手机）
🕙 9:30~19:30
休 无
🚇 乘地铁 10 号线在豫园站下车后步行大约 5 分钟

朵云轩
位于南京东路的老字号文具店

◆ 1900 年创业，据说是历史最悠久的文具专卖店，还经营古董文具的拍卖，在文具界占有特殊的地位。

文具·绘画　　　　　　　Map p.31-C1

🏠 南京东路 422 号
☎（021）63510060
🕙 9:30~21:00（画廊等各营业时间不同）
休 无
🚇 乘地铁 2、10 号线在南京东路站下车后步行大约 4 分钟
🌐 www.duoyunxuan.com

中国蓝印花布馆
位于里弄里的蓝色蜡染展览馆内的专卖店

◆通过路上设置的指示牌进入院内，可以看到正在晾晒的很大的蓝色蜡染布料，里面是蓝色蜡染博物馆，其中一角销售蜡染布料做的服饰或小物件。

民族商品　　　　　　　　Map p.30-A3

🏠 长乐路 637 弄 24 号
☎（021）54037947
🕙 9:00~17:00
休 无
🚇 乘地铁 1、7 号线在常熟路站下车后步行大约 12 分钟

丁娘子土布庄
可以用自己喜欢的布料定做自己独一份的服装

◆销售使用自家工厂织成的蓝色蜡染布料做成的服装、坐垫、门帘、桌布等，可以选择自己喜欢的布料做一件衣服，定做费用大概 300 元起价，一周左右做好。

民族商品　　　　　　　　Map p.25-D1

🏠 方浜中路 438 号
☎（021）63745488
🕙 10:00~17:30
休 无
🚇 乘地铁 10 号线在豫园站下车后步行大约 5 分钟

上海守白文化艺术
接触上海艺术

◆把上海的风景做成美丽的艺术作品，这就是艺术家李守白的画廊＆商店。有老上海风情的剪纸，优美流畅的石膏雕刻等作品，每一件都很精巧，引人注目。

文具·绘画	Map p.104-B2

🏠 泰康路 210 弄 4 号 -2
☎ （021）64677607
🕐 10:00~20:30
休 春节 7 天
🚇 乘地铁 9 号线在打浦桥站下车后步行大约 3 分钟
🖥 www.lishoubai.com

石玉斋
篆刻技术过硬，完成速度也快

◆在豫园商城里很多店铺都对旅行者抬高物价，不过这家店铺却坚持公道的价格，因此有很多顾客。印章价格从 20 元到 2 万元都有，篆刻技术很受好评，一般 10 分钟左右就能刻好。

文具·绘画	Map p.68-A1

🏠 豫园老路 64 号 -2
☎ 13641979763（手机）
🕐 8:30~21:30
休 无
🚇 乘地铁 10 号线在豫园站下车后步行大约 5 分钟

上海张小泉刀剪总店
最有名的刀具店

◆ 17 世纪在杭州开始营业的刀具专卖店，在上海也有了近 100 年的历史，泉字牌的菜刀和剪刀等都是名牌产品。

日常用品	Map p.30-B1

🏠 南京东路 422 号
☎ （021）063510479
🕐 9:30~21:30
休 无
🚇 乘地铁 2、10 号线在南京东路下车后步行大约 5 分钟
🖥 www.shzhangxiaoquan.com

王大隆刀剪店
具有 200 年以上历史的刀具店

◆ 1798 年创业的刀具专卖店。刀具以获得厨师信赖的大型菜刀为主，剪指甲刀和剪刀也很有名。另外，如今很少看到的小型铜质取暖壶"汤婆子"也很受欢迎。

日常用品	Map p.68-A1

🏠 豫园老路 26-28 号
☎ （021）63265435
🕐 8:30~21:00（周六·周日 ~22:00）
休 无
🚇 乘地铁 10 号线在豫园站下车后步行大约 5 分钟

谭木匠
各种材质制作的漂亮梳子

◆这家梳子专卖店里，从日常使用的平常梳子到馈赠礼品用的可以用一辈子的梳子，各种类型都有，品种齐全，价格 15~550 元，既有桃木、柳木、紫檀木等木材做的梳子，也有水牛角等材质做的梳子。

日常用品	Map p.68-A1

🏠 豫园老路 31 号
☎ （021）63554420
🕐 8:20~21:00（周五·周六·节假日 ~22:00）
休 无
🚇 乘地铁 10 号线在豫园站下车后步行大约 5 分钟

Hu&Hu Antiques
有很多休闲类古董

◆喜欢古董的姐妹经营的中国古董家具的仓库，店主拥有在苏富比拍卖行的工作经验，古典家具与生动逼真的地毯搭配，给人一种时尚而品质高雅的感觉，有时间的时候可以好好逛逛。

🏠 漕宝路 1885 弄 8 号
☎ (021) 34311212
🕐 9:00~18:00
休 法定节假日、圣诞节、春节 7 天
🚇 乘地铁 9 号线在星中路站下车后步行大约 5 分钟，或者乘 1 号线在漕宝路站下车后坐出租车大约 20 分钟
🌐 www.hu-hu.com

左上 / 20 世纪 20 年代的时尚的藤编行李箱
左下 / 有一种别致感觉的仓库
右 / 20 世纪 20 年代的山东省的老柜子 900 元

CHINE ANTIQUES
质地优良、价格优惠的大型商品云集

◆由于多明清时期的商品而闻名的老品牌古董专卖店，修复技法高超，广受好评，服装衣柜或者朱漆手提桶种类丰富多样，现在已从虹桥地区向北迁移到普陀区。

🏠 绥德路 118 弄 66 号华盛国际商务花园内
☎ (021) 66083488、13764233793 (手机)
🕐 9:30~17:00　休 节假日·春节
🚇 乘地铁 11 号线在祁连山路站下车后步行大约 20 分钟

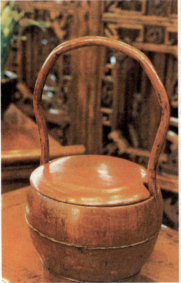

左 / 在外国顾客中很受欢迎的高级料理用的手提桶
右上 / 清代后期的贵重品盒
右下 / 典雅的店内陈设

上海安利家具
寻找真正的古董

◆是一家知名的仓库式家具店，这家家具店带火了古董家具市场，宽敞的店内还设有保养家具的工厂，两层楼的家具店内收集了各种高品质的古董家具，让顾客会暂时忘记时间的流逝。

住 中春路 761 弄 68 号（沪松公路附近）
☎（021）64058771　營 9:00~18:00
休 节假日、春节 3 天
🚇 乘地铁 9 号线在中春路站下车后步行大约 1 分钟
URL www.annlyschina.com

左 / 20 世纪 30 年代的毛线盒
右 / 宽敞的店内。海外订单也很多的老品牌店仓库

双丰山西古典家具
令人信赖的"山西古董家具"专卖店

◆这里以清朝或者中华民国时期的优质家具而闻名，收集的家具以山西的古董家具为主，店内有超过 50 人的专门家具工艺师，在家具修复方面也很彻底全面。

住 沪青平公路 1207 号 8 幢
☎（02）54491866
營 9:00~18:00
休 无
🚇 坐地铁 9 号线在七宝站下车后坐出租车约 10 分钟

左 / 只观赏那些优质的家具也会觉得很值
右 / 除了家具还有一些方便携带的小古董物件

上海亨利古典家具
经济实惠的仿古家具相当受欢迎

◆位于虹桥地区的古典家具店，既有明代到民国时期的大型家具，也有很多木雕小器皿等小型古典商品，除此之外还有很多仿古家具，价格是古董家具的一半左右。

住 虹中路 361 号 2 号楼 3 楼
☎（021）64010831
營 9:00~18:00
休 无
🚇 乘地铁 9 号线在合川路站下车后步行大约 12 分钟
URL www.h-antique.com

左 / 拥有 1300 平方米的宽敞展厅
右 / 也有朱漆手提桶或者盒类小物件

古董花园
在租界时代的洋楼里沉醉于咖啡与古旧的氛围里

◆店内收集了很多上海租界时代使用过的新艺术风格或者装饰艺术风格的古董家具及杂货商品。还能找到 19 世纪末德国制的以灯油为动力的风扇等稀有宝贝，一楼是咖啡厅。

古董家具　　Map p.24-A2
佳 思南路 44 号
☎（021）53821055
🕐 11:00~23:00
休 春节 5 天
🚇 乘地铁 1、10 号线在陕西南路站下车后步行大约 12 分钟

稻家居
在上海重新流行的印度尼西亚古木家具

◆用古木做成的现代化的印尼家具专卖店，用镂空的杜果树与藤条编织的篮子 180 元，午餐垫 15 元，像这种小商品很多，很适合做送人的礼品。

古木家具　　Map p.22-B3
佳 文定路 258 号 A 区 209-2
☎（021）62094862
🕐 10:00~18:00
休 无
🚇 乘地铁 3、4、9 号线在宜山路站下车后步行大约 12 分钟

丹亭
多彩的室内家具

◆店铺在淮海中路南面的南昌路上，这里是原法国租界地，是一家很时尚的古董家具店，店内有平常使用的陶器以及做工精致的古典家具，简洁而又具有震撼力的款式很受欢迎。

古董家具　　Map p.31-C3
佳 南昌路 242 号
☎（021）62832711
🕐 10:00~21:00
休 无
🚇 乘地铁 1、10 号线在陕西南路站下车后步行大约 10 分钟

上海龙云家具
印象深刻、色泽艳丽

◆本店的特点是收集了很多我国西藏与和我国相邻的蒙古国的古董家具和仿古家具，可用作报纸杂志架的仿古商品等 420 元~。

中国西藏、蒙古国家具　Map p.10-C3
佳 兴梅路 728 号
☎（021）54298338
🕐 9:00~17:30
休 无
🚇 乘地铁 1 号线在莲花路站下车后坐出租车大约 5 分钟
🔗 www.tl-antique.cn

五福家居
都是一些让人忍不住想仔细观赏的古董商品

◆位于原法国租界地内的五原路上，是 2012 年开业的古董家具店。店内既有很大的古典家具，也有价格优惠的适合携带的小尺寸商品，品种多范围广。

古董家具　　Map p.23-C3
佳 五原路 250 号
☎（021）64182663
🕐 11:00~21:00
休 周一
🚇 乘地铁 1、7 号线在常熟路站下车后步行大约 5 分钟

Madame Mao's Dowry
有很多宣传艺术品

◆ 老板是英国人，从中国农村挖掘出来的诞生于"文化大革命"时期的宣传艺术，成为这家店的主要特色。除了革命主题海报以及带画的镜子，还有餐具、古董，更有仿革命风格的风趣的新商品。

上／聚集了很多受欢迎的商品
下／仿古商品

Map p.23-C2

🏠 漕宝路 1885 弄 8 号
☎ （021）34311212
🕐 9:00~18:00
休 法定节假日、圣诞节、春节 7 天
🚇 乘地铁 9 号线在星中路站下车后步行大约 5 分钟，或者乘 1 号线在漕宝路站下车后坐出租车大约 20 分钟
🌐 www.hu-hu.com

绣花张
把古董刺绣做成艺术品

◆ 把明清时期服装上的手绣图案或者当时的日用品装上镜框后做成很精致的室内装饰用品，其中也有一些小东西，刚好可以当作礼品送人。

左／装入镜框中的刺绣作品
右上／店内有很多有吸引力的艺术品
右下／位于上海商城内

Map p.30-B2

🏠 南京西路 1376 号上海商城 202A
☎ （021）62798587
🕐 10:00~21:30　休 无
🚇 乘地铁 2、7 号线在静安寺站下车后步行大约 10 分钟
🌐 www.zhangstextiles.com

博古斋
在动荡的历史中幸存下来的珍品

◆ 店铺位于虹口地区，那里曾经是鲁迅等文人战前与战争期间居住过的地方。除了"文革"相关的商品外，还销售一些旧书。

古董杂货　　　　Map p.13-C3

🏠 多伦路 179-181 号
☎ （021）56963948
🕐 9:00~17:30
休 无
🚇 乘地铁 3 号线在东宝兴路站下车后步行大约 5 分钟

左 / 店内到处挤满了商品，就连屋顶上都挂着很多
右 / 位于多伦路上的古董店

奇岗草堂
著名收集家收集的宝贝

◆ 老板的曾祖父是一位银行家，因为兴趣收集了很多古旧的照片、宣传画以及广告等，如今放在店铺里展示并出售。扑克牌 30 元，上海的老照片 300 元~。

古董杂货　　　　Map p.104-B1

🏠 泰康路 201 弄 10 号 -3
☎ （021）64663986
🕐 9:30~22:00
休 春节 3 天
🚇 乘地铁 9 号线在打浦桥站下车后步行大约 5 分钟

左 / 位于泰康路的店铺
右 / 适合做送人礼物的中国特色扑克每副 30 元

兰馨珠宝文物商行
令人放心的翡翠 & 古董店

◆ 1989 年由上海文化局认定的国家商店，是销售翡翠与古董的专卖店。内有很多项链、戒指、石质或玉质的小商品，很值得一看。

古董杂货　　　　Map p.31-C3

🏠 长乐路 398 号 A
☎ （021）62538459
🕐 9:30~18:00
休 无
🚇 乘地铁 1、10 号线在陕西南路站下车后步行大约 7 分钟

左 / 位于茂名南路与长乐路的交叉口
右 / 除了翡翠与古董，还经营毛笔或其他文具类商品

上海中福古玩城
高级古董市场

◆有两百家以上的店铺相连的古董市场，各古董店的商品年代与特征都各不相同，整个市场的商品包括中国的、亚洲的、欧美的陶器及绘画、珠宝饰品、挂轴字画等，从价高的古董到仿制品都有，如果眼力不够好，有时候会分不出是真品还是赝品，所以需要特别谨慎。

左／市场内的商品按种类排列，让人一目了然
右／离南京东路步行街很近

古董杂货	Map p.30-B1
住	福州路 542 号
☎	（021）63618578
⌚	10:00～19:00（各店铺不同）
休	无（节假日不定期休息）
🚇	乘地铁 1、2、8 号线在人民广场站下车后步行大约 10 分钟

上海老城隍庙古玩市场
古董店占满了整个楼层

◆古董市场位于豫园商城华宝楼的地下，个人经营的小店排列得很整齐，是上海最大规模的古董店街，除了玉石、翡翠、瓷器以及陶器等美术品之外，也有各种各样的旧货商品。

左／便宜货和高档货一应俱全，品种和数量在上海是数一数二的
右／有很多种鼻烟壶

古董杂货	Map p.68-A2
住	方浜中路 265 号
☎	（021）63559999
⌚	10:00～18:00
休	无
🚇	乘地铁 10 号线在豫园站下车后步行大约 5 分钟

东台路古玩市场
从稀有的高价值的商品到一些小玩意儿都有

◆古董店街位于豫园和新天地之间，商品的数量与种类在上海名列前茅，正对人口的路上密密麻麻地排满了一个个摊位，里面有一些不错的古董店，商品中从贵重的古董到便宜的小玩意儿都有，购买的话需要仔细挑选。

左／从众多的古董中有可能挑出既有价值又便宜的商品
右／市场上有很多复制品和怀旧商品

古董杂货	Map p.25-C1～2
住	东台路
☎	（021）53825254
⌚	9:00～17:00
休	各店铺不同
🚇	乘地铁 8、10 号线在老西门站下车后步行大约 1 分钟

日月光中心广场
泰康路的正对面出现的巨大的购物中心

◆新开业的巨大的购物中心位于
上海观光不容错过的超人气景点
泰康路的正对面，里面餐馆非常
多，地下二层有 60 多家快餐店，
四层和五层也有餐厅一条街。

商场   Map p.24-B4

住 徐家汇路 618 号
☎ （021）64332999
營 10:00～22:00
休 无
🚇 乘地铁 9 号线在打浦桥站下车后
直通

左／就在地铁站上方，交通非常便利
右／地下除了麦当劳肯德基，还有苏
州面店、香港式茶餐厅、生煎包等快
餐厅

恒隆广场
世界一流品牌集中的高级品牌购物中心

◆使南京西路变身为一条时髦大
街的高级商场，路易·威登、香奈
儿等一流品牌云集，成为上海名
列前茅的高级品牌商厦，有时候
会有作为商场租户的品牌店在这
里举办活动，如果喜欢品牌的商
品，一定要去看一看。

商场   Map p.30-B2

住 南京西路 1266 号
☎ （021）62790910
營 10:00～22:00
休 无
🚇 乘地铁 2 号线在南京西路站下车
后步行大约 12 分钟
🌐 www.plaza66.com

左·右／如果是品牌发烧友，可以在这
里确认是否有还未发售的商品，馆内有
很多时髦的咖啡厅和餐厅

来福士广场
地下的潮人美食广场里年轻人聚集一堂

◆新加坡来福士上海店，入口的
广场成为大家碰头见面的地方，
店内有很多面向年轻人的休闲装，
用餐的地方非常多，六层有大型
的美食广场，跟地铁 1、2、8 号
线相连的地下的潮人美食广场里
吸引了很多来品尝的年轻人。

商场   Map p.30-A1

住 西藏中路 268 号
☎ （021）63403333
營 10:00～22:00
休 无
🚇 乘地铁 1、2、8 号线在人民广场
站下车后步行大约 3 分钟

左·右／年轻人喜欢的品牌时装特别多，
用餐的地方也足够选择，成为约会的好
地方

华润时代广场
代表浦东繁华街的购物中心

◆这是上海屈指可数的大型购物中心之
一，很多高级品牌的商户入驻其中，位于
浦东新区一带最繁华的商业街东昌路地
区，与上海第一八佰伴一起成为浦东区的
两个标志性的购物中心。

商场	Map p.19-C4
🏠 张杨路 500 号	
☎ （021）58368888	
🕐 10:00~22:00	
休 无	
🚇 乘地铁 9 号线在商城路站下车后步行大约 4 分钟	
🌐 www.crcsh.com	

中信泰富广场
无论购物还是喝茶休息都很不错的地方

◆位于上海名列前茅的品牌店竞争区，是
鳞次栉比的品牌商场之一，位于宽敞明亮
的中庭半地下露台处的咖啡店和快餐店，
刚好适合逛街累了的时候好好坐下来休息
一下。

商场	Map p.30-B2
🏠 南京西路 1168 号	
☎ （021）62180180	
🕐 10:00~22:00	
休 无	
🚇 乘地铁 2 号线在南京西路站下车后步行大约 5 分钟	

上海市第一百货商店
伴随了爱美的上海人 63 年

◆这是一家国有商店，自 1949 年开业以
来，一直伴随着追求时尚的上海市民一起
发展，是新中国成立之后最早开业的百货
商场，建筑外观保留着当初的样子，服装
衣料多为上海名牌。

商场	Map p.30-A1
🏠 南京东路 830 号	
☎ （021）63223344	
🕐 9:30~22:00	
休 无	
🚇 乘地铁 1、2、8 号线在人民广场站下车后步行大约 3 分钟	

上海虹桥友谊商城
从日常用品到高级品牌商品一应俱全

◆属于虹桥区具有代表性的商场，服装、
电器等品种齐全，尤其是一楼超市更是物
品种类繁多，吸引了很多人来这里购物。

商场	Map p.21-D2
🏠 遵义南路 6 号	
☎ （021）62700000	
🕐 10:00~22:00	
休 无	
🚇 乘地铁 2 号线在娄山关路站下车后步行大约 12 分钟	
🌐 www.friendship-hongqiao.com	

太平洋百货
面向年轻人的休闲服装种类丰富

◆上海的时尚女性经常光顾的地方，是以
休闲服装为主的台资商场，店内有很多流
行品牌商品，价格经济实惠，适合刚开始
工作的女性或者大学生购买。

商场	Map p.31-D3
🏠 淮海中路 333 号	
☎ （021）53068888	
🕐 10:00~22:00	
休 无	
🚇 乘地铁 1 号线在黄陂南路站下车后步行大约 1 分钟	
🌐 www.pacific-shanghai.com.cn	

久光百货
高级品牌入驻的百货商场

◆ 香港崇光旗下的百货大楼，在大约 500 家的租户之中，蒂凡尼是首次在中国开店，而日式的地下商场很受欢迎，附近有前往两个机场的机场大巴。

商场　　　　　　　　　　Map p.30-A2

佳 南京西路 1618 号
☎（021）32174838
営 10:00~22:00
休 无
交 乘地铁 2、7 号线在静安寺站下车后即到
URL www.jiu-guang.com

上海三越
聚集了很多品质优良的礼品

◆ 位于上海花园酒店一楼的高档商场，经营服装衣料、工艺品、上海品牌商品等，根据主题分成几个区域。

商场　　　　　　　　　　Map p.30-B3

佳 茂名南路 58 号花园饭店上海 1 楼
☎（021）64151111（内线 5173）
営 8:00~22:00
休 无
交 乘地铁 1、10 号线在陕西南路站下车后步行大约 2 分钟
URL www.mitsukoshi.com

上海梅龙镇伊势丹
极人性化的商场

◆ 也算老品牌的商场，服务质量备受好评，其中也有高品质的茶具和茶叶店铺，礼品种类繁多，国际品牌云集，是一家深受当地人信赖的商场。

商场　　　　　　　　　　Map p.31-C2

佳 南京西路 1038 号
☎（021）62181717
営 10:00~21:00
休 无
交 乘地铁 2 号线在南京西路站下车后步行大约 3 分钟
URL www.isetan.co.jp/icm2/html/com

东方狐狸城
也有销售普拉达或芬迪产品的商店

◆ 以瑞士为据点的国际奥特莱斯狐狸城的上海店，3 层的时装大楼里挤满了 50 家商铺，自选商店比较多，名牌产品种类也很丰富，由于位于大楼内部，即使下雨也可以悠闲购物。

商场　　　　　　　　　　Map p.8-B4

佳 松江区新浜镇叶新公路 5885 号
☎（021）57899500　**営** 10:00~20:00
休 无　**交** 乘地铁 1 号线在莲花路站下车，在站南广场换乘莲枫专线公交车到狐狸城，乘车时间大约一个半小时（每 15 分钟一趟车）、或者乘地铁 9 号线在松江新城站下车后换乘出租车大约 10 分钟到达。免费班车（限周末）（去程）10:30 地铁 10 号线徐家汇站前（浦西路，教堂正面）发车、11:00 地铁 1 号线莲花站站北 2 号出口处发车、13:55 地铁 9 号线松江新城前发车。（回程）16:30 发车，前往地铁 1 号线徐家汇车站每天 12:15、14:00、15:30、17:00 发车，前往地铁 9 号线松江新城站每天 12:15、14:00、15:30、17:00 发车。
URL www.foxtocon.com

上海奥特莱斯
可以看到 Max Mara 和阿玛尼等品牌产品

◆ 2006 年开业，上海最早的大型奥特莱斯，占地 11 万平方米，从雅致的高级品牌到受欢迎的运动品牌，聚集了 200 多家著名的品牌店，这里距离周庄和朱家湾也不远。

商场　　　　　　　　　　Map p.8-B3

佳 青浦区沪青平公路 2888 号（嘉松中路 5555 号）　**☎**（021）59756060
営 10:00~21:00　**休** 无
交 从普陀路公交车站乘坐沪青专线大约 50 分钟后在上海奥特莱斯站下车后步行大约 3 分钟
URL outlets.blemall.com/index.php

上海福民街小商品市场
可以用批发价购买的各种生活用品的杂货市场

◆市场里挤满了摊位，传统的装饰用品、小饰品、室内商品、服装衣料、玩具、电器等销售各种生活用品的摊位都有，顾客把市场挤得水泄不通，很容易迷路，场面相当混乱，不过很多商品批发价就能买到。

市场	Map p.17-D4、68-A1

- 佳 福佑路 225 号
- ☎ （021）63300071
- 營 6:30~17:00
- 休 春节 3 天
- 🚇 乘地铁 10 号线在豫园站下车后步行大约 5 分钟
- 🌐 www.52921234.com/fmj

七浦路服装市场
超便宜的服装市场内鱼龙混杂

◆上海最大的服饰市场，顾客层多为十几岁到二十几岁的年轻人，很多都是女性的休闲服装，除了服装衣料和内衣，还有提包或鞋子等小商品，如果会讲价还真能买到价廉物美的好东西。

市场	Map p.16-B2~17-C2

- 佳 七浦路
- ☎ 无
- 營 各店铺不同
- 休 各店铺不同
- 🚇 乘地铁 8 号线在曲阜路站下车后步行大约 6 分钟

南外滩轻纺面料市场
可以选择自己喜欢的面料定做服装

◆上海最大的面料市场，在 3 层楼的市场内挤满了销售布料的摊位，数量有 3000 家左右，丝绸、羊绒、麻等质地的布料占大多数，设计款式也很多，如果想定做服装的话这里比较合适。

市场	Map p.26-A3

- 佳 陆家浜路 399 号
- ☎ （02）63775858、（021）63776788
- 營 9:00~18:00、（周五·六 ~18:30）
- 休 各店铺不同
- 🚇 乘地铁 4 号线在南浦大桥站下车后步行大约 4 分钟

星光摄影器材城
摄影用品无所不有的数码商场

◆摄影器材大楼内聚集了所有摄影用品相关的商店，从数码单反相机到二手相机、三脚架、照明、相机包等一应俱全，即使不大容易买到的胶卷用品也能买到。

市场	Map p.24-B4

- 佳 鲁班路 288 号
- ☎ （021）63018248
- 營 9:00~20:00
- 休 无
- 🚇 乘地铁 4 号线在鲁班路站下车后步行大约 5 分钟
- 🌐 www3.xitek.com/topic/xingguang/index.html

上海虹桥国际珍珠城
可以很便宜地定做珍珠项链

◆属于销售中国风商品或珠宝类的市场大楼，数十家珠宝店铺排列的饰品广场，通称为"珍珠市场"，销售用珍珠、珍贵石材、宝石等制作的商品，也可以当场制作。

市场	Map p.21-C3

- 佳 虹梅路 3721 号
- ☎ 各店铺不同
- 營 各店铺不同
- 休 各店铺不同
- 🚇 乘地铁 10 号线在龙溪路站下车后步行大约 10 分钟

上海

● 购物　店铺大搜集

金粉世家
超凡脱俗的优雅旗袍

Map p.104-B2

◆ 西安出身的设计师亲手设计旗袍的商店，优雅的旗袍，衬衣以及外套都有，可以定做服装，丝绸与纯棉的布料以及是否刺绣可自由选择（1200元～）。

🏠 泰康路 210 弄 3 号 110 室
☎ （021）64668065
🕐 10:00～19:00　休 无
🚇 乘地铁 9 号线在打浦桥站下车后步行大约 5 分钟

左 / 100% 丝绸材质的休闲长裙 1180 元
右上 / 别致的成人服装，旗袍风格的连衣裙 1130 元
右下 / 时尚的服装琳琅满目

丽古龙
使用的材质与搭配风格引人注目

Map p.30-B3

◆丽古龙曾经为阿拉伯王妃和驻北京的美国大使夫人定做过服装。女老板会把和服的带子等非同寻常的材料，很巧妙地用于旗袍的制作上。加急的话需要两三天。

🏠 长乐路 205 号　☎ （021）54031515
🕐 10:00～22:00　休 无
🚇 乘地铁 1、10 号线在陕西南路站下车后步行大约 10 分钟
※茂名南路 114 号也有店面

左 / 时尚设计的旗袍 3150 元
右上 / 怀旧风格的旗袍上衣 2800 元
右下 / 如果早上定做的话，可能到了晚上就能第一次临时试穿了

金枝玉叶
休闲而时尚的旗袍

◆茂名南路旗袍店是开业十年以上的金枝玉叶于2007年开业的第三家店，叫作"金枝玉叶丙"店，旗袍上有很多可爱的图案，颜色搭配也很时尚，可以定做。

旗袍　　　　　　　　Map p.30-B3

佳 茂名南路 72 号（丙）
☎（021）54651768
營 10:00~22:00
休 无
🚇 乘地铁 1、10 号线在陕西南路站下车后步行大约 5 分钟

盈隆唐人
很多女性都是这里的回头客

◆可以从 100 多种面料中进行选择定做，纯棉的半身旗袍 280 元~，丝绸的长旗袍 780 元~。

旗袍　　　　　　　　Map p.25-C1

佳 云南南路 121 号
☎（021）53824300
營 9:00~21:00
休 无
🚇 乘地铁 8 号线在大世界站下车后步行大约 5 分钟

瀚艺
带精致刺绣的优雅旗袍

◆带有传统刺绣的旗袍店，为了制作与顾客完全相配的旗袍，在定做方面非常讲究，制作费 1000~2000 元，式样可以从刺绣的样本照片中进行选择。

旗袍　　　　　　　　Map p.30-B3

佳 长乐路 221 号
☎（021）54044727
營 9:30~21:30
休 无
🚇 乘地铁 1、10 号线在陕西南路站下车后步行大约 7 分钟

竹筠
众多名人着迷的旗袍

◆这家旗袍店老板是个女高音歌手，总店在上海杭州，有 200 种以上可供选择的款式，可以定做，制作费用 600~2000 元，制作时间 7~10 天。

旗袍　　　　　　　　Map p.30-B3

佳 长乐路 225 号
☎（021）54042839
營 10:00~22:00
休 无
🚇 乘地铁 1、10 号线在陕西南路站下车后步行大约 6 分钟

明卿
设计师旗袍

◆这是一家时髦的旗袍店，有两位年轻男性设计师亲自设计，短款的半身旗袍可以跟牛仔裤搭配，款式非常新颖是这家店的特色，以销售做好的旗袍为主，也可以接受定做。

旗袍　　　　　　　　Map p.30-B3

佳 长乐路 201 号
☎（021）54049576
營 10:00~21:00
休 无
🚇 乘地铁 1、10 号线在陕西南路站下车后步行大约 8 分钟

上海璨烂商贸有限公司
各种高雅而时尚的服饰

◆店内有 5 名服装设计师，有式样简朴但富于平衡感的服装，也有为职业女性设计的服装，款式丰富多样，还可以定做礼服。

Map p.25-C1

住 淮海中路 93 号大上海时代广场 305 铺　☎（021）53822099
营 10:00~22:00　休 无
🚇 乘地铁 1 号线在黄陂南路站下车后步行大约 5 分钟
🖥 www.blinkgallery.cn

左／有动感的礼服
右上／从职业女性那里获得支持
右下／位于购物大楼的大上海广场

Cashmere Lover
以品质优良和设计简单而受欢迎

◆羊绒专卖店，使用的是新疆维吾尔自治区的高品质羊绒，可以定做披肩和长裙，款式可以根据样品或者照片进行选择。

Map p.30-B3

住 淮海中路 93 号大上海时代广场 305 铺　☎（021）53822099
营 10:00~22:00　休 无
🚇 乘地铁 1 号线在黄陂南路站下车后步行大约 5 分钟

左／手感柔软的披肩、绒绒球项链、针织品等
右下／挂满了质量上乘的羊绒制品
右上／柔软的编织帽和披肩

城市山民
位于原法国租界区的生活类服饰

◆这家商店的主题是绿色环保的缓慢生活节奏与中国特有的设计式样相结合的理念，兼任设计师的上海老板把自己独特的感性体现在对商品的设计上，无论服饰、饰品、陶瓷器，全都使用纯天然材质亲手制作，都是独一无二的手工产品，泰康路248弄14号1楼有分店。

左／触感很好的棉麻混纺对襟毛衣，无论衬衣还是针织品都很好搭配，一件850元
右／在环保意识很强的人士中很受欢迎

时装　　Map p.23-C3

住 复兴西路 133 号
☎（021）64335366
營 10:00~22:00
休 无
🚇 乘地铁 1、7 号线在常熟路站下车后步行大约 10 分钟

Jing Cashmere House
欧美人中很受欢迎，种类也很丰富

◆可以用优惠的价格买到意大利产的羊绒制品，在欧美人顾客中很受好评，除了常规的毛衣、披肩之外，还有很多儿童服装，可以定做。

左／可以用优质的面料为顾客制作休闲的中国风格的外衣
右／位于原法国租界区的巨鹿路，这里有很多使用租界时期老式公寓的精品店

时装　　Map p.23-C2

住 巨鹿路 822 号
☎（021）62486980
營 11:00~19:00
休 春节 5 天
🚇 乘地铁 1、7 号线在常熟路站下车后步行大约 10 分钟

妩
羊绒或丝绸的材质非常舒适

◆妩是追求美的意思，店内摆满了各种颜色、长短、图案的围巾和披肩，对使用的材料很讲究，羊绒是内蒙的，丝绸是苏州或杭州的，品质的优良，质量的上乘都附有说明。

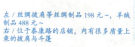

左／丝绸披肩等丝绸制品198元~，羊绒制品488元~
右／位于泰康路的店铺，内有很多质量上乘的披肩与斗篷

时装　　Map p.104-B2

住 泰康路 210 弄 7 号 12 室
☎（021）64738287
營 10:00~19:00　休 无
🚇 乘地铁 9 号线在打浦桥站下车后步行大约 5 分钟
🖥 www.shanghaiwoo.com

JNBY（江南布衣）
具有中国特色的原创服装

◆把时装设计成休闲装的样式，具有独创性的主题设计，顾客群范围很大，在二十几岁到四十岁左右的顾客中非常受欢迎，共在全国开设了 400 家店铺。

时装类	Map p.30-A1

🏠 西藏中路 268 号来福士广场 3 楼
☎ （021）63403333
🕐 10:00~22:00
休 春节
🚇 乘地铁 1、2、8 号线在人民广场站下车后步行大约 1 分钟
🌐 www.jnby.com

Insh
突出女人风采的设计很受欢迎

◆店名是 "in Shanghai" 的简称，是一家休闲服装的品牌店，正如名字所表达的，商品中融入了上海所特有的元素，是上海的本土原创概念时尚品牌，设计师是上海人李鸿雁，店铺位于泰康路

设计师精品店	Map p.104-B2

🏠 泰康路 210 弄 3 号 304 室
☎ （021）64157866
🕐 9:00~21:00
休 不定休
🚇 乘地铁 9 号线在打浦桥站下车后步行大约 5 分钟

SHOKAY
公平交易的手工针织品

◆为了守护西藏的传统产业，致力于救济贫困人群而成立的一种品牌，使用藏族人纯手工制作的牦牛毛线。住在上海近郊崇明岛的大婶们编织了这些针织品和围巾。

针织品	Map p.104-A2

🏠 泰康路 274 弄 9 号
☎ （021）54660907
🕐 10:00~20:30
休 春节 4 天
🚇 乘地铁 9 号线在打浦桥站下车后步行大约 3 分钟
🌐 www.shokay.com

天山茶城
上海唯一的国家专业茶叶批发市场

◆聚集了 300 家以上的茶叶茶具专营店，可以说是世界最大的茶叶市场，是上海唯一一家由中国茶叶流通协会认定的国家级专业的茶叶批发市场，在游客中也很有人气。

| 茶叶 | Map p.21-D2 |

佳 中山西路 520 号
☎（021）62599999（总机）
營 10:00~21:00
休 无
🚇 乘地铁 2 号线在娄山关路站下车后步行大约 8 分钟

左／排满了按重量销售的散装茶叶
右上／位于茶叶市场正中间
右下／花茶的种类也很丰富

上海景德镇艺术瓷器
上海屈指可数的品种齐全的茶具店

◆创业于 1959 年的老品牌店，主要销售上海景德镇的陶器，产品大多数是用吉祥的图案和古彩技法烧制的茶具，也有清代茶具以及皇族使用过的茶具的仿制品，种类齐全。店内还销售很多名家的作品。

| 茶具 | Map p.30-B2 |

佳 陕西北路 212 号
☎（021）62538865
營 10:00~22:00 休 无

🚇 乘地铁 2 号线在南京西路站下车后步行大约 8 分钟

左／茶具 1568 元
右上／颜色艳丽的茶碗
右下／皇乐阁茶具 1060 元

紫壶轩
从普通茶具到高档茶具都有的紫砂壶专营店

◆用江苏省宜兴市丁蜀镇的陶土烧制而成的紫砂壶专营店，除了外观特征之外，还能使泡制的茶味道更香郁，是最适合泡茶的茶具，由于紫砂原料的减少，所以紫砂壶也越来越珍贵了，种类从普通的礼品茶具到特别高档的茶具一应俱全。

左/有单件商品，也有茶壶跟茶具一起销售的套装商品
右/一楼是礼品茶具，二楼是很高档的茶具，看一看也会觉得很享受

茶叶和茶具	Map p.25-D1

- 方浜中路 447 号
- (021) 63849225
- 8:30～22:00
- 休 无
- 乘地铁 10 号线在豫园站下车后步行大约 5 分钟

上海大宁国际茶城
专营店与茶文化展示一体化的综合市场

◆聚集了来自全国各地的名茶和茶具，是上海市最大级别的市场，一楼、二楼汇集了 600 多家茶叶店，也有西湖龙井和云南普洱茶的专营店，除了茶叶也销售茶具，三楼是茶文化历史博物馆。

左/也有普洱茶专营店
右/上海市最大级别的市场，有很多销售名茶和茶具的商店

茶叶和茶具	Map p.10-B2

- 共和新路 1536 号
- (021) 66305888
- 8:30～20:30（各店铺不同）
- 休 无
- 乘地铁 1 号线在延长路站下车后步行大约 7 分钟

雪峰高山茶
签约茶园配自家工厂制作的放心茶叶

◆跟位于海拔 1000 米的福建雪峰村农园签约，用有机栽培的茶叶制作成高山茶销售，令人放心的高山茶味道香醇，富含维生素 C 和多酚，上海市内也有几家分店。

左/销售有机茶叶
右/先品尝一下茶的味道，认可之后再买

茶叶和茶具	Map p.31-C3

- 瑞金一路 102 号
- (021) 64728142
- 10:00～21:30
- 休 无
- 乘地铁 1、10 号线在陕西南路站下车后步行大约 6 分钟
- www.sung-koung.com

叙友茶庄
有300多种名茶可供挑选的茶叶专营店

◆中国茶叶专营店位于繁华商业街的淮海中路，有大约300种茶叶可供选购，除了茶叶，还有种类丰富的茶具，价格从便宜的到高档的都有，国外的客户也很多，还经常会有名人过来造访，上海市内有十家分店。

左／包装好的茶叶很适合送礼
右／位于购物街的淮海中路，很方便

茶叶和茶具　　　　Map p.31-C3
住 淮海中路605号
☎（021）53062258　營 9:00~22:00
休 无
🚇 乘地铁1、10号线在陕西南路站下车后步行大约4分钟
🖥 www.xuyoutsa.com

奉茶
太太们喜欢的高级茶叶

◆设有中国茶教室的中国茶叶专营店，销售大约300种以上的铁观音以及贵重的宫廷普洱茶等上等茶叶，店内还有很多高雅的茶具。

左／先品茶，从中挑选自己喜欢的购买
右／送礼很受欢迎的分成小份的普洱茶

茶叶和茶具　　　　Map p.21-C3
住 荣华西道19弄金龙公寓2号101
☎（021）62702067
營 9:00~23:00
休 无
🚇 乘地铁10号线在水城路站下车后步行大约7分钟

程裕新茶号
创业超过170年的老字号中国茶叶店

◆店铺不大，从1838年开业的老字号，上一代人是从安徽省茶叶的著名产地徽州来上海的，销售以黄山毛峰或祁门红茶为主的各种中国名茶。

左／摆放着几种茶叶的样品
右／店内摆满了各种优质名茶

茶叶和茶具　　　　Map p.17-C4
住 浙江中路56号
☎（021）63225583
營 8:00~20:00
休 无
🚇 乘地铁1、2、8号线在人民广场站下车后步行大约15分钟

奇趣牌
聚集了很多憨态可掬的熊猫商品

◆日本插图画家渡边真纪子和吉冈明美进行商品策划并设计制作的杂货品牌，中国造型的怀旧而又时尚的杂货很受欢迎。小店位于淮海中路，房间不大还兼做工作室，有些玩偶和茶杯只能在这里买得到。

熊猫商品　　　　　　Map p.22-B4

住 淮海中路 2006 弄 6 号 102 室
☎ （021）52127046、13701747073（手机）
營 11:00~18:00（周六·周日 11:00~）
休 无（节假日不定期休息）
🚇 乘地铁 10 号线在交通大学站下车后步行大约 5 分钟
🌐 kitschchina.net

左／穿着特色服装的玩偶100元
右／店内有很多熊猫商品

新视界画廊
位于泰康路的收集艺术家作品的商店

◆老板在全国范围内寻找有独特个性的艺术品，通过交涉收集起来，店内摆满了充满个性的绘画、插图、雕刻、照片等，相当受欢迎。

艺术作品　　　　　　Map p.104-A2

住 泰康路 274 弄 31 号
☎ （021）64150227
營 10:00~22:00（夏季 9:00~）
休 无
🚇 乘地铁 9 号线在打浦桥站下车后步行大约 3 分钟

左／店内摆满了充满个性的雕刻或者绘画作品
右／店内有很多初露头角的艺术家的作品

上海童涵春堂
位于豫园内设有问诊部的老字号中药店

◆老字号中药专营店位于豫园商城北侧，创业于清乾隆四十八年（1783 年），写着"药局"两个字的招牌很醒目。一楼卖草药、制药或者健康食品，二楼是传统文化博物馆，三楼是中医问诊部，可以代煎中药。

中药　　　　　　　　Map p.68-A1

住 豫园新路 20 号老城隍庙内
☎ （021）63556607
營 8:30~21:00（中医问诊部接待时间 8:30~11:30、13:30~16:30）
休 无
🚇 乘地铁 10 号线在豫园站下车后步行大约 5 分钟

左／老字号中药店的建筑很气派
右／装有很多中药的药柜

真丝大王
由于世界各国第一夫人也来造访而闻名

◆正如其"真丝大王"的名字一样，这是一家上海最大规模的丝绸面料商店，世界各国第一夫人也会来这里购物。可以男女一起定做服装，一两天就能做好。

面料	Map p.28-B1

- 天平路 139 号
- ☎ （021）62821533
- 🕘 9:00~21:00
- 休 无
- 🚇 乘地铁 1、9 号线在徐家汇站下车后步行大约 10 分钟

上海书城
上海最大的综合大型书店，有超过 20 万本书

◆上海最大的大书店，一共 7 层，所有书籍超过 20 万册，除了杂志与书籍，还有很多正版的 DVD 和 CD 盘，凡是与上海有关的书籍，基本上在这里都能找到。

综合书店	Map p.30-B1

- 福州路 465 号
- ☎ （021）63522222
- 🕘 9:30~20:30
- 休 无
- 🚇 乘地铁 1、2、8 号线在人民广场站下车后步行大约 8 分钟
- 🖥 www.52921234.com/shucheng

上海外文书店
能买到外文书

◆外文书店位于书店比较多的福州路，以英语为主，还有日语、德语、法语等书籍和杂志，也有方便外国人学中文的教材。

外文书店	Map p.30-B1

- 福州路 390 号
- ☎ （021）63223200
- 🕘 9:30~19:00
- 休 无
- 🚇 乘地铁 2、10 号线在南京东路站下车后步行大约 5 分钟
- 🖥 www.sbt.com.cn

上海市集邮总公司经营部
有很多珍贵的纪念邮票，也有明信片

◆纪念邮票和纪念明信片专营店位于上海邮政博物馆对面，除了中国各地邮票之外，还销售有关历史、传统艺术、工艺品、文学、科学、著名人物等各种题材的纪念邮票。

邮票专营店	Map p.17-C2

- 四川北路 18 号
- ☎ （021）63563328
- 🕘 9:00~18:00
- 休 无
- 🚇 乘地铁 10 号线在天潼路站下车后步行大约 4 分钟

上海第一食品商店
从论斤卖的点心到高档干货样样俱全

◆食品商场位于南京东路，有论斤卖的点心、干海参鱼干货、金华火腿等高级食材、各种调味料、中药草药等，可谓应有尽有，里面是可以就餐的大排档。

食品商场	Map p.30-B1

- 南京东路 720 号
- ☎ （021）63222777
- 🕘 9:30~22:00
- 休 无
- 🚇 乘地铁 1、2、8 号线在人民广场站下车后步行大约 3 分钟或者乘地铁 2、10 号线在南京东路站下车后步行大约 5 分钟
- 🖥 www.firstfood-cn.com

上海宝大祥青少年儿童购物中心
从玩具到服装儿童用品的大全

◆位于南京东路繁华商业街的儿童用品专卖商场，从婴儿服装到玩具，跟儿童有关的商品应有尽有，地下有游戏中心。

儿童用品专营店	Map p.30-B1

🏠 南京东路 685 号
☎ (021) 63225122
🕘 9:30~22:00
休 无
🚇 乘地铁 1、2、8 号线在人民广场站下车后步行大约 6 分钟

THE THING
充满个性原创设计的 T 恤衫

◆上海有 4 家店铺，中国设计师兄弟亲手制作，在年轻人中广受好评，T 恤的设计者说"这些作品都是抱着一种游戏的心态制作的"，设计新颖，令人印象深刻，除了 T 恤之外，还有帆布包也很受欢迎。

T 恤衫	Map p.31-C3

🏠 长乐路 276 号
☎ (021) 63849229
🕘 10:30~22:00
休 无
🚇 乘地铁 1、10 号线在陕西南路站下车后步行大约 10 分钟
🔗 www.thething.cn

古今
价格合理

◆经营以文胸为主的内衣、睡衣的国营专营店，各种颜色，各种尺寸，种类丰富，上海市内有多家分店，更有外国产地的商品。

内衣	Map p.30-B3

🏠 淮海中路 863-871 号
☎ (021) 64736714
🕘 10:00~22:00（节假日有调整）
休 无
🚇 乘地铁 1、10 号线在陕西南路站下车后步行大约 1 分钟
🔗 www.sh-gujin.com

YAMADO
优质的皮革制品

◆使用优质皮革制作的手提包、公文包、钱包、眼镜盒等，有很多原创性的商品，也有很多国内外艺术家制作的个性化商品。小提包 999 元。

皮革专卖店	Map p.104-A2

🏠 泰康路 252 号
☎ (021) 54657231
🕘 10:00~22:00（春节 3 天 ~16:00）
休 无
🚇 乘地铁 9 号线在打浦桥站下车后步行大约 1 分钟
🔗 www.yamado.com.cn

圣石传说
有所有类型的绿松石装饰品

◆绿松石的专卖店，主要销售用湖北产的天然绿色石制作的饰品或挂饰，面向男性顾客的有明清时期贵重的古董项链等商品。

绿松石专卖店	Map p.104-B2

🏠 泰康路 210 弄 4 号
☎ (021) 54653585
🕘 10:00~20:30
休 春节 3 天
🚇 乘地铁 9 号线在打浦桥站下车后步行大约 3 分钟

美 食
GOURMET

品尝正宗的上海菜

上海菜系

说是上海菜，其实是长江流域也就是江南地区的菜系总称，可以分为上海菜、扬州菜、杭州菜、苏州菜、宁波菜、绍兴菜、无锡菜等。

上海真正的历史只有200年左右，上海本身没有什么传统的菜，多是从江南地区各地来的人在上海做的当地菜，慢慢地就变成了现在的上海菜。

江南地区自古以来就被称为"鱼米之乡"，作为中国的粮食库发挥了很大的作用，上海菜主要以在长江或者东海捕捉的鱼类海鲜和田地里生长的五谷类及蔬菜为食材。猪、鸡、鸭等家畜由于在温暖的气候下生活，肉也很好吃。

上海菜活用食材，有一种比较淡的味道。尤其是调味儿的时候一般都添加酱油和白糖，有很多属于煮菜或者调汁的菜。

代表上海菜的菜品有很多，不过最有名的就是大闸蟹。

大闸蟹是生活在长江流域的一种河蟹，大个儿的也不过手掌那么大，特征是蟹钳上长着毛，上海近郊阳澄湖产的蟹是最好吃的。

现在其实基本上都是人工养殖的，一年之中都能吃到，不过从很早以前就有"九雌十雄"的说法，意思是说农历的十月正是雌蟹蟹黄最多的时候，而十月的雄蟹蟹膏则是最厚实的也是最好吃的时候。大闸蟹的腿又细又短，主要吃蟹钳和蟹壳里面的蟹肉。一般都蒸着吃，不过也可以泡在绍兴酒里吃或者涮锅吃以及做成蟹肉丸吃。蟹粉豆腐的价格一般50元。大闸蟹还有几百块钱一只的，比它大几倍的梭子蟹的价格才是大闸蟹价格的1/10左右，这么说应该就能了解大闸蟹的昂贵程度了吧。

大闸蟹的所有做法之中，蒸蟹是最受欢迎的

把蟹泡在绍兴酒中做成醉蟹，非常甘甜美味

香辣虾是具有代表性的川菜，不过在上海辛辣程度有些减少

一个人也很容易就餐的美食广场

上海有很多餐厅是由洋房改装的

外滩有些餐厅可以边就餐边欣赏美景

油爆河虾，上海的传统菜之一，应该品尝一下

酱油味儿的虾子大乌参是上海菜的代表菜，甜味儿的调汁是地道的上海味儿

桂花糯米藕，味道香甜可口

红烧肉是上海家庭菜的代表菜，富含胶原蛋白，酥软可口

用蟹粉跟豆腐炒的蟹粉豆腐也是很受欢迎的一道菜

宽敞的单间内可以放松用餐

广式餐厅中广东饮茶也很受欢迎

旅游贴士

尽早点菜

餐厅内顾客多的时候，后来追加的菜要等候很长的时间才能上，因此要么就一开始点齐了，要么就早点追加，米饭、汤类或者水果类点完能很快上桌。

周末最好提前预约

上海餐厅周末人多会拥挤，被包场举办婚宴的餐厅也很多，就不接待散客，因此打算周末去的人最好能提前预约。

可以使用单间

如果是中等规模以上的餐厅，一般都有单间，使用单间不需要多加费用，如果有空的单间可以要求进单间。

餐厅区域概览

淮海中路地区

沿路都是商场或者餐厅，从高档餐厅北京烤鸭店到点心铺以及快餐厅，各种类型的餐厅无所不有，商场内部一般也都有美食广场，可以充分利用。

衡山路地区

原法国租界区，至今还有很多当时的洋楼，有很多利用这些洋楼开的餐厅，气氛不错，还能品尝美食，更有正宗的法国餐厅和一些民族餐厅。

南京东路地区

老字号上海餐厅和快餐厅等各种形式的餐厅聚集，尤其是上海菜的老正兴菜馆和广式餐厅的新雅粤菜馆、北京菜的燕云楼等非常有名，周边还有很多专门的吃蟹的餐厅。

外滩地区

外滩的欧式建筑群里，有很多各式各样的餐厅，用料精细，而且可以一览浦东风光，这些餐厅预约后再去比较好。

新天地地区

在游客中享有很高声誉的地区，很多在上海市内有名的餐厅都在这里开了分店，不过不少餐厅室内装潢比城里的老店更为时尚，而且营业结束时间比较晚，方便夜间用餐。

美食街

●**云南南路美食街**→ p.195

已经有70年的历史，在当地百姓之中很受欢迎，有很多云南地区或者新疆维吾尔少数民族的餐厅。

●**四牌楼**→ p.195

狭窄的路两旁排列着很多美食店铺。

一般圆桌比较多，如果对座位有什么要求可以直接提出来

美食图鉴

主菜

在过去的日子里，上海本地菜与外地菜长期共存，相互影响，于是在原上海本地菜的基础上逐渐发展成了以上海和苏锡风味为主体并兼有各地风味的上海风味菜系体系。上海菜主要有以下几个特点：首先讲究选料新鲜，多选用四季时令蔬菜，鱼以江浙两省产品为主，取活为上；第二菜肴品种多，四季有别；第三讲究烹调方法并不断加以改进，以生煸、滑炒为最多；第四口味也有了很大变化，原来以浓汤、厚味为主，后来逐步变为卤汁适中，有清淡素雅，也有浓油赤酱，讲究鲜嫩、色调，鲜咸适口。

大闸蟹

大闸蟹有很多种吃法，不过美食专家认为蒸着吃是最美味的，价格一只60~800元不等，在专门的吃蟹餐厅可以从活蟹中进行选择→p.159 方亮蟹宴等。

蟹黄鱼翅

加入了大闸蟹蟹黄和蟹肉的鱼翅汤，是用大闸蟹做的汤类中最高档的，可以在高级的上海菜餐厅或者广式餐厅中尝到，价钱平均每位200~400元。

蟹 酱

只吃蟹黄的奢侈菜，一般是梭子蟹蟹黄，一小盘100元左右，如果是大闸蟹蟹黄的话，价格会超过200元，那浓郁的蟹黄味和合适的盐味儿，当下酒菜是最棒的。

醉 蟹

把活蟹放入绍兴酒内然后生吃，本来就带甜味的蟹肉变得更香甜醇厚的蟹黄尤其美味。→p.161 新光酒家等。

芙蓉膏蟹

利用蟹肉和鸡蛋的蛋白做成的一道菜，也常使用蟹黄，看起来就像是芙蓉花一样，因此得名。蟹一般用梭子蟹，一盘50~100元。→p.163 新吉士酒楼等

蟹粉豆腐

用蟹黄和豆腐炒的，据说是上海菜中最受欢迎的一道菜，一盘50~200元，便宜的会使用梭子蟹蟹黄，而且量比较少，应该提前确认是否用的大闸蟹。

油爆河虾

用酱油爆炒的河虾，是上海传统菜，几乎在所有的上海餐厅都能吃到，一盘20~60元，如果是新鲜的河虾，可以连皮带肉一起吃。→p.162 上海老饭店等

腐乳扣肉

用猪肉腊肉和腐乳做成的上海传统菜，一份30~100元，吃习惯了还挺上瘾。→p.162 上海老饭店等

扣三丝

上海传统汤类，用鸡肉、香菇、火腿取汁做成的汤，口味清淡，取汁后的三种食材上菜的时候摆在汤的正中间，看起来很漂亮。30~50元。→p.163 老正兴菜馆等

虾子大乌参

用酱油炖制而成的大乌参，这也是上海传统菜，把干燥的大乌参用水浸泡之后用酱油汤炖制而成，黑色的海参最好吃，那种筋道的感觉令人回味无穷。→p.163 老正兴菜馆等

叫花鸡

在鸡的体内填充一些食物和调料后用泥土和叶子包起来烘烤，是杭州代表性的一道菜，有些餐厅需要提前预约才能吃到。一只70~150元。→p.293 楼外楼等

老鸭煲

把取出内脏的鸭子在火上稍微烤一下后放入锅内慢火炖制而成，一锅60~100元，肉很软，用筷子就可以轻易撕开。→p.170 张生记酒店等

东坡肉

五花猪肉放上酱油，倒水在旺火上慢炖而成的杭州菜。传说诗人苏东坡在杭州宴请宾客时的一道菜，因此得名，一盘20~50元。→p.170 南麓碧乡等

龙井虾仁

用去皮的河虾与龙井茶叶炒的一道杭州菜，河虾的腥味被茶香去除，虾仁也可以使用养殖的小龙虾代替。一盘20~50元。→p.293 楼外楼等

红烧肉

是上海菜中最普及的一道家庭菜，使用酱油和砂糖炖制的猪肉，加上大料等调味料做成，富含胶原蛋白。→p.163 圆苑、新吉士酒楼等

蟹粉狮子头

螃蟹料理中具有代表性的一道菜，把加入蟹黄或者蟹肉的猪肉丸子蒸熟，做成的美味十足的汤状菜，醇厚的蟹肉里那种甘甜的味道完全融入了汤头之中。→p.326 得月楼等

炝虎尾

炝炒小黄鳝，一盘50元左右。要剔除小黄鳝的脊背骨之后再炒，小黄鳝是江南地区很普及的一种食材。

松鼠鱼

将鱼油炸，再浇上酸甜味的芡汁，是江南有代表性的一道菜。什么鱼都可以，一条鱼100~200元。→p.327 松鹤楼 山塘店等

白切鸡

健康而优质的鸡肉，蒸熟后连骨头一起切块，一只鸡50元左右，在蒸的过程中去除多余的油脂，使鸡肉的味道清淡可口，是江南菜巾有名的 道开胃菜。→p.179 小绍兴大酒店等

万蹄胖

把整只猪蹄放在特制的酱油汤中炖制而成。1斤30~50元。在各镇里多做成特产卖。→p.337 周庄等水乡古镇

西湖醋鱼

是杭州名菜，把草鱼先在清水中汆熟，然后醋熘，鱼肉非常鲜嫩，但由于草鱼刺多，所以如今有很多地方用鳝鱼代替。→p.170 南麓碧乡等

蜜汁火方

使用著名的金华火腿中最上等的部位，用蜂蜜或绍兴酒调味后用清水蒸，然后放入白糖浸泡过的莲子、桂花等跟火腿一起食用。

素 虾

适合吃素的人，使用豆皮或者豆腐做成的跟肉的味道和感觉差不多的菜。→p.327 功德林等

小龙虾

小龙虾。鲜艳的红色令人垂涎欲滴，是江南地区特产的夏季美食，会加入辣椒或者花椒等各种调味料制作。在专门的餐厅或者美食街都可以吃到。→p.180 复茂等

成隆行蟹王府

大闸蟹批发商的直营店

◆ 在香港经营大闸蟹批发生意达半个世纪之久的成隆行，在正宗产地的上海开办的大闸蟹餐厅。单间比较多，为古色古香的传统氛围，中外游客慕名而来。

🏠 九江路 216 号
☎ （021）63212010
🕐 11:00~14:00（点菜~13:30）、17:00~22:00（点菜~21:30）　休 无　座 148
🚇 乘地铁 2、10 号线在南京东路站下车后步行大约 2 分钟
🌐 www.slh.com.hk

左／菜单上内容丰富，有醉蟹等
右上／使用名产地阳澄湖的螃蟹
右下／最受欢迎的大闸蟹

推荐美食　大闸蟹·············108、180、238 元/1 份~（蒸大闸蟹）　蟹粉狮子头·············25 元/1 个

方亮蟹宴

老字号的名厨亲手制作的螃蟹大餐

◆由上海蟹的名店"新光酒家"经营，在阳澄湖有最高档螃蟹的专用养殖场，对于水质与饲养都有非常严格的管理，坚持使用品质优良的螃蟹，为了让大家品尝到蟹肉本身的鲜美，店内有很多制作方法相对简单的蟹肉菜肴。

🏠 虹桥路 1591 号虹桥迎宾馆 7 号楼
☎ （021）62197788　🕐 11:00~14:00（点菜~13:30）、17:00~22:00（点菜~21:30）　休 无（9月~次年1月为大闸蟹季，全部预约）　服务 15%　座 300
🚇 乘地铁 10 号线在水城路站下车后步行大约 6 分钟

左／用绍兴酒泡制的醉蟹（套餐中的一道）
右上／各国贵宾也经常造访
右下／清炒蟹粉（套餐中的一道）

推荐美食　螃蟹套餐·············600 元~（另收 15% 服务费）

　　大闸蟹一般生活在上海周边的淡水湖中，其中江苏省昆山市阳澄湖的螃蟹被公认为品质最好的，成为世界闻名的螃蟹。阳澄湖湖畔有很多大闸蟹餐厅，到了旺季，来购买正宗大闸蟹的顾客络绎不绝。但因为价位高，也出现了不少伪劣假冒的大闸蟹，游客最好认真辨别。吃螃蟹的季节是秋季，农历 9 月左右，雌性螃蟹的蟹黄、雄性螃蟹的蟹膏非常美味。

蒸蟹的食用方法

① 首先把蒸好的螃蟹的腿拉直，沿着根部旋转，8 条腿都拔下来。

② 把蟹腿的前端夹掉，把蟹腿肉取出品尝。

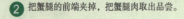

③ 把螃蟹的身体翻过来，把三角形的肚脐部分的盖儿从头那侧开始揭掉。然后把背部的壳也去掉，身体两侧白色的肺器官不能食用，也要摘掉。

④ 把肺器官等不能吃的部分摘掉后，吃蟹肉的准备工作就做完了，把蟹肉纵向切成两半，可以根据自己的喜好蘸醋食用，吃大闸蟹不可缺少的是用黑醋和普通醋混合在一起的调料，也可以加上一些姜。

⑤ 最后吃蟹钳部分，使用专门的剪刀，从根部向爪尖插入，把外壳剪成两半，去掉外壳后，就可以品尝里面那满满的蟹钳肉了，如果再喝点绍兴酒，那就更美了。

王宝和酒家

1744 年创业，想吃大闸蟹就请到王宝和！

◆创业于清乾隆九年（1744 年）的大闸蟹餐厅的老字号，食材选用严格，都是上海蟹的名产地阳澄湖的螃蟹之中个头儿比较大的佼佼者，螃蟹的季节可以尽享上海蟹的鲜美。就餐需要预约。

左 / 可以充分品味新鲜的大闸蟹
右 / 内部装修有些像清代宫廷

大闸蟹	Map p.30-B1

住 福州路 603 号
☎ （021）63223673
營 11:00~13:00、17:00~20:30
休 无
座 180
🚇 乘地铁 1、2、8 号线在人民广场站下车后步行大约 6 分钟

推荐美食	蟹粉蒸（内含蟹黄的小笼包）⋯⋯32 元 /8 个	特色河银粉蒸河蟹⋯⋯250 元	江南鱼米乡蟹黄鱼肉面⋯⋯88 元

新光酒家

世界名流经常造访的大闸蟹专门餐厅

◆虽然是位于后街的一家小店，却因为大闸蟹而闻名世界，老板方亮既是螃蟹料理研究者，又是美食家，小店内虽然看起来空落落的有点儿杀风景，其实连那些很挑剔的香港明星以及名人也经常特意过来就餐，可见其实力相当雄厚。

左 / 单间很多的店内
右 / 蟹膏香味醇厚的蟹膏烧银皮

大闸蟹	Map p.30-B1

住 天津路 512 号
☎ （021）63223978
營 11:00~14:00、17:00~22:00（点菜~21:30）
休 春节 8 天
座 100
🚇 乘地铁 1、2、8 号线在人民广场站下车后步行大约 11 分钟

推荐美食	清蒸蟹钳⋯⋯300 元	蟹膏炒银皮（绿豆面炒蟹膏）⋯⋯580 元	秘制特色蟹（酒渍）⋯⋯80 元

凌泷阁

有点像清朝宫廷的高级上海菜餐厅

◆因为上海蟹、鱼翅、燕窝等菜肴而闻名的上海菜餐厅。店内还有一两个个人用的单间，因此顾客一个人单独前往也可以安心用餐。单点的话，不如点套餐更经济实惠，全蟹宴有各种套餐（388 元、488 元、588 元）。

左 / 蟹黄跟鱼翅做成的蟹黄大排翅
右 / 接待各国领事馆相关人员的单间

大闸蟹	Map p.21-C3

住 虹许路 951 号 2 楼
☎ （021）32071177
營 11:00~14:00、17:00~22:00
休 无
座 200
🚇 乘地铁 10 号线在龙溪路站下车后步行大约 8 分钟
🌐 www.ling-long-ge.com

推荐美食	蟹黄大排翅⋯⋯580 元	燕窝蟹粉盒⋯⋯88 元	蟹黄蔬菜豆腐饺⋯⋯150 元

上海老饭店
以传统著称的名店中的名店

◆有 130 多年历史的上海菜老字号餐厅，值得自豪的是这家餐厅拥有一批高级厨师，他们都持有中国餐饮界最高级别的一级职业资格证书，他们坚守着一代代传承下来的传统上海菜口味。这里的传统上海菜相当受欢迎。

Map p.68-A1

住 福佑路 242 号　☎（021）63111777
營 11:00~14:00（最后点菜时间）、17:00~20:30（最后点菜时间）
休 无　座 500　乘地铁 10 号线在豫园站下车后步行大约 5 分钟
🌐 www.laofandian.com

左／油爆鲜河虾
右上／位于上海著名景点豫园附近，吸引着来自各国的名流
右下／腐乳扣肉

| 推荐美食 | 油爆鲜河虾 | 58 元 | 腐乳扣肉 | 58 元 | 本帮特色红烧肉 | 48 元 |

上海绿波廊酒楼
吸引世界政要前来品尝的名菜

◆中国十大餐厅之一，是著名的上海菜餐厅，英国伊丽莎白女王和美国前总统克林顿、古巴前领导人卡斯特罗等 40 多个国家的政要曾在这里就餐，除了传统的上海菜之外，点心厨师制作的上海点心也很有名。

Map p.68-A-2~B-2

住 豫园路 115 号　☎（021）63280602
營 11:00~14:00（最后点菜时间）、17:00~20:30（最后点菜时间）
休 无　座 430
🚇 乘地铁 10 号线在豫园站下车后步行大约 8 分钟

左／跟浓郁的酱汤搭配的折骨八宝鸭
右上／创业于 1979 年，大闸蟹和小笼包也很受好评
右下／满满一盘子的美味可口的蟹粉菜心

| 推荐美食 | 蟹粉菜心 | 150 元 | 折骨八宝鸭 | 100 元 | 虾子大乌参 | 258 元 |

老正兴菜馆
传统老字号餐厅的口味

◆ 创业于 1862 年，上海首屈一指的老字号餐厅，可以品尝正统派上海菜，利用从创业开始一直延续下来的制作方法和技巧，保留着传统的味道，上海菜常见的虾子大乌参和油爆河虾是两道名菜。

上海菜　　Map p.30-B1

🏠 福州路 556 号
☎ (021) 63222624
🕐 11:00~14:00（最后点菜时间）、17:00~21:00（最后点菜时间）
休 无
座 450
🚇 乘地铁 1、2、8 号线在人民广场站下车后步行大约 4 分钟
🔗 www.lao-zhengxing-sh.com

左 / 浓厚的酱油口味的虾子大乌参
右 / 只需 10 秒就能炸好出锅的味道鲜美的油爆河虾

| 推荐美食 | 虾子大乌参 | 180 元 /500g | 油爆河虾 | 62 元 | 扣三丝 | 39 元 |

圆苑
富含胶原蛋白荣获金奖的红烧猪肉

◆ 无论当地的顾客，还是观光游客都让这家餐厅天天爆满。名菜是圆苑红烧肉，在全国红烧肉大奖赛中荣获金奖。使用特制酱油和冰砂糖充分炖制，使得颜色看起来晶莹剔透，吃起来香甜浓郁，口留余香。

上海菜　　Map p.31-C2

🏠 南京西路 1038 号梅龙镇广场 4 楼
☎ (021) 62726972
🕐 11:00~22:00
休 无
座 240
🚇 乘地铁 2 号线在南京西路站下车后步行大约 5 分钟

左 / 上海名菜圆苑红烧肉平均每天要做 150 份
右 / 另外一道招牌菜糯米红枣

| 推荐美食 | 圆苑红烧肉 | 98 元 | 糯米红枣 | 18 元 |

新吉士酒楼
虽然属于正统派却追求时尚的上海菜

◆ 这家位于新天地的餐厅顾客层广泛，从观光客到地方名流都有，很受欢迎。招牌菜芙蓉膏蟹是将炒熟的蟹肉放在蒸好的蛋清上，口味高雅不俗，其他分店位于天平路、桃江路、虹桥、八万人体育馆内、浦东。就餐需要预约。

上海菜　　Map p.86-B1

🏠 太仓路 181 弄新天地 2 号
☎ (021) 63364746
🕐 11:00~14:00、17:00~23:00（最后点菜时间 21:30）
休 无
座 100
🚇 乘地铁 1 号线在黄陂南路站下车后步行大约 3 分钟，地铁 10 号线在新天地站下车后步行大约 6 分钟
🔗 www.xinjishi.com

左 / 名菜外婆红烧肉
右 / 名菜芙蓉膏蟹

| 推荐美食 | 芙蓉膏蟹 | 168 元 | 外婆红烧肉 | 78 元 |

上海　●美食　店铺大搜集

廊亦舫酒楼
可以一边品尝上海菜一边眺望外滩美景

◆位于东方明珠塔对面的商场正大广场五层的上海菜餐厅，是超过 20 道菜被选为中国名菜的老字号餐厅，而且由于可以眺望外滩的美景而备受欢迎，餐厅很宽敞，使用传统的圆桌，晚餐的临窗座位最好提前 1 小时预约。

上海菜	Map p.18-A3

🏠 陆家嘴西路 168 号正大广场 5 楼
☎ （021）50471266
🕐 11:00~14:00、17:00~22:00（最后点菜时间 21:00）
休 无
座 500
🚇 乘地铁 2 号线在陆家嘴站下车后步行大约 5 分钟

| 推荐美食 | 黑椒牛仔骨 ……68 元 | 蟹粉烩鱼肚 ……98 元 | 鸽蛋圆子 ……16 元 |

1221
常住欧美人最喜欢的上海菜餐厅

◆比起当地上海人，这家餐厅在常住上海的欧美人中更受欢迎。所处的位置离开大路，在一条胡同里，然而凭借人们口口相传，使得餐厅的名气大作，即使夜间就餐也需要提前预约。餐厅内总是热热闹闹的，不过气氛却让人感觉很休闲放松。

上海菜	Map p.22-A3

🏠 延安西路 1221 号泛太大厦 1 楼
☎ （021）62136585
🕐 11:00~14:00、17:00~23:00
休 无
座 120
🚇 乘地铁 3、4 号线在延安西路站下车后步行大约 15 分钟

| 推荐美食 | 黑白蛋豆腐 ……12 元 | 宫保虾球 ……98 元 | 鸡蓉玉米羹 ……38 元 |

老夜上海
深夜也可以接待顾客的老上海

◆这是一家位于历史悠久的锦江饭店北楼即旧国泰公寓 11 层的上海菜餐厅，2006 年从地下搬到了现在的地方，新的装修风格展现出一种浓郁的老上海氛围。在一般关门打烊时间比较早的老字号上海菜餐厅中，这家实行 24 小时营业，可以品尝到正宗的上海菜。

上海菜	Map p.30-B3

🏠 茂名南路 59 号锦江饭店北楼 11 楼
☎ （021）64726386
🕐 24 小时
休 无
座 150
🚇 乘地铁 1、10 号线在陕西南站下车后步行大约 7 分钟

| 推荐美食 | 油爆河虾 ……128 元 /500g | 蟹肉盅 ……68 元 /100g | 狮子头 ……48 元 /1 个 |

黄浦会
在外滩可以优雅就餐的

◆位于外滩 3 号的上海菜餐厅，年轻的厨师制作出别出心裁的菜单，把传统的上海菜通过富有创意的方式巧妙地盛到餐具中，使顾客可以享受一种全新的感觉。餐厅内的装潢出自世界有名的设计师陈幼坚之手。

上海菜	Map p.17-D3

🏠 中山东一路外滩 3 号 5 楼
☎ （021）63213737
🕐 11:00~15:00、17:15~22:00
休 无
座 200
🚇 乘地铁 2、10 号线在南京东站下车后步行大约 10 分钟
🌐 www.threeonthebund.com

| 推荐美食 | 午餐商务套餐 ……158 元 | WHAMPOA CLUB 套餐 ……688 元 |

夜上海新天地
不只是时髦，味道也很正宗

◆餐厅内保留着那些上海特色的装潢，却又有一种很新很时尚的氛围，无论新开发的上海菜，还是传统怀旧的上海菜都得到了当地人和游客的全力支持。午餐的点心还有两人以上的套餐。

上海菜   Map p.86-B1

住 黄陂南路 338 号 ☎（021）63112323
营 11:30~15:00（最后点菜时间 14:30）、18:00~24:00（最后点菜时间 22:30）
休 春节 4 天
座 160
乘地铁 1 号线在黄陂南路站下车后步行大约 3 分钟，地铁 10 号线在新天地站下车后步行大约 6 分钟
www.elite-concepts.com

| 推荐美食 | 蟹粉小笼包 ············ 40 元 | 干烧虾球 ············ 165 元 | 松子鸡米 ············ 75 元 |

名家私宴精作坊
平静祥和的气氛，吸引了不少国内外要人

◆使用高超的厨艺和技巧，在保留那些传统菜肴及材料本色味道的基础上加以创新，制作出原创性的上海菜。这家餐厅以这种创新而闻名，口味比较清淡，在当地人中很受欢迎，而且国内外的名人也经常低调造访，餐厅内非常安静，非常适合商务会谈。地点位于大上海时代广场内。

上海菜   Map p.25-C1

住 淮海中路 99 号大上海时代广场 4 楼
☎（021）63910152
营 11:30~14:30、17:30~21:30
休 无
座 160
乘地铁 8 号线在大世界站下车后步行大约 2 分钟

| 推荐美食 | 豆花鲜汁蟹 ············ 138 元 | 名家佛跳墙 ············ 398 元 | 玉簪竹荪 ············ 48 元 |

上海姥姥
在外滩可以吃到价格公道的上海家庭菜

◆就像上海姥姥的店名一样，这是以平常家庭菜为主的餐厅，有一道香酥河鲫鱼是这家餐厅的拿手凉菜，是把鲫鱼油炸后配上葱丝食用，加入酱油和辣味调料，去掉河鱼特有的那种腥味儿，从头到骨头都可以食用，是很好的下酒菜。

上海菜   Map p.31-D1

住 福州路 70 号
☎（021）63216613
营 9:30~21:30
休 无
座 200
乘地铁 2、10 号线在南京东站下车后步行大约 8 分钟

| 推荐美食 | 香酥河鲫鱼蟹 ············ 15 元 | 蟹粉豆腐 ············ 48 元 | 红烧肉 ············ 48 元 |

原创私房菜
虽然是一种家庭氛围，不过让人感觉非常雅致的餐厅

◆位于华山路与乌鲁木齐路的交叉口附近的西式洋房内，餐厅不大，不过气氛安静祥和，令人放松，很多菜品保留了传统的风味，充分发挥原材料的自然芳香，清淡可口。适当的服务也令人心情愉快，当地媒体对餐厅的评价也很高。

上海菜   Map p.23-C2

住 华山路 480 号
☎（021）62499917
营 11:30~14:30、17:30~21:30
休 无
座 165
乘地铁 2、7 号线在静安寺站下车后步行大约 8 分钟

| 推荐美食 | 别有天功夫鸡 ············ 78 元 | 玫瑰水晶虾仁 ············ 98 元、118 元 | 乌龙熏鲳鱼 ············ 38 元 |

苏浙汇
价钱公道的休闲美食

◆宽敞的餐厅内总是被当地人挤得满满的，是家很受欢迎的餐厅，虽然装修豪华却让人感觉放松并且好吃不贵，尤其受到在公司上班的白领们的欢迎。口味是上海人很喜欢的那种甜而浓的味道。有卢湾店等四家分店，各店都有自己的拿手菜。

上海菜   Map p.23-D4

- 住 肇嘉浜路 388 号华泰大厦 1-2 楼
- ☎ (021) 64159918
- 营 11:00~23:00
- 休 无
- 座 500
- 🚇 乘地铁 4 号线在大木桥路站下车后步行大约 14 分钟

| 推荐美食 | 蜜汁火肪 ········· 258 元 | 清炒虾仁 ········· 108 元 | 苏浙樟茶鸭 ········· 78 元 /1 只 |

保罗酒楼
相传很受欢迎，一直营业到深夜的隐蔽餐厅

◆利用法国租界时代的洋楼改建的从 1991 年开始营业的餐厅，好吃实惠，因此口口相传，使得餐厅的生意非常红火。餐厅人口不大，不过餐厅内却出人意料的非常宽敞，在这里可以吃到从鱼缸挑选出来的新鲜海鲜。营业到凌晨 3:00。

上海菜   Map p.30-A3

- 住 富民路 271 号
- ☎ (021) 62792827
- 营 11:00~ 次日 3:00
- 休 无
- 座 600
- 🚇 乘地铁 1、7 号线在常熟路站下车后步行大约 10 分钟
- 🌐 www.baoluojiulou.com

| 推荐美食 | 保罗牛排 ········· 38 元 | 油条海鲜卷 ········· 30 元 | 茄子夹饼 ········· 20 元 |

小乡村酒家
可以吃到上海的家庭菜

◆位于繁华商业街衡山路地区，在当地上海人中很受欢迎的上海家庭菜馆。室内装修简朴，有一种普通百姓用餐的氛围，各种常见的螃蟹料理和小笼包等上海菜价格都很优惠。

上海菜   Map p.28-B2

- 住 天钥桥路 108 号
- ☎ (021) 64282318
- 营 11:00~23:00
- 休 无
- 座 200
- 🚇 乘地铁 1、9 号线在徐家汇站下车后步行大约 6 分钟

| 推荐美食 | 蟹粉豆腐 ········· 58 元 | 红烧肉 ········· 48 元 |

鲜墙房
气氛不错的创意美食

◆上海四大建筑之一的原永安百货大楼经过了改建，而这家餐厅从 2006 年开始营业，欧式的室内装修让人仿佛回到了旧时代。餐厅里播放着探戈舞曲音乐，可以品尝以上海菜为基础的创意美食，主餐厅曾经是过去的电影院。

上海菜   Map p.30-B1

- 住 九江路 600 号永安大楼 4、5 楼
- ☎ (021) 63515757
- 营 11:00~13:30、17:00~22:00（最后点菜时间）
- ※停止营业时间不固定
- 休 无
- 座 800
- 🚇 乘地铁 1、2、8 号线在人民广场站下车后步行大约 5 分钟

| 推荐美食 | 春酥 ········· 88 元（4~5 人） | 香橙酿三珍 ········· 38 元 |

南翔馒头店
上海数一数二的人气包子铺

◆ 1900 年创业的上海最著名的包子专营店。继承了不外传秘诀的点心师制作的小笼包的味道与技巧，被认为是中国最高水平，掌握着绝对第一的美味秘诀。吴江路分店（吴江路 269 号 2 号）

住 豫园老路 85 号 ☎（021）63554206
🏪 外卖：船航厅 10:00~21:00、长兴楼·鼎兴楼·瑞鑫楼 10:00~19:30（最后点菜时间）　休 无
座 船航厅 95、长兴楼 185、鼎兴楼 95、瑞鑫楼 70　🚇 乘地铁 10 号线在豫园站下车后步行大约 7 分钟

左 / 南翔小笼鲜肉小笼
右上 / 一楼是外卖排队的地方
右下 / 餐厅各层做小笼包的材料和价钱都不一样

| 推荐美食 | 南翔小笼鲜肉包 ·················12 元 /16 个 |

小杨生煎馆
美食街名小吃　生煎包的名店

◆ 据说从创业以来，排队买小杨生煎包的顾客就没有间断过，除了生煎包，建议再品尝一下用牛肉和粉丝做的咖喱味汤"牛肉汤"。Map p.30-A1（地址黄河路 97 号）也有分店。

住 吴江路 269 号 2 楼
☎（021）61361391
🏪 10:00~21:00　休 无　座 50
🚇 乘地铁 2 号线在南京西路站下车后步行大约 1 分钟

左 / 先把肉过一下热水，去掉油脂，就不会感觉油腻了
右上 / 简朴素雅的食堂
右下 / 生煎包里的汤汁是猪骨汤，没有其他任何添加物

| 推荐美食 | 小杨生煎 ························6 元 /4 个 |

湖庭
可以凝视太平桥公园湖面的洋楼餐厅

◆是一家扬州菜和广东菜的餐厅，位于老房子改造的法国风格的建筑之内，餐厅内是石库门的装修样式，刀工技巧高超的厨师做出来的菜非常精细，一看就觉得非常好吃。午餐 200 元左右，晚餐套餐 588 元~。

扬州菜	Map p.86-B3
住	黄陂南路 383 号
☎	（021）63876387
营	10:00~22:00
休	1月1日
座	140
🚇	乘地铁 1 号线在黄陂南路站下车后步行大约 5 分钟
🌐	www.villadulac.cn

| 推荐美食 | 玻璃明虾球 …… 188 元 | 湖庭一品干丝 …… 288 元 | 松鼠鳜鱼 …… 228/1 条 |

上海扬州饭店
当地人评价不错

◆ 1949 年创业的老字号，固守着扬州菜的传统做法，受到当地上海人的大力支持。在中国被称为淮扬菜，与京菜、川菜、广东菜一起成为中国四大名菜。充分利用食材固有的味道，虽然清淡却非常好吃，很多菜名起得高雅而有品位。

扬州菜	Map p.24-A2
住	瑞金二路 108 号民防大厦 3 楼
☎	（021）24028333
营	11:00~14:00、17:00~21:00
休	无
座	200
🚇	乘地铁 1、10 号线在陕西南路站下车后步行大约 6 分钟

| 推荐美食 | 蟹粉狮子头 …… 小 12 元、大 28 元 | 水晶摘肴肉 …… 28 元 | 大煮干丝 …… 35 元 |

王家沙
上海人常去的上海点心的老字号

◆有多家连锁店的上海小吃店，一般都是上海顾客，感觉不像是吃正餐，而只是简单地吃些点心就离开，建议去每天做 1000 笼小笼包的总店吃蟹粉小笼。咬一口里面的汤就会溢出来，小心烫舌头。

左 / 猪肉跟蟹肉做成的大个儿蟹粉小笼
右 / 点小笼包或者面条的顾客很多

小笼包	Map p.31-C2
住	南京西路 805 号
☎	（021）62170625
营	一楼 7:00~21:00、二楼 11:00~21:00
休	无　座 250
🚇	乘地铁 2 号线在南京西路站下车后步行大约 2 分钟

| 推荐美食 | 蟹粉小笼 …… 12 元 /4 个 | 特质蟹黄小笼 …… 20 元 /4 个 |

十味观
新鲜健康的五色小笼包

◆ 2007 年在 Discover 亚洲探索网络电视节目中介绍了 170 个国家，其中的汤包传奇引起了热议，使小笼包中以医食同源为理念制作的五色蔬菜包子受到了热烈的欢迎。包子一律不使用任何添加剂。

左 / 看起来色彩丰富的包子
右 / 把南瓜、胡萝卜、菠菜、紫色卷心菜的汁液添加到包子皮里

小笼包	Map p.10-B2
住	共和新路 1978 号大宁国际商业广场 9 座 109B-202B　☎（021）33870398
营	10:00~22:00（最后点菜时间 21:50）
休	无　座 220
🚇	乘地铁 1 号线在延长路站下车后步行大约 5 分钟

| 推荐美食 | 养生五色汤包 …… 28 元 /5 个 |

富春小笼包
连出租车司机也会推荐的著名小笼包店

◆ "要吃小笼包一定要到这家店尝尝。"这是一些出租车司机经常会推荐的小笼包的名店，除了常点的蟹粉小笼之外，还建议您品尝一下装满了滚烫肉汁的富春小笼包，店内无论白天晚上都挤满了当地的食客。

左 / 放入很多蟹肉的蟹粉小笼
右 / 顾客络绎不绝的小笼包人气店

小笼包	Map p.22-B1
住 愚园路 650 号　☎（021）62525117
营 6:00～24:00　休 无　座 50
🚇 乘地铁 2、11 号线在江苏路站下车后步行大约 10 分钟

推荐美食
蟹粉小笼 ……16 元 /6 个 ｜ 富春小笼 ……8 元 /6 个 ｜ 虾肉小龙 ……10 元 /6 个

上海珊瑚小笼馆
甜味比较重的热乎乎的肉汁包子让人上瘾

◆ 小笼包跟其他店铺比较甜味儿更浓一些，如果喜欢清淡一些的味道可以选择透明肉汁的"优质小笼"。顾客更换得很快，无论何时都能吃到刚蒸好的热乎乎的小笼包。

小笼包	Map p.20-B2
住 仙霞路 774 号
☎（021）62625468
营 早 5:00～22:00
休 无　座 60
🚇 乘地铁 2 号线在威宁路站下车后步行大约 15 分钟

推荐美食
优质小笼 ……5 元 /8 个 ｜ 无锡小笼 ……5 元 /6 个 ｜ 荠菜馄饨 ……5 元

佳家汤包
这里的包子最好吃，上海人可以打保票

◆ 位于黄河路的分店，一直以来排队的人就没有断过。不少上海人都觉得这里的包子最好吃，所以相当受欢迎，点菜之后，可以看到玻璃房内厨房里的制作过程，只放蟹肉的"纯蟹粉汤包"只有在这才能品尝，那种美味吃过一次便终生难忘。

小笼包	Map p.30-A1
住 黄河路 90 号
☎（021）63276878
营 9:30～ 到售完为止
休 不定期休息
座 34
🚇 乘地铁 1、2、8 号线在人民广场站下车后步行大约 1 分钟

推荐美食
虾仁鲜肉汤包 ……10.5 元 /12 个 ｜ 蟹粉鲜肉汤包 ……22.5 元 /12 个 ｜ 纯蟹粉汤包 ……96 元 /12 个

上海飞龙生煎
品尝名小吃生煎小笼包

◆ 位于鲁迅公园附近购物中心一楼的小吃店，最受欢迎的小吃是生煎包，整齐地排列在一个大锅里，半蒸半煎而成。汤汁内有种以海鲜为主的咸鸭蛋黄味儿，脆而爽口的包子皮和香喷喷的肉汁真是让人回味无穷。

生煎	Map p.13-C3
住 四川北路 2002 弄 11 号
☎（021）65877822
营 10:30～22:00（最后点菜时间）
休 无　座 198
🚇 乘地铁 4、10 号线在海伦路站或 3、8 号线在虹口足球场站下车后步行大约 8 分钟

推荐美食
飞龙生煎 ……5 元 /4 个

许记生煎
当地人喜欢的著名生煎包小店铺

◆ 专门外卖的生煎包专营店，店铺虽小，却是在当地人中很受欢迎的老字号，带黑芝麻的厚皮生煎包是这家店铺的特色，可以当小吃来品尝，刚出锅的很烫，小心不要烫伤，开门很早，可以去那里吃早餐。

生煎	Map p.21-D1
住 遵义路 585 号　☎ 无
营 6:00～11:00（周末 ~12:00）、15:00~18:00　休 春节 3 天　座 无
🚇 乘地铁 2 号线在娄山关路站或 2、3、4 号线在中山公园站下车后步行大约 10 分钟

推荐美食
生煎 ……2 元 /4 个

万寿斋
上海人喜欢吃的热馄饨

◆位于鲁迅故居斜前方的上海小吃店，店内总是挤满了上海当地的顾客，大家都喜欢吃这里的馄饨。有猪肉、干虾仁、榨菜三种馅儿混在一起的三鲜馄饨。入口之后，可以同时品尝到三种不同原料混合在一起的独特口味。

左 / 最受欢迎的三鲜馄饨
右 / 建议去一去这种当地老百姓喜欢的美食小店

Map p.13-C2

住 山阴路 123 号
☎ 13601678832（手机）
营 5:00~22:00　休 无　座 30
地 乘地铁 3、8 号线在虹口足球场站下车后步行大约 16 分钟

推荐美食	三鲜馄饨 …………………7元/10个	鲜肉小笼 …………5元/8个、8元/16个	葱油拌面 …………………………5元

杭 州 菜

宽敞的餐厅内总是坐满了顾客的老字号杭州菜餐厅
张生记酒店

　　是一家著名的杭州菜馆，在传统菜肴中增加创新性的尝试。餐厅内非常宽敞，有 3500 平方米，总是挤满了本地顾客，每桌必点的一道名菜是鸭锅，用一整只鸭子和笋干儿炖成的味道浓郁的鸭汤美味无穷。鸭肉炖得烂烂的，直接用筷子夹取就可以了。

Map p.23-D4、29-D4

住 肇嘉浜路 446 号伊泰利大厦 3 楼　☎（021）64455777
营 11:00~14:00，17:00~21:00
休 无
座 800
地 乘地铁 9 号线在嘉善路站下车后步行大约 8 分钟

推荐美食	
笋干老鸭煲	98 元
东坡肉	10 元/一块
松鼠鳜鱼	88 元/500g

品尝正宗杭州菜
南麓碧乡

　　2008 年开业的正宗杭州菜馆，从厨师到服务员都是杭州人，食材也都是从杭州运过来的纯粹杭州货，这就是好吃的秘诀。可以在这里充分享受杭州菜的味道，离外滩很近，观光途中可以过去就餐。

Map p.31-D1

住 四川中路 216 号
☎（021）63231797
营 11:00~14:30（最后点菜时间 14:00），17:00~22:00（最后点菜时间 21:30）
座 120
地 乘地铁 2、10 号线在南京东路站下车后步行大约 10 分钟

推荐美食	
西湖醋鱼	68 元
东坡肉	15 元

富临轩鱼翅海鲜酒家
可以品尝高雅的广东菜

◆位于浦东正大广场内的高级广东餐厅，有螃蟹类、海鲜类菜肴，还有超过一百种的各式点心，广式早茶很受欢迎。名菜有调味温和的笼仔蒜蓉糯米蒸乳蟹、蟹肉丰厚的百花炸酿蟹钳，还有520元的红烧大鲍翅钳。

住 陆家嘴西路168号正大广场4楼（西侧入口） ☎（021）58781777
營 11:00~23:00 休 无 座 200
🚇 乘地铁2号线在陆家嘴站下车后步行大约5分钟

左／荷叶上香气四溢的笼仔蒜蓉糯米蒸乳蟹
右上／海鲜与微甜的腰果做成的京烧蜜桃花枝带子
右下／明亮的餐厅内部

| 推荐美食 | 笼仔蒜蓉糯米蒸乳蟹 | 288元 | 京烧蜜桃花枝带子 | 218元 | 百花炸酿蟹钳 | 68元 |

衡山小馆
常住上海的香港人回头客很多的正统派

◆一楼是小桌港式咖啡厅形式，二楼是圆桌，可以享受正宗的广东菜，色调简单但不失时尚的装潢和正宗的广东菜不仅吸引了香港人，在上海人和欧美人中也很受欢迎。

住 衡山路308号
☎（021）64717127、64664953
營 10:30~次日3:30 休 无
座 150 🚇 乘地铁1号线在衡山路站下车后步行大约2分钟

左／很受欢迎的一道菜——法式盐焗虾
右上／晚餐最好提前预约
右下／招牌菜——烧味拼盘很受欢迎

| 推荐美食 | 招牌烧味拼盘 | 48元 | 福建炒饭 | 35元 | 法式盐焗虾 | 88元 |

京翅坊
以公道的价格品尝最优质的鱼翅

◆台湾女老板经营的回头客很多的
餐厅，建议品尝一下这里价格公道
的商务午餐，套餐中最先端上来的
汤里有不少鱼翅，其后还有大概 5
盘菜陆续上桌。

广东菜　　　　　　　Map p.29-C1

🏠 乌鲁木齐南路 298 号 2 楼
☎（021）64457111
🕐 11:30～14:30、17:30～21:30
休 春节 4 天
座 40
🚇 乘地铁 7、9 号线在肇嘉浜路站下
车后步行大约 5 分钟
🌐 www.jing-chifang.com

左／女性顾客中很受欢迎的鱼翅午餐套餐
右／店内装潢有一种老上海的怀旧风格

| 推荐美食 | 商务午餐 …………………………… 158 元 |

新雅粤菜馆
深受当地人喜爱的具有 85 年历史的老餐厅

◆1926 年创业的老字号广东菜餐厅，
当初最有名的是广式饮茶，现在餐厅
已经迁至南京东路，20 世纪 40 年代
在上海确立了其高级餐厅的地位，现
在也受到当地人，尤其是老年人的全
力支持。

广东菜　　　　　　　Map p.30-B1

🏠 南京东路 719 号
☎（021）63517788
🕐 7:00～10:30（早茶）、11:00～14:00、
17:00～21:00
休 无
席 888
🚇 乘地铁 1、2、8 号线在人民广场
站下车后步行大约 5 分钟

左／装盘很漂亮的新雅滑虾仁
右／中式装潢的餐厅

| 推荐美食 | 蚝油牛肉 ………… 25 元 | 新雅滑虾仁 ………… 100 元 |

丁香花园申粤轩
在清代建造的庭院内享受广东及上海菜

◆丁香花园是清朝末期的外务大臣
李鸿章为姨太丁香所建的别墅，其
中的申粤轩由于不断追求有创意的
美食而获得很高的评价，占地达
2000 平方米，单间也很多，建议选
择可以一览庭院美景的二楼靠花园
的座位。

广东菜·上海菜　　　　Map p.22-B3

🏠 华山路 849 号
☎（021）62511166
🕐 11:30～23:00、（周六·周日·节假
日 9:00～11:00、11:30～23:00）
休 无
服 10%
席 500
🚇 乘地铁 1、7 号线在常熟路站下车
后步行大约
20 分钟
🌐 sh.qylg.
com

左／位于原法国租界区的餐厅
右／位于广间的庭院之中

| 推荐美食 | 凉拌鱼皮 ………… 33 元 | 避风塘猪肋排 ………… 21 元 /1 个 | 海皇玉子豆腐 ………… 52 元 |

君荟轩
百吃不厌的广式饮茶

◆位于虹桥地区的上海君丽大酒店二楼的广式茶餐厅，午餐时段的港式饮茶，吃什么都觉得很美味，因此非常受欢迎。可以品尝以蟹粉小笼包或者杜果布丁为主的广式早茶，也可以享受面类、鱼、蔬菜等正宗一品菜肴。

左／豉油鸡、蜜汁叉烧等拼盘
右／广式早茶有 100 多种

广东菜　　　　　　　Map p.21-D2

住 遵义路 488 号上海君丽大酒店 2 楼
☎（021）22161818
营 11:00~23:00（早茶~14:30）
休 无
座 150
🚇 乘地铁 2 号线在娄山关路站下车后步行大约 6 分钟
🔗 www.jade-linkhotel.com

推荐美食	早茶 ······························ 88 元
	（含服务费、茶水费、随便吃）

名唐
有利于健康的欧风广东菜餐厅

◆位于老码头商业大楼，是一家把健康与美食相结合的欧风广东菜餐厅，蔬菜、大米、油、茶等食材以及调味料、酒类等都使用严格挑选的有机材料，菜单由营养师进行每日更换。

左／用白兰地给蒙古羊羔肉调味儿做成的白兰地蒜蓉蒙古羊羔肉
右／宽敞明亮的餐厅内

广东菜　　　　　　　Map p.26-B2

住 中山南路 505 号 老码头 2 号楼 102-106 室
☎（021）61526688
营 11:00~22:00
休 无
座 200
🚇 乘地铁 9 号线在小南门站下车后步行大约 15 分钟

推荐美食	白兰地蒜蓉蒙古羊羔肉 ··············· 42 元

御花园酒店
可以享受公园绿色和安静氛围的人气餐厅

◆位于富于绿色的中山公园内的庭院式广东菜·上海菜餐厅，可以享受餐厅为配合上海顾客口味而做成的甜味与盐味突出的单品菜肴。9:00~16:30 的广式早茶时间也很受欢迎，虽然是大型餐厅，不过到了周末等候 1 小时也很正常。

左／元宝煎红虾
右／位于公园内的餐厅

广东菜·上海菜　　　　Map p.21-D1

住 长宁路 780 号中山公园内
☎（021）52376777
营 9:00~22:30
休 无
座 800
🚇 乘地铁 2、3、4 号线在中山公园站下车后步行大约 5 分钟

推荐美食	元宝煎红虾 ··· 100 元 /500g	飘香混酱鳕鱼煲 ··· 98 元	奶汤胜瓜云吞煮蚌仔 ··· 88 元

白玉兰
上海花园饭店内的高级广东菜餐厅

◆上海花园饭店内的高级广东菜餐厅，这里的菜品口味清淡可口，让人感觉精致高雅，既有正式的晚餐，也有午餐自助和广式饮茶，可以自由选择，晚餐时段有中国传统乐器现场演奏。

广东菜	Map p.30-B3

住 茂名南路 58 号花园饭店上海 2 楼
☎（021）64151111（内线 5215）
营 6:30~9:30、11:30~14:30、17:30~22:30
休 无
座 104
🚇 乘地铁 1、10 号线在陕西南路站下车后步行大约 2 分钟
🌐 www.gardenhotelshanghai.com

推荐美食 | 干烧虾球·············小 240 元 | XO 酱大明虾·············78 元 /1 | 红烧海虎·············460 元 /1 人

满福楼
高级餐厅里令人愉悦的实惠饮茶套餐

◆位于虹桥地区的高级广东菜餐厅，包括凉菜、主菜、甜品共九种 88 元（+15%），在这家高级餐厅的午餐菜单上有很多价格实惠的饮茶种类可供选择，也有午餐广式点心自助，可以从 80 多种食品中不限量自由选择（118 元 +15%）。

广东菜	Map p.21-D2

住 延安西路 2099 号上海扬子江万丽大酒店 2 楼
☎（021）62750000（内线 2282）
营 11:00~14:30、18:00~22:30
休 无
服务 15%
座 220
🚇 乘地铁 2 号线在娄山关路站下车后步行大约 15 分钟

推荐美食 | 冬笋鲜虾饺·············30 元 | XO 酱炒萝卜糕·············30 元 | 鸳鸯糯米·············28 元

明珠港湾餐厅
可以一览从浦东到外滩的绝佳美景

◆餐厅位于外滩北侧外白渡桥边的海鸥饭店二楼，是欣赏黄浦江外滩一侧与浦东那边两岸风景的最佳场所，餐厅内很宽敞，圆桌形式的餐厅，可以一边欣赏窗外美景，一边慢慢享受出自香港厨师之手的广式佳肴。

广东菜	Map p.17-D2

住 黄浦路 60 号海鸥饭店 2 楼
☎（021）63251500（内线 609）
营 11:00~13:30、17:00~21:00
休 无
座 200
🚇 乘地铁 2、10 号线在南京东路站下车后步行大约 15 分钟
风景最好的单间海鸥厅，可坐 10 人以上，最低消费 500 元（可选套餐或零点）

推荐美食 | 单点每人 400 元~ | 水晶河虾仁·············189 元

粤珍轩
边欣赏外滩美景边享受高级广东菜的餐厅

◆位于上海屈指可数的摩天大楼金茂大厦 55 层的高级广东菜餐厅，不仅可以欣赏到美丽的景色，内部装修也很别致，厨师来自广东菜的正宗产地香港，可以品尝到使用鱼翅或鲍鱼等高级食材制作的正宗而精致的高级广东菜。

广东菜	Map p.18-B3

住 世纪大道 2 号金茂大厦 55 楼
☎（021）50471234
营 11:30~14:30、17:30~22:00
休 无
服务 15%
座 186
🚇 乘地铁 2 号线在陆家嘴站下车后步行大约 5 分钟

推荐美食 | 清蒸东星斑·············780 元 g | 蟹肉瑶柱翡翠羹·············78 元 /1 人 | 杞果布丁·············28 元

巴国布衣风味酒楼
可以观赏"变脸"并品尝新颖的四川味道

◆ 20 世纪 90 年代中期开始流行"新川菜"，这家川菜馆就引领了这种新型川菜的潮流，19:45 开始的"变脸"节目是这家餐厅的卖点之一，相当精彩。

四川菜　Map p.21-D2

住 定西路 1018 号
☎ (021) 52397779
营 11:00~14:00、17:00~22:00
休 无
座 250
🚇 乘地铁 3、4 号线在延安西路站下车后步行大约 12 分钟
🖥 www.baguobuyi.com

推荐美食　夫妻肺片 ……… 28 元　布衣鱼头 ……… 58 元　晾杆白肉 ……… 32 元

渝信川菜
让上海人也上瘾的正宗川菜

◆ 以传统的四川家庭菜为主的餐厅，令人折服的辣味和美味让人忍不住去了一次还想去，丰厚的菜量和合理的价格，使得本来不太能吃辣菜的上海人也被牢牢地吸引。餐厅内很宽敞，外面却经常排长队等候，可见其受欢迎的程度，麻婆豆腐是必点菜之一。

四川菜　Map p.16-A4

住 成都北路 333 号招商局广场 3 楼
☎ (021) 52980438
营 11:00~14:00、17:00~21:30（最后点菜时间 21:00）
休 无
座 700
🚇 乘地铁 1、2、8 号线在人民广场站下车后步行大约 10 分钟
🖥 www.yuxin1997.com

推荐美食　麻婆豆腐 ……… 15 元　渝信水煮鱼 ……… 36 元 /500g　口水鸡 ……… 28 元

梅龙镇酒家
国家一级职业厨师操刀的正宗川菜

◆ 1938 年创业的上海式川菜的老字号餐厅。为了让上海人品尝辛辣的川菜把辣味做成微辣，更为大众。使用整只大虾做成的干烧明虾的味道，相信每个人都会喜欢吃。龙凤图案的大红和金色装潢也有豪华感觉。

四川菜　Map p.31-C2

住 南京西路 1081 弄 22 号
☎ (021) 62535353
营 11:00~14:00、17:00~22:00
休 无
座 500
🚇 乘地铁 2 号线在南京西路站下车后步行大约 5 分钟

推荐美食　干烧明虾 ……… 120 元 / 条

俏江南
在高雅的餐厅内尽享四川广东的创意美食

◆ 被烛光引导进入餐厅后，会发现餐厅内非常宽敞，中庭式的屋顶和从窗外就能看到的绿竹非常漂亮。内部装修尽显高雅，这里的菜是以川菜和广东菜为基础的创意性料理，有不少菜只看菜名根本不知道是用什么食材做出来的，这一点也可以让大家充满期待。

四川菜·广东菜　Map p.23-C3

住 桃江路 28 号 -1
☎ (021) 64452581
营 11:00~22:30
休 无
座 300
🚇 乘地铁 1、7 号线在常熟路站下车后步行大约 4 分钟

推荐美食　四川回锅肉 ……… 58 元

品川

在怀旧而又时尚的空间里享受正宗川菜

◆以经营日用品商店和泰国菜为主的 Simply 集团旗下的餐厅。从四川来的厨师完全按照上海人的口味做菜，将辣味降到当地人能接受的程度，放入口中，那种辣味在口中像波浪一样扩散开来的感觉果然正宗地道。有明亮开放的玻璃房单间。

| 推荐美食 | 蒜泥白肉 ·················· 35 元 |

四川菜　　　　　　Map p.23-C3

- 桃江路 47 号
- ☎ （021）64379361
- 🍽 11:00～14:00、17:00～22:30
- 休 无
- 座 150
- 🚇 乘地铁 1 号线在衡山路站下车后步行大约 5 分钟

古意湘味浓

在高雅而简洁的空间享受大家津津乐道的湖南菜

◆屋顶有豪华的吊灯，装修让人感觉高雅有品位。这是一家很受欢迎的湘菜馆，顾客层包括上海喜欢流行时尚的年轻人以及国内外的高级管理人员。

| 推荐美食 | 样元排骨 ········ 48 元 /4 块 | 大红灯笼蒸鲫鱼 ······ 198 元 | 串烧虾 ······ 138 元 /500g |

湖南菜　　　　　　Map p.23-C2

- 富民路 87 号巨富大厦 1 楼 A 座
- ☎ （021）62495628
- 🍽 11:30～23:30
- 休 无
- 座 150
- 🚇 乘地铁 1、10 号线在陕西南路站下车后步行大约 15 分钟

滴水洞湘菜馆

屈指可数的湖南菜先驱

◆ 在上海流行湖南菜之前都一心一意经营湖南菜（湘菜）的餐厅，餐厅内的装修是一派乡下风格。味道辛辣、狂野、麻辣，一边吃一边辣得哈哈地吸气，可是吃过还想吃。不过需要注意的是会不知不觉地喝不少啤酒吃不少米饭。东平路还有家洋楼风格的分店。

| 推荐美食 | 样元排骨 ········ 48 元 | 大红灯笼蒸鲫鱼 ······ 28 元 | 湘味串烧虾 ······ 108 元 /500g |

湖南菜　　　　　　Map p.30-B3

- 茂名南路 56 号 2 楼
- ☎ （021）62532689
- 🍽 11:00～24:00
- 休 无
- 座 150
- 🚇 乘地铁 1、10 号线在陕西南路站下车后步行大约 8 分钟

芙蓉阁

湖南省政府大楼内的正宗湖南菜

◆湖南省政府沿中山西路建了一座三湘大厦，湖南菜馆位于二楼，有点像酒店内餐厅，气氛庄重而又令人安心。厨师当然是湖南出生，并不受流行菜系影响，坚守着湖南当地人喜欢的湖南菜味道。

| 推荐美食 | 酸豆角肉泥 ········ 22 元 | 湘式腊肉炒蒜苗 ······ 72 元 | 干煸四季豆 ······ 22 元 |

湖南菜　　　　　　Map p.21-D3

- 中山西路 1243 号三湘大厦 2 楼
- ☎ （021）62086350
- 🍽 10:30～21:00
- 休 无
- 服务 10%
- 座 200
- 🚇 乘地铁 3、4、10 号线在虹桥路站下车后步行大约 10 分钟

丰泽楼
在经典的饭店内享受正宗北京菜

◆ 丰泽楼是租界时期被称为"远东第一高楼"的世界闻名的Parkhotel，也就是上海国际饭店内的重要的餐厅。楼层很高，显得餐厅内高大宽敞，令人感觉平静祥和，几十年来，人们坚持认为"在上海能吃到正宗北京菜的餐厅就是这里"，因此人气一直很旺，顾客络绎不绝。

北京菜	Map p.30-A1

住 南京西路170号国际饭店2楼
☎ （021）63275225（内线231）
營 7:00~10:00、11:00~14:00、17:00~22:00
休 无
座 240
🚇 乘地铁1、2、8号线在人民广场站下车后步行大约1分钟
URL park.jinjianghotels.com

推荐美食 ┤ 国际烤鸭 ………………………… 70元

全聚德
持有国际资格证书的北京烤鸭专卖店

◆ 1864年在北京前门开业以来就被誉为北京烤鸭名店的全聚德上海分店。由北京特级烤鸭专业厨师烤制，餐厅内挂着出生后49天的严格挑选出来的鸭子，身上涂有麦芽糖，用果木木柴在窑内烧烤，皮烤得脆脆的，充溢着一股吸引人的香气。

北京菜	Map p.15-C2

住 天目西路547号
☎ （021）63538558
營 11:00~14:00、17:00~21:30
休 无
座 800
🚇 乘地铁1、4号线在上海火车站站下车后步行大约10分钟
URL www.quanjude.com.cn

推荐美食 ┤ 自选烤鸭 ……… 158元/1只 ┤ 全聚德烤鸭酥 …… 3元/1个 ┤ 火燎鸭心 …… 38元

燕云楼
可以吃到跟北京一样味道的北京烤鸭

◆ 1931年创业的北京菜老字号餐厅，因为可以烤制跟北京完一样味道的烤鸭而闻名。在烤制的50分钟内加入空气，涂抹几次调料后出炉，鸭皮又脆又香，在顾客餐桌前把刚烤好的鸭子片好上桌。别忘了剩下的鸭架可以熬汤。

北京菜	Map p.30-B1

住 广西北路288号宝大祥商厦8、9楼
☎ （021）63609698
營 11:00~14:00、17:00~21:30
休 无
座 600
🚇 乘地铁1、2、8号线在人民广场站下车后步行大约3分钟

推荐美食 ┤ 北京烤鸭 ………98元/1只 ┤ 生焖大虾 …… 45元

厉家菜
皇帝最喜欢的宫廷菜

◆位于黄浦公园内的宫廷菜餐厅，以宫廷风味菜为主，使用的原材料与调味料也都是纯天然的，可以品尝到鼓板大虾和葱烧海参，餐厅内单间装潢比较隆重，宫廷套餐尤其需要精心准备，因此需要提前一天预约。

宫廷菜	Map p.17-D2

住 中山东一路500号1楼
☎ （021）53081919
營 11:00~15:00、18:00~22:00
休 无
座 78
🚇 乘地铁2、10号线在南京东站下车后步行大约10分钟

推荐美食 ┤ 午餐套餐 ……400~1200元 ┤ 晚餐套餐 ……600~2000元

粤味馆
位于黄河路美食街、营业到清晨的便利餐厅

◆位于人民广场附近的美食街黄河路上，以使用鱼翅、鲍鱼、燕窝等高级食材的广东菜为主，也可以吃到上海菜或四川菜，四川的火锅和燕窝等也可以自由组合。营业到很晚，晚上出去玩的时候就餐很方便。

广东菜   Map p.30-A1

🏠 黄河路 147 号
☎ （021）63274504
🕐 10:00~ 次日 4:00
休 无
座 1000
🚇 乘地铁 1、2、8 号线在人民广场站下车后步行大约 4 分钟

| 推荐美食 | 香烧烧鹅 ………… 38 元 | 虾仁锅巴 ………… 32 元 | 干锅茶树菇 ………… 58 元 |

福临门
味道与风景绝佳的最高级餐厅

◆总店位于香港的被誉为"最高级的广东菜"的著名餐厅，鱼翅、鲍鱼、燕窝等高级食材都是选用最高档次，吃起来嘎嘣脆的当红脆皮鸡也很值得品尝。所处位置可以饱览外滩古典建筑群的美丽风景。

广东菜   Map p.18-A3

🏠 富城路 33 号浦东香格里拉大酒店 2 楼
☎ （021）58773786、（021）68828888（内线 6490）
🕐 11:30~14:30、17:00~22:00
休 无
座 82
🚇 乘地铁 2 号线在陆家嘴站下车后步行大约 3 分钟
🖥 www.fooklammoon-grp.com

| 推荐美食 | 当红脆皮鸡 ………… 120 元 / 半只 | 蟹肉炒桂花翅 ………… 1380 元 | 干贝汁龙虾球 ………… 900 元 |

上海汉通海鲜大酒店
供应宁波海鲜的巨大餐厅

◆一次性可以容纳 1500 人的巨大的宁波菜餐厅，单间很多，在这里举办结婚仪式或者宴会的团体顾客比较多。以使用宁波渔鱼贝类的海鲜为主，可以从海鲜笼中自由选择的有上海蟹和大龙虾。

宁波菜   Map p.28-A1

🏠 淮海西路 215 号
☎ （021）52306777
🕐 11:00~21:00
休 无
座 1500
🚇 乘地铁 10 号线在交通大学站下车后步行大约 7 分钟

| 推荐美食 | 豆瓣酱倒立白蟹 ………… 238 元 /500g | 铁板蛏子 ………… 49 元 | ※虽然有菜单，但是也可以自己从海鲜笼中挑选，按照自己喜欢的烹饪方法进行点菜。 |

真的好海鲜餐厅
在新天地品尝新鲜的海鲜

◆位于新天地内的高级海鲜餐厅，豪华的餐厅内使用英国韦奇伍德瓷器餐具。以中国菜为主，也有日本菜和西餐，除了零点之外还有多种套餐，大约 300 元。每两周更换一次的午餐套餐 78 元~，价格比较实惠。

广东菜   Map p.86-A3

🏠 兴业路 123 弄新天地广场南里 1 号
☎ （021）63875757）
🕐 11:00~14:00、17:00~22:00
休 春节 3 天
座 150
🚇 乘地铁 10 号线在新天地站下车后步行大约 4 分钟，1 号线在黄陂南路站下车后步行大约 5 分钟

| 推荐美食 | 红烧排翅 ………… 398 元 | 海鲜海胆生鱼片 ………… 98 元 |

小绍兴大酒店
让人上瘾的好吃的白斩鸡

◆绍兴菜馆位于因美食街而闻名的云南南路，创业于 1943 年。招牌菜是白斩鸡，严格挑选的新鲜鸡用水快焯，多汁的鸡肉鲜美得令人吃惊，蘸酱油吃的话，好吃得令人上瘾，可以吮吸骨头里的汁液，默默地体味那种美味。

Map p.17-C4

绍兴菜	
佳	云南南路 75 号
☎	（021）63260845
营	10:15~14:30、16:45~21:30
休	无
座	200
🚇	乘地铁 8 号线在大世界站下车后步行大约 5 分钟

推荐美食　小绍兴白斩鸡 ········· 42 元 /500g　小绍兴三宝 ········· 35 元　全色鸡血汤 ········· 5 元

东北人
使用很多新鲜蔬菜的有利于健康的东北菜

◆位于餐厅比较多的虹桥地区的水城路，是一家东北菜餐厅。每天从东北的农家运来很多新鲜的蔬菜，用这些蔬菜做的东北菜和水饺，味道可口。吃饭的时候，还可以请服务员唱一段东北二人转。

Map p.21-C2

东北菜	
佳	水城路 555 号 2 楼
☎	（021）62330990
营	11:00~22:00
休	无
座	200
🚇	乘地铁 2 号线在威宁路站下车后步行大约 15 分钟
🌐	www.dongbeiren.com.cn

推荐美食　小素馅拼盘水饺（西红柿、韭菜鸡蛋、西葫芦鸡蛋）········· 20 元 /20 个

东亚潮州酒楼
高级食材和海鲜丰盛的潮州菜馆

◆潮州菜馆，除了鱼翅、鲍鱼、燕窝等高级食材，还有粤菜中著名的乳鸽。自己从海鲜笼里选择海鲜的点菜方式很受欢迎。位于虹桥地区的商场内，顾客也比较多。

Map p.21-D2

潮州菜	
佳	遵义南路 6 号虹桥友谊商城 4 楼北首
☎	（021）62703668
营	11:00~22:00
休	无
座	300
🚇	乘地铁 2 号线在娄山关路站下车后步行大约 12 分钟

推荐美食　拼盘 ········· 68~300 元　卤水拼盘 ········· 58 元　火腿乳鸽糁 ········· 52 元

老山东
宫廷菜发展来源于山东菜

◆在上海山东菜馆并不多。老山东餐厅直接从山东采购海鲜，因此总能吃到新鲜的海鲜，尤其是海参味道鲜美，容易使人上瘾。

Map p.18-B3

山东菜	
佳	浦东南路 379 号金穗大厦 6 楼
☎	（021）68869778
营	11:00~13:00、17:00~21:00
休	无
座	大约 500
🚇	乘地铁 2 号线在陆家嘴站下车后步行大约 12 分钟

推荐美食　葱烧海参 ········· 98 元、138 元、198 元　老醋蜇头 ········· 98 元~　莱芜香肠 ········· 28 元

黔香阁

酸味和辣味混合，尝试创新

◆贵州菜餐厅，餐厅内部是清代风格的豪华装修，跟辣得让人发麻的川菜相比较，贵州菜是一种酸辣结合的味道。这家餐厅曾获得"最佳餐厅"的称号，是一家非常受欢迎的餐厅。

贵州菜　　　　　　　　　Map p.18-B4

🏠 浦城路 171 号
☎ （021）58871717
🕐 11:00～14:00、17:00～22:00
休 无
座 500
🚇 乘地铁 9 号线在商城路站下车后步行大约 5 分钟
URL www.qianxiangge.com

推荐美食 ｜酸汤乌江鱼 ·············· 58 元｜花溪香干炒鸡丝 ·············· 32 元｜盗汗鸡 ·············· 68 元

复茂

一开始吃就停不下来的垃圾食品之王

◆小龙虾本来是江南地区的特产，是夏季菜肴，自 2002 年开业以来，这家小龙虾餐厅风靡一时，在上海开了连锁店。小龙虾都是近郊湖水中捕获的纯天然海鲜，可以做成各种口味，最普遍的做法是辣炒小龙虾。

小龙虾　　　　　　　　　Map p.24-B1

🏠 淮海中路 172 号
☎ （021）63855152
🕐 11:00～ 次日 6:00
休 春节 6 天
座 130
🚇 乘地铁 1 号线在黄陂南路站下车后步行大约 3 分钟

推荐美食 ｜招牌手抓卤龙虾 ·············· 90 元｜辣子龙虾 ·············· 78 元｜干煸龙虾 ·············· 78 元

洪长兴

品尝具有中国创意的清真菜

◆位于儿童用品商场 10 层的清真餐厅，1891 年创业的老字号，可以品尝中国特色的清真菜。餐厅内装修是很明显的清真风格，涮羊肉非常受欢迎，使用山东牧场培育的羊肉。

清真菜　　　　　　　　　Map p.30-B1

🏠 广西北路 288 号宝大祥青少年购物中心 10 楼
☎ （021）63529700
🕐 11:00～14:00、17:00～22:00
休 无
座 400
🚇 乘地铁 1、2、8 号线在人民广场站下车后步行大约 6 分钟

推荐美食 ｜涮羊肉 ·············· 平均每人 50 元｜烤羊肉串 ·············· 5 元 /1 串

重庆鸡公煲

上海人最喜欢的四川锅连锁店

◆上海市内到处都能看到四川风味的鸡锅餐厅。把鸡肉以及羊肉，牛筋等肉类跟蔬菜放入铁锅一起炖，放入酱油和辣味调料，口味比较重，一般吃完肉之后，可以加汤继续放入蔬菜接着吃。

鸡锅　　　　　　　　　　Map p.22-B1

🏠 新闻路 2002 号
☎ （021）62150200
🕐 24 小时
休 春节 7 天
座 50
🚇 乘地铁 2、7 号线在静安寺站下车后步行大约 10 分钟
URL www.jigongbao.cn

推荐美食 ｜重庆鸡 ······中 28 元、大 38 元、特大 48 元

吉祥草

2008 年获得最佳素食餐厅的实力餐厅

◆ 2006 年开业的素食餐厅，虽然营业时间不长，却在地方杂志举办的选择最佳餐厅活动中获得"2008 年度最佳素食餐厅"的荣誉光环，是一家有实力的素食餐厅，菜品中加入了对于阴阳的调和元素，色彩艳丽，有利于健康，室内装修以实木作基调，让人就餐的时候感受一种祥和的气氛。

素食	Map p.24-B3

住 马当路 428 号 2 楼
☎ （021）63730288
營 11:00~14:00（午餐）、17:00~21:30（晚餐）
休 周一
座 96
🚇 乘地铁 10 号线在新天地站下车后步行大约 5 分钟

推荐美食　西式香茄排 ………… 29 元　碧玉妆成 ………… 30 元

五观堂

质量上乘，让人感觉像是老字号旅馆里的餐饮

◆ 是一家规模不大的素食餐厅，使用有机蔬菜做成的菜味道清淡而又品质上乘。有一道拼盘，由九种蔬菜组合而成，包括腌萝卜、煮菠菜、豆腐干等，就好像是老字号旅馆里提供的早餐，一看就觉得很好吃。

素食	Map p.22-A4

住 新华路 349 号
☎ （021）62813695
營 11:00~21:30
休 无
座 50
🚇 乘地铁 10 号线在交通大学站下车后步行大约 9 分钟
🖥 www.2guo.org/restaurant

推荐美食　套餐 ………… 108 元

人道素菜

自助式的素食餐

◆ 位于上海华龙古寺旁边的素食餐厅，形式是自助餐。餐厅内很宽敞，菜的品种很整齐地排列着，讲究食材，沙拉用的蔬菜都是有机蔬菜。除了有利于身体健康的中药养身菜之外，还有很丰富的甜品。

素食	Map p.10-B4

住 龙华路 2787 号龙华迎宾馆内
☎ （021）64572299
營 11:00~14:00、17:30~21:00
休 无
座 420
🚇 乘地铁 3 号线在龙漕路站下车后步行大约 10 分钟

推荐美食　自助餐形式（周一~周五）午餐:148 元，晚餐:168 元（周六·周日）午餐晚餐:168 元　芝士蒜蓉焗蘑菇 ………… 48 元　泰式椰香咖喱鸡 ………… 48 元

春风松月楼

位于豫园内创业 101 年的老字号素食餐厅

◆ 位于豫园商城中，创业于清宣统二年，是 2010 年迎来了 100 周年店庆的老字号中的老字号餐厅。类似火腿的红甜菜、蛋清做的蟹肉等，中国素食菜的经典菜肴都可以品尝到。一楼入口是外卖区，销售荠菜馅包子和素食小吃。

素食	Map p.68-A2

住 旧校场路 99 号
☎ （021）63553630
營 6:30~20:00
休 无
座 150
🚇 乘地铁 10 号线在豫园站下车后步行大约 5 分钟

推荐美食　松月腐乳肉 ………… 48 元　菜心蟹黄油 ………… 28 元　有机菜 ………… 18 元

上海老站
在原修道院里品尝传统的上海菜

◆用建于 1921 年的法国修道院建筑改建而成的餐厅，院子内有慈禧西太后曾经乘坐的宫廷列车以及宋庆龄女士曾专用的客车，现在室内作为餐厅使用，可以在这里品尝味道醇厚的上海菜。

🏠 漕溪北路 201 号
☎ （021）64272233
🕐 11:00~14:30（最后点菜时间 14:00）、17:00~22:00（最后点菜时间 21:30）
🚫 春节 5 天
🪑 450
🚇 乘地铁 1、9 号线在徐家汇站下车后步行大约 3 分钟

左／室内给人一种很隆重的感觉
右上／白色建筑令人印象深刻
右下／很受欢迎的一道虾籽大乌参

推荐美食	虾籽大乌参	68 元	红烧野生鲫鱼	280 元

名轩
一流的菜肴和空间令人沉醉

◆ 2001 年这家广东菜的高级餐厅正式营业，需要提前一天进行预约。

🏠 安亭路 46 号 安亭别墅 1 楼
☎ （021）64333666　🕐 11:20~ 最后点菜时间 14:20、17:20~ 最后点菜时间 22:00　🚫 无　🪑 120
🚇 乘地铁 1 号线在衡山路站下车后步行大约 7 分钟
🌐 www.noblehouserestaurant.cn

左／国宾级别的贵宾也经常来造访
右上／此建筑被评为优秀建筑
右下／可以品尝有嚼劲儿的鱼翅与浓厚的蟹黄做成的蟹黄金钩翅

推荐美食	蟹黄金钩翅	420 元	青苹果蟹膏	88 元

福一零三九
在历史悠久的单间里享受顶级的上海菜

◆建于 1913 年，曾经是法国银行家冯莫里的别墅，后来作为教会附属幼儿园被使用了 56 年，这些古老的建筑经过纷繁复杂的历史保存至今。后来通过一年的装修改造，成为正统派的上海菜餐厅，调味精细，受到好评。需要提前一天预约。

左 / 充满了旧上海的魅力
右 / 装盘美观的松鼠鳜鱼

推荐美食	松鼠鳜鱼 ············118 元

上海菜（洋楼餐厅） Map p.22-A2
- 🏠 豫园路 1039 号
- ☎ （021）52371878
- 🕐 11:30~14:00、17:00~23:00
- 休 无
- 座 200
- 🚇 乘地铁 2、11 号线在江苏路站下车后步行大约 5 分钟

COLABO 衡山店
在洋楼里品尝意大利餐

◆在全国一共有 6 家店铺的很受欢迎的意大利餐厅。各店铺的装修理念不同，通过改造租界时期洋楼的衡山店，以炭火烤肉西餐和葡萄酒为主，还有经济实惠的意大利面和三明治搭配饮料的午餐套餐。

左 / 气氛绝佳的餐厅
右 / 色彩丰富的意大利熟食拼盘

推荐美食	意大利熟食拼盘（5 种）·····75 元	当日推荐烤肉拼盘（3 种）·····300 元	厨师自己搭配的 4 种比萨·····120 元

意大利餐（洋楼餐厅） Map p.23-C3
- 🏠 汾阳路 156 号
- ☎ （021）64373793
- 🕐 11:30~最后点菜时间 14:30、17:30~最后点菜时间 22:00
- 休 无　座 120
- 🚇 乘地铁 1 号线在衡山路站下车后步行大约 10 分钟
- 🖥 www.colabo.cn

席家花园酒家
有露台座位的花园餐厅

◆使用 1922 年建的法国人住宅洋楼改建而成的餐厅，在上海有 3 家分店，每家都占有得天独厚的地理位置。菜单以江南地区口味的新创意上海菜为主，建议在可以俯瞰花园美景的露台座位就餐。需要提前预约。

左 / 从餐厅内可以观赏花园的绿色，是个能令人静下心的就餐空间
右 / 建议品尝用南瓜壳做成的三宝南瓜盅

推荐美食	三宝南瓜盅 ············68 元

上海菜（洋楼餐厅） Map p.23-C2
- 🏠 巨鹿路 889 号
- ☎ （021）64661246
- 🕐 11:30~14:00、17:00~22:30
- 休 无
- 座 160
- 🚇 乘地铁 1、7 号线在常熟路站，2、7 号线在静安寺站下车后步行大约 8 分钟

蝶翠轩
国内外要人经常来就餐，在洋楼里尽享高级食材

◆各国要人频繁利用的高级餐厅，使用严格挑选的鱼翅、鲍鱼、大龙虾等高级食材，去掉油脂并把原材料固有的鲜美充分发挥出来，餐厅在这些调味方法上做出了很多努力。餐厅分两层，由旧租界时期的洋楼改造而成。

广东菜·上海菜（洋楼餐厅）　Map p.22-A4
住 新华路 336 号
☎ (021) 62832360
营 11:00~14:00、17:00~22:00（最后点菜时间 21:30）
休 无
座 300
🚇 乘地铁 10 号线在交通大学站下车后步行大约 9 分钟

推荐美食 | 膏蟹粉丝煲⋯⋯⋯⋯⋯48 元 | 浓汤碗仔翅⋯⋯⋯⋯⋯98 元 | 水晶虾仁⋯⋯⋯⋯⋯98 元

老洋房花园餐厅
在租界氛围浓厚的洋楼内品尝上海菜

◆在建于 20 世纪 30 年代的原法国租界时期的洋楼内，可以品尝正统派上海菜的餐厅，高高的房顶和讲究的家具让人不禁想起过去那优雅的时代。以传统的上海菜为主，味道清淡，在这里举行婚礼的上海人也很多。

上海菜（洋楼餐厅）　　Map p.24-A3
住 绍兴路 27 号
☎ (021) 64333506
营 11:00~14:00、17:00~22:00
休 无
座 180
🚇 乘地铁 9 号线在嘉善路站下车后步行大约 5 分钟

推荐美食 | 蟹粉鱼豆腐⋯⋯⋯⋯88 元 | 上海素鸭⋯⋯⋯⋯⋯18 元 | 元宝虾⋯⋯⋯⋯⋯138 元

仙炙轩
在白色的大殿里品尝最高级的松阪牛肉

◆ 1920 年法国富豪建的洋楼，被称为"旧法国租界区的白宫"。有一个很宽敞的院子，现在改造成了日本铁板烧和日本烤肉餐厅，可以在这里品尝从日本空运过来的松阪牛肉以及神户牛肉。三层是要人专用的单间。文艺复兴风格的建筑也值得好好欣赏一下。

日本铁板烧（洋楼餐厅）Map p.23-D3
住 汾阳路 150 号
☎ (021) 64313935
营 11:00~14:30、17:30~24:00（铁板烧）、17:30~24:00（周六 11:00~、周日 11:30~）（日式烤肉）
休 无
服务费 10%　座 170
🚇 乘地铁 1 号线在衡山路站下车后步行大约 12 分钟

推荐美食 | 仙炙轩自助午餐⋯⋯328 元※只限周六 | 极品神户牛套餐⋯⋯⋯958 元 | 极品松阪牛套餐⋯⋯⋯1288 元

雍福会
被古典家具包围，享受用餐的优雅时刻

◆利用曾经是英国总领事馆的洋楼改造而成的餐厅，餐厅内有一种私人空间的氛围，置身古典家具之中，似乎有一种要接受洋楼主人宴请的心情。在这里可以品尝国家级厨师亲手制作的正宗上海菜，夜间可以当作酒吧使用。

上海菜（洋楼餐厅）　　　Map p.23-C3
住 永福路 200 号　☎ (021) 54662727
营 11:30~14:00、14:00~17:30（high tea）、17:30~24:00（最后点菜时间 22:00）
休 春节 7 天
服务费 15%　座 300
🚇 乘地铁 10 号线在上海图书馆站下车后步行大约 2 分钟
🔗 www.yongfooelite.com

推荐美食 | 油爆野生河虾⋯⋯⋯⋯280 元 | 蟹粉豆腐⋯⋯⋯⋯⋯60 元

枫雅 Fuga
能够刺激五官的最美夜景与最佳食材

◆非常受欢迎的法
国风味铁板烧餐厅，
餐厅有一整面玻璃
的墙能够观赏美丽
的夜景。您可以一
边观赏黄浦江对岸
矗立的英式古典建
筑群的夜景，一边
品尝用空运牛肉和
大龙虾、鲍鱼等严
格挑选的食材做成
的各式佳肴。曾经
超过 1000 瓶的葡萄
酒日销售量也是餐
厅值得自豪的一件
事。附近还有一家
同系列的日本餐馆
枫雅。

著名的火焰冰激凌
使用严格挑选的食材
露台座位上看到的景色是最美的

法国风味铁板烧　Map p.17-D3、18-A3

🏠 陆家嘴西路 2967 号北滨江 B/C 座
☎（021）58778577
🍽 7:00~15:00、17:00~23:00
🈚 无
💺 110
🚇 乘地铁 2 号线在陆家嘴站下车后
步行大约 6 分钟
🔗 www.fuga-sanki.com

推荐美食	枫雅特选套餐	680 元	特选牛肉套餐	980 元	海鲜·牛肉套餐	290 元

透明思考（TMSK）
来自幻想般的水晶世界的召唤

◆位于新天地的时髦餐厅，身为艺术家的老
板亲自设计，在屋顶和墙壁使用了幻想般的
玻璃艺术装饰，使得餐厅内时髦而豪华。菜
肴的装盘也很讲究，充满了艺术感，以中国
菜和法国菜的改良菜肴为主。

欧式西餐　　　　　　　Map p.86-A2

🏠 太仓路 181 弄新天地 11 号楼单元 2
☎（021）63262227
🍽 13:00~ 次日 1:30
🈚 春节 3 天
💺 200
🚇 乘地铁 19 号线在黄陂南路站下车
后步行大约 4 分钟
🔗 www.tmsk.com

推荐美食	套餐	488 元 ~	自制意大利云吞	388 元 ~

Laris（陆唯轩）
时髦的室内装潢，品尝奢侈的菜肴

◆位于外滩 3 号楼内的欧式西餐厅，餐厅
内有一种既时髦又古典的氛围。在这里可以
品尝世界知名厨师陆唯亲手制作的具有创意
的欧式西餐，这些菜肴使用新鲜的螃蟹或者
羊羔肉等奢侈的食材制作而成。可以优雅
享用，这里的装修设计出自著名建筑大师
Michael Graves 之手。

欧式西餐　　　　　　　Map p.17-D3

🏠 中山东一路 3 号外滩 3 号 6 楼
☎（021）63219922
🍽 11:30~14:30、18:00~23:00（最后点
菜时间 22:30）
🈚 无
💺 200
🚇 乘地铁 2、10 号线在南京东路站
下车后步行大约 10 分钟

推荐美食	午餐套餐	188 元	晚餐套餐	380 元 ~

意大利菜
视野非常好的屋顶餐厅

◆位于原法国租界区的首席公馆酒店最高层的西餐厅。露台座位虽然不算太高，却可以一览上海市街区景色，也可以看到远处的那些高楼。原本是私邸的馆内，到处可见古典家具以及古董。

左 / 午餐套餐中的一道菜
右 / 可以一边观赏上海街景一边用餐

各国风味　　　　　Map p.30-B3

住 新乐路 82 号首席公馆酒店
☎ （021）54036692
📠 400-820-1706（免费预约电话）
营 7:00~24:00　休 无
服务 15%
座 180　🚇 乘地铁 1、10 号线在陕西南路站下车后步行大约 10 分钟
URL www.chinamansionhotel.com

| 推荐美食 | 午餐 ....88 元 | 下午茶 ....128 元 |

Latina 新天地
注重均衡的正宗巴西菜

◆自从 1998 年上海首家正宗巴西菜餐厅开业以来，最有代表性的一家巴西菜餐厅。客人可以均衡地品尝肉类、蔬菜和主食，很有利于健康。位于新天地的餐厅内，有一面有开放感的大玻璃窗，建议坐在露台座位上就餐。

左 / 自助餐形式，可以盛得满满的
右 / 也有巴西式烤肉

巴西菜　　　　　Map p.86-A3

住 兴业路 123 弄新天地南里 5 号
☎ （021）63203566
营 11:30~15:00（午餐）、15:00~17:00（咖啡）、17:00~ 最后点菜时间 23:30（晚餐、酒吧）
休 无
座 140　🚇 乘地铁 10 号线在新天地站下车后步行大约 4 分钟，1 号线在黄陂南路站下车后步行大约 5 分钟

| 推荐美食 | 自助午餐 168 元（周一~周五）、188 元（周六·周日）、自助晚餐 268 元，商务午餐套餐 68 元、128 元 |

莲池（Lotus Land）
可以品尝正宗印度菜

◆可以品尝印度厨师制作的正宗印度风味，海鲜、蔬菜、羊羔等咖喱或小吃种类丰富，坐在各种印度布料铺的炕上，甚至会忘记时间的流逝，产生一种就想这么一直待下去就好了的感觉。

左 / 奶油咖喱鸡，辣味被西红柿汤减弱了很多，有一股甜味儿
右 / 餐厅内的气氛让人心情愉快

印度菜　　　　　Map p.104-A2

住 泰康路 274 弄 12 号后门 2·3 楼
☎ （021）54652743
营 10:00~23:00
休 无
座 150
🚇 乘地铁 9 号线在打浦桥站下车后步行大约 3 分钟

| 推荐美食 | 奶油咖喱鸡 ....60 元 | 拉茶 ....15 元 |

万豪轩
在五星级酒店享受广式早茶

◆ 位于上海万豪酒店39层的高级广东菜餐厅，建议品尝一下98元加服务费的不限量午餐自助饮茶，可以从菜单上点自己喜欢的点心，大约有40种可以选择，还可以享受甜品。

左 / 广式菜单随便点
右上 / 餐厅以地势高能够眺望美景而自豪
右下 / 虾饺等早餐点心要很多

小吃　　　　　　　　Map p.28-B2

住 南京西路399号明天广场金威万豪酒店39楼
☎ （021）53594969（内线6436）
營 11:00~14:30、17:30~22:30
休 无　服 15%　座 180
乘地铁1、2、8号线在人民广场站下车后步行大约4分钟

推荐美食

| 饮茶 | 128元（周一～周五）、118元（周六·周日），各加15%服务费，饮料另付费（零点式不限量自助午餐） | 红烧野生鲥鱼 | 280元 |

西施豆腐坊
在上海国际餐饮博览会获得金奖

◆ 据说每天销售500碗以上的豆腐花专卖店，非常受欢迎。店家在准备做豆腐的阶段，要先把大豆放进水中进行浸泡，然后一粒粒地进行挑选，这是一件很费事耗时的工作。菜品不使用任何添加物，只有豆子那固有的香气。

左 /2005年在上海国际餐饮博览会中获得金奖的豆腐花
右 / 把豆腐包起来用油炸的西施耳朵

小吃　　　　　　　　Map p.25-D1

住 方浜中路454号
☎ （021）53831733
營 8:00~18:30（周五·周六 6:30~）
休 无
座 14
乘地铁10号线在豫园站下车后步行大约5分钟

推荐美食

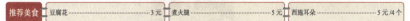

| 豆腐花 | 3元 | 煮火腿 | 5元 | 西施耳朵 | 5元/4个 |

避风塘
营业到很晚的广式茶餐厅

◆在上海年轻人中很受欢迎的点心连锁店，营业到很晚，有的连锁店实行 24 小时营业。菜单以蒸虾仁烧卖和受到好评的杜果布丁等广式点心为主，面、粥、烧烤食品和蒸煮食品也很丰富。

小吃　　　　　　　　　　Map p.30-A3

🏠 常熟路 98 号
☎ (021) 53960368
🕐 10:00~23:00
休 无
座 150
🚇 乘地铁 1、7 号线在常熟路站下车后步行大约 10 分钟
🌐 www.bifeng tang.com.cn

左 / 烧卖类很受欢迎
右 / 餐厅内就像是香港渔村的感觉

推荐美食	蟹粉卖皇 …… 17 元	避风塘虾饺皇 …… 22 元	香芒冻布甸 …… 22 元

沙田轩
香港艺人也忍不住过来就餐的广东菜餐厅

◆位于虹桥地区某酒店一楼里侧的广东菜餐厅，可以品尝到鱼翅、鲍鱼、燕窝等高等食材制作的菜肴，早茶尤其受欢迎。早茶点菜时在菜单纸上画钩进行点菜，榴莲酥会做成榴莲的样子。根据不同的时期，有时点心会卖半价。

小吃　　　　　　　　　　Map p.21-C2

🏠 水城路 555 号瑞泰酒店 1 楼
☎ (021) 62746381
🕐 10:00~15:00、17:00~23:00
休 无
座 200
🚇 乘地铁 2 号线在威宁路站下车后步行大约 15 分钟

左 / 位于虹桥地区南北走向的水城路
右 / 种类丰富的香港式早茶很受欢迎

推荐美食	水晶虾饺皇 …… 14 元 /4 个	榴莲酥 …… 18 元 /3 个	瑶柱蛋白炒饭 …… 58 元

大富贵酒楼小吃部
可以吃到各种各样的点心

◆位于以安徽菜为主的大富贵酒楼一楼的点心外卖店，生煎包、小笼包、烧卖、馒头等点心一应俱全。受欢迎的鲜肉大包里面都是味道醇厚的肉馅儿，这家店位于保留着上海传统氛围的老西门地区。

小吃　　　　　　　　　　Map p.25-C2

🏠 中华路 1409 号
☎ (021) 63770322
🕐 8:00~20:00
休 无
座 无
🚇 乘地铁 8、10 号线在老西门站下车后步行大约 7 分钟

推荐美食	鲜肉大包 …… 2 元

喜年来
可以轻松就餐的小吃店

◆可以轻松就餐的小吃连锁店，先在入口柜台处点菜，购买餐券，种类丰富，稍感饥饿的时候可以进店就餐，由于还要给订外卖的单位准备食品，因此小店的厨房一直都在忙碌着。除了单点，还有套餐，令人兴奋的是小店 24 小时营业。

小吃	Map p.30-A3
住	常熟路 115 号
☎	（021）54037851
营	24 小时
休	无
座	
🚇	乘地铁 2、7 号线在静安寺站下车后步行大约 7 分钟

推荐美食	饭团 ……… 5 元 /10 个	鸡汤小笼 ……… 12 元

陈师傅馒头专卖店
从一大早就有顾客排队的馒头店

◆从早上 5:30 开始当地人就开始排队的很受欢迎的馒头店。最受欢迎的是鲜肉大包，把肉馅儿加水以及少量盐包在有点厚度的包子皮里，把美味多汁的猪肉包住的包子皮以及那满得快要溢出来的肉汁就是这家店铺最有名的地方，从创业初期到现在，制作方法从未改变。

馒头专卖店	Map p.31-C1
住	宁波路 295 号
☎	（021）63600932
营	5:30~19:00
休	无
座	
🚇	乘地铁 2、10 号线在南京东路站下车后步行大约 5 分钟

推荐美食	香菇菜包 ……… 1.1 元	鲜肉大包 ……… 1.2 元

丰裕
菜单丰富的小笼包连锁店

◆上海市内有 80 多家分店的大型小笼包连锁店，1995 年开业以来人气急升。为了保障小笼包的质量，在中央厨房做好后每天早上送到各店铺销售，所以各家店铺的味道是一样的。小笼包因为虾肉的甘甜形成一种很独特的美味，令人回味无穷。

小笼包	Map p.31-C3
住	瑞金一路 140~142 号
☎	（021）54046404
营	6:00~20:00
休	无
座	85
🚇	乘地铁 1、10 号线在陕西南路站下车后步行大约 5 分钟

推荐美食	虾肉生煎 ……… 8 元 /4 个

东来顺 石门店
在老字号连锁店吃涮羊肉

◆这家涮羊肉餐厅在北京大约有 100 年的历史，在全国有 150 家分店。在公司牧场养育的羊没有那种特有的羊膻味儿，一次可以吃很多，把羊肉放到汤料里涮着吃，汤料里有羊肉和蔬菜的精华，味道很鲜美，最后别忘了下面条。

涮羊肉专营店	Map p.15-D3
住	石门二路 215 号
☎	（021）52287877
营	11:00~22:00
休	无
座	165
🚇	乘地铁 2 号线在南京西路站下车后步行大约 10 分钟
🖥	www.donglaishun.com

推荐美食	羊肉 ……… 28 元 ~	景泰蓝锅 ……… 小 28 元、大 38 元	芝麻酱 ……… 6 元

来福楼
宽敞而又高级的四川火锅店

◆把简易的四川火锅搞得很时尚的就是这家火锅连锁店。室内通风换气非常好，所以火锅的味道不会沾到衣服上，因此在女性顾客中很受好评。炉子不是煤气而是电的，更安全。火锅汤料有辣的和不辣的两种，可自由选择，婆婆蛋饺等自制食品味道很不错。

四川风味火锅	Map p.30-A3
住	淮海中路 1416 号 2 楼
☎	（021）64736380
营	11:00~ 次日 3:00
休	无
座	120
🚇	乘地铁 1、7 号线在常熟路站下车后步行大约 5 分钟

| 推荐美食 | 鸳鸯火锅 ………… 48 元 | 婆婆蛋饺 ………… 28 元 | 自制虾丸 ………… 28 元 |

静安小亭麻辣汤
可以从 70 多种食材中进行选择的创新汤

◆麻辣汤锅里放了大约 20 种的中药，这种麻辣味道的汤很受好评，麻辣汤原是四川地区的一种汤锅，各店都备有讲究的汤料和辣味调料，可以自由选择喜欢的蔬菜、肉类、面条等放在锅里一起煮。每单最低要消费 5 元，也有 10 元或 19 元选择 4 种的套餐方式。

麻辣汤	Map p.31-C2
住	吴江路 269 号湟普汇 2 楼
☎	（021）61361399
营	10:30~21:20
休	正月初一上午
座	50
🚇	乘地铁 2 号线在南京西路站下车后即到

| 推荐美食 | 面 ………… 各 1 元 | 食材 ………… 0.5 元~2 元 |

汤司令土灶煨汤馆
可以让身体由内而外变得美丽的汤

◆营业到凌晨的药膳汤专营店。有放入当归或者大枣的汤，有放入冬虫夏草及高级食材的汤，还有各种甜品，种类多样。汤平时有 30 多种，对身体有保温作用的归参乌鸡汤，肉质松软，味道清淡可口，建议品尝一下。

药膳汤	Map p.21-D2
住	定西路 799 号
☎	（021）52580591
营	10:00~ 次日 6:00
休	春节 7 天
座	120
🚇	乘地铁 3、4 号线在延安西路站下车后步行大约 13 分钟

| 推荐美食 | 归参乌鸡汤 ………… 18 元 |

祥和面馆
被评价为"不知道这家面铺的人就不算是本地人"的老字号面店

◆粗面条拌辣猪肉做成的辣肉拌面很有名。在款台购买餐券后在柜台取点过的面条。面馆的对面是同名的套餐店，不要走错了。

面馆	Map p.21-D2
住	定西路 1235 弄 1 号
☎	（021）62266390
营	24 小时
休	无
座	60
🚇	乘地铁 2、3、4 号线在中山公园站下车后步行大约 8 分钟

左 / 有名的辣肉拌面，带辣味儿的肉吃起来特别香
右 / 受当地人喜欢的老字号面馆

| 推荐美食 | 辣肉拌面 ………… 8 元 | 雪菜肉丝面 ………… 6 元 | 红烧牛肉面 ………… 13 元 |

老地方面馆
猪内脏量很多！分量也很足的能增加体力的面

◆这是一家上海面馆。有时候面卖完了后中午刚过就会关门。一部分上海人称其为"幻面馆"。面馆里最受欢迎的是放入炒肝儿或其他猪内脏的高热量的面。也许稍微会有点儿不太习惯的味道，不过量很多。

左／放入炒肝儿的腰花面令顾客上瘾
右／在当地人中很受欢迎的面条专营店

	Map p.23-D3
面馆	

🏠 襄阳南路 233 号
☎ （021）64710556
🕐 6:00~9:00、11:00~14:00
休 无
座 10
🚇 乘地铁 1、10 号线在陕西南路站下车后步行大约 10 分钟

推荐美食　爆三样面 ………… 12 元　腰花面 ………… 11 元　葱油拌面 ………… 7 元

吴越人家
清澈的面汤，极细的面条，调料跟面条分开上

◆上海市内有多家苏州面连锁店，极细的面条直直的一点都不打弯儿。透亮清澈的面汤，可以把调料放到面里吃，也可以分开吃，多数调料都是那种微甜的酱油味，口味清淡，跟面一起很搭配得很好吃。

左／量很大的调料和面条分开送过来
右／位于著名景点泰康路附近

	Map p.24-B3
苏州面	

🏠 泰康路 5 号
☎ （021）64722515
🕐 9:30~21:30
休 不定期休息
座 100
🚇 乘地铁 9 号线在打浦桥站下车后步行大约 5 分钟

推荐美食　醇香排肉面 ………… 22 元　罗汉净素面 ………… 14 元

阿娘面馆
一开门就有人排队的超人气面馆

◆上海人性子急在全国出名，却能够耐心地在这家苏州面门口排队，挺有趣。那种酱油味儿的面汤大家都喜欢，吃完了还可以让面馆给加面（1 元 50g），这在上海的面馆里很少见。

	Map p.31-C3
面馆	

🏠 思南路 36 号
☎ 无
🕐 7:00~9:30、11:00~13:30、17:00~19:30
休 春节 7 天
座 50
🚇 乘地铁 1、10 号线在陕西南路站下车后步行大约 12 分钟

推荐美食　蟹粉面 ………… 37 元　香菇面筋面 ………… 9 元

大肠面
当地人特别喜欢的拉面馆

◆位于上海东台路古玩市场南侧的面馆，最受欢迎的是酱油味儿的大肠面，里面放了很多熬好的猪大肠，可以选择是否需要调料，5毛钱可以追加面。只有9个座位的小面馆，想吃的话就需要排队等候。

推荐美食 | 美味大肠面·················· 11元

面馆 Map p.25-C2

住 复兴中路59号
☎ （021）63744249
營 9:00~20:00
休 无
座 9
乘地铁8、10号线在老西门站下车后步行大约2分钟

龙文桂林米粉
滑溜溜的米粉吃起来令人上瘾

◆用米做的面叫作米粉，这种比面条稍细的米粉吃起来滑溜溜的，所有的米粉里都可以添加花生、生菜、酸豆角等调料，一种很辣的酸辣笋尖粉很受欢迎。

推荐美食 | 酸辣笋尖粉·················· 10元

面馆 Map p.21-C2

住 娄山关路448号
☎ （021）62335419
營 9:00~20:00
休 无
座 24
乘地铁2号线在娄山关路站下车后步行大约8分钟

兰桂坊
位于虹桥地区，调料种类很多的拉面馆

◆平常店里挤满了生意人或者职业女性，是一家专门的面馆。罗汉素什锦面是在清淡的酱油面里添加木耳或者油菜等几种调味菜，不同的调味菜，价格也不一样，炸猪排8元，几乎所有人在要面条的时候都会要一份炸猪排。

推荐美食 | 罗汉素什锦面·················· 14元

面馆 Map p.21-C2

住 娄山关路417号
☎ （021）62740084
營 11:00~22:00
休 无
座 40
乘地铁2号线在娄山关路站下车后步行大约8分钟

和丰楼
在游客中也很受欢迎

◆位于上海游客最多的豫园商城内，可以品尝到上海、北京、香港等各地风味美食，是很有吸引力的地方。做好的饮茶点心用推车送到餐桌前，可以从各摊位或推车中选取自己喜欢的食品放到托盘里，然后到款台结账。

左／上海、广东、扬州、四川等各地小吃都有
右上／位于豫园商城，非常热闹，充满活力
右下／海鲜类也很多

Map p.68-A2

住 文昌路 10 号豫园商城 1 楼 ☎（021）63557878
營 8:30~21:00　休 无　座 900
乘地铁 10 号线在豫园站下车后步行大约 7 分钟
URL www.yuyuantm.com.cn

家乐福大食代
既便宜又好吃的美食广场

◆位于虹桥区的高级公寓内的美食广场，以上海家庭菜为主，还有四川菜、香港点心、面、火锅、台湾甜品等中国菜。

左／宽阔的美食广场让人感觉干净整洁
中／也有选择食材让店家给做的麻辣烫
右／各种风味美食都有

Map p.21-C3

住 水城南路 268 号家乐福古北店 1 楼
☎（021）62781944（家乐福古北店总机）
營 10:00~22:00
休 无　座 420
乘地铁 10 号线在水城路站下车后步行大约 3 分钟

来福士广场 大食代
从窗户眺望到的风景也是一种享受

◆位于上海来福士商场内，是可以一览人民广场附近景色的美食广场。吃的东西种类丰富，挑选也充满乐趣，在中间的餐厅中心购买 50 元的餐卡，在各摊位可以刷卡购买不超过卡内金额的食品。

左／各店铺刷卡购买不超过卡内金额的饭菜
右／宽敞的用餐空间

推荐美食 酒香牛肉竹筒饭·················· 20 元

| 美食广场 | Map p.30-A1 |

住 西藏中路 268 号来福士广场 6 楼
☎ （021）63403600（来福士广场代表）
営 10:00~22:00（周五·周六~23:00）
休 无
座 700
🚇 乘地铁 1、2、8 号线在人民广场站下车后步行大约 1 分钟

大食代美食广场（徐汇区）
年轻人聚集的地方，无论何时总是很热闹

◆积聚了全国受欢迎的三十多家店铺的美食广场，在中间餐厅中心购买 50 元的餐卡，在各店铺可以刷卡购买不超过卡内金额的饭菜。

左／享受人气店铺的餐饮
右／位于美罗城商场里

推荐美食 由于店铺可能会随时更换，所以去时需要提前确认

| 美食广场 | Map p.28-B2 |

住 肇嘉浜路 1111 号（美罗城）6 楼
☎ 无
営 10:00~22:30
休 无
座 500
🚇 乘地铁 1、9 号线在徐家汇站下车即到

小吃广场 星食汇
在老字号小吃店品尝小吃的乐趣

◆位于上海屈指可数的繁华街南京东路的老字号食品店靠里面的小吃广场，有著名的小杨生煎馆的生煎包，王家沙的蟹粉小笼包等上海著名的老字号小吃店铺，在同一个地方可以品尝几家名店的小吃。

左／位于南京东路步行街上
右／来品尝小吃的人总是络绎不绝，使得小吃广场总是热热闹闹的

推荐美食 小杨生煎馆（→p.167）　王家沙（→p.168）

| 小吃 | Map p.30-B1 |

住 南京东路 720 号上海第一食品商店 2 楼
☎ （021）63222777
営 9:30~20:30
休 无
🚇 乘地铁 1、2、8 号线在人民广场站下车后步行大约 3 分钟，2、10 号线在南京东路站下车后步行大约 5 分钟

四牌楼
充满活力的朴实的小吃街

◆位于豫园附近的美食街，这里保留着很久以前的生活气息，道路两旁让人能充分感受当地人的生活样貌。靠近老街的地方，有很多密集的饮食店，上海炒面或者生煎包、湖南菜等排列着各种餐馆，可以选几家品尝一下。

美食街	Map p.25-D1
住 四牌楼路	
各店铺不同	
营 6:00~22:00	
休 各店铺不同	
座 各店铺不同	
乘地铁 10 号线在豫园站下车后步行大约 13 分钟	

推荐美食	朝鲜冷面 ⋯⋯⋯⋯⋯⋯ 8 元	湘味蒸功夫 ⋯⋯⋯⋯⋯ 2 元~	台湾手抓饼 ⋯⋯⋯⋯⋯ 0.5 元~

吴江路美食街
从小吃到各国风味菜

◆由于再开发消失了身影的上海名列前茅的小吃美食街吴江路美食街，在西边隔一条马路的地方又重现了，从清晨一开门就有很多顾客排队的著名的小杨生煎包也转移到了这里，除此之外，还有越南、韩国、日本、中国澳门等各国和地区风味菜馆。

美食街	Map p.31-C2
住 吴江路	各店铺不同
营 各店铺不同	
休 各店铺不同	
座 各店铺不同	
乘地铁 2 号线在南京西路站下车后即是	
各店铺不同	

推荐美食	小杨生煎包（→p.167）	香港满记甜品吴江店（→p.206）

云南南路美食街
老字号的美食街

◆拥有 70 多年历史老字号店铺的美食街，云南地区风味和新疆维吾尔地区风味的餐厅比较多，来这里吃饭的当地人比较多，在店门口卖羊肉串和面包的摊位也很多，火锅店很醒目。

美食街	Map p.17-C4
住 云南南路	
无	
营 各店铺不同	
休 各店铺不同	
座 各店铺不同	
乘地铁 8 号线在大世界站下车后步行大约 10 分钟	

推荐美食	小绍兴大酒店（→p.179）

乍浦路美食街
上海三大美食街之一

◆苏州河北侧有一条 300 米长的美食街，街上有多家饮食店，尤其是以海鲜为主的广东菜馆很醒目。其他还有川菜馆和上海菜馆，傍晚的时候，这条街上亮起霓虹灯，很多当地人都过来用餐。

美食街	Map p.17-C1
住 乍浦路	
无	
营 各店铺不同	
休 各店铺不同	
座 各店铺不同	
乘地铁 10 号线在四川北路站下车后步行大约 6 分钟，天潼路站下车后步行大约 12 分钟	

中西美食街
各国风味餐会聚一堂的餐馆一条街

◆与百盛商场虹桥店相邻接的餐馆一条街。有受欢迎的川菜馆俏江南等餐厅，也有日本料理餐厅、韩国烧肉馆、西餐厅以及星巴克和 The Coffee Bean 等咖啡馆，各国风味餐厅都彼此相连。

美食街   Map p.21-D2

- 佳 遵义路 100 号
- ☎（021）52574518
- 🕙 10:00~22:00（各店铺不同）
- 休 无
- 座 各店铺不同
- 🚇 乘地铁 2 号线在娄山关路站下车后步行大约 10 分钟

推荐美食 | 俏江南（→ p.175）

东京和食
在时髦的餐厅品尝正宗日本菜

◆这是日资企业经营的餐厅，采用在香港或新加坡大获成功的一种新颖的日餐形式，在上海是第一家店，是一家有寿司和铁板烧的正宗日本料理餐厅。餐厅内非常宽敞，也很现代化，有一种很时髦的就餐氛围。

日本料理   Map p.17-D3

- 佳 中山东一路外滩 6 号 2 楼
- ☎（021）63392779
- 🕙 11:30~14:30（最后点菜时间 14:00）、18:00~23:00（最后点菜时间 22:00）
- 休 无
- 座 196
- 🚇 乘地铁 2、10 号线在南京东路站下车后步行大约 10 分钟
- 🌐 www.sfbi.com.sg

推荐美食 | 金枪鱼和蔬菜的日本风味春卷 ……… 65 元 | 特制牛肉葱味味噌锅 ……………… 110 元

---

haiku
在上海品尝加利福尼亚式日本菜

◆有八成顾客是欧美人的加利福利亚式日餐厅，老板在北京还经营了另外一家有创意的日餐厅"HATSUNE"。把蘸辣椒酱吃的铁火卷起名为 119 火警卷等，老板像这样给菜肴起了很多有意思的菜名，所以看菜单点菜也充满了乐趣。

日本料理   Map p.23-C3

- 佳 桃江路 28 号 - 乙
- ☎（021）64450021
- 🕙 11:00~ 最后点菜时间 13:45、17:30~ 最后点菜时间 21:45
- 休 无
- 座 120
- 🚇 乘地铁 1 号线在衡山路站下车后步行大约 5 分钟

推荐美食 | 119 火警卷 ………………… 68 元

荣
跟日本就餐方式完全一样，朋友般的待客方式

◆上海的日餐厅很多都是从菜单中点菜的敞开吃的方式，而建立这种就餐方式的就是这家餐厅。除了正统派的日本料理之外，还有每周都变更的推荐美食。

日本料理   Map p.21-C2

- 佳 兴义路 48 号新世纪广场 1 楼 B 座
- ☎（021）62789778
- 🕙 17:30~24:00（最后点菜时间 23:30）
- 休 春节 5 天
- 座 400
- 🚇 乘地铁 2 号线在娄山关路站下车后步行大约 8 分钟

推荐美食 | 自助餐 …………………… 169 元

山里
花园酒店内的高级日本料理餐厅

◆是上海花园酒店经营的会席料理餐厅，每天从日本空运过来新鲜的鱼，做成生鱼片或者寿司，其鲜美程度其他餐厅根本无法与之相比，寿司午餐套餐 180 元～，晚餐套餐 580 元～。店内使用木材和竹子装饰，可以充分体验日式风格的空间。

日本会席料理　　　　　　　Map p.30-B3
住 茂名南路 58 号花园饭店上海 2 楼
☎（021）64151111（内线 5216）
營 6:30~9:30、11:30~14:30、17:30~22:30
休 无　服务 15%　座 120
乘地铁 1、10 号线在陕西南路站下车后步行大约 2 分钟
URL www.gardenhotelshanghai.com

推荐美食　寿司午餐套餐 ········ 180 元～　晚餐套餐 ········ 580 元～

上海滩万
在上海五星级酒店享受日本著名餐厅滩万的日餐味道

◆日本菜著名餐厅滩万的上海店，位于上海香格里拉酒店内，使用严格挑选的食材，在日本大厨的指挥下做成的正宗怀石料理给顾客带来品尝的享受。桐怀石料理套餐 650 元或者特选牛排怀石料理套餐 650 元很受欢迎。

日本料理　　　　　　　　　Map p.18-A3
住 富城路 33 号浦东香格里拉大酒店 2 楼
☎（021）58883768、
　（021）68828888（内线 260）
營 12:00~14:30、18:00~22:30
休 无　座 98
乘地铁 2 号线在陆家嘴站下车后步行大约 3 分钟　URL www.nadaman.com.cn

推荐美食　桐怀石 ········ 650 元　特选牛排怀石 ········ 650 元

天手古舞
精致美味的著名小吃 "脆皮煎饺"

◆小酒馆风格的餐厅，一口一个的脆皮煎饺，入口之后，饺子里的肉汁在口中扩散开来，香醇美味。蔬菜粥也很受欢迎。

日本料理　　　　　　　　　Map p.23-D1
住 巨鹿路 242 号
☎（021）55281650
營 17:30~24:00
休 春节 7 天
座 52
乘地铁 1、10 号线在陕西南路站下车后步行大约 10 分钟

推荐美食　脆皮煎饺 ········ 15 元

上海盛贺美
符合上海人口味的日本餐馆

◆乌冬面、荞麦面、寿司等种类丰富多样，每样都能品尝一点儿的小碗盖浇饭很受女性的欢迎。使用特别讲究的食材，每天在店内制作有嚼劲儿的乌冬面。在上海男性选择的最好吃的日本餐厅中获得排名第一的好成绩。

日本料理　　　　　　　　　Map p.30-B1
住 福州路 666 号金陵海欣大厦 1 楼
☎（021）63917618
營 11:00~22:00
　（最后点菜时间 21:45）
休 无　座 73
乘地铁 1、2、8 号线在人民广场站下车后步行大约 5 分钟
URL www.sagami- china.com

左 / 味道比较浓的咖喱乌冬面，是用鸡汤做的，里面还有鸡肉和蔬菜
右上 / 位于车站附近的福州路
右下 / 和纸的明亮灯光下感觉温暖的餐厅内部

推荐美食　咖喱乌冬面 ········ 39 元　牛肉火锅 ········ 72 元　味噌猪盖浇饭（小）········ 23 元

TEA,COFFEE SHOP,BAR

茶馆
Tea, Coffee shop, Bar

湖心亭
在水池中心建的老字号茶馆

◆ 茶馆创业于1855年，位于豫园前面的九曲桥中间部位，一楼有试饮区，二楼很宽敞，有古色古香的桌椅，可以轻松悠闲地品茶。建议品尝一下香浓的凤凰单枞（108元）和龙井茶。

左／江南风格的充满情趣的茶馆
右上／可以一边欣赏豫园的美景，一边放松休息
右下／杭州名茶龙井茶60元

Map p.68-A1~B1

🏠 豫园路 257 号
☎ （021）63736950
🕐 8:00~21:00
（周六·周日 8:30~22:00）
休 无　座 200
🚇 乘地铁 10 号线在豫园站下车后步行大约 8 分钟

老上海茶馆
充满诱惑的旧上海的世界

◆ 被那些怀旧的收集品包围着的茶馆，有老板收集的老唱片、八音盒以及电扇等，就像个小型博物馆，窗外是充满旧上海风情的上海老街。建议品尝上海嫩绿（45元）和铁观音（65元）。

左／茶馆被一种令人感觉亲切的氛围包围着
右上／位于正对上海老街的二楼
右下／上海嫩绿的新叶在口中留下一股浓厚的茶香

Map p.25-D1

🏠 方浜中路 385 号
☎ （021）53821202
🕐 9:00~21:00　休 无　座 50
🚇 乘地铁 10 号线在豫园站下车后步行大约 5 分钟

大可堂茶园
接近深奥的普洱茶世界

◆普洱茶专卖店位于 1933 年法国人
设计建造的洋楼内，2007 年开业。
茶馆内摆放着旧上海的家具，营造
出一种很稳重的气氛。店里收集了
19 到 20 世纪的普洱茶等 70 多种，
建议品尝熟普洱。

茶馆　　　　　　　　　　Map p.23-D4

住 襄阳南路 388 弄 25 号
☎ (021) 64676577
营 10:00~次日 2:00
休 无
座 200

乘地铁 9 号线在嘉善路站下车后
步行大约 10 分钟，1、10 号线在陕
西南路站下车后步行大约 15 分钟

左 / 可根据预算选择茶的种类
右 / 带前庭的宽敞的洋楼

推荐美食 ┃ 熟普洱 ··············· 159 元 ┃ 生普洱 ··············· 160 元

春风得意楼
以传统形式品茶

◆上海有名的老字号茶馆，1999 年
迁往新址，建筑的外观和内部装修
都再现了老上海的样貌。茶馆工作
人员都是通过茶道考试的专家，知
识很丰富，推荐品尝观音王或者高
山茶中很少见的太平猴魁。

茶馆　　　　　　　　　　Map p.25-D1

住 方浜中路 337 号
☎ (021) 63734860
营 9:30~17:30
休 无
座 80

乘地铁 10 号线在豫园站下车后
步行大约 5 分钟

左 / 花茶里最受欢迎的茉莉花茶
右 / 位于特产店林立的上海老街的一角的老
茶铺

推荐美食 ┃ 观音王 ··············· 100 元 ┃ 太平猴魁 ··············· 50 元

泰和茶馆
100 种以上的点心可以随便品尝

◆茶馆位于因为开发而日新月异的
浦东大道上。点茶之后除了水果干
儿等茶点，还可以随便品尝小笼包
等点心以及粥、汤、好炖、水果等。

传统茶馆　　　　　　　　Map p.19-D2

住 浦东大道 1048 号
☎ (021) 68877880
营 10:00~次日 2:00
休 无
座 202

乘地铁 4 号线在浦东大道站下车
后步行大约 15 分钟

🖳 www.taihe-tea.com

左 / 中式特色
右 / 茶馆内摆放着可以随便吃的点心

推荐美食 ┃ 龙井茶 ··············· 78 元~

唐韵茶坊
位于衡山路的世外桃源般的茶馆

◆位于最适合散步的衡山路上，是衡山路地
铁站旁边的竹林深处的一家幽静茶馆。一
楼是适合聊天的座椅，二楼是宽敞安静的
沙发。可以从20种茶点中选择自己喜欢的
口味。

传统茶馆	Map p.23-C4

🏠 衡山路 199 号
☎ （021）34060126
🕐 10:00～次日 1:00
休 无
🚇 乘地铁 1 号线在衡山路站下车后
步行大约 1 分钟

悟空悟茶
被古董包围的老字号茶馆

◆是经营古董家具店的山西老板开的茶馆，
店内装修得像是普通民家，摆满了古董家具
和小摆件，看一看都会让人心情愉悦。以品
种丰富的高级普洱茶而闻名。

传统茶馆	Map p.23-D3

🏠 复兴中路 1315 号
☎ （021）64454625
🕐 10:00～24:00
休 无
🚇 乘地铁 1、10 号线在陕西南路站，1、
7 号线在常熟路站下车后步行大约 10
分钟

宋芳茶馆（Song　Fang）
可以品尝中国茶和法国红茶

◆有对东西方的茶文化造诣很深的法国老板
严格挑选的最高级中国茶，以及它跟法国特
别有名的红茶店在同一家工厂采购的红茶茶
叶，另外还有水果茶。还销售有原创性标志
的茶具，二楼设有咖啡馆，也可以喝茶。

现代化茶馆	Map p.23-D3、p.24-A3

🏠 永嘉路 227 号甲
☎ （021）64338283
🕐 10:00～19:00
休 无
座 20
🚇 乘地铁 1、10 号线在陕西南路站
下车后步行大约 10 分钟
🌐 www.songfangtea.com

推荐美食	Dianhong Yunnan Special·········210 元 / 50g （云南红茶）

桂林公馆
如果想好好休息一下建议到这里来

◆位于绿色丰富的桂林公园之中，幽静的茶
馆实行预约制，除了 14:00～17:00 的下午茶
时间，晚上还可以在这里品尝创新性的菜。
茶点包括用在公园内采摘的桂花做的桂花
糕，建议品尝一下。

茶馆	Map p.10-B4

🏠 漕宝路 188 号
☎ （021）64515098
🕐 11:00～23:00
休 无
座 80
🚇 乘地铁 9 号线在桂林路站下车后
步行大约 10 分钟
🌐 www.guilingarden.com

推荐美食	红城砖茶 ····························· 100 元

茶叶图鉴

龙井茶

绿茶

杭州周边生产的不发酵茶。龙井茶是中国两大绿茶之一，因为是在锅里压着煎炒，茶叶的形状都变成扁平的。清明节前采摘的明前茶是最珍贵的。特征是茶水呈现淡黄色。

碧螺春茶

绿茶

江苏省洞庭山产的中国两大绿茶之一。春天采摘，茶叶是美丽的碧绿色，因为卷曲的叶子样子像海螺，因此取名碧螺春茶。果实像花一样清香，没有苦涩的味道，回味无穷。茶水呈现淡黄色。

黄山毛峰茶

绿茶

使用安徽省黄山高地栽培的茶叶制作而成。茶树在清新的空气和洁净的水环境中长大，从茶树上采摘的数量不多的茶叶成为茶中的极品。属于不发酵的绿茶，特征是味道清香甘甜。茶水呈现薄黄色。

君山银针茶

黄茶

属于弱酸发酵茶，是黄茶的代表。由于只在湖南省的小岛君山才有，因此产量有限，在清代是进贡给皇上的茶。茶水呈现金黄色，特征是香气高爽，滋味甘醇。

铁观音茶

青茶

青茶的半发酵茶。福建省安溪县的安溪铁观音非常有名，属于铁观音茶中的最高档次。特点是香气如兰，醇厚甘鲜。茶水呈现淡褐色，加水续杯的话芳香与甘甜依旧。

乌龙茶

青茶

福建省、广东省产的半发酵茶的青茶。由于茶叶会变成乌黑的颜色，故称乌龙茶。为了增加其香气，至少需要十道工序。香气如野生的兰花一样，品尝后齿颊留香。茶水呈现杏色。

中国茶的种类

中国茶叶有各种各样的分类方式，根据是否发酵和制作方法可以分成六大类及其他品种。六大类茶如右侧所记。除此之外还有花茶和苦丁茶等。如果按照茶叶、加工及发酵过程、颜色等分类的话，又会有不同的分法。

绿茶 不发酵茶。绿茶的特点是从一开始就用锅炒一下，来防止发酵，分为四个种类，分别是炒青绿茶、晒青绿茶、烘青绿茶、蒸青绿茶。龙井茶和碧螺春茶是代表性的绿茶。

白茶 轻发酵茶。也可以称为弱发酵茶。把采摘的茶叶经过干燥制作而成，分为白芽茶和白叶茶两类，白牡丹和白毫银针茶是具有代表性的白茶。

黄茶 轻发酵茶，经过缓慢发酵，茶味儿也比较淡。生产量小，比较稀少，清朝皇帝很爱喝黄茶。分为黄芽茶、黄小茶、黄大茶三类，君山银针茶是黄茶的代表茶叶。

发酵程度

0%（淡）　　10%　　20%　　30%　　40%

绿茶 0%~10%　　绿茶·黄茶 5%~15%　　青茶 15%~70%

202

大红袍茶

青茶

　　产于福建省武夷山的大红袍茶是青茶的最高品级。使用岩石上培育的天然茶叶，具有岩茶特有的"岩骨花香"之韵，也被称为"岩韵"，甘味柔和，香气馥郁，位于武夷四大岩茶之首。

祁门红茶

红茶

　　安徽省祁门县产的完全发酵的中国红茶，与大吉岭红茶、乌沃红茶一起被誉为世界三大红茶。具有蜜糖般的甘甜和兰花的清香，滋味甘鲜不涩，具有一种似乎用烟熏制过的特殊味道。茶水呈现鲜艳的红色。

普洱茶

黑茶

　　云南省产的黑茶代表。云南大叶种茶树鲜叶加入曲霉菌，然后经过发酵而制成的茶。特征是口感醇厚，茶水呈现褐色，年代越久茶味越浓，价值也越高。

苦丁茶

健康茶

　　并不是普通茶树上的茶叶，苦丁茶的叶子细长卷曲经过干燥而成，富含矿物质和氨基酸，从古代开始苦丁茶的药效成分就受到关注，据说有降血压和消除疲劳的功效。味道苦涩中略带甘甜。

茉莉龙珠茶

花茶

　　茉莉花茶的一种，主要产地是福建省。是用手工采摘的茶叶与含苞待放的茉莉鲜花经过多次混合窨制而成的再加工茶，使茶叶带有茉莉花香，再用手工制作成球状，茉莉花香与绿茶的味道混合，甘甜清凉味道和浓郁的花香是茉莉花茶的主要特征。

花茶

花茶

　　是把茶叶跟鲜花混合在一起，使茶叶带有花香的味道，或者直接把花朵放入开水中饮用。福建省的茉莉花茶、浙江省杭州的菊花茶、广西的桂花茶等是著名的花茶。还有一种工艺茶，用细丝和茶叶把花朵包起来，加入开水中，茶叶里的花朵就会很漂亮地绽放开来。

青茶 介于红茶与绿茶之间的半发酵茶。乌龙茶是代表性的青茶，种类有闽北乌龙、闽南乌龙、广东乌龙以及东方美人茶、包种茶、铁观音等，发酵程度比较大，味道浓郁。

红茶 红茶是一种经过全发酵制成的茶，酸化发酵一直进行到最后阶段。有一点儿淡淡的涩味，分为功夫红茶、小种红茶和红碎茶三大类。世界三大红茶中最具有代表性的是祁门红茶。

黑茶 后发酵茶，最初在锅内炒制，停止发酵，放置几个小时后通过微生物进行发酵。分为熟茶、生茶、沱茶等很多种类，味道浓郁，有些黑茶年代久远。普洱茶是黑茶的代表。

茶点

　　品茶的时候，茶点是不可缺少的，在茶馆喝茶，一定会搭配茶点，不同的茶馆，搭配的茶点也是多种多样，具有代表性的茶点是南瓜子、咸味葵花子、话梅干儿、蜂蜜与乌龙茶腌制的茶梅以及红枣儿、山楂、枸杞等水果干儿等。

50%　　　60%　　　　70%　　　80%　　　　90%　　　100%（浓）

红茶 70%~100%　　黑茶 80%~98%

老麦咖啡馆
欧式风格的咖啡馆

◆建于原法国租界区的咖啡馆，曾经是德国领事馆，建筑风格属于中国与德国的折中样式，就像是在主人家中做客一样，让人感觉心情舒畅，可以享受小吃、咖啡和蛋糕等，最好提前预约。

Map p.23-C3

住 桃江路 25 号甲门
☎ （021）64660753
營 10:00~23:00
休 春节 3 天　座 29
乘地铁 1、7 号线在常熟路站下车后步行大约 8 分钟，1 号线在衡山路站下车后步行大约 9 分钟

左/自然清新的自然风可以进入店内
右上/内部装修具有乡村特色
右下/使用 illy 咖啡制作的老麦咖啡 30 元

上海滩 Café
沉浸在怀旧而又现代化的世界里

◆上海滩咖啡馆因为怀旧而又现代化的上海风格而闻名，以咖啡加餐厅的形式经营，提供以上海菜为主的亚洲风味菜肴，周末 11:00~14:30，是不限量品尝点心的午餐自助时段。

咖啡馆　Map p.31-D3

住 黄陂南路 333 号 2-3 楼
☎ （021）63773333
營 11:00~24:00
休 春节 2 天
座 80
乘地铁 1 号线在黄陂南路站下车后步行大约 4 分钟
URL www.shang-haitang.com

左/下午茶套餐 88 元
右/使用色彩艳丽的原色装饰造成绝佳的氛围

推荐美食　下午茶套餐·················· 88 元

汉源书店
位于文化氛围很浓的绍兴路的像书房一样的咖啡馆

◆咖啡馆位于上海出版社与画廊并排的文化氛围浓郁的绍兴路上，墙壁的书架上除了可以购买的书籍之外，还摆满了古书和画集，就像图书馆一样，这里的咖啡受到文人们的喜爱。

左 / 可以在读书的过程中好好放松
右 / 店内摆放了很多古典家具

推荐美食	茶点套餐 ……………………… 50 元

读书咖啡馆　　Map p.23-D3、24-A3

🏠 绍兴路 27 号　☎ (021)64732526
🕐 10:00~24:00　休 无　座 70
🚇 乘地铁 9 号线在嘉善路站下车后步行大约 5 分钟
🌐 www.han-yuan.com

丹咖啡馆
可以感受到老板品位

◆日本人老板开办的非常讲究的咖啡馆兼家庭菜餐厅。有约 30 种咖啡豆，是老板自己烘焙。每次用滴漏式咖啡壶萃取，一次一杯非常认真耐心。还有严格挑选的各式葡萄酒和熏制奶酪等。

左 / 位于泰康路一角的咖啡馆
右 / 自制蛋糕，晚上的话建议品尝一下这里的葡萄酒

推荐美食	云南咖啡 …………………………… 40 元

咖啡馆　　Map p.104-A1

🏠 泰康路 248 弄 41 号后门
☎ (021) 64661042
🕐 10:00~23:30　休 无　座 40
🚇 乘地铁 9 号线在打浦桥站下车后步行大约 5 分钟　🌐 www.idancoffee.com

格子咖啡
在摆满木质家具的店内悠闲地品尝咖啡

◆位于静安别墅旧公寓的一角，是个不容易被发现的咖啡馆。穿过小院子进入咖啡馆内，使用自然色的纯木材质做成的桌子、沙发、书架等形成了一个让人放松心情的空间。老板自制的卡布奇诺咖啡 28 元。

咖啡馆　　Map p.31-C2

🏠 南京西路 1025 弄 162 号
☎ (021) 52132139
🕐 12:00~22:00
休 周一
座 23
🚇 乘地铁 2 号线在南京西路站下车后步行大约 6 分钟

老电影咖啡馆
可以欣赏著名影片的怀旧空间

◆经营咖啡馆的老板是一个电影迷。店内有很大的屏幕，平时播放国内外的一些经典影片，不定期地会举办一些 20 世纪 20 年代到 40 年代的老电影回顾展。

咖啡馆　　Map p.13-C3

🏠 多伦路 123 号
☎ (021) 56964763
🕐 10:00~24:00
休 无
座 140
🚇 乘地铁 3 号线在东宝兴路站下车后步行大约 8 分钟

香咖啡
喝咖啡的幸福时刻

◆这家咖啡店是全国规模最大的咖啡＆红茶店。咖啡有 15 种以上，种类丰富多样。以纽约奶酪蛋糕为主，还有各种妙芙蛋糕和司康饼等小吃。在新天地逛累了的时候，刚好可以去这家店里休息。

咖啡馆　　　　　　　　　　Map p.86-A2

🏠 太仓路 181 弄 10 号楼
☎ （021）63874248
🕐 6:30~24:00　休 无　座 35
🚇 乘地铁 1 号线在黄陂南路站下车后步行大约 4 分钟
🌐 www.coffeebean.com

邱公馆咖啡
云南咖啡专营店

◆位于人气景区泰康路上的云南咖啡专营店，咖啡由咖啡农园直接经营。这里的云南咖啡使用的是蓝山咖啡原种，较稀少。

咖啡馆　　　　　　　　　　Map p.104-A2

🏠 建国中路 155 弄 25 号
☎ （021）54657738
🕐 10:00~21:00
休 无　座 20
🚇 乘地铁 9 号线在打浦桥站下车后步行大约 4 分钟

喜空
世外桃源般的咖啡馆

◆体现着年轻老板梦想的宽敞的咖啡馆，二楼配有沙发与桌子，三楼是咖啡与画廊相结合的风格。喝咖啡的同时可以读书、浏览杂志或者鉴赏艺术。咖啡 25 元，杧果布丁 19 元，意大利面 28 元~等很受欢迎。

咖啡馆　　　　　　　　　　Map p.104-A2

🏠 泰康路 264 号 2 楼
☎ 13636693200（手机）
🕐 10:00~22:00
休 春节 4 天　座 20
🚇 乘地铁 9 号线在打浦桥站下车后步行大约 2 分钟

Sibilla boutique café
位于庭院中的咖啡厅

◆位于外滩 18 号内的意大利咖啡厅，提供正宗的意式三明治帕尼尼以及世界闻名的西点师 Eric Perez 亲手制作的蛋糕，这里也是约会的好地方。

咖啡馆　　　　　　　　　　Map p.31-D1

🏠 中山东一路外滩 18 号 1 楼
☎ （021）63299338
🕐 10:00~22:00（最晚点菜时间 21:00）
休 无　座 40
🚇 乘地铁 2、10 号线在南京东路站下车后步行大约 8 分钟

WHISK
咖啡种类多样

◆可以品尝自制巧克力或者热巧克力等各种巧克力食品的咖啡馆，除了甜品，咖啡也种类丰富多样。这家咖啡馆人气很旺，去之前最好提前预约。

咖啡馆　　　　　　　　　　Map p.30-A3

🏠 淮海中路 1250 号甲
☎ （021）54047770
🕐 10:30~23:30
休 周一　座 50
🚇 乘地铁 1、7 号线在常熟路站下车后步行大约 1 分钟

香港满记甜品 吴江店
健康的中国、亚洲风味甜品专卖店

◆总店位于香港的专卖店，用中国传统医学中也会使用的自然食材制作而成的甜品，甜度适中，属于健康性食品。白雪黑珍珠（含杧果、龙眼果冻、香草糖浆等）27 元。

中国甜品　　　　　　　　　Map p.31-C2

🏠 吴江路 169 号四季坊商场 1 楼 102 单元　☎ （021）62673561
🕐 10:00~23:00　休 无　座 34
🚇 乘地铁 2 号线在南京西路站下车后步行大约 1 分钟
🌐 www.multiconceptslink.com

宝珠奶酪
位于小巷内的甜品店

◆店内销售的一款甜品据说很像以前宫廷甜品的酸奶，而本店的招牌甜品就是这个。微微散发香味儿的米酒和恰到好处的甘甜，流过嗓子时感觉很舒服。也可以拌上红豆吃，其他还有牛奶卷和牛奶布丁等。

🏠 泰康路 248 弄 31 号后门
☎ 13681992768（手机）
🕙 10:00~22:00
休 无
🚇 乘地铁 9 号线在打浦桥站下车后步行大约 4 分钟

左 / 以甜品为主，店内还有带桌子的坐席
右 / 冰镇甜品宫廷奶酪

推荐美食　宫廷奶酪 ⋯⋯⋯⋯⋯⋯ 10 元　宝珠奶酪 ⋯⋯⋯⋯⋯⋯ 10 元

尔苑咖啡厅
在古色古香的店内品尝身体容易吸收的甜品

◆非常受欢迎的素食餐厅 & 咖啡厅，甜品不使用乳制品与蛋类，只使用素食材料制作而成，容易过敏的人也可以放心食用。在这里还可以吃到用应季蔬菜做成的饭菜。

🏠 桃江路 3 号
☎ （021）64334602
🕙 10:00~24:00（最后点菜时间 21:00）
休 春节
座 30
🚇 乘地铁 1 号线在衡山路站下车后步行大约 10 分钟、1、7 号线在常熟路站下车后步行大约 9 分钟

左 / 用素食的方式做成的糕点
右 / 店铺位于原法国租界区旧馆改造的建筑之内

推荐美食　各种糕点 ⋯⋯⋯⋯⋯⋯ 30 元　蔬菜汉堡 ⋯⋯⋯⋯⋯⋯ 69 元

宁波汤圆
著名的芝麻汤

◆位于豫园商城内的宁波汤圆专卖店。一般大家都认为宁波汤圆中最好吃的是芝麻馅的汤圆。煮得浮起来的芝麻馅儿汤圆味道淳朴，好吃得令人上瘾。有热汤圆和冷汤圆两种。

🏠 豫园路 98 号
☎ （021）63739458
🕙 8:30~20:30（周六·周日·节假日 8:00~）
休 无
座 70
🚇 乘地铁 10 号线在豫园站下车后步行大约 5 分钟

左 / 招牌甜品的宁波汤圆又黏又软
右 / 位于豫园商场内，建议抽空去品尝一下

推荐美食　宁波汤圆 ⋯⋯⋯⋯⋯⋯ 15 元

鹿港小镇
新天地附近的极品甜品店

◆著名的甜品店，全国有十家以上的店铺，上海人普遍认为这是一家现代化的时髦甜品店。堆得像伞一样的综合冰 33 元，台湾口味甜品种类很多。

甜品	Map p.24-B1

- 佳 太仓路 68 号
- ☎ （021）63865701、63865702
- 营 11:00～次日 4:00
- 休 无
- 座 212
- 乘地铁 1 号线在黄陂南路站下车后步行大约 6 分钟
- www.bellagiocafe.com.cn

甜蜜蜜
甜度适中容易消化的甜品

◆在上海有 18 家店铺的香港甜品连锁店，人气很旺，甜品种类超过 100 种。招牌西米露，是在西米露中添加很多水果，相当受欢迎。除了甜品还有内容丰富的菜品。

甜品	Map p.31-C2

- 佳 吴江路 178 号
- ☎ （021）62677319
- 营 9:00～24:00
- 休 无
- 座 大约 80
- 乘地铁 2 号线在南京西路站下车后步行大约 3 分钟

小城故事
很受关注的台湾甜品

◆以种类丰富而闻名的台湾甜品为主的咖啡馆。受欢迎的甜品有台湾风味的年糕小豆汤"红豆沙"、选用喜欢的水果堆起来高达 20cm 的牛奶冰，以及木瓜跟银耳做成的甜品"冰糖炖木瓜"等。

甜品	Map p.30-A3

- 佳 淮海中路 1414 号 1 楼
- ☎ （021）64318107
- 营 11:00～次日 4:00
- 休 无
- 座 120
- 乘地铁 1、7 号线在常熟路站下车后步行大约 6 分钟

ⓒolumn 享受外卖甜品

普遍受欢迎的蛋挞

在街道散步的时候经常会看到卖蛋挞的商店，原属于澳门的蛋挞在上海也很受欢迎，除了专卖店，在面包店或者地铁站大厅商店都可以买到，稍感饥饿的时候可以购买品尝。在上海有一家随处可见的澳门莉莲蛋挞饼屋（Map p.21-D1、30-A1 等），可以买到刚出锅的能趁热吃的蛋挞。

品尝黏黏的松软口感的甜点

位于步行街南京东路的沈大成（→ Map p.30-B1）店，是一家顾客络绎不绝总是排队等候的传统点心店，有一种金团 2 元 1 个很受欢迎，是一种用黄豆粉包起来的松软糕点。由于刚好一口一个的大小，所以批量购买的人很多，透过玻璃可以看到制作的过程，让不由得就想凑过来品尝。无论哪一种价格都很便宜，可以买来边走边吃。

上海最受欢迎的甜品蛋挞 4 元

黏黏的青团也很受欢迎

刚出锅的松软可口的金团

上海

●茶馆、咖啡馆、酒吧　享受夜上海的各种酒吧

FLAIR
高层的屋顶酒吧

◆据说是上海能观赏最美丽风景的露台酒吧，位于上海浦东丽思卡尔顿酒店第58层。近在咫尺的东方明珠塔闪烁着耀眼的光芒，浦东和外滩的夜景也美丽迷人，露台上的座位总是坐得满满的，如果打算去，应该尽早。

Map p.18-A3

佳 世纪大道8号上海国金中心上海浦东丽思卡尔顿酒店58楼
☎（021）20201717
營 17:30～次日2:00　休 无　座 150
路 乘地铁2号线在陆家嘴站下车后步行大约5分钟
URL www.ritz-carlton.com

左／从露台座位看到的东方明珠塔
右上／店内的气氛轻松愉快
右下／杜松子鸡尾酒"蓝色上海"
※只有酒店住宿客人才能预约座位

JW's 酒廊
从高层酒店俯瞰上海美景

◆位于上海万豪酒店，在高层酒吧中位于西端，因此从这里看到的高楼林立的景色是最完整、最壮观的，每月举办品尝香槟的活动。

Map p.31-D2

佳 南京西路399号上海JW万豪酒店40楼
☎（021）53594969（内线6864）
營 17:30～次日2:00　休 无　座 80
路 乘地铁1、2、8号线在人民广场路站下车后步行大约5分钟
URL www.marriott.com.cn

左／在人气酒店的高层酒吧里暂且迷醉
右上／时髦的室内装修
右下／可以观赏上海中心区的夜景

789 南京路吧
便利的位置&连摄影师都会赞叹的美丽风景

◆位于人民广场附近的上海世茂皇家艾美酒店里，"从这里观赏到的浦东摩天大楼的风景是最美的"，连专业摄影家都如此极力推荐。周五为"女士日"，No.10 马蒂尼鸡尾酒第二杯免费赠送。65 层有 DJ 乐队。

左/酒吧里备有包括"美国人"在内的各种鸡尾酒
右/店内的景致也很美

推荐美食 鸡尾酒 ·························· 88 元~

观景酒吧　　　　　　　　　　Map p.30-A1

佳 南京东路 789 号上海世茂皇家艾美酒店 65-66 楼
☎ （021）33189999（内线 56500）
营 15:00~次日 1:00（周五·周六~次日 2:00）　休 无
服务 15%　座 70
交 乘地铁 1、2、8 号线在人民广场路站下车后步行大约 3 分钟
URL www.starwoodhotels.com

Lobby Bar
在 87 层的酒吧中尽情享受未曾体验过的空间

◆位于浦东的观光景点之一的上海环球金融中心内，可以惊喜地看到旁边上海第二高楼金茂大厦的房顶。好像隔着玻璃能感觉到流动的白云，看到的那些城市风景似乎用手掌就能抓起来，这些都是只有在这里才能感受的超级绝妙的体验。

左/很多人从观景台下来就会到酒吧来，这里也成了人气很旺的地方
右/可以俯瞰浦东的那些摩天大厦

推荐美食 鸡尾酒 ·························· 80 元~

观景酒吧　　　　　　　　　　Map p.18-B3

佳 世纪大道 100 号上海柏悦酒店 87 楼
☎ （021）68881234
营 17:00~次日 1:00
休 无
服务 15%　座 30
交 乘地铁 2 号线在陆家嘴路站下车后步行大约 10 分钟
URL www.parkhyattshanghai.com

非常时髦酒吧
从没有玻璃遮挡的露台看到的绝妙美景

◆在上海有几家酒吧以观赏风景著称，不过可以在带有温水按摩池的开放式露台感受自然风的感觉、一边饮酒就餐一边欣赏外滩和浦东风景的酒吧，就只有这里的上海外滩茂悦大酒店内的酒吧了。酒吧内也有一些隔开的类似单间的地方，可以尽情放松享受。

左/可以 360 度环视美景的屋顶酒吧
右/可以边欣赏美景边享受鸡尾酒带来的快乐

推荐美食 入场费 ·························· 100 元
（含一杯饮料）

观景酒吧　　　　　　　　　　Map p.17-D2

佳 黄浦路 199 号上海外滩茂悦大酒店 32-33 楼
☎ （021）63931234（内线 6348）
营 18:00~次日 1:00（周五·周六·节假日~次日 2:00）　休 无
服务 15%
座 150　交 乘地铁 2、10 号线在南京东路站，10 号线在天潼路站下车后步行大约 15 分钟
URL www.shanghai.bund.hyatt.com

NEW HEIGHTS
享受休闲餐饮的餐厅&酒吧

◆位于外滩三号楼七层的餐厅&酒吧，可以享受西部风味与东南亚风味餐饮。推荐晚上在这里用餐，可以饱览东方明珠塔等浦东一带的夜景。一边用餐一边欣赏外滩与浦东的迷人景色在日落前和日落后的不同魅力。

餐厅&酒吧　　　　　　　　Map p.17-D3

佳 中山东一路外滩 3 号 7 楼
☎（021）63210909
营 11:30～14:30、18:00～24:00
（最晚点菜时间 22:30）
休 无
座 150　图 乘地铁 2、10 号线在南京东路站下车后步行大约 10 分钟
网 www.threeonthebund.com

玲珑酒楼
弥漫着老上海氛围的成人酒吧

◆位于建于 2009 年的上海半岛酒店内的酒吧，店内的气氛让人联想到 20 世纪 30 年代的上海。有 4 间根据不同理念设计的小包房，可以一边品尝味道独特的鸡尾酒，一边充分享受这里的怀旧氛围。

酒吧　　　　　　　　　　　Map p.31-D1

佳 中山东一路 32 号上海外半岛酒店地下 1 楼　☎（021）23276731
营 20:00～次日 1:00　休 周日、周一
座 150
图 乘地铁 2、10 号线在南京东路站下车后步行大约 7 分钟
网 www.peninsula.com/shanghai

BarRouge
有机会偶遇那些来到上海的世界名流

◆位于外滩地区的综合大楼外滩 18 号顶层的酒吧，如果到烛光下的露台席就坐，浦东的东方明珠塔就会映入你的眼帘。周末人多拥挤，需要排长队，最好提前预约。

酒吧　　　　　　　　　　　Map p.31-D1

佳 中山东一路外滩 18 号 7 楼
☎（021）63391199
营 18:30～次日 1:30 左右　休 春节 2 天
座 360　图 乘地铁 2、10 号线在南京东路站下车后步行大约 8 分钟
网 www.bar-rouge-shanghai.com
※包间 200 元，周五和周六晚需另付100 元入场费，包间需要预约

花马天堂
一边观赏绝佳的美景，一边享受可口的云南菜与香醇的美酒

◆可以品尝云南少数民族风味菜的餐厅，在具有异国情调的店内用餐感觉很不错，不过建议去三楼的露台座位，可以观赏外滩与浦东的夜景，充满浪漫的色彩。店内摆满了老板收集的云南少数民族特色的物品。

餐厅&酒吧　　　　　　　　Map p.17-D4

佳 延安东路 17 号甲
☎（021）63300967
营 11:00～14:00、17:00～23:00
休 春节 3 天
座 200
图 乘地铁 10 号线在豫园站下车后步行大约 12 分钟

欧玛丽餐厅&酒吧
常住上海的欧美人经常扎堆儿的爱尔兰酒吧

◆欧美商人极力推荐的爱尔兰酒吧。在这里可以品尝到泡沫丰富的吉尼斯黑啤。店内的装修让人感觉就像在一座海盗船上，有体育赛事的时候，可以在外面的超大电视屏幕上观看比赛。

餐厅&酒吧　　　　　　　　Map p.23-C3

佳 桃江路 42 号
☎（021）64744533
营 11:00～次日 2:00
休 无
图 乘地铁 1 号线在衡山路站下车后步行大约 5 分钟
网 omalleys-shanghai.com

上海米氏西餐厅
将上海夜景跟美味佳肴一起品味

◆这是一家欧式西餐厅，自 1999 年开业以来，作为可以观赏夜景的景点一直人气非常旺盛。除了露台座席之外，从临窗的座位也可以同时观赏到外滩与浦东两地的现代化风景。周末需要提前预约。

餐厅 & 酒吧　　　　Map p.17-D3

🏠 中山东一路外滩 5 号 7 楼（广东路 20 号 7 楼）　☎（021）63509988
🕐 11:30~14:30（周一～周五）、11:30~15:00（周六 · 周日）、15:30~17:00、18:00~22:30　休 春节 3 天
🪑 250
🚇 乘地铁 2、10 号线在南京东路站下车后步行大约 10 分钟
🔗 www.m-onthebund.com

BARBAROSSA LOUNGE
具有摩洛哥风情的充满异国情调的奇异空间

◆这是一家位于人民公园内的演绎摩洛哥风情的酒廊酒吧，可以坐在宽大舒适的豪华沙发上，尝试吸一支水烟。二楼有搭着帐篷的酒吧柜台。

餐厅 & 酒吧　　　　Map p.30-A1

🏠 南京西路 231 号人民公园内
☎（021）63180220
🕐 11:00~ 次日 2:00（最后点菜时间 22:30）
休 春节 3 天
🪑 200
🚇 乘地铁 1、2、8 号线在人民广场站下车后步行大约 3 分钟

M2
在国内外的顾客中很受欢迎的俱乐部

◆香港著名影星刘嘉玲投资的俱乐部，具有最先进的音响效果和现代化的装潢，不仅当地年轻人喜欢，来自外国人的支持率也很高，尤其是举办特别活动的日子，更是能达到空前的盛况。

俱乐部 & 酒廊　　　Map p.31-D3

🏠 淮海中路 283 号香港广场南座 4 楼
☎（021）62886222
🕐 21:00~ 次日 4:00
休 无
🚇 乘地铁 1 号线在黄陂南路站下车后即到

MUSE AT PARK 97
如果在这迷人的上海之夜感觉困倦的话就去体验一下这里

◆在喜欢夜游的西欧人和上海人之间很受欢迎的时尚俱乐部酒廊。店内迷人的红色灯光渲染出一种感性的热辣氛围，真想把自己埋在沙发里，度过一段闲散的时光。

俱乐部 & 酒廊　　　Map p.24-B2

🏠 皋兰路 2 号甲复兴公园内
☎（021）53832328
🕐 21:00~ 次日 4:00
休 无
🪑 150
🚇 乘地铁 1 号线在黄陂南路站下车后步行大约 10 分钟
🔗 www.museshanghai.com

萨莎
能够撼动中国的重要人物们生活过的洋楼

◆建于 1920 年的以粉色为标志的洋楼，建筑完好保存至今。现在二楼是欧式西餐厅。

餐厅 & 酒吧　　　　Map p.23-C3

🏠 东平路 11 号
☎（021）64746628
🕐 11:00~ 次日 1:30
休 无
🪑 140
🚇 乘地铁 1 号线在衡山路站、1、7 号线在常熟路站下车后步行大约 5 分钟
🔗 www.sashas-shanghai.com

投稿 位于人民公园内的 BARBAROSSA LOUNGE 酒吧，到了夜里灯光明亮，气氛特别好，在里面还可以吸水烟，鸡尾酒的种类也很丰富。

The Shelter
人气 DJ 使俱乐部气氛高涨

◆是夜越深，顾客越多，会逐渐喧哗热闹起来的高人气俱乐部。建筑以前曾经是防空洞，从入口下台阶，走到大厅需要步行一段距离。店内有一种很独特的气氛。鸡尾酒大约 40 元。

俱乐部　　　　　　Map p.23-C3

🏠 永福路 5 号地下 1 楼
☎ 无
🕒 22:00 ~ 次日 5:00
休 周一·周二·周日
🚇 乘地铁 1、7 号线在常熟路站、10 号线在上海图书馆站下车后步行大约 8 分钟

九重天酒廊
在世界上屈指可数的高层酒吧观赏美不胜收的景色

◆位于上海金茂君悦大酒店内，是上海为数不多的高层酒吧之一。天晴的时候从店内可以透过玻璃 360 度环视浦东、外滩以及浦西的景色。由于人气很旺，所以最好下午 18:00 之前能到。

顶楼酒吧　　　　　Map p.18-B3

🏠 世纪大道 88 号金茂大厦 87 楼
☎ (021) 50491234
🕒 17:00~ 次日 1:00（周五·周六·周日~ 次日 2:00）　休 无
💺 192
🚇 乘地铁 2 号线在陆家嘴站下车后步行大约 5 分钟
🔗 shanghai.dining.grand.hyatt.com.cn

MUSE
老板是香港著名女影星的名流御用酒吧

◆位于由旧工厂改建而成的时尚综合大楼同乐坊里，立体的构造和复杂的灯光营造出一种超现代的时尚氛围。VIP 座席经常有来自世界各地的名流。

迪厅 & 酒吧　　　　Map p.15-C3

🏠 余姚路 68 号（同乐坊内）
☎ (021) 52135183
🕒 20:00~ 次日 2:30(周末~ 次日 4:00)
休 无
💺 100
🚇 乘地铁 7 号线在昌平路站下车后步行大约 4 分钟

月影铁板烧观景餐厅酒廊
风景迷人的酒廊

◆位于外滩 5 号楼内的餐厅内酒吧。可以在酒吧的吧台一边品酒，一边从正面观赏浦东东方明珠塔的景色。还可以在这里享受下午茶。

酒廊　　　　　　　Map p.17-D3

🏠 中山东一路外滩 5 号 3 楼
☎ (021) 63231117
🕒 餐厅 11:00~14:30（最后点菜时间 14:00）、17:00~24:00（最后点菜时间 22:30）酒吧、酒廊 14:00~24:00、14:00~17:30(下午茶) 休 春节 7 天
💺 餐厅 70、酒吧 180 🚇 乘地铁 2、10 号线在南京东路站下车后步行大约 10 分钟 🔗 www.moonsha.net

Cigar Jazz Wine
享受现场的爵士乐演奏

◆位于一天之中游客不断的新天地内的酒廊。到了深夜，可以在这里倾听爵士乐曲，欣赏歌手的歌喉，享受葡萄酒和欧式西餐，置身爵士乐的演奏现场，轻松地度过这段美好时光。

爵士乐酒廊　　　　Map p.86-A3

🏠 兴业路 123 弄 2 号 4 单元
☎ (021) 63856677 🕒 12:00~ 次日 2:00（表演 21:00~ 次日 0:20）
休 无
💺 250 🚇 乘地铁 1 号线在黄陂南路站下车后步行大约 5 分钟，10 号线在新天地站下车后步行大约 4 分钟
🔗 www.cjwchina.com

老年爵士乐团
品味鸡尾酒，沉醉于爵士乐之中

◆位于上海费尔蒙和平酒店内（原和平饭店北楼）的爵士乐酒吧。乐手由平均年龄将近80岁的六位有经验的爵士乐老手组成，在他们演奏的音乐之中人们仿佛回到久远的旧租界时期。这里已经成为著名的观光景点。

爵士乐酒吧	Map p.31-D1

住 南京东路 20 号

☎（021）63216888　营 12:00～次日 2:00
休 无　 乘地铁 2、10 号线在南京东路站下车后步行大约 15 分钟
网 www.fairmont.jp（日）

※老年爵士乐团表演时间：19:00～21:45（周二～周六）、19:00～次日 1:00（周一、周日）、Theo Croker Sexte：22:00～次日 1:00（周二～周六）

红糖爵士餐厅
享受美食与现场演奏的空间

◆作为上海著名景点而备受欢迎的有现场演奏的餐厅。台湾厨师亲手制作的法国风味的中欧相结合的菜肴很受欢迎，每晚都有以爵士乐和拉丁音乐为主的现场演奏。

音乐现场餐厅	Map p.86-B1

住 太仓路 181 弄 15 号

☎（021）53828998
营 18:00～次日 2:00（表演 21:30～次日 1:00）　休 无　 乘地铁 1 号线在黄陂南路站下车后步行大约 3 分钟，10 号线在新天地站下车后步行大约 6 分钟
网 www.brownsugarlive.com/shanghai/main.html（中·英）

JZ Club
近在咫尺的舞台营造出现场的感觉，使餐厅气氛达到高潮

◆位于复兴西路，多为年轻的爵士音乐演奏者，比起正宗的爵士乐能欣赏到更多充满个性化的快乐爵士乐曲。演奏每天 22:00 开始。

爵士乐酒吧	Map p.23-C3

住 复兴西路 46 号

☎（021）64310269
营 19:00～次日 3:30　休 无　座 150
乘地铁 1、7 号线在常熟路站下车后步行大约 5 分钟
网 www.jzclub.cn（中·英）

※演奏每天 22:00～、2 层座位需要预约

House of Blues & Jazz
充满美国南部氛围的正宗爵士乐酒吧

◆从茂名南路迁移至外滩地区的爵士乐酒吧。打开厚重的大门后，扑面而来的是美国南部的氛围，外国人回头客很多，演奏开始的时候店内的顾客总是坐得满满的。老板是上海个性派的演员。

爵士乐酒吧	Map p.31-D1

住 福州路 60 号

☎（021）63232779
营 16:30～次日 2:00　休 无　座 150
乘地铁 2、10 号线在南京东路站下车后步行大约 10 分钟

※演奏 21:30～（三次演奏，每次表演大约 45 分钟）

网 www.houseofbluesandjazz.com（中·英）

百乐门
21 世纪复苏的社交舞的殿堂

◆租界时期被称为"东方舞厅"的综合娱乐殿堂于 2008 年重新开业，使用 1932 年竣工的大楼翻新改造而成。有专业舞蹈演员常驻于此。

舞厅	Map p.30-A2

住 愚园路 218 号　☎（021）62498866
营 13:00～16:30、16:40～20:00、20:20～次日 1:00　休 无
费 13:00～16:30 是 40 元（周六·周日 80 元）、16:40～20:00 是 100 元、20:00～次日 1:00 是 258 元
乘地铁 2、7 号线在静安寺站下车后步行大约 2 分钟

娱乐指南
ENTERTAINMENT

五人小组展现身体柔韧姿态的"五人柔术"

用一只手撑住一根棍子，支撑身体平衡，并且不断变换姿势的"单手撑柔术"

帽子杂耍

逸夫舞台也表演京剧

变身古典美女

上装后似乎可以直接上台演出了

概　况

展现高难度特技动作的上海杂技

正宗的剧团表演技术高超，百看不厌。现在除了在上海商城剧院、上海马戏城等4家剧场演出之外，2010年开业的沪西大剧院也有公演。上海商城剧院很少休息，不过来看演出的旅游团很多，尽可能提前一天买票比较保险。当天买很可能买不到。

坐游船游览夜景

上海是个夜景很美丽的城市，外滩那些石造建筑群晚上亮灯之后让人感受到一种幻想般的氛围，对岸浦东区的东方明珠塔以及高层建筑群也都灯火通明，这些风景在黄浦江畔眺望也很漂亮，不过既然来了，就不如坐游船在水面上环游一圈，近距离地欣赏夜景。

浦东的高层建筑以及水中往来的船只全都亮灯了

可以在船上眺望美丽的浦东夜景

享受电影的快乐

旅行中有时会有难得的空闲，所以能在电影院里欣赏一部电影也算是一种异地尝鲜的方式。

新天地内的电影院

老字号电影院国泰电影院

艺术摄影

店内有很多传统服装

服装从婚纱到燕尾服，以及传统服装，各种颜色和样式都有，穿上试一试也会很开心的。很多照相馆会把照好的相片放入豪华的相册里，做成一份旅游纪念品。最近还出现了正宗的京剧装摄影体验。

上海商城剧院
近距离观赏令人震惊的技能

◆ 剧场位于五星级酒店的上海波特曼丽思卡尔顿酒店内，共两层，总座位数 991 个，规模不大，可以近距离观赏舞台上的精彩演出，那种现场的扣人心弦的感觉令人震撼，一定不要错过。

左／激动人心的表演
右上／由于剧场不算太大，所以可以近距离观赏演出
右下／位于繁华商业街，地理位置非常方便，也很具有诱惑力

剧场	Map p.30-B2

住 南京西路 1376 号
☎ （021）62798949
營 9:00~19:30（售票处）、19:30~21:00（演出）　休 不定期
費 150 元、200 元、280 元
🚇 乘地铁 2、7 号线在静安寺站下车后步行大约 10 分钟

上海马戏城
位于上海市北部的剧场

◆ 沿着地铁 1 号线往北有马戏城地铁站，总座位数 1672 个，是马戏团专用的大型剧场，无论照明、音响还是空中秋千等都引进了最先进的技术。节目的娱乐性很高，受到好评，建筑物本身也很独特。

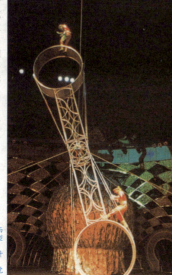

左／剧场非常大，因而有占用很大空间的大型表演节目
右上／外国制作人设计的高水平的节目
右下／从远处看到也觉得非常醒目的大剧场

马戏	Map p.10-B2

住 共和新路 2266 号
☎ （021）66522395、（021）66527750
營 9:00~20:00（售票处）、19:30~21:00（演出）　休 春节 1 天
費 80 元、180 元、280 元、380 元、580 元
🚇 乘地铁 1 号线在上海马戏城站下车后步行大约 3 分钟

上海

● 娱乐指南

217

云峰剧院
欣赏高水平的杂技

◆离静安寺很近，交通也很方便的老字号剧场，剧场本身给人一种历史悠久的感觉，来自国内外的观众看过之后都认为这是上海最好的、水平最高的演出，给人留下很深刻的印象。票可以当天买到。

左／可以看到传统杂技，而不是欧美特色的
右／离车站很近

上海杂技　　　　　　Map p.30-A2

🏠 北京西路 1700 号
☎ （021）62872088（售票处）
🕐 19:30~（演出）
休 无
💰 150 元、200 元、280 元
🚇 乘地铁 2、7 号线在静安寺站下车后步行大约 5 分钟

白玉兰剧场
经常在海外演出的剧团表演

◆可以容纳 630 名观众的小型剧场，从新天地步行 10 分钟就能到达，地理位置很方便。这个剧团经常去海外演出，曾在纽约的百老汇获奖，表演更是精彩，惊心动魄。

左／以蹬技、狮子舞、摩托车等杂技传统节目为主
右／离著名观光景点泰康路很近

上海杂技　　　　　　Map p.24-B3

🏠 重庆南路 308 号卢湾区文化馆内
☎ （021）63221208（售票处预约时间：9:00~16:30）、13003134929（手机，17:00~）　🕐 19:30~21:00（演出）
休 无
💰 150 元、200 元、280 元
🚇 乘地铁 9 号线在打浦桥站下车后步行大约 7 分钟

逸夫舞台
在上海历史最悠久的京剧剧场

◆ 1921 年设立的，具有 90 年历史的传统剧专门剧场。离上海市中心的人民广场站很近，交通很方便。剧场前身是天蟾舞台，现在以京剧为主，也有各种地方戏曲的演出，促进了中国传统剧种的持续发展。

左／京剧造型出彩
右／丰富的表情变化也是欣赏内容之一

剧场　　　　　　　　Map p.30-A1

🏠 福州路 710 号
☎ （021）63225294
🕐 根据演出时间而不同
休 不定期休息
💰 根据演出内容而不同
🚇 乘地铁 1、2、8 号线在人民广场站下车后步行大约 2 分钟
🌐 www.tianchan.com

沪西大剧院
新开业的杂技剧场

◆ 2010 年开业，是上海杂技团经常演出的地方，在令人熟悉的柔术杂技以及摩托车表演节目中增加了高科技的渲染与配合，相当好看。

上海杂技	Map p.14-A3

🏠 武宁路 205 号
☎ （021）66526822
🕐 19:30~（演出）
休 无
费 100 元、150 元、200 元、280 元
🚇 乘地铁 3、4、11 号线在曹杨路站下车后步行大约 10 分钟

共舞台
在古典剧场中享受高科技杂技

◆作为上海为数不多的京剧剧场曾经在 20 世纪 30 年代博得了观众的欢迎，如今变成杂技团的表演舞台，上演采用 3D 等先进高科技制作的杂技剧目。

高科技杂技	Map p.17-C4

🏠 延安东路 433 号
☎（021）51099910(售票处预约电话)
🕐 19:30~（演出）
休 无
费 580 元、380 元、280 元、180 元、80 元　🚇 乘地铁 8 号线在大世界站下车后即到

兰心大戏院
1930 年创业的剧场，上演各种各样的剧目

◆ 剧院里保留着一种旧租界时期的古典氛围，曾经在 1952 年改名为上海艺术剧场，不过 1991 年又改回原名。从话剧到京剧、魔术、杂技、音乐会等各种各样的演出都有。

剧场	Map p.30-B3

🏠 茂名南路 57 号
☎ （021）62564738
🕐 根据演出时间而不同（售票处工作时间：9:00~18:50）
费 根据演出内容而不同
🚇 乘地铁 1、10 号线在陕西南路站下车后步行大约 7 分钟

美琪大戏院
位于繁华街，可以享受各种演出的剧场

◆上海为数不多的位于繁华街南京西路的剧场，剧场上演的剧目范围很广，从古典音乐会到话剧、以昆剧为主的地方戏曲、中国流行音乐会、外国歌剧《猫》等都有上演。

剧场	Map p.31-C2

🏠 江宁路 66 号　☎（021）62173377
🕐 根据演出时间而不同（售票处工作时间：9:00~20:00）
休 无
费 根据演出内容而不同
🚇 乘地铁 2 号线在南京西路站下车后步行大约 7 分钟

宛平剧场
精心制作的杂技进行公演的剧场

◆以杂技为主的剧场，从晚夏到秋季，可以观赏以四川省成都的金沙王国为题材的魔幻金沙等与众不同的杂技节目。由于演出的内容经常调换，因此去之前需要提前咨询。

剧场	Map p.29-C3

🏠 中山南二路 859 号
☎ （021）64691383
🕐 根据演出时间而不同（售票处工作时间：9:00~19:30）　休 无
费 150 元、200 元、280 元、380 元（根据演出内容而不同）　🚇 乘地铁 4 号线在上海体育场站，4、7 号线在东安路站下车后步行大约 10 分钟

环艺电影城
具有最先进设备的电影院

◆有六个宽银幕放映室的电影院，好莱坞的最新影片放映得较及时，平常日子里的上午时间段有时候票价半价以下。

电影院　　　　　　　Map p.31-C2

🏠 南京西路 1038 号梅龙镇广场 10 楼
☎ （021）62182173
🕐 10:00~23:00
休 无
费 根据放映内容、时间而不同
🚇 乘地铁 2 号线在南京西路站下车后步行大约 5 分钟
🌐 www.studiocitychina.com

UME 新天地国际影城
大型电影院

◆位于新天地内的电影院，馆内有 6 个宽银幕放映室，上映最新的电影，新天地内餐厅比较多，看完电影后可以去就餐。

电影院　　　　　　　Map p.86-A4

🏠 兴业路 123 弄新天地南里 6 号 5 楼
☎ （021）63733333
🕐 根据上映电影时间而不同　休 无
费 根据放映内容而不同
🚇 乘地铁 1 号线在黄陂南路站下车后步行大约 6 分钟、10 号线在新天地站下车后步行大约 3 分钟
🌐 www.ume.com.cn

上海八万人体育场
可以容纳 8 万人的体育场

◆上海体育场是可以举办大型体育赛事或者大型活动的可以容纳 8 万人的大型体育场。

活动大厅　　　　　　Map p.29-C4

🏠 天钥桥路 666 号
☎ （021）64266666
🕐 根据演出时间而不同
休 无
费 根据演出内容而不同
🚇 乘地铁 1、4 号线在上海体育场站下车后步行大约 5 分钟

上海市轮渡　东金线
用很短的时间体验欣赏绝景的游船

◆只用 10 分钟就把外滩跟浦东连接起来的渡船。费用很便宜，两层游船，有甲板，也有结实的座位，游人可以轻松愉快地欣赏美景。发船次数频繁，间隔很短，不需要等候。

游船　　　　　　　　Map p.17-D4

🏠 金陵东路（外滩侧）、东昌路 1 号（浦东侧）
☎ （021）63216547
🕐 7:00~22:00
休 无　费 2 元
🚇 乘地铁 2、10 号线在南京东路站下车后步行大约 16 分钟（外滩侧）

上海市轮渡　东复线
成为上海市民出行方式之一的短时间游船体验

◆在黄浦江上往来的渡船，成为上海市民的出行方式之一。早晨从很早就开始运营，还可以把摩托车和自行车带上船，游客能够在很短的时间里体验一下上海人的生活。

游船　　　　　　　　Map p.26-B1

🏠 东昌路 1 号（浦东侧）、复兴东路 1 号（外滩侧）
☎ （021）33767766（内线 380）
🕐 6:00~19:00
休 无
费 2 元 / 人、2.8 元 / 自行车
🚇 乘地铁 9 号线在小南门站下车后步行大约 15 分钟

浦江游览号 双龙船
在水上欣赏上海夜景

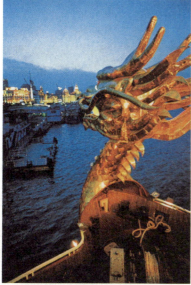

上／双龙船船头上金光闪闪的龙威凤凛凛
右／可以充分观赏浦东和外滩的夜景

游船　　　　　　　　　　　　　　Map p.26-A1

◆有两只大龙头的四层大型游船，能容纳800人，在黄浦江上游览1小时，每天19:00出航，可以在船上享受上海菜，1人100元（乘船费用、饮料另付），两人以上成行，乘船之后可以点菜，到周末或旅游旺季游客很多，需要提前预约或者尽早到达。如果乘船人数不够，也有可能换成无法就餐的小型游船。

住 会馆弄（上海市黄浦江游览票务中心·售票处）
☎（021）63219060（售票处）
營 19:00 出航
休 无　　費 100元
🚇 乘地铁9号线在小南门站下车后步行大约10分钟，2、10号线在南京东路站下车后步行大约15分钟
※乘船地点、船的类型有可能会变更

上海黄浦号
明轮直径7.5米稳速前进的大型游览观光船

上·右／船内从三层有公共区域酒吧，可以坐在宽大舒适的座席上观赏美景。游船为定员450人的大型游览船

游船　　　　　　　　　　　　　　Map p.17-D2

◆船体以美国密西西比河的明轮船为主题，从黄浦江与支流吴淞江汇合处附近的扬子江码头出航，在闪耀着金黄色灯光的外滩和灯火明亮的现代化大楼林立的浦东地区之间往返，然后通过出发地点沿黄浦江北上，中途折返，路上需要大概50分钟，可以一边喝饮料，一边尽情欣赏上海夜景。

住 黄浦路108号（乘、下船地点）
☎ 400-820-1932（预约电话·上海乘船观光旅游）
營 18:30~20:00（每30分钟发一趟船）
休 无
費 100元
🚇 乘地铁2号线在南京东路站下车后步行大约20分钟
🖥 www.shanghaiscenery.com

上海京剧院
上海唯一的京剧化装体验

上 / 变为杨贵妃！真正的雍容华贵！
右 / 照相馆的入口，原法国租界区的京剧剧团办公楼

◆在上海京剧院这种专业的剧院里拍摄，由实际出演的专业人员化装，服装也是演员们上场穿的服装，摄影需要 3~4 小时，一个角色 1188 元，两个角色 1788 元（之后每增加一个角色增加 400 元）。

🏠 衡山路 17 弄上海京剧院综合楼 3 楼（摄影场地）、
岳阳路 168 号（事务所）
☎ （021）64337973
🕐 根据预约时间而不同　　休 无
🚇 乘地铁 1 号线在衡山路站下车后步行大约 5 分钟
🖥 www.pekingopera.sh.cn

古韵
通过造型与服装变成古典美人

上 / 这张照片让人感觉简直就像从中国画里走出来的美女一样
右 / 还设置了古代宫廷风格的、大户人家豪宅一样的拍摄场景

◆在这个摄影工作室里，可以穿戴成唐代、宋代等中国古代王朝的女皇帝，也可以进行京剧风格的服装摄影，费用是三套服装 599 元、四套服装 899 元、五套服装 1199 元（全都包括化装费）。过程 3~5 小时，请留有一定的富余时间。制作相册大约需要两个星期，DVD 可以当日带走，100 元。拍照需要预约。

🏠 石龙路 411 弄 28 号北 01 室
☎ （021）54112187
🕐 9:30~18:00
休 周三
🚇 乘地铁 1、3 号线在上海南站下车后步行大约 15 分钟
🖥 www.guyunphoto.com/www/flash.php

美容 & 按摩

AESTHETIC & MASSAGE

能让人充分放松的香薰精油
按摩很受欢迎

在高级 SPA 的前台有认真负
责的接待咨询服务

■最好提前预约
　　高级美容沙龙必须提前
预约。受欢迎的美容店或者
按摩店周末人多提前预约比
较有保障。

有的美容店会销售原创性的
化妆品

注意
※有些按摩店里推销药品，
不需要的话可以断然拒绝。

概　况

有很多高级美容沙龙

　　上海休闲的特征之一，就是有很多高级 SPA 和美容店，更有一些有
吸引力的外资高级美容店，这些美容店都位于五星级酒店内，气氛很
不错。

　　不过高级美容店需要事先预约。本书中刊登的美容店游客也可以使
用，除此之外还有些会员专用的美容店，只有入住酒店的客人才能使用。
如果想去这些美容店的话，到上海后要马上进行预约。

传统按摩很受欢迎

　　上海有几百家传统按摩店，竞争很激烈。按摩以揉为主，是相对比较
轻柔舒缓的一种按摩。

　　按摩费用 60 元左
右，高级酒店内的按摩
店 100~150 元。

　　另外一般按摩快
要结束的时候，店员
会询问是否需要延长
时间，如果点头的话，
就会增加时长并为之
付出高额的费用，所
以需要特别注意。

用了生姜包的按摩

促进血液循环的拔火罐

流行的美甲沙龙

　　上海的年轻人里很流行美甲，有的地铁站
商店里也有简单的美甲沙龙，除此之外还有各
种各样的酒店内美甲中心或者专门的高级美甲
店。店铺不同，式样与水平也不一样，价格也
相差很多。

选择自己喜欢的美甲式样

可以空着手去的洗浴中心

　　除了美容或者按摩，还有配备大浴池和桑拿等设施的超级洗浴中心。
一般价格 60 元左右还算比较合理。可以在浴池里尽情浸泡，在休息室里
好好放松，还有按摩等其他服务。

Anantara Spa
泰式顶级奢华 SPA

像度假村一样的空间

◆安娜塔拉 SPA 经营安娜塔拉豪华度假村和水疗中心的高级 SPA，使用泰国传统技法以及印度的阿育吠陀疗法，通过技术与知识的灵活运用，使身体与心灵得到完全的放松。使用茶叶以美容与放松为目的的特色按摩很受欢迎。

上／两个人可以同时使用浴室的私密房间
下／让时间静静流逝的无边泳池

🏠 常德路 1 号璞丽酒店 3 楼
☎ （021）22166899　🕙 10:00~22:00
🚇 乘地铁 2、7 号线在静安寺站下车后步行大约 1 分钟　🔗 spa.anantara.com/shanghai

推荐项目	传统中国式按摩 ………… 60 分钟 860 元	白茶保湿疗法 ………… 120 分钟 1280 元	绿茶排毒疗法 ………… 120 分钟 1380 元（上述价格需要付 15% 服务费）

悦榕庄
发挥"阴阳五行"的智慧

撒满玫瑰花瓣的鲜花浴缸

◆位于外滩附近的上海威斯汀大饭店内，总部在泰国普吉岛的悦榕庄，汲取中国"土金水木火"的阴阳五行的思想，根据季节和身体状况进行相应的身体疗养。

上／不同系列的房间设计不同
下／所有系列使用纯天然制品

🏠 河南中路 88 号上海威斯汀大酒店 3 楼
☎ （021）63351888（内线 7272）
🕙 10:00~24:00　休 无
🚇 乘地铁 2、10 号线在南京东路站下车后步行大约 7 分钟
🔗 www.banyantreespa.com

推荐项目	按摩 & 美体磨砂护理 & 脸部保鲜膜 / 浴室"阴阳"套餐系列 ………… 3 小时 1280 元	美体磨砂护理 & 按摩"风"系列 ………… 3 小时 1360 元	面部 & 身体护理"水"系列 ………… 2 小时 1480 元

上海 ● 美容 & 按摩

蔓达梦
世界闻名的放松方式

可以尝试豪华的鲜花浴

◆位于人民广场附近的上海万豪酒店内的蔓达梦 SPA，走进入口之后，柠檬玻璃杯里的芳香与水流的声音，令人身心都放松下来，可以尽享充满东方国家氛围的奢华护理。

浓郁的芳香与舒适的按摩令人不由得进入梦乡

🏠 南京西路 399 号上海明天广场 JW 万豪酒店 6 楼
☎ （021）53594969（内线 6798）
🕐 10:00~22:00（接待）
休 无
🚇 乘地铁 1、2、8 号线在人民广场站下车后步行大约 5 分钟
🌐 www.mandaraspa.com
※需要提前一天预约

| 推荐项目 | 蔓达梦特色按摩 ·········· 75 分钟 990 元（需要两名技师做） | 芳香疗法按摩 ·········· 60 分钟 680 元　90 分钟 860 元 | 东方珍珠面部护理 ·········· 60 分钟 520 元（上述价格 +15% 服务费） |

Chi, The Spa at Shanghai-La
喜马拉雅传统的温泉疗法

为了让"气"在体内畅通，准备了各种各样的疗法

◆位于一流酒店上海浦东香格里拉大酒店内的原创性 SPA。以喜马拉雅疗法的理念为基础，配合专家团队开发的唤醒"气"的疗法。

喜马拉雅疗法的石头按摩让人感觉暖烘烘的

🏠 富城路 33 号浦东香格里拉大酒店紫金楼 6 楼
☎ （021）68828888（内线 460）
🕐 10:00~24:00
休 无
🚇 乘地铁 2 号线在陆家嘴站下车后步行大约 3 分钟
🌐 www.shangri-la.com
※ 16 岁以下禁止入内

| 推荐项目 | 喜马拉雅疗法的石头按摩 ······ 120 分钟 1580 元（上述价格 +15% 服务费） | 玉石按摩 ·········· 100 分钟 1680 元（上述价格 +15% 服务费） |

The Spa
在一流酒店享受美容

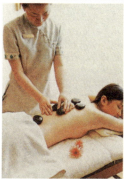

◆这家位于上海红塔大酒店内的沙龙是上海酒店内 SPA 的先锋，跟酒店一样也得到了服务周到、细致的好评。现在流行一种用 40℃ 左右的热石头做的全身按摩。

把热石头放到背部或肩膀的穴位上　按摩师用热乎的石头做按摩

酒店 SPA　　　　Map p.27-D1

住 东方路 889 号上海红塔大酒店 6 楼
☎（021）50504567（内线 6655）
営 10:00~24:00（按摩）
休 无
費 全身按摩 80 分钟 700 元，喷气营养护理 60 分钟 450 元，精油按摩 75 分钟 500 元
服务 15%
🚇 乘地铁 2、4、6、9 号线在世纪大道站下车，或者乘地铁 6 号线在浦电路站下车后步行大约 7 分钟
🖥 www.starwoodhotels.com

SPA INTERCONTINENTAL
有很多把东洋哲学与西洋医学结合在一起的项目

◆位于上海锦江汤臣洲际大酒店内的原创性 SPA，把中国传统的按摩手法与西洋式的芳香疗法结合在一起的项目多种多样，有一种东方特色的按摩"生姜＋蜂蜜保鲜膜"很受欢迎，需要提前一天预约。

专门的心理理疗师做按摩　　在 VIP 房间里度过一段优雅的时光

酒店 SPA　　　　Map p.19-C4

住 张扬路 777 号上海锦江汤臣洲际大酒店 4 楼
☎（021）58356666（内线 3434）
営 10:00~24:00
休 无
費 亚式招牌回春按摩（生姜与蜂蜜保鲜膜 & 中国式按摩）150 分钟 1180 元
服务 15%
🚇 乘地铁 2、4、6、9 号线在世纪大道站下车后步行大约 5 分钟
🖥 www.intercontinental.com

源
在北外滩的高级酒店里享受让人身心充分放松的空间

◆位于豪华的上海外滩茂悦大酒店内的 SPA，有用翡翠石做穴位按摩等项目，采用把中国传统要素跟欧洲美容技巧、身心健康哲学相结合的手法，整个楼层都回响着流水的声音，在这样的空间里充分放松，让自己的身体从内部得到调理。

在柔和的灯光中可以放松　　超级舒适的环境

酒店 SPA　　　　Map p.17-D2

住 黄浦路 199 号上海外滩茂悦大酒店地下 1 楼
☎（021）63931234（内线 6527）
営 10:00~23:00
休 无
費 源按摩疗法 60 分钟 780 元　源面部护理 90 分钟 1080 元
服务 15%
🚇 乘地铁 2、10 号线在南京东路站下车，或者乘 10 号线在天潼路站下车后步行大约 15 分钟
🖥 shanghai.bund.hyatt.com/hyatt/pure/spa
※需要预约

VENUS SPRING MASSAGE
就像法国南部白色住宅里的 SPA

◆这是一家以安心、安全、干净为宗旨的沙龙，位于嘉善市场内部以白色为基调的大楼里，有从外国进口的最高级精油，还设有足底按摩专用的星尘按摩房。

SPA	Map p.24-A4

- 🏠 嘉善路 259 嘉善老市（嘉善市场）E 栋
- ☎ （021）34618726
- 🕐 13:00~23:00（周六·周日·节假日 12:00~）
- 🈚 无
- 💰 温泉足底按摩 45 分钟＋全身按摩 45 分钟 280 元、巴厘岛精油全身按摩 60 分钟 380 元
- 🛎 无
- 🚇 乘地铁 9 号线在嘉善站下车后步行大约 5 分钟
- 🔗 www.venus.spring.com

依云水疗
由于矿泉水而闻名的依云集团的 SPA

◆因矿泉水而闻名的依云集团在海外唯一的一家 SPA。超高挑空的中庭，入口处有一个美丽的岩石花园，理疗室以透明或白色为基调，给人一种纯洁无瑕、清新简约之感。

SPA	Map p.17-D3

- 🏠 中山东一路外滩 3 号 2 楼
- ☎ （021）63216622 🕐 10:00~22:30
- 🈚 无
- 💰 面部护理 60 分钟 880 元、瑞典疗法 60 分钟 880 元
- 🛎 无
- 🚇 乘地铁 2、10 号线在南京东路站下车后步行大约 10 分钟
- 🔗 www.threeonthebund.com

外滩五号绿韵 SPA
在高级 SPA 内休息放松的空间

◆ 2011 年从外滩 5 号迁移到黄浦江东侧位于浦东的高级住宅街里。老板是高级 SPA 师，费用还比较公道，所以人气很旺，项目也丰富多样，需要预约。

SPA	Map p.27-C1

- 🏠 潍坊西路 1 弄 18 号
- ☎ （021）63219135
- 🕐 10:00~24:00
- 🈚 无
- 💰 基础面部护理 60 分钟 298 元、基础精油按摩（背部）30 分钟 198 元
- 🛎 无
- 🚇 乘地铁 2、4、6、9 号线在世纪大道站下车后步行大约 20 分钟

艾维庭
无论男女都很喜欢的地方，位于洋楼之中，可以充分放松

◆位于高级商场云集的区域，是一家洋楼风格的沙龙。这家老字号美容院有各式按摩，以及专业美容瘦身设备，也有很多男性顾客来做美容保健。

SPA	Map p.30-B2

- 🏠 陕西北路 380 号
- ☎ （021）62183079 🕐 10:00~24:00
- 🈚 春节 5 天
- 💰 热石头足底按摩 70 分钟 88 元、全身按摩 60 分钟 128 元
- 🛎 无
- 🚇 乘地铁 2 号线在南京西路站下车后步行大约 10 分钟
- 🔗 www.everlasting.cn

十乐非非想
逃离城市喧嚣尽情放松的地方

◆位于世纪公园附近的高级"九间堂别墅"俱乐部大楼之内，是一间现代化的 SPA，采用芳香疗法跟中国传统的气流相结合的全身按摩方式。需要提前预约。

SPA	Map p.11-C3

- 🏠 芳甸路 599 弄 1 号
- ☎ （021）50339113（内线 6000）
- 🕐 10:30~22:00 🈚 春节 3 天
- 💰 全身按摩 60 分钟 420 元~
- 🛎 无
- 🚇 乘地铁 7 号线在花木路站下车后步行大约 12 分钟
- 🔗 www.jjtshile.com

悠庭保健会所　虹梅店
在富太太中间口碑很好的经济实惠的极乐沙龙

◆进军海外的一家上海 SPA，由于地段好，在太太们之中很受欢迎的一家沙龙。有 1~2 人用的单间，内有带顶的床，由两位按摩师同时为客人做按摩。建议尝试一下这种高级按摩项目（60 分钟 290 元）。

SPA	Map p.20-B3

住 虹梅路 3911 弄 5 号别墅
☎ （021）62424328
营 10:00~24:00
休 无
费 精油按摩 60 分钟 168 元
服务 无
🚇 乘地铁 10 号线在龙溪路站下车后步行大约 3 分钟
🌐 www.dragonfly.net.cn

麦莎
可以尝试各国风格的按摩技巧

◆这是一家著名的台湾 SPA 在上海开的亚洲风味十足的 SPA，东洋与西洋的手法相融合，按摩的方式多种多样，有泰式的、中式的、瑞典式的等。

SPA	Map p.22-A3

住 番禺路 1 号　☎ （021）52386522
营 10:30~23:30　休 无
费 新生套餐（全身、足底按摩＋脸部护理）150 分钟 950 元　时尚 SPA 套餐（全身按摩＋美体磨砂护理＋面部护理）150 分钟 950 元
服务 无
🚇 乘地铁 3、4 号线在延安西路站下车后步行大约 10 分钟
🌐 www.misspa.com.cn

佰草集汉方 SPA
原创化妆品与整套中医手法的按摩受到好评

◆用以中医医学为基础的疗法进行护理的 SPA，用香草或者中草药做成的原创化妆品以及整套中医手法进行的按摩备受好评。推荐尝试一下汉方排毒套餐 90 分钟 1180 元，需要预约。

SPA	Map p.16-A4

住 北京西路 718 号
☎ （021）62171178、1500558008（手机）
营 10:00~22:00　休 春节 3 天
费 汉方排毒套餐 90 分钟 1180 元
服务 无
🚇 乘地铁 2 号线在南京西路站下车后步行大约 10 分钟
🌐 www.herborist-spa.com

向日葵
因口头传播而流传甚广的汉方美容沙龙

◆一位日本女老板开的使用正宗汉方进行美容或使用精油进行美容的沙龙，自 2004 年开业以来，被那些常住上海的日本太太口头宣传得非常火爆，四年间开了 4 家分店。需要提前两天进行预约。

美容	Map p.30-B1

住 九江路 619 号中福大酒店 1205 室
☎ （021）63510787
营 10:00~18:00（周六·周日 ~16:00）
休 春节 3 天、法定节假日
费 刮痧 380 元
服务 无
🚇 乘地铁 1、2、8 号线在人民广场站下车后步行大约 4 分钟
🌐 www.sunflower-br.com

法兰德斯
男性回头客很多、使用太乙松筋棒的美容

◆因使用黑水牛角做成的太乙松筋棒做美容而闻名。使用这种松筋棒可以把小硬块角开，促进血液循环，激活神经功能。需要预约。

美容	Map p.11-C3

住 临沂路 15 号
☎ （021）50390563、13774306401（手机）
营 9:30~21:30（接待 ~20:00）
休 春节 7 天
费 面部护理（包括肩部、淋巴、治疗）90 分钟 400 元
🚇 乘地铁 4 号线在塘桥站下车后步行大约 15 分钟，或者乘 6 号线在上海儿童医学中心站下车后步行大约 10 分钟
🌐 www.superior.com

千益集保健会所
服务项目丰富的按摩店

◆位于上海特色石库门建筑风格的大楼一角，按摩包括指压以及集中于肩部、颈部、头部的各种丰富多样的项目。备受欢迎的精油按摩所使用的精油有十种以上可供选择。

按摩　　　Map p.24-B2

- 🏠 自忠路 367 号
- ☎ (021) 63848762
- 🕐 11:00~ 次日 1:00
- 休 无
- 💰 精油按摩 60 分钟 238 元　太极按摩 70 分钟 130 元　足底 & 传统按摩套餐 130 分钟 200 元
- 服务 无
- 🚇 乘地铁 10 号线在新天地站下车后步行大约 3 分钟

虹桥三希会所
在令人安心的店内享受正宗按摩

◆位于虹桥地区的一家老字号的按摩店，按摩技术相当高超，工作人员大多数经验丰富。周末去的话最好提前预约。

按摩　　　Map p.21-C2

- 🏠 天山路 765 号虹桥公寓 2 楼
- ☎ (021) 62282212
- 🕐 13:00~ 次日 1:00　休 无
- 💰 全身按摩 60 分钟 120 元、足底按摩 40 分钟 80 元、刮痧淋巴排毒 & 推油按摩 60 分钟 180 元
- 服务 无
- 🚇 乘地铁 2 号线在娄山关路站下车后步行大约 1 分钟

※ 12 岁以下禁止入内

菁菁保健会所
位于幽静的华山路的按摩店

◆这里既清洁卫生，价格也不贵，因此回头客很多，熏脚是中国云南地区少数民族流传下来的传统疗法，用中草药药液的蒸汽蒸脚，具有改善经络循环，提高免疫能力以及解毒的功效。

按摩　　　Map p.22-B3

- 🏠 华山路 800 弄丁香公寓 6 号楼 2 楼
- ☎ (021) 62269278
- 🕐 10:00~ 次日 2:00　休 无
- 💰 全身 / 足部按摩各 60 分钟 80 元、全身推油按摩 60 分钟 140 元、熏脚 38 元 (可以选择)
- 服务 无
- 🚇 乘地铁 1、7 号线在常熟路站下车后步行大约 15 分钟

日东指压
技师技术高超、酸痛消失无影踪

◆这是位于虹桥地区的一家外国人很喜欢的按摩店，据说很多名人来此体验。

按摩　　　Map p.21-C3

- 🏠 荣华东道马赛花园 80 弄 2 号
- ☎ (021) 62781701
- 🕐 12:00~24:00　休 无
- 💰 全身按摩 60 分钟 100 元、90 分钟 150 元、120 分钟 200 元 (足底费用一样，全身 + 足底有 90 分钟和 120 分钟，价钱一样)　服务 无
- 🚇 乘地铁 10 号线在水城路站下车后步行大约 8 分钟

上海小南国汤河源日式温泉
在大浴场慢慢放松，也可以就餐，充实地度过一天

◆由小南国餐饮集团经营的长期人气很旺的日式超级温泉浴场。从洗发液到一次性内衣一应俱全，空手去就行。也可以就餐，能悠闲地度过一整天。

超级温泉浴场　　　Map p.20-B3

- 🏠 虹梅路 3337 号小南国大酒店内 2 号楼
- ☎ (021) 64658888　🕐 11:00~ 次日 2:00
- 休 无
- 💰 入场费 58 元、VIP168 元，其他还有搓背 (30 分钟 48 元) 等自费项目
- 服务 无
- 🚇 乘地铁 10 号线在龙溪路站下车后步行大约 7 分钟

青·专业按摩
在上海常住者之中很受欢迎的沙龙

◆是高级按摩店的先锋，因技术高超而闻名，在这里可以享受正宗的按摩，在常住上海的外国人中很受欢迎，需要提前预约。辛耕路88号徐家汇也有一家分店。

按摩   Map p.24-B1

🏠 太仓路 58 号
☎ （021）53860222
🕐 10:30~次日 2:00 　休 无
💰 全身按摩 45 分钟 118 元 　足底按摩 60 分钟 118 元 　服务 无
🚇 乘地铁 1 号线在黄陂南路站下车后步行大约 6 分钟
🌐 www.greenmassage.com.cn

风雅堂
用音乐治疗，可以尽情放松

◆位于正对巨鹿路的黑色砖建大楼内，建筑外观很醒目，店内是中国特色的室内装潢，给人一种高级奢华的感觉。沙龙内播放着一种治疗用的音乐，让人很放松，需要提前 2 小时预约。

按摩   Map p.23-D1

🏠 巨鹿路 685 号
☎ （021）54033867
🕐 12:00~次日 1:00
休 无
💰 基本的推油按摩 60 分钟 208 元 /90 分钟 298 元
服务 无
🚇 乘地铁 1、10 号线在陕西南路站下车后步行大约 7 分钟

桃源乡
在按摩店里恢复精力

◆位于正对市中心南京东路的地方，地理位置很方便，观光途中可以顺便过去看看。服务细致周到，获得大家的好评。

按摩   Map p.30-B1

🏠 南京东路 479 号新世界休闲港湾 5 楼
☎ （021）63226883、（021）63226822
🕐 11:00~次日 2:00 　休 无
💰 足底按摩 60 分钟 88 元，足底＋全身按摩 120 分钟 210 元 　服务 无
🚇 乘地铁 2、10 号线在南京东路站下车后步行大约 3 分钟
🌐 www.kenbien.com/shop/shanghai/index.html

香扇阁
日式服务很受欢迎

◆日本风格的推拉门入口引人注目。这里的艾灸疗法很受欢迎，先在精油浴缸里浸泡，提高皮肤的吸收力，然后配合汉方进行针灸，同时进行推油按摩，可以调节荷尔蒙的比例。周末去的话需要提前预约。

按摩   Map p.24-A2

🏠 瑞金二路 87-89 号
☎ （021）63853130 　🕐 11:00~次日 2:00
休 无
💰 艾灸疗法（用汉方和针灸进行的治疗）90 分钟 340 元、双重芳香精油按摩 90 分钟 340 元、香扇阁套餐（全身＋足底）120 分钟 150 元
服务 无
🚇 乘地铁 1、10 号线在陕西南路站下车后步行大约 5 分钟

水秀坊
专业医生做的按摩，评价很不错

◆在这里可以得到专业医生做的按摩服务，这是一家很受欢迎的按摩店，对于改善血液循环和关节炎很有效果的生姜包等中国特色按摩项目丰富多样。夜间和周末需要预约。

按摩   Map p.30-B3

🏠 进贤路 219 号
☎ （021）62566511 　🕐 10:00~次日 2:00
休 春节 7 天
💰 中医推拿（中国专业医生做的按摩）60 分钟 160 元，推油按摩 60 分钟 198 元
服务 无
🚇 乘地铁 1、10 号线在陕西南路站下车后步行大约 10 分钟

上海华安美发厅
老字号的美发店，可以坐着洗头

◆ 这是一家老字号的美发店，创业于1921年，位于石建的古典酒店金门大酒店一楼。可以坐着洗头，认真仔细的头皮按摩给人一种出乎意料的舒服感。

发廊	Map p.30-A1
🏠	南京西路110号
☎	（021）63729289（男性部）、63729845（女性部）
🕐	10:00~21:30
休	无
💰	剪头108元（包括洗头、吹干）
服务	无
🚇	乘地铁1、2、8号线在人民广场站下车后步行大约3分钟

风中花雨
像咖啡厅一样的绿色调的店内装潢

◆ 上海市内有4家分店，无论年轻的女孩还是时尚的太太都很喜欢的人气美甲沙龙。这里销售一些自制的手霜和足霜。由于人气很旺，需要提前预约。

美甲沙龙	Map p.30-A3
🏠	新乐路204号
☎	（021）54030227
🕐	10:00~22:00　休 春节3天
💰	美甲105元（手）、108元（足）
服务	无
🚇	乘地铁1、10号线在陕西南路站下车后步行大约6分钟
🖥	www.frangipani-shanghai.com

Diva Life
在20世纪30年代的洋楼中沉浸于放松的那个时刻

◆ 距离时尚的观光景点泰康路很近的沙龙，店内有一种很优雅的气氛，除了美甲，还提供排毒按摩以及面部护理、身体理疗等各种服务项目。

美甲沙龙	Map p.24-A4
🏠	瑞金二路266号
☎	（021）54657291
🕐	10:00~22:00
休	无
💰	Diva指甲油100元　法国指甲油160元　水晶美甲500元　凝胶美甲500元
🚇	乘地铁1号线在陕西南路站下车后步行大约15分钟

Gel Nail Garden
价格比较公道的美甲沙龙

◆ 位于人民广场附近的美甲沙龙，在以硬凝胶为主流的中国，这家沙龙是为数不多的使用可卸光疗美甲的沙龙，这样的话可以减轻对甲面的伤害，合理的价格令顾客们欣喜。

美甲沙龙	Map p.30-B1
🏠	广西北路241号2楼
☎	（021）150021287757
🕐	11:30~20:30（周六·周日~18:30）
休	无
💰	凝胶美甲188元~、指甲护理78元　　服务 无
🚇	乘地铁1、2、8号线在人民广场站下车后步行大约3分钟
🖥	gelnailgarden.blog46.fc2.com

潘苏专业美甲
有多次竞赛获奖经历的人气店

◆ 在身为全国美甲竞赛评审员的美甲师的指导下经营的本地沙龙，以技术高超而闻名。就在地铁衡山路站正上方，交通非常便利，店内总是被当地的职业女性挤得满满的。

美甲沙龙	Map p.23-C4
🏠	衡山路285号
☎	（021）64311418
🕐	10:00~22:00
休	无
💰	简单指甲油48元　基础指甲油58元　法国指甲油108元　法国UV凝胶518元
服务	无
🚇	乘地铁1号线在衡山路站下车后步行大约1分钟

HOTEL 酒店

酒店按级别分类

从类似宿舍的只有一张床的简易设施到外资的最高级酒店，上海的住宿设施与价格千差万别。五星级酒店是最高级别，一些大型连锁酒店多属于这一级别，旅行团使用的酒店基本上都是三星以上酒店。

最近还增加了很多没有申请星级的酒店，有些是相当于四～五星级标准的，在本书中将其归入了大概的星级档次内。

其中既有客房数不多但是每间客房都很讲究的精品酒店，也有现代化的大酒店，选择住宿也是一件令人愉快的事情

上海还保留着很多旧租界时期的洋楼风格的古典酒店

提前预约

上海的酒店数量很多，春节、10月国庆连休时游客都特别多，客房爆满，此外，在举办商品交易会等大型活动的时候，客满的情况也很多。

预约的话打电话就可以，也可以通过传真或者通过网上进行预约。

■押金

在办入住手续的时候，有时需要先缴纳保证金，押金可以使用信用卡或现金，如果使用现金的话在结账的时候要记得索回。即使使用信用卡办入住手续，结账的时候也可以改成现金结账。办入住的时候交押金的收据要保存好，结账的时候需要提交收据进行结算，如果作为押金预交的信用卡没有使用的话，一定要让前台将那张收据当着自己的面撕毁。

房间的种类与住宿费

以双人标间为主，除此之外还有单人间、大床房、三人间、套房等，有的酒店还可以按照要求给加床。

住宿费，按照一间房多少钱来计算，双人间住一个人或两个人价钱是一样的，而且很多地方还要加收10%或者15%的服务费。酒店住宿一般是含早餐的，不过也有双人间只含一个人早餐的时候。

上海酒店之间的竞争很激烈，住宿费在不同的季节差价非常大，本书中写的是酒店公示出来的正规价格，

双人大床房

其实很多酒店的实际住宿费用都比公示的价格低，预订的时候一定要确认价格。

酒店大多数收 10% 或 15% 的服务费，因此没有再另给小费的习惯。

基本的住宿方法

办入住手续上午也可以，一般不会加收费用，如果房间还没有清扫出来，可以先把行李存在前台。

办入住手续的时候，想刷信用卡结账的人，需要出示信用卡作为押金保证。

五星、四星和部分三星级酒店，在使用酒店内餐厅或者其他设施时可以出示房卡后进行签字，等办理退房手续时在前台一起结账，而三星以下的酒店只能在当时进行现金结账。

如果有什么要求或者不满可以告诉前台，客房服务和洗衣服务的使用方法等基本跟其他国家酒店一样。

大多数的酒店的退房手续都截止到中午 12:00。

有困难可以找前台

235

陆续开业的上海豪华酒店。
虽然太昂贵了一般住不起，
但建议可以通过用餐或者水疗等形式变相充分体验一下。
那种沉浸在奢华环境与氛围之中的感觉令人难忘。

外滩

希尔顿全球首次
打入亚洲的顶级奢华酒店

上海外滩
华尔道夫酒店

举办展示会等活动的庄重威严的宴会厅

开放式就餐环境的百味园餐厅 Grand Brasserie

不入住的
情况下
尽情享用

优雅地喝一杯红丝绒下午茶

下午茶 328 元。饮料可
以从 14 种饮料的 44 个
品牌中进行选择

Salon de Ville

　　2011 年 4 月酒店盛大开业，所有客房都是套房。浦江会
Salon de Ville 的下午茶和蔚景阁中餐厅的周末午餐很受欢迎，
下午茶的蛋糕和松饼量很大，一个人都吃不完。在单一麦芽酒
类齐全的廊吧，可以品尝到伊丽莎白女王喜欢的 "ZARA" 鸡
尾酒。风格完全不同的新馆华尔道夫塔楼里，三楼的水疗中心
2012 年年底也开张了。

理念是让客人比在家还要放松舒适

配备的洗漱用品很讲究，用的都是爱马仕的品牌

现在虽然不使用了，但还是保留了100年前样式的暖炉

欧美风格的客房之中加入了中国的元素。枕头可以从8个种类中选择

廊吧里有爵士乐队的现场演奏

不入住的情况下也能尽情享用

有长达34米的柜台。鸡尾酒是用纽约道夫食谱秘方配制的

旧馆大堂的吊灯

蔚景阁中餐厅的周末午餐188元，很受欢迎

老式电梯可以请男管家帮忙使用

还有管家服务

新巴洛克风格的建筑，保留了曾经的上海俱乐部的痕迹

上海外滩华尔道夫酒店
WALDORF ASTORIA SHANGHAI on the BUND

Map p.17-D3

佳 中山东一路外滩2号
☎ （021）63229988
FAX （021）63219888
S T 5000元~（新馆）、7500元~（旧馆）
E 350元 +15% 服务15%
🅿 240（新馆）、20（旧馆）
IN 12:00 OUT 12:00
乘地铁2、10号线在南京东路站下车后步行大约10分钟
URL www.waldorfshanghai.com（中、英文）
免费

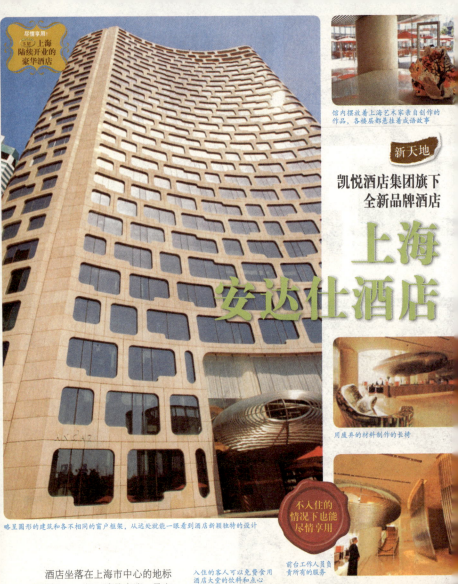

馆内摆放着上海艺术家亲自创作的作品，各楼层都悬挂着成语故事

新天地

凯悦酒店集团旗下
全新品牌酒店

上海
安达仕酒店

用废弃的材料制作的长椅

略呈圆形的建筑和各不相同的窗户框架，从远处就能一眼看到酒店新颖独特的设计

不入住的
情况下也能
尽情享用

入住的客人可以免费食用
酒店大堂的饮料和点心

前台工作人员负
责所有的服务

用 iPad 迅速办理入住手续

酒店坐落在上海市中心的地标性娱乐区——新天地的旁边，具有得天独厚的地理位置。独具创意、让人忍不住凝视的馆内手工作品是这里的特色之一。前台周围摆放着艺术家亲手制作的充满了灵感的美术作品，建议各位走一走看一看。受欢迎的下午茶被盛放在一个独特的托盘架上，营造出一种愉快的氛围。在 Éclair 法式糕点专卖店里，还可以坐在露台上品尝覆盆子或者香草等口味的法式泡芙。

不入住的情况下也能尽情享用

在休息室品尝下午茶

像宇宙飞船一样的装饰映入眼帘

在Éclair法式糕点专卖店品尝法式泡芙，配香槟等

休闲食品餐厅"海派"

小份法式泡芙、小吃、热三明治等，一位138元，两位258元

安达仕酒店的顶级标间

浴缸配有4种颜色的灯光，可根据当天的心情选择

浴室里的墙是用花岗石砌成的，采用地暖设备

房间主要是木质装饰，床周围饰有色泽鲜艳的中国风格布

配备的洗漱用品是LORENZO VILLORESI品牌产品

不含酒精的饮料和点心都是免费的

Optime Spa

　　2010年开业的Spa，虽居于地下二层，但从一层能透进光来，所以感觉明亮。产品使用英国芳疗协会的产品，采用矿泉疗法，配以中医的理疗方式。

上海安达仕酒店
Andaz Shanghai

Map p.31-D3

住 嵩山路88号

☎ (021) 23101234　FAX (021) 23101235

S 1800元～　T 1800元～

W E D SW 3300元～　E 200元

服务 15%　留 80　OUT 14:00　OUT 12:00

地 乘地铁1号线在黄陂南路站下车后步行大约1分钟，乘坐地铁10号线在新天地站下车后步行约10分钟

URL www.andazshanghai.com

 免费

239

上海浦东丽思卡尔顿酒店
58层铁塔的高层位置高级酒店

◆由英国著名设计师 Richard Farnell 设计，装饰艺术的欧洲风格融合了东方建筑特色的豪华酒店，向顾客提供绅士淑女般优质服务的酒店服务员也是超一流的水平。有的客房可以一览外滩的风景。

左／建于在浦东地区便利区域的豪华酒店
右／外滩景总统套房

五星级酒店	Map p.18-A3

住 世纪大道 8 号上海国金中心
☎（021）20201888
FAX（021）20201889
☎ 0120-853-201（丽思卡尔顿酒店东京预约中心）
S 2500 元～　T 2500 元～
服 15%　客 285
IN 14:00　OUT 12:00
交 乘地铁 2 号线在陆家嘴站下车后步行大约 5 分钟
URL www.ritzcarlton.com
🀙🀙🀙🀙🀙🀙🀙🀙🀙🀙 免费

上海半岛酒店
超一流酒店在上海登场

◆这是高级酒店的代表，半岛酒店于 2009 年秋季终于在上海也隆重登场了。其所处的地理位置优越，刚好可以一览外滩与浦东亮丽的风景，受世界名流喜欢的酒店各项业务均为世界顶级水准。除了免费上网之外，IP 国际电话以及传真等所有客房均能免费使用。

左／建于外滩地界的外观庄重的酒店
右／装饰艺术风格的客房

五星级酒店	Map p.31-D1

住 中山东一路 32 号
☎（021）23272888
FAX（021）23272000
Free 0053-165-0498（全球客户服务中心）
S 3500 元～
T 3500 元～
SW 6000 元～
服务 15%　客 235
IN 14:00
OUT 12:00
交 乘地铁 2、10 号线在南京东路站下车后步行大约 7 分钟
URL www.peninsula/Shanghai
🀙🀙🀙🀙🀙🀙🀙🀙🀙🀙 免费

和平饭店
带有历史痕迹的上海代表性酒店

◆古色古香的和平饭店 2007 年由于改装而暂时关闭，2010 年作为费尔蒙酒店＆度假村系列的酒店而重新开业。这里有面积达 49 平方米的宽敞客房和以 89 平方米面积而自夸的大床套房等。所有客房均可使用 Wi-Fi。

左／内有观赏外滩风景的餐厅
右／爵士乐酒吧里有经验丰富的演奏者重现当年的辉煌盛况

五星级酒店	Map p.31-D1

住 南京东路 20 号
☎（021）63216888
FAX（021）63291888
S 5750 元～　T 5750 元～
SW 8050 元～
E 350 元　服务 15%
客 269　IN 14:00　OUT 12:00
交 乘地铁 2、10 号线在南京东路站下车后步行大约 7 分钟
URL www.fairmont.com/peacehotel
🀙🀙🀙🀙🀙🀙🀙🀙🀙🀙 99 元／天

Map 地图　住 地址　FAX 传真　☎ 电话号码　S 单人间房费　T 双人间房费　SW 套间房费　E 加床费用
D 多人间　服 服务费　客 客房数　IN 办理入住手续　OUT 办理退房手续　交 地铁　URL 网址

上海柏悦酒店
世界屈指可数的超高层酒店

◆位于上海环球金融中心的第79层至93层，是世界上层数最高的酒店。常住纽约的华裔设计师季裕堂（Tony Chi）设计的客房是以中国高档豪宅为主题设计的。

五星级酒店 Map p.18-B3
世纪大道 100 号 ☎（021）68881234
FAX（021）68883400
Ⓢ 5500 元~ Ⓣ 5500 元~ Ⓢ𝖶 8500 元~
服务 15% Ⓔ 174 IN 14:00 OUT 12:00
🚇乘地铁 2 号线在陆家嘴站下车后步行大约 10 分钟
URL www.shanghai.park.hyatt.com
🛁🧊💨🔒🍵🚿🏊 免费

上海金茂君悦大酒店
上海为数不多的高层摩天大厦，是现代化的上海代表性的酒店

◆上海金茂大厦的 53 层到 87 层为酒店部分，从 33 层往上的豪华中庭成为酒店的象征。客房内配有装饰艺术风格的现代化家具。

五星级酒店 Map p.18-B3
世纪大道 88 号 ☎（021）50491234
FAX（021）50491111 ☎0120-925-651
Ⓢ 4025 元~（含早餐）
Ⓣ 4025 元~（含早餐） Ⓢ𝖶 6555 元~（含早餐）
Ⓔ 168 元 服务 15% Ⓔ 555 IN 14:00 OUT 12:00
🚇乘地铁 2 号线在陆家嘴站下车后步行大约 5 分钟 URL www.shanghai.grand.hyatt.com
🛁🧊💨🔒🍵🚿🏊 120 元 / 天、5 元 / 分钟

波特曼丽思卡尔顿酒店
世界高级管理人士御用的最高级酒店

◆位于正对南京西路而建的综合性大楼上海商城内，经营者是作为世界公认的最高级酒店而闻名的丽思卡尔顿集团。酒店内充满高级奢华的感觉，客房使用了令人安心平静的米色和茶色。

五星级酒店 Map p.30-B2
南京西路 1376 号上海商城
☎（021）62798888 FAX（021）62798800
Ⓢ 3245 元~ Ⓣ 3245 元~
Ⓢ𝖶 5800 元~ Ⓔ 250 元 服务 15% Ⓔ 578
IN 14:00 OUT 12:00 🚇乘地铁 2、7 号线在静安寺站下车后步行大约 10 分钟
URL www.ritzcarlton.com
🛁🧊💨🔒🍵🚿🏊 120 元 / 天

上海红塔酒店
因私人管家服务而受到好评

◆各客房都配有管家，为住店客人提供私人服务，因一直向名门提供卓越的服务而获得好评。客房间面积也达到 46 平方米，在上海算是超级别的客房。酒店内还有备受好评的 SPA。

五星级酒店 Map p.27-D1
东方路 889 号 ☎（021）50504567
FAX（021）68756789 ☎0120-925-651
Ⓢ 3784 元~ Ⓣ 3899 元~
Ⓢ𝖶 2480 元~ Ⓔ 250 元 服务 15% Ⓔ 328
IN 12:00 OUT 12:00 🚇乘地铁 2、4、6、9 号线在世纪大道站下车，或者乘 6 号线在浦电路站下车后步行大约 7 分钟
URL www.starwoodhotels.com
🛁🧊💨🔒🍵🚿🏊 100 元 / 天、50 元 / 分钟

浦东香格里拉大酒店
可以眺望浦东高层建筑群美景的现代化酒店

◆位于黄浦江畔，是由两栋大楼组成的浦东香格里拉大酒店，目标客户群是高层管理人员的高品位酒店。以眺望视角绝佳而自豪，尤其推荐能够欣赏对岸外滩一带景色的外滩侧客房。

五星级酒店 Map p.18-A3
富城路 33 号 ☎（021）68828888
FAX（021）68826688
Ⓢ 2500 元~ Ⓣ 2800 元~ Ⓢ𝖶 5463 元~
Ⓔ 260 元 服务 15% Ⓔ 575 IN 14:00 OUT 12:00
🚇乘地铁 2 号线在陆家嘴站下车后步行大约 3 分钟
URL www.shangri-la.com
🛁🧊💨🔒🍵🚿🏊 免费

🛁浴缸 🧊冰箱 💨吹风机 🔒保险柜 🍵烧水壶 🚿洗发液、润发乳 🏊游泳池
SPA 或桑拿 旅游咨询柜台 上网（LAN）

上海四季酒店
外国人经常光顾的舒适酒店

◆从酒店大堂到客房都给人一种高品质的感觉。除了宽带，各客房还有传真设备，24 小时的客房服务在商务客人中很受欢迎。面向孩子的服务也丰富多样。

五星级酒店	Map p.31-C2

🏠 威海路 500 号　☎（021）62568888
📠（021）62565678　☎ 0120-024-754
Ⓢ 3738 元～　Ⓣ 3738 元～
SW 5600 元～　Ⓔ 250 元　服务 15%　🛏 435
IN 14:00　OUT 12:00　🚇 乘地铁 2 号线在南京西路站下车后步行大约 10 分钟　URL www.fourseasons.com/shanghai

120 元 / 天

上海外滩茂悦大酒店
视野绝佳的舒适酒店

◆位于北外滩地区，由于可以观赏浦东和外滩风景而魅力十足的酒店，客房内的窗户很大，可以充分观赏窗外美景。距离外滩很近，便于参观游览。最上层的酒店风景最好。

五星级酒店	Map p.17-D2

🏠 黄浦路 199 号　☎（021）63931234
📠（021）63931313
Ⓢ 2400 元～　Ⓣ 2400 元～　SW 3400 元～
Ⓔ 200 元　服务 15%　🛏 1262　IN 14:00　OUT 12:00
🚇 乘地铁 2、10 号线在南京东路站下车，或者乘 10 号线在天潼路站下车后步行大约 15 分钟
URL www.shanghai.bund.hyatt.com

120 元 / 天

上海东方商旅酒店
可以一览外滩景色的豪华地理位置

◆建于黄浦江畔的精品酒店，设计者是台湾数家酒店的设计师吴宗岳先生。进入酒店内部，立即置身于一种安静而高雅的空间，到处可以看到以河为主题的陈列品以及酒店老板精心收藏的古董。装饰艺术与东方特色相结合的房间，虽然身处高级酒店，却让人产生一种在自己家中的感觉。从外滩景房可以眺望外滩以及对岸的陆家嘴的风景。

五星级酒店	Map p.17-D4

🏠 金陵东路 1 号
☎（021）63200088　📠（021）63203399
Ⓢ 2500 元（含早餐）
Ⓣ 3300 元（含早餐）
服务 15%　🛏 168　IN 14:00　OUT 12:00
🚇 乘地铁 10 号线在豫园站下车后步行大约 10 分钟
URL www.lessuitesorient.com

免费

上海千禧海鸥大酒店
位于虹桥地区中心的五星级酒店

◆建于虹桥地区家乐福超市旁边，是位于都市里的休闲酒店。酒店不是以高度而是以宽度取胜，房间里很宽敞，感觉很开阔。健身设备与餐厅种类丰富。

五星级酒店	Map p.21-C3

🏠 延安西路 2588 号　☎（021）62085888
📠（021）62951390　Ⓢ 845 元～
Ⓣ 845 元～　SW 2030 元～　Ⓔ 500 元　服务 15%
🛏 368　IN 14:00　OUT 12:00
🚇 乘地铁 10 号线在水城路站下车后步行大约 6 分钟
URL www.millenniumhotels.com

120 元 / 天

虹桥喜来登上海太平洋大饭店
虹桥地区的高级酒店

◆酒店设计得很精致，周边有上海国际展览中心、上海国际贸易中心，以及在常住外国人中很受欢迎的上海虹桥友谊商城等。

五星级酒店	Map p.21-C2

🏠 遵义南路 5 号
☎（021）62758888　📠（021）62755420
☎ 0120-00-3535（喜来登酒店预约中心）
Ⓢ 2737 元～　Ⓣ 2737 元～
服务 15%　🛏 600　IN 14:00　OUT 12:00　🚇 乘地铁 3、4 号线在延安西路站下车后步行大约 10 分钟　URL www.starwood.com/sheraton

90 元 / 天

Map 地图　🏠 地址　📠 传真　☎ 电话号码　Ⓢ 单人间房费　Ⓣ 双人间房费　SW 套间房费　Ⓔ 加床费用　D 多人间　服务费　🛏 客房数　IN 办理入住手续　OUT 办理退房手续　🚇 地铁　URL 网址

上海希尔顿酒店
位于方便的静安地区的老字号现代化酒店

◆位于原法国租界区的43层的五星级酒店。酒店内有6家餐厅，可以享受地中海料理以及中国海鲜料理等风味。另外SPA与商务设施齐全。

五星级酒店　　　　　　　　Map p.23-C2

住 华山路250号　☎（021）62480000
FAX（021）62483848
S 1390元～　T 1390元～　SW 2840元～
E 210元　服务15%　720　IN 14:00　OUT 12:00
乘地铁2、7号线在静安寺站下车后步行大约10分钟　URL www.hilton.com.cn
120元/天（网线上网）、160元/天（Wi-Fi）

上海新世界丽笙大酒店
地理位置非常好，离南京路不远

◆外观非常醒目，就好像顶着一个UFO的样子。面前就是人民广场，而南京东路的步行大街就在旁边，对于游客来说地理位置非常方便。酒店内的餐厅视野非常好，可以一览上海市街区风景。

五星级酒店　　　　　　　　Map p.30-A1

住 南京西路88号　☎（021）63599999
FAX（021）63589705
S 2645元～　T 2645元～　服务15%　520
IN 14:00　OUT 12:00　乘地铁1、2、8号线在人民广场站下车后步行大约2分钟
URL www.radisson.com/shanghaicn_newworld
免费

88新天地
位于新天地中心的高级酒店，可以尽享高档氛围

◆位于以石库门造型为特征的新天地内的高级精品酒店，将酒店式公寓的一部分作为酒店使用。客房内装饰着一些古典家具。

五星级酒店　　　　　　　　Map p.86-B3

住 黄陂南路380号　☎（021）53838833
FAX（021）53838877
S 1880元～　T 1880元～　SW 2880元～
E 500元　服务15%　53　IN 14:00　OUT 12:00
乘地铁10号线在新天地站下车后步行大约4分钟
URL www.88xintiandi.com
免费

斯波特大酒店
运动设施丰富多样

◆位于购物非常便利的徐家汇车站附近，2007年以运动的理念重装开业。台球场、壁球室、篮球场等体育设施丰富多样，客房内宽敞明亮，令人安心。

五星级酒店　　　　　　　　Map p.28-B2～3

住 南丹路15号　☎（021）64382222
FAX（021）64384486
S 1380元～　T 1380元～　服务15%　196
IN 14:00　OUT 12:00
乘地铁1、9号线在徐家汇站下车后步行大约5分钟
URL www.sportshotel.cn
免费

丽笙上海兴国宾馆
第一任上海市市长生活过的地方

◆国宾专用的高级酒店，1937年开业，至今曾迎来包括毛泽东主席等多位要人。即使经过了现代化的改造，如今还仍然保留着那种恢宏大气的氛围。

五星级酒店　　　　　　　　Map p.22-B3

住 兴国路78号　☎（021）62129998
FAX（021）62129996
S 2291元～　T 2291元～　服务15%　190
IN 14:00　OUT 12:00　乘地铁2、11号线在江苏路站下车，或者乘10号线在交通大学站下车后步行大约15分钟
URL www.radisson.com
免费

浴缸　冰箱　吹风机　保险柜　烧水壶　洗发液、润发乳　游泳池
SPA或桑拿　旅游咨询柜台　上网（LAN）

上海世茂皇家艾美酒店
离人民公园只有 5 分钟的距离

◆是建于人民公园旁边的共 66 层的高层酒店。每间客房内都配备了 42 英寸的液晶电视，从玻璃窗可以观赏人民公园及黄浦江的景色。洗漱用品均为一流品牌。

🏨 南京东路 789 号
☎（021）33189999　FAX（021）63613388
☎ 0120-09-4040（艾美酒店全球订房电话）
S 1500 元～　T 1500 元～
SW 3050 元～　E 245 元　服务 15%　🛏 770
IN 14:00　OUT 12:00　🚇 乘地铁 1、2、8 号线在人民广场站下车后步行大约 5 分钟
URL www.lemeridien.com/royalshanghai
🅟 100 元 / 天

上海花园酒店
老字号日资酒店

◆距离淮海中路很近的酒店，服务周到细致，可让客人享受到温和的服务。

🏨 茂名南路 58 号　☎（021）64151111
FAX（021）64158866
S 2100 元～　T 2300 元～　SW 5000 元～
E 170 元　服务 15%
🛏 492　IN 12:00　OUT 12:00
🚇 乘地铁 1、10 号线在陕西南路站下车后步行大约 2 分钟
URL www.gardenhotelshanghai.com
🅟 免费

上海锦沧文华大酒店
现代化的舒适酒店

◆酒店位于南京西路的购物区，可以步行至静安寺。大堂的墙面是以明朝下西洋的郑和为主题的画面。酒店内有中餐厅银花宫中餐厅，这里的早茶备受好评。

🏨 南京西路 1225 号　☎（021）62791888
FAX（021）62791822
S 1265 元～　T 1265 元～　SW 2300 元～
E 225 元　服务 15%　🛏 515　IN 12:00　OUT 12:00
🚇 乘地铁 2、7 号线在静安寺站下车后步行大约 10 分钟
URL www.jcmandarin.com
🅟 120 元 / 天

乐锦江索菲特大酒店
可以一览浦东美景的塔式酒店

◆顾客层很广泛，从游客到商务客人都有。店内有 5 家餐厅，可以品尝日餐或法国餐等美食，非常方便。从客房的窗户可以观赏景色壮观的浦东一带，离地铁站也很近。

🏨 杨高南路 889 号　☎（021）50504888
FAX（021）58891122
S 680 元～
T 680 元～　SW 1050 元～　E 250 元　服务 15%
🛏 446　IN 14:00　OUT 12:00　🚇 乘地铁 4、6 号线在蓝村路站下车后步行大约 5 分钟
URL www.sofitel.com
🅟 120 元 / 天

上海万豪虹桥大酒店
用钢琴现场演奏来欢迎顾客来宾

◆万豪集团的五星级酒店，带阳台的客房，把空中花园包围起来。房间内宽敞而明亮。店内有 3 家餐厅和酒吧，还有礼品商店等各种服务设施。

🏨 虹桥路 2270 号　☎（021）62376000
FAX（021）62376222
S 2656 元～　T 2656 元～
服务 15%　🛏 313　IN 12:00
OUT 12:00　🚇 乘地铁 10 号线在龙溪路站下车后步行大约 7 分钟
URL www.marriott.com.cn
🅟 120 元 / 天

华亭宾馆
离旅游车发车站旅游集散中心很近的酒店

◆上海最早获得五星的酒店，大堂令人感觉非常奢华。虽然距离上海市中心比较远，但是地铁一号线上海体育馆车站就在眼前，交通非常便利。

五星级酒店　　　　　　　　Map p.28-B4

住 漕溪北路 1200 号　☎（021）64391000
FAX（021）62550830
S 2645 元～　T 2645 元～　服务 无　□ 780
IN 12:00　OUT 12:00　🚇 乘地铁 1、4 号线在上海体院馆站下车后步行大约 1 分钟
URL huating.jinjianghotels.com
🛁🧊💨🔐🫖💧〜🧖🛎💻 68 元 / 天，1.7 元 / 小时

上海长江万丽大酒店
镶嵌玻璃的入口令人心情爽快

◆距离上海虹桥友谊商城等购物区很近。客房功能齐全，在游客中备受好评，乘坐出租车到浦东大约 20 分钟。

五星级酒店　　　　　　　　Map p.21-D2

住 延安西路 2099 号　☎（021）62750000
FAX（021）62750750
S 888 元～　T 888 元～　服务 15%　□ 544
IN 14:00　OUT 12:00
🚇 乘地铁 2 号线在娄山关路站下车后步行大约 15 分钟
URL www.marriott.com.cn
🛁🧊💨🔐🫖💧〜🧖🛎💻 120 元 / 天

东方滨江大酒店
位于国宾聚集的国际会议中心内

◆位于经常举办国际性会议的会展中心内，酒店造型非常豪华。正对黄浦江的客房可以眺望精彩无限的美景。某些时期房价会优惠 30%~50%。

五星级酒店　　　　　　　　Map p.18-A3

住 滨江大道 2727 号　☎（021）50370000
FAX（021）50370999
S 2530 元～　T 2530 元～　服务 15%　□ 260
IN 14:00　OUT 12:00
🚇 乘地铁 2 号线在陆家嘴站下车后步行大约 6 分钟
URL www.shicc.net
🛁🧊💨🔐🫖💧〜🧖🛎💻 免费

上海浦东锦江汤臣洲际大酒店
前往观光景点交通非常便利

◆酒店距离地铁站非常近，如果去观光的话交通很便利。酒店大堂为中庭构造的现代化设计，光照很好，整体显得宽敞明亮。客房统一使用白、黑、红三种色彩。餐厅也有好几家，可以品尝不同的风味美食。

五星级酒店　　　　　　　　Map p.19-C4

住 张杨路 777 号　☎（021）58356666
FAX（021）58357777
S 2976 元～　T 2976 元～　服务 15%　□ 398
IN 14:00　OUT 12:00
🚇 乘地铁 2、4、6 号线在世纪大道站下车后步行大约 5 分钟
URL www.intercontinental.com
🛁🧊💨🔐🫖💧〜🧖🛎💻 138 元 / 天

上海新锦江大酒店
包括联合国在内的国际组织人员也会来入住

◆客房为中式和西式两种，可以进行选择，除了 42 层的天空酒廊，41 层还有旋转餐厅，可以一边就餐，一享受环视 360 度美景的快乐。距离淮海中路也很近。

五星级酒店　　　　　　　　Map p.31-C3

住 长乐路 161 号　☎（021）64251188
FAX（021）64150048
S 2988 元～　T 2988 元～　E 250 元
服务 无　□ 632
IN 14:00　OUT 12:00
🚇 乘地铁 1、10 号线在陕西南路站下车后步行大约 10 分钟
🛁🧊💨🔐🫖💧〜🧖🛎💻 80 元 / 天

🛁 浴缸　🧊 冰箱　💨 吹风机　🔐 保险柜　🫖 烧水壶　💧 洗发液、润发乳　〜 游泳池
🧖 SPA 或桑拿　🛎 旅游咨询柜台　💻 上网（LAN）

古象大酒店
可以慢慢放松的美国酒店

◆从酒店可以步行到南京东路或者外滩，离人民广场地铁站也很近，交通很方便。大堂是挑空式的，大理石的装潢显得豪华而令人感觉安心，在商务客人中颇受好评。

五星级酒店　　　　　　Map p.30-B1

🏠 九江路 595 号　☎ (021) 33134888
📠 (021) 33134880
S 2386 元~　T 2386 元~　SW 3818 元~
E 287 元　服务 15%　🚪 360　IN 14:00　OUT 12:00
🚇 乘地铁 1、2、8 号线在人民广场站下车后步行大约 6 分钟
URL www.hojochina.com
免费

上海明天广场 JW 万豪酒店
风景绝佳的高层酒店

◆ 60 层的超高层建筑的 41~58 层是酒店部分。这家酒店以能够环视 360 度的城市景观而自豪，从客房各楼层可以眺望外滩、新世界等景致。客房内为暖色调装饰。

五星级酒店　　　　　　Map p.31-D2

🏠 南京西路 399 号　☎ (021) 53594969
📠 (021) 63755988
S 3910 元~　T 3910 元~　SW 4100 元~　服务 15%
🚪 342　IN 14:00　OUT 12:00　🚇 乘地铁 1、2、8 号线在人民广场站下车后步行大约 5 分钟
URL www.marriott.com.cn
免费

上海浦东福朋喜来登自由酒店
位于浦东令人瞩目的区域，地铁站近在咫尺

◆酒店位于上海国际博览中心与上海世博会展览中心附近，处于受世人瞩目的开发区域。除了 24 小时免费使用的健身房之外，还可以免费上网。客房内洗漱用品也很齐全。

五星级酒店　　　　　　Map p.27-C3

🏠 浦东南路 2111 号　☎ (021) 50399999
📠 (021) 50395699
S 2185 元~　T 2185 元~　SW 3174 元~
E 250 元　服务 15%　🚪 326
IN 14:00　OUT 12:00
🚇 乘地铁 4 号线在塘桥站下车后步行大约 1 分钟
URL www.fourpoints.com/pudong
50 元/小时、100 元/天

南新雅大酒店
正对南京东路的步行街

◆正对上海最繁华的街道南京东路，地理位置绝佳。酒店内有中餐、泰餐和西餐等各国风味餐厅。七层的游泳池住店客人免费使用。

五星级酒店　　　　　　Map p.30-B1

🏠 南京东路 719 号 / 九江路 700 号
☎ (021) 63500000　📠 (021) 63508490
S 1898 元~　T 1898 元~
服务 15%　🚪 387　IN 14:00　OUT 12:00　🚇 乘地铁 1、2、8 号线在人民广场站下车后步行大约 5 分钟
URL www.majestyplazashanghai.com
免费

上海索菲特海仑酒店
可以步行走到人气观光地

◆酒店位于南京东路步行街延长线上，无论去哪里都方便。去外滩、豫园等地也很便捷，也不缺少购物的去处。酒店内有观赏浦东风景的休息室，一定要充分利用。

五星级酒店　　　　　　Map p.30-B1

🏠 南京东路 505 号　☎ (021) 63515888
📠 (021) 63514088
S 2261 元~　T 2261 元~　SW 2856 元~
服务 15%（淡季没有）　🚪 401　IN 14:00　OUT 12:00
🚇 乘地铁 2、10 号线在南京东路站下车后步行大约 5 分钟　URL www.sofitel.com/zh/hotel-1603-sofitel-shanghai-hyland/index.shtml
免费（部分房间 120 元/天）

上海银星皇冠酒店
无论商务旅行还是私人事务都很方便

◆ 位于上海电影城后面的高级酒店，每年上海电影城都举办上海电影节，那时酒店客人很多。周边很多住宅，是令人安心的氛围。距离延安西路很近，前往虹桥地区和外滩方向的交通也很便利。

五星级酒店　　　　　　Map p.22-A4

住 番禺路 400 号　☎ （021）61458888
FAX （021）62803353
S 1814 元~　T 1814 元~　E 345 元　服务 15%
● 496　IN 14:00　OUT 12:00　乘地铁 10 号线在交通大学站下车后步行大约 6 分钟
URL www.shanghai.crownplaza.com

120 元 / 天，2 元 / 分钟

上海西郊宾馆
为招待国宾而建的别墅型酒店

◆ 曾经接待过英国伊丽莎白女王等世界重要来宾的别墅式酒店。占地 80 万平方米的宽敞庭院之内有小河流淌，还有天然的花草树木以及快乐生活的小动物们。

五星级酒店　　　　　　Map p.20-B3

住 虹桥路 1921 号　☎ （021）62198800
FAX （021）64336641
S 1900 元~　T 1900 元~　SW 3320 元~
E 253 元　服务 15%　● 229　IN 14:00　OUT 12:00
乘地铁 10 号线在龙溪路站下车后步行大约 8 分钟　URL china.showhotel.com/shanghai/xijiao/reservation.htm

免费

上海虹桥迎宾馆
可以在辽阔的庭院里度过悠闲的时光

◆ 位于虹桥地区，20 万平方米的占地面积，50 多栋小楼的别墅风格的酒店，从 20 世纪 60 年代开始，接待了来自各国的重要来宾。2002 年重装开业，成为一家一般住宿的酒店。

五星级酒店　　　　　　Map p.21-C3

住 虹桥路 1591 号　☎ （021）62198855
FAX （021）62195036
S 1909 元~　T 1909 元~　SW 4466 元~（含早餐）
E 200 元　服务 15%　● 216　IN 14:00　OUT 12:00
乘地铁 10 号线在水城路站下车后步行大约 6 分钟
URL www.hqstateguesthotel.com

免费

上海豫园万丽酒店
最适合去豫园观光的高档酒店

◆ 2007 年开业的距离著名景点豫园很近的五星级酒店，徒步就可以去豫园观光，交通非常便利。从楼层高的客房可以一览上海的夜景。对住店客人提供免费的茶。

五星级酒店　　　　　　Map p.17-C4

住 河南南路 159 号　☎ （021）23218888
FAX （021）53503658
S 3745 元~　T 3745 元~　SW 5750 元~
服务 15%　● 341　IN 14:00　OUT 12:00　乘地铁 10 号线在豫园站下车后即到
URL www.marriott.com.cn

120 元 / 天，50 元 / 小时

上海威斯汀大饭店
屋顶上戴皇冠的浦西地标性建筑

◆ 地理位置优越，可以徒步走到外滩，客房设计重视休闲放松，服务也周到细致。酒店内有世界闻名的 BANYAN TREE SPA。

五星级酒店　　　　　　Map p.17-C4

住 河南中路 88 号　☎ （021）63351888
FAX （021）63352888　☎ 0120-925-651
S 1400 元~　T 1400 元~
SW 3100 元~　E 230 元　服务 15%　● 570
IN 14:00　OUT 12:00　乘地铁 2、10 号线在南京东路站下车后步行大约 7 分钟
URL www.westin.com/shanghai

免费（网线上网 100 元 / 天）

浴缸　冰箱　吹风机　保险柜　烧水壶　洗发液、润发乳　游泳池
SPA 或桑拿　旅游咨询柜台　上网（LAN）

上海国际贵都大饭店
商务客人喜欢的便捷酒店

◆位于繁华街南京西路，距离静安寺很近，坐出租车去外滩只需要10分钟，地理位置相当便利。2006年经过改装，饭店内设施全部是最新式物品，住宿令人舒适愉快。

四星级酒店　　　　　　　　　　Map p.23-C2

佳 延安西路 65 号
☎（021）62481688　FAX（021）62481773
S 990 元～　T 990 元～
SW 1600 元　E 325 元　服费 15%　📷 526
IN 14:00　OUT 12:00
🚇 乘地铁 2、7 号线在静安寺站下车后步行大约 7 分钟

120 元 / 天

上海古井假日酒店
在商务旅行者之中很受欢迎

◆位于上海市中心的静安寺附近，是一家为商务客人设计的酒店。有最新款的洗漱用品，另配备游泳池，除了健身房还有高尔夫模拟器等多种服务设施。客房内是现代化的装潢与配置。

四星级酒店　　　　　　　　　　Map p.14-B3

佳 长寿路 700 号　☎（021）62768888
FAX（021）62661188　☎ 0120-677-651
S 1718 元～　T 1718 元～
服费 15%　📷 290　IN 14:00　OUT 12:00
🚇 乘地铁 7 号线在长寿路站下车后步行大约 3 分钟　URL www.ichotelsgroup.com.cn

98 元 / 天

上海逸和龙柏饭店
令人放心的酒店

◆从上海虹桥国际机场坐出租车大约 5 分钟就可到达，住店客人很多。在日式庭院之中有一个游泳池，住店客人可以免费使用。

四星级酒店　　　　　　　　　　Map p.20-A4

佳 虹桥路 2451 号　☎（021）62689111
FAX（021）62689333
S 1527 元～　T 1527 元～　服费 15%　📷 389
IN 12:00　OUT 12:00
🚇 乘地铁 10 号线在上海动物园站下车后步行大约 12 分钟，虹桥 1 号航站楼站换出租车大约 4 分钟

70 元 / 天

上海神旺大酒店
服务周到的舒适酒店

◆位于徐家汇地区，是台湾神旺酒店系列的中国 1 号店。客房从标准间到套房一共有 5 种房型可供选择，全都配有令人心平气和的木雕家具。

四星级酒店　　　　　　　　　　Map p.10-B4

佳 宜山路 650 号　☎（021）61451111
FAX（021）61451112
S 880 元～　T 880 元～　SW 1388 元～　E 250 元
📷 383　IN 14:00　OUT 12:00　🚇 乘地铁 9 号线在桂林路站下车后步行大约 3 分钟
URL www.sanwant.com.cn

免费

海鸥饭店
可以独享外滩以及浦东的上海绝佳美景

◆位于黄浦江沿岸的俄罗斯领事馆旁边，这里的地理位置可以同时观赏外滩与浦东的美景。由于视野很好，酒店内的餐厅也很受欢迎，还可以在周边地区以及黄埔公园内悠闲散步。

四星级酒店　　　　　　　　　　Map p.17-D2

佳 黄浦路 60 号　☎（021）63251500
FAX（021）63241263
S 1820 元～　T 1820 元～　SW 3150 元～
E 250 元　服费 无　📷 128　IN 14:00　OUT 12:00
🚇 乘地铁 2、10 号线在南京东路站下车后步行大约 15 分钟　URL www.seagull-hotel.com

120 元 / 天、1 元 / 分钟

Map 地图　佳 地址　FAX 传真　☎ 电话号码　S 单人间房费　T 双人间房费　SW 套间房费　E 加床费用
D 多人间　服 服务费　📷 客房数　IN 办理入住手续　OUT 办理退房手续　🚇 地铁　URL 网址

银河宾馆
建于虹桥地区，前往机场的交通很便利

◆商务客人与观光客人都喜欢的位于虹桥地区的酒店，接待柜台在二楼，酒店内有在外国人中很受欢迎的"GALAXY"迪斯科舞厅，还有很多其他丰富多彩的娱乐设施。

四星级酒店 　　　　　　　　　Map p.21-D2

住 中山西路 888 号　☎（021）62755888
FAX（021）62750039
S 880 元～　T 880 元～　SW 1600 元～　服务 无
E 666　IN 14:00　OUT 12:00
🚇 乘地铁 3、4 号线在延安西路站下车后步行大约 20 分钟
🛁🧊🛀🔐🫖📶🏊🧖‍♀️🛎️💻 80 元／天、60 元／小时

上海齐鲁万怡大酒店
位于高楼林立的陆家嘴地区

◆在全世界大约有 2800 家连锁酒店的万豪国际集团旗下的四星级酒店，位于浦东的中心地区，距离世纪大道地铁站和繁华街都很近，购物很方便，乘车到浦东国际机场大约需要 40 分钟。

四星级酒店 　　　　　　　　　Map p.27-D1

住 东方路 838 号　☎（021）68867886
FAX（021）68867889
S 1137 元～　T 1137 元～
服务 15%　E 318
IN 14:00　OUT 12:00
🚇 乘地铁 2、4、6、9 号线在世纪大道站下车后步行大约 8 分钟
🛁🧊🛀🔐🫖📶🏊🧖‍♀️🛎️💻 80 元／天

国际饭店
仿照纽约摩天大厦建的历史悠久的建筑

◆1934 年创业，当时是中国最高的建筑。一共 24 层的古典风格的酒店，内部经过改装，有一种怀旧的氛围，不过令人感觉很舒适。酒店很有人气，离人民广场地铁站很近。

四星级酒店 　　　　　　　　　Map p.30-A1

住 南京西路 170 号　☎（021）63275225
FAX（021）63276958
S 1553 元～　T 1553 元～
SW 2500 元～　服务 15%
E 244　IN 14:00　OUT 12:00
🚇 乘地铁 1、2、8 号线在人民广场站下车后步行大约 1 分钟
🛁🧊🛀🔐🫖📶🏊🧖‍♀️🛎️💻 免费

上海富豪东亚酒店
从房间可以看到体育场比赛的酒店

◆位于上海 8 万人体育场内，有的客房可以从窗口观看体育比赛。位于第 12 层的体育酒吧"Moods Bar"可以看到体育场全景。

四星级酒店 　　　　　　　　　Map p.28-B4

住 零陵路 800 号　☎（021）64266888
FAX（021）64265888
S 1725 元～　T 1725 元～　SW 3220 元～
E 250 元～　服务 15%　E 350　IN 14:00　OUT 12:00
🚇 乘地铁 1、4 号线在上海体育场站下车后步行大约 5 分钟
🌐 www.regalshanghai.com
🛁🧊🛀🔐🫖📶🏊🧖‍♀️🛎️💻 120 元／天

上海外滩英迪格酒店
洲际酒店最新设计的精品酒店现身

◆正对外滩的黄浦江而建的酒店，2010 年开业。客房地板都是统一的米白色，与色彩亮丽的室内装潢一起构成现代化的时尚空间。

四星级酒店 　　　　　　　　　Map p.26-A1

住 黄浦区中山二路 585 号
☎（021）33029999　FAX（021）33029998
S 1800 元～　T 1800 元～　服务 15%　E 184
IN 14:00　OUT 12:00
🚇 乘地铁 9 号线在小南门站下车后步行大约 15 分钟
🌐 www.shanghai.hotelindigo.com
🛁🧊🛀🔐🫖📶🏊🧖‍♀️🛎️💻 免费

🛁 浴缸　🧊 冰箱　🛀 吹风机　🔐 保险柜　🫖 烧水壶　📶 洗发液、润发乳　🏊 游泳池
🧖‍♀️ SPA 或桑拿　🛎️ 旅游咨询柜台　💻 上网（LAN）

上海兰生大酒店
位于上海城区北部的中档酒店

◆位于上海市中心区北部地区，距离鲁迅公园很近，乘坐出租车前往浦东地区只需 15 分钟，无论用于商务还是观光都比较合适。餐厅、咖啡厅、商店等都齐全。

四星级酒店　　Map p.11-C2

🏠 曲阳路 1000 号　☎（021）55888000
📠（021）55888400
S 1564 元～　T 1564 元～
E 200 元　服务 15%　D 405
IN 14:00　OUT 12:00
🚇 乘地铁 3 号线在大柏树站下车后步行大约 15 分钟
🛏🍴☕💈🏪🛗🏋️〰️🅿️🔌📺 免费

龙柏饭店
环绕在树木之间的别墅花园酒店

◆ 占地约 16 万平方米的庭院，安静而令人舒心。在德国的旅行网站上获得了很高的评价，在欧美人士中备受欢迎。距离上海虹桥国际机场很近，在客房内可以确认航班信息。

四星级酒店　　Map p.20-A4

🏠 虹桥路 2419 号　☎（021）62688868
📠（021）62681878
S 1527 元～　T 1527 元～　E 260 元　服务 15%
D 149　IN 15:00　OUT 12:00　🚇 乘地铁 10 号线在上海动物园站下车后步行大约 10 分钟，或者在虹桥 1 号航站楼站下车后乘出租车大约 5 分钟
🔗 cypress.jinjianghotels.com
🛏🍴☕💈🏪🛗🏋️〰️🅿️🔌📺 60 元 / 天、1 元 / 分钟

上海宾馆
交通便利，在游客中很受欢迎

◆位于酒店林立的延安西路南侧一角，步行去静安寺大约 15 分钟，房间简洁，使用方便。

四星级酒店　　Map p.23-C2

🏠 乌鲁木齐北路 505 号　☎（021）62480088
📠（021）62496100
S 2286 元～　T 2286 元～　SW 3666 元～
E 200 元　服务 15%　D 527
IN 14:00　OUT 12:00
🚇 乘地铁 2、7 号线在静安寺站下车后步行大约 15 分钟
🛏🍴☕💈🏪🛗🏋️〰️🅿️🔌📺 90 元 / 天

上海建国宾馆
位于徐家汇地区，地理位置优越

◆距离商场与餐厅集中的徐家汇地铁站很近，地理位置很方便，距离高速路出入口很近，无论前往上海市内还是郊外交通都很便利。在商务客人中也很受欢迎。

四星级酒店　　Map p.28-B2

🏠 漕溪北路 439 号　☎（021）664399299
📠（021）64399433
S 2128 元～　T 2128 元～　SW 2875 元～
E 250 元　服务 15%　D 502　IN 14:00　OUT 12:00
🚇 乘地铁 1、9 号线在徐家汇站下车后步行大约 4 分钟
🔗 www.jianguo.com
🛏🍴☕💈🏪🛗🏋️〰️🅿️🔌📺 免费

城市酒店
设计高雅的商务酒店

◆从外观和室内都有一种都市化的风格，令人印象深刻，以顶级商务酒店为发展目标，商务中心的服务项目应有尽有，出差的住宿客人占多数。大堂酒店高雅时尚。

四星级酒店　　Map p.23-D1

🏠 陕西南路 5-7 号　☎（021）62551133
📠（021）62550744
S 1495 元～　T 1495 元～　E 230 元　服务 15%
D 274　IN 14:00　OUT 12:00　🚇 乘地铁 1、10 号线在陕西南路站下车后步行大约 15 分钟
🔗 www.cityhotelshanghai.com
🛏🍴☕💈🏪🛗🏋️〰️🅿️🔌📺 100 元 / 天（部分房间免费）

Map 地图　🏠 地址　📠 传真　☎ 电话号码　S 单人间房费　T 双人间房费　SW 套间房费　E 加床费用　D 多人间　服 服务费　D 客房数　办理入住手续　办理退房手续　🚇 地铁　🔗 网址

虹桥宾馆
位于虹桥地区的便于商务活动的酒店

◆自 1988 年开业以来，是伴随着虹桥地区的发展一起走过来的酒店。位于贯通上海东西的延安西路上，交通非常便利，这个地段不仅商务客人喜欢，观光客人也比较喜欢。

四星级酒店　　　　　　Map p.21-D2

延安西路 2000 号　☎（021）62753388
FAX（021）62753736
S 1783 元～　T 1783 元～　SW 3795 元～
E 300 元　服务 15%　650　IN 14:00　OUT 12:00
乘地铁 3、4 号线在延安西路站下车后步行大约 20 分钟　URL www.rainbowhotel-shanghai.com　90 元/天、0.6 元/分钟

金水湾大酒店
地理位置交通便利无论商务还是观光都很合适

◆位于汉中路地铁站附近，2005 年开业。除了距离地铁站，距离上海火车站和上海长途客运站也很近，交通非常便利。房间简朴而整洁。

四星级酒店　　　　　　Map p.15-D2

恒丰路 308 号　☎（021）63537070
FAX（021）63530077
S 1298 元～（含早餐）　T 1298 元～（含一人早餐）　SW 2078 元～（含一人早餐）　E 200 元
150　IN 14:00　OUT 12:00　乘地铁 1 号线在汉中路站下车后步行大约 5 分钟
URL www.goldenriverviewhotel.com
40 元/天

静安宾馆
位于上海市里的古典风格酒店

◆位于交通、生活便利的静安地区，是一家华丽的西班牙式样的古典风格酒店。宽敞的中庭占地 600 平方米，气氛优雅，观光客很多。位于第 10 层的餐厅也很有名。

四星级酒店　　　　　　Map p.23-C2

华山路 370 号　☎（021）62480088
FAX（021）62482657
S 1941 元～　T 2286 元～　SW 3091 元～
E 200 元　服务 15%　126　IN 14:00　OUT 12:00
乘地铁 2、7 号线在静安寺站下车后步行大约 12 分钟　URL shanghai.jinjianghotels.com/ja
90 元/天、1 元/分钟

上海广场长城假日酒店
最适合观光的地理位置

◆距离上海火车站步行 5 分钟，由两栋楼组成，刚好把恒丰路夹在中间。一座是 20 层楼的长城酒店，一座是 14 层的广场酒店。商务中心与健身中心服务项目多种多样。

四星级酒店　　　Map p.15-D2，47-A3

恒丰路 585 号　☎（021）63538008
FAX（021）63543019
S 1328 元～　T 1328 元～　E 200 元　服务 15%
510　IN 14:00　OUT 12:00　乘地铁 1、4 号线在上海火车站站下车后步行大约 5 分钟，或者乘 3 号线在上海站下车步行大约 10 分钟
URL www.holidayinn.com
115 元/天、1.15 元/分钟

上海浦东假日酒店
因交通便利与舒适受到好评

◆位于浦东中心地区，是 4 星级的假日酒店，乘车到上海浦东国际机场大约 40 分钟，到外滩大约 15 分钟，交通非常便利，受到了商务客人和观光客人的广泛好评。

四星级酒店　　　　　　Map p.27-D1

东方路 899 号
☎（021）58306666　FAX（021）58305555
S 1718 元～　T 1718 元～
SW 2580 元～　E 210 元　服务 15%　320
IN 14:00　OUT 12:00　乘地铁 4 号线在浦电路站下车后步行大约 1 分钟　URL www.holiday-inn.com　80 元/天、1 元/分钟

浴缸　　冰箱　　吹风机　　保险柜　　烧水壶　　洗发液、润发乳　　游泳池
SPA 或桑拿　　旅游咨询柜台　　上网（LAN）

上海君丽大酒店
每天早上有在虹桥地区循环的班车，最适合商务客人

◆位于虹桥地区，离地铁站很近，交通便利。酒店内装饰有雕刻与绘画，装修设计具有现代化的感觉。客房内以白色为基调，全部带有浴缸，客人可以慢慢放松，驱除疲劳。喷雾式的洗漱用品也很可爱。

四星级酒店	Map p.21-D2

住 遵义路 448 号　☎（021）22161888
FAX（021）22161999　S 798 元～
T 798 元～　SW 1400 元～　E 250 元　服务 15%
D 157　IN 14:00　OUT 12:00
铁 乘地铁 2 号线在娄山关路站下车后步行大约 5 分钟
URL www.jadelinkhotel.com

🛏🍴📠💇🛗🏊♨🎰🅿🚭💈 免费

上海海神诺富特大酒店
50 层有可以一览上海城区景色的旋转餐厅

◆欧洲风格的商务酒店，店内有室内游泳池、雪茄休息室、旋转式餐厅等多种服务设施，为商务客人以及观光游客提供舒适愉快的住宿环境。周到细致的服务也受到好评。

四星级酒店	Map p.19-C2~D2

住 浦东大道 728 号　☎（021）50366666
FAX（021）50366677
S 1035 元～　T 1035 元～
服务 15%　D 320　IN 14:00
OUT 12:00　铁 乘地铁 4 号线在浦东大道站下车后步行大约 5 分钟
URL www.accorhotels.com.cn

🛏🍴📠💇🛗🏊♨🎰🅿🚭💈 160 元 / 天

上海瑞泰虹桥酒店
商务客人经常使用

◆位于日本人集中的虹桥地区，商务回头客很多。周边除了日餐、烧烤还有东北菜馆"东北人"、广东菜馆"沙田轩"等各种风味餐厅。

三星级酒店	Map p.21-C2

住 水城路 555 号　☎（021）62419600
FAX（021）62740332　S 748 元～
T 748 元～　SW 1848 元～
E 200 元　服务 15%
D 274　IN 14:00　OUT 12:00
铁 乘地铁 2 号线在威宁路站下车后步行大约 15 分钟

🛏🍴📠💇🛗🏊♨🎰🅿🚭💈 免费

新城饭店
令人联想起旧上海风情的古典酒店

◆建于租界时期的高层大厦样式的古典酒店，在上海也不多见的巴洛克样式。独具旧上海风情，经常成为电影取景地。从带有阳台的客房可以观赏上海夜景。

三星级酒店	Map p.31-C1

住 江西中路 180 号　☎（021）63213030
FAX（021）63217365
S 680 元～　T 780 元～　SW 1800 元～　E 130 元
D 142　IN 9:00　OUT 12:00
铁 乘地铁 2、10 号线在南京东路站下车后步行大约 10 分钟

🛏🍴📠💇🛗🏊♨🎰🅿🚭💈 60 元 / 天，0.5 元 / 分钟

中福大酒店
以宽敞的房间与高层美景引以为豪

◆位于人民广场地铁站附近，可以步行前往便利店与南京东路步行街。客房内干净整洁，有的房间内备有使用方便的微波炉。有中餐厅，大堂宽敞明亮令人印象深刻。

三星级酒店	Map p.30-B1

住 九江路 619 号　☎（021）53594900
FAX（021）63526060
S 600 元～　T 680 元～　服务 无　D 520
IN 12:00　OUT 12:00
铁 乘地铁 1、2、8 号线在人民广场站下车后步行大约 4 分钟
URL www.zhongfuhotel.com.cn

🛏🍴📠💇🛗🏊♨🎰🅿🚭💈 免费

Map 地图　住 地址　FAX 传真　☎ 电话号码　S 单人间房费　T 双人间房费　E 加床费用
D 多人间　服务费　客房数　IN 办理入住手续　OUT 办理退房手续　铁 地铁　URL 网址

上海天平宾馆
可以充分游览徐家汇与衡山路地区

◆位于商场和餐厅聚集的徐家汇和利用洋楼开办的酒吧和咖啡厅较多的衡山路之间，周边是普通百姓购物的商店街，可以体验上海特色的各种不同的乐趣，因此特别推荐这里的住宿。

| 三星级酒店 | Map p.28-B1 |

住 天平路 185 号　☎（021）54569999
FAX（021）64374650
S 608 元　T 608 元　SW 1198 元～　E 120 元
服务 无　150　IN 8:00　OUT 12:00
🚇 乘地铁 1、9 号线在徐家汇站下车后步行大约 5 分钟
URL www.tianpinghotel.com
免费

新亚大酒店
位于上海邮政博物馆旁边的古典酒店

◆建于 1934 年的 9 层酒店，跟其他众多的旧租界时期洋楼不同的是，这是中国人出资、中国人设计建造并管理的大楼。广式餐厅的月饼很有名。

| 三星级酒店 | Map p.17-C2 |

住 天潼路 422 号　☎（021）63242210
FAX（021）63566816
S 580 元～　T 580 元～　SW 1000 元～　E 100 元
服务 10%　140　IN 12:00　OUT 12:00
🚇 乘地铁 10 号线在天潼路站下车后步行大约 4 分钟
60 元 / 天、0.4 元 / 分钟

东湖宾馆
正对繁华街的花园别墅

◆距离繁华街淮海中路很近的东湖宾馆 7 号楼建于 1925 年，本馆曾经是法式别墅。在花园式庭院之中有很多建于 20 世纪 20~40 年代的洋楼，客房内是古色古香的装潢。

| 三星级酒店 | Map p.30-A3 |

住 东湖路 70 号　☎（021）64158158
FAX（021）64157759
S 800 元～　T 1200 元～　SW 2640 元～
E 100 元　服务 无　280　IN 14:00　OUT 12:00
🚇 乘地铁 1、10 号线在陕西南路站下车后步行大约 9 分钟
URL www.donghuhotel.com
免费

上海天鹅宾馆
位于虹口地区，鲁迅公园就近在眼前

◆位于鲁迅公园对面的三星级酒店。周边有多处著名的跟近现代文学相关的景点，比如鲁迅故居、内山书店旧址、多伦路文化名人街等。

| 三星级酒店 | Map p.13-C2 |

住 四川北路 2211 号　☎（021）56665666
FAX（021）63248002
S 680 元～　T 680 元～　SW 1280 元～　E 150 元
服务 无　191
IN 12:00　OUT 12:00
🚇 乘地铁 3、8 号线在虹口足球场站下车后步行大约 5 分钟
免费

金辰大酒店
正对淮海中路的酒店可以尽情享受购物的乐趣

◆正对淮海中路而建的三星级酒店，周边有伊势丹、巴黎春天百货、百盛购物中心等著名商场。餐厅也从地方风味餐厅到高级餐厅一应俱全，可以充分享受购物与美食的乐趣。

| 三星级酒店 | Map p.31-C3 |

住 淮海中路 795-809 号　☎（021）64717000
FAX（021）64718048
S 1180 元～　T 1180 元～　SW 1880 元～
E 100 元　服务 无　66　IN 12:00　OUT 12:00
🚇 乘地铁 1、10 号线在陕西南路站下车后步行大约 5 分钟
URL www.jinchenhotel.com
无线网络免费

浴缸　冰箱　吹风机　保险柜　烧水壶　洗发液、润发乳　游泳池
SPA 或桑拿　旅游咨询柜台　上网（LAN）

江天宾馆
位于世人瞩目的南浦大桥旁边

◆这家三星级酒店位于浦东地区的陆家嘴金融贸易区南侧，刚好是正在开发中的地区，因此入住这里的商务客人很多。距离南浦大桥很近，对于观光游客来说地理位置特别方便。

三星级酒店	Map p.11-C3

🏨 浦东南路 3456 号　☎（021）58705870
ＦＡＸ（021）58707902　Ｓ 758 元～
Ｔ 758 元～　ＳＷ 1280 元～　Ｅ 100 元　服务 无
📇 236　ＩＮ 14:00　ＯＵＴ 12:00
🚇 乘地铁 6 号线在临沂新村站下车后步行大约 12 分钟
ＵＲＬ www.shjthotel.com

🛏🚿🛎🏊🍴♨🧖🅿Ｔ 20 元／天

海之杰大酒店
距离地铁站很近交通便利的酒店

◆跟上海长途汽车南站相邻接的酒店，附近有地铁站和上海火车南站，交通非常便利，酒店内有与酒店同名的中国菜餐厅。

三星级酒店	Map p.48

🏨 石龙路 728 号　☎（021）61209900
ＦＡＸ（021）61257905
Ｓ 288 元～　Ｔ 288 元～
服务 无　📇 115
ＩＮ 14:00　ＯＵＴ 12:00
🚇 乘地铁 1、3 号线在上海南站下车后步行大约 10 分钟

🛏🚿🛎🏊🍴♨🧖🅿Ｔ 免费

上海国际机场酒店
与上海虹桥国际机场相邻接的中日合资酒店

◆与上海虹桥国际机场相邻接，是中国东方航空与日本合资办的酒店，有酒店到机场的班车。在大堂一角有柜台，可以买机票。

三星级酒店	Map p.20-A3

🏨 迎宾一路 368 号　☎（021）62688866
ＦＡＸ（021）62688393　Ｓ 825 元～
Ｔ 968 元～　ＳＷ 1980 元～　Ｅ 290 元　服务 10%
📇 302　ＩＮ 24 小时　ＯＵＴ 12:00
🚇 乘地铁 10 号线在虹桥 1 号站站楼站下车后步行大约 7 分钟
ＵＲＬ www.siah.com

🛏🚿🛎🏊🍴♨🧖🅿Ｔ 免费

上海豫园宜必思酒店
著名景点豫园近在咫尺

◆酒店位于豫园南侧，客房内干净整洁，让人感觉舒适愉快，早餐是自助餐形式，前台与商务中心 24 小时可以对应客人需求。五楼有露台，可以眺望浦东景色。

三星级酒店	Map p.68-A2

🏨 昼锦路 85 号　☎（021）33662868
ＦＡＸ（021）33662898
Ｓ 379 元～　Ｔ 419 元～　ＳＷ 479 元～　Ｅ 100 元
服务 无　📇 130　ＩＮ 14:00　ＯＵＴ 12:00　🚇 乘地铁 10 号线在豫园站下车后步行大约 8 分钟
ＵＲＬ www.ibishotel.com/ja/home/index.shtml

🛏🚿🛎🏊🍴♨🧖🅿Ｔ 免费

上海曼哈顿（外滩）商务酒店
位于外滩地区便于观光的商务酒店

◆从中山东一路的和平饭店北楼往西走一点就能看到的豪华酒店，是香港投资的商务酒店。别名是外滩 81，店内设有 SPA 沙龙，周边是旧租界时期保留下来的建筑群，给人一种时光停留在那个时代的错觉。

三星级酒店	Map p.31-D1

🏨 滇池路 81-85 号　☎（021）68888123
ＦＡＸ（021）63214388
Ｓ 588 元～　Ｔ 688 元～　ＳＷ 1688 元～（含一人早餐）　Ｅ 120 元　服务 无　📇 100　ＩＮ 14:00
ＯＵＴ 12:00　🚇 乘地铁 2、10 号线在南京东路站下车后步行大约 5 分钟
ＵＲＬ www.manhattanhotel.com.cn

🛏🚿🛎🏊🍴♨🧖🅿Ｔ 免费

Map 地图　🏨 地址　ＦＡＸ 传真　☎ 电话号码　Ｓ 单人间房费　Ｔ 双人间房费　ＳＷ 套间房费　Ｅ 加床费用
Ｄ 多人间　服务 服务费　📇 客房数　ＩＮ 办理入住手续　ＯＵＴ 办理退房手续　🚇 地铁　ＵＲＬ 网址

新苑宾馆
像庭院一样令人安心的酒店

◆东面与虹桥开发区和古北区遥相对望，南面与西面面对虹桥路和延安高架公路，是交通非常便利的庭院式酒店。庭院内绿意浓郁，令人心情愉悦。

三星级酒店	Map p.21-C3

住 虹桥路 1900 号　☎（021）62426688
FAX（021）62423256
S 770 元～　T 770 元～　SW 1880 元～　E 100 元
服务 无　别 310（含 13 栋别墅型客房）　IN 12:00
OUT 12:00　乘地铁 10 号线在水城路站下车后步行大约 6 分钟
50 元／天、0.5 元／分钟

一号码头精品酒店
评价很高的精品酒店

◆由原来的啤酒工厂改建而成的时尚的精品酒店，2007 年正式开业，年轻的德国设计师充分利用啤酒工厂原来的个性化的空间，把工厂打造成了时尚的酒店。

三星级酒店	Map p.14-B1

住 宜昌路 88 号（梦清园内）
☎（021）62773388　FAX（021）62773077
S 898 元～　T 1388 元～　E 150 元
服务 无　别 24
IN 12:00　OUT 12:00
乘地铁 3、4 号线在中潭路站下车后步行大约 10 分钟
免费

锦江之星上海外滩店
全国拥有 600 多家连锁店的酒店

◆位于延安东路大街附近的酒店，干净整洁的感觉吸引了很多商务客人，回头客很多。距离豫园地铁站很近，步行大约 5 分钟，距离云南南路美食街也不远，可以步行到达。

三星级酒店	Map p.17-C4

住 福建南路 33 号
☎（021）63260505　FAX 无
S 299 元～　T 299 元～
服务 无　别 144
IN 14:00　OUT 12:00
乘地铁 10 号线在豫园站下车后步行大约 5 分钟
免费

东亚饭店
一出饭店门口就是步行街中心区

◆位于南京东路步行街与浙江中路的交叉路口的古典建筑之中，这里曾经是 1917 年开始营业的中国最早的民族特色商场，是上海先施公司的一部分，南京东路路旁的黄色文字是饭店的标志。

二星级酒店	Map p.30-B1

住 南京东路 680 号
☎（021）63223223　FAX（021）63224598
S 520 元～　T 520 元～
SW 720 元～　E 80 元　T 520 元～
服务 无　别 164　IN 12:00　OUT 12:00
乘地铁 2、10 号线在南京东路站下车后步行大约 5 分钟
免费

上海精达宾馆
位于离外滩很近的福州路

◆走出宾馆就是旧租界时期的古典建筑群。宾馆位于离外滩很近的福州路，在上海银行外滩分行旁边的小路里面，位于建筑的三楼。没有多少间，不过有三人间。

一星级酒店	Map p.31-C1

住 福州路 120 号
☎（021）63296558　FAX（021）63298308
S 238 元～　T 238 元～
服务 无　别 25
IN 12:00　OUT 12:00
乘地铁 2、10 号线在南京东路站下车后步行大约 5 分钟
免费

浴缸　冰箱　吹风机　保险柜　烧水壶　洗发液、润发乳　游泳池
SPA 或桑拿　旅游咨询柜台　上网（LAN）

汉庭快捷西藏南路店
商务或者观光都很方便

◆位于地铁 8 号线和 9 号线的换乘站附近，可以免费使用宽带。距离著名景点田子坊和新天地都很近，在商务客人和观光客中很受欢迎。客房简朴整洁。

无星级酒店　　　　　　　　Map p.25-C3

佳 西藏南路 916 号
☎（021）61907777　FAX（021）61907776
S 288 元～　T 299 元～
服务 无　D 100　IN 14:00　OUT 12:00
地铁 乘地铁 8、9 号线在陆嘉浜路站下车后步行大约 1 分钟
URL www.htinns.com
T 免费

汉庭快捷南京东路店
与南京东路派克天堂近在咫尺的地理位置

◆全国都有店铺的商务连锁酒店，距离南京东路步行街很近，地理位置上讲无论购物还是出行都很方便。网速也很快。

无星级酒店　　　　　　　　Map p.31-C1

佳 山东中路 230 号
☎（021）63221999　FAX（021）63529996
S 329 元～　T 379 元～
服务 无　D 70　IN 14:00　OUT 12:00
地铁 乘地铁 2、10 号线在南京东路站下车后步行大约 3 分钟
URL www.htinns.com
T 免费

汉庭快捷上海虹桥机场二店
位于虹桥地区的受欢迎的商务酒店

◆ 2006 年在虹桥地区开业的商务酒店，客房简朴而令人安心，如果加入会员的话，房费可以打折。除了陕西南路 233 号店外，昆山路和苏州路也都有连锁店。

无星级酒店　　　　　　　　Map p.20-B4

佳 程家桥路 181 号　☎（021）64468989
☎ 4008-121-121　FAX（021）64469986
S 259 元～　T 259 元～
SW 259 元　服务 无　D 110　IN 14:00　OUT 12:00
地铁 乘地铁 9 号线在合川站下车后乘出租车大约 4 分钟
URL www.htinns.com
T 免费

莫泰 168 上海思南路店
徒步可以走到人气景点泰康路

◆商务连锁酒店的先锋，价格优惠，可免费使用宽带。可以步行到地铁站，商务观光都很方便。

无星级酒店　　　　　　　　Map p.24-B3

佳 思南路 113 号
☎（021）51703333　FAX（021）51586189
S 248 元～　T 268 元～
服务 无　D 159　IN 14:00　OUT 12:00
地铁 乘地铁 9 号线在打浦桥站下车后步行大约 7 分钟
URL www.motel168.com
T 免费

莫泰 168 上海静安寺店
地理位置既适合商务又适合观光

◆莫泰 168 现在在上海有 70 多家连锁店，客房高大宽敞，有一种很开阔的感觉。安全性也很高，可放心住宿。

无星级酒店　　　　　　　　Map p.22-B1

佳 武定西路 1185 号（武定南路 85 号）
☎（021）52564666、（021）63168168
FAX（021）62463700　S 318 元～
T 318 元～　SW 298 元～　D 100 元　服务 无
D 227　IN 12:00　OUT 12:00　地铁 乘地铁 2、7 号线在静安寺站下车，或者乘 2、11 号线在江苏路站下车后步行大约 12 分钟　URL www.motel168.com
T 免费

莫泰 168 上海虹桥机场店
距离虹桥机场很近的商务酒店

◆很受欢迎的商务酒店连锁店的虹桥机场店，距离虹桥火车站很近，坐火车从上海前往苏州、杭州、南京的旅客会经常使用的方便酒店。店内设有上海菜餐厅"美林阁"。

无星级酒店	Map p.20-A4
住 沪青平公路 38 号　☎（021）51538888	
FAX（021）51538889	
S 238 元～　T 238 元～　服务 无　客 158	
IN 14:00　OUT 12:00	
🚇 乘地铁 10 号线在虹桥站下车后坐出租大约 2 分钟	
URL www.motel168.com	

🛁🧊💨🔒🍵🚿🏊♨🛎📶 免费

24K 国际连锁酒店 福州路店
位于从人民广场步行 3 分钟的地方

◆在人民广场附近，坐地铁等交通工具也很便利。位于老字号书店和餐厅众多的福州路上，观光游览很方便，在网上预约价格可能更优惠一些，需要提前确认一下。

无星级酒店	Map p.30-B1
住 福州路 555 号　☎（021）51503588	
☎ 400-888-96119　FAX（021）51503550	
S 298 元～　T 348 元～	
服务 无　客 100	
IN 12:00　OUT 12:00	
🚇 乘地铁 1、2、8 号线在人民广场站下车后步行大约 3 分钟	

🛁🧊💨🔒🍵🚿🏊♨🛎📶 免费

船长青年酒店
距离外滩很近的装饰艺术风格的青年酒店

◆ 1920 年竣工的人们可以欣赏其装饰艺术风格的青年酒店。干净整洁又明亮的宿舍与可以欣赏外滩夜景的屋顶酒吧很受欢迎，具有只需要一分钟就可走到外滩的优越地理位置。在浦东也有分店。

青年旅舍	Map p.31-D1
住 福州路 37 号　☎（021）63235053	
FAX（021）63219331	
S 358 元～　T 458 元～　D 70 元～　服务 无	
客 21（建议宿舍床位数 123）	
IN 12:00　OUT 12:00	
🚇 乘地铁 2、10 号线在南京东路站下车后步行大约 10 分钟	

🛁🧊💨🔒🍵🚿🏊♨🛎📶 免费

上海旅行者青年旅舍
很适合徒步一族入住的青年旅舍

◆位于外滩与苏州河之间，具有老城区风情的青年旅舍。房间高大整洁，距离外滩和南京东路很近，地理位置便于观光或购物，很受欢迎。

青年旅舍	Map p.17-C2
住 江西中路 450 号　☎（021）63297889	
FAX（021）63298099	
S 200 元　T 200 元　D 60 元　服务 无	
客 11（宿舍床位数 80）　IN 12:00　OUT 12:00	
🚇 乘地铁 2、10 号线在南京东路站下车后步行大约 8 分钟	
URL www.yhachina.com	

🛁🧊💨🔒🍵🚿🏊♨🛎📶 免费

上海新时空瑞力酒店
酒店式公寓

◆距离地铁站很近，客房既有商务单人间，也有高级套房，所有房间设置得都很休闲。二楼有上岛咖啡厅。

酒店式公寓	Map p.21-D1
住 汇川路 99 号上海新时空国际商务广场 2 楼	
☎（021）52732747、52732675	
FAX（021）52729669　S 588 元～　T 588 元～	
SW 888 元　E 100（S 仅限于单人间）	
服务 无　客 110　IN 14:00　OUT 12:00	
🚇 乘地铁 2、3、4 号线在中山公园站下车后步行大约 2 分钟	

🛁🧊💨🔒🍵🚿🏊♨🛎📶 免费

🛁 浴缸　🧊 冰箱　💨 吹风机　🔒 保险柜　🍵 烧水壶　🚿 洗发液、润发乳　🏊 游泳池
♨ SPA 或桑拿　🛎 旅游咨询柜台　📶 上网（LAN）

新黄浦酒店公寓
位于上海市中心的老字号酒店式公寓

◆ 1998 年创业的老字号酒店式公寓，服务质量受到好评。步行到人民广场或外滩大约需要 15 分钟，地理位置优越。酒店内有日餐厅与室内游泳池。

🏠 永寿路 88 号 ☎（021）63551889
FAX（021）63556232（预订部）
💰 1600 元／天、18000 元／月（含管理费、水费、电费、煤气费，不过电费有限制） 服务 无 🛏 255 IN 12:00 OUT 14:00
🚇 乘地铁 8 号线在大世界站下车后步行大约 5 分钟 URL www.newharbour.com.cn

西郊公寓酒店
绿色丰富令人心情愉悦的环境在常住上海的外国人中很受欢迎

◆绿地丰富，像公园一样宽敞的范围内既有酒店也有酒店式公寓，可以根据用途、希望、常住时间的长短来进行选择。距离延安西路很近，交通便利。

🏠 虹许路 1151 号 ☎（021）62958881
FAX（021）62958848
💰 1258 元～含早餐)／天、US＄3000～／月（含管理费、光热费另付） 服务 无
🛏 公寓 34 栋、酒店 51 间 IN 12:00 OUT 12:00
🚇 乘地铁 10 号线在龙溪路站下车后步行大约 7 分钟 🛏 免费（部分房间没有宽带）

瑞峰公寓酒店
前往上海虹桥国际机场交通便利

◆位于延安高架公路出入口附近，汽车交通很方便，步行到江苏路地铁站大约 10 分钟。

🏠 延安西路 1066 号
☎（021）62130022、（021）32200447
FAX（021）52386888
💰 各种房型提前 7 天预订 888 元～(含早餐)／天、7000 元～／月 服务 无 🛏 777 IN 8:30 OUT 12:00
🚇 乘地铁 2、11 号线在江苏路站下车后步行大约 10 分钟

森晨世洋国际广场酒店公寓
位于虹桥地区的现代化的酒店式公寓

◆位于外资企业相对集中的虹桥地区，周边有很多 SPA 和餐厅，生活比较便利。公寓内有洗衣服务，乘坐出租车到上海虹桥国际机场大约 15 分钟。

🏠 虹梅路 3721 号 ☎（021）54220222
FAX（021）54224811
💰 580 元～（含早餐）／天、6000 元～／月（含早餐和宽带费用，水费、电费、煤气费另付）
服务 无 🛏 100 IN 12:00 OUT 14:00
🚇 乘地铁 10 号线在龙溪路站下车后步行大约 6 分钟

世纪时空酒店式服务公寓
位于静安地区的受欢迎的酒店式公寓

◆位于办公大楼内的酒店式公寓，接待大堂位于 13 层。干净整洁令人心情愉悦的房间从 45 平方米到 67 平方米有三种类型。免费的洗衣服务深受欢迎。

🏠 乌鲁木齐北路 199 号 ☎（021）62489754
FAX（021）62483859
💰 388 元～／天、7500 元～／月（水费、电费另付） 服务 无 🛏 100 IN 12:00 OUT 12:00
🚇 乘地铁 2、7 号线在静安寺站下车后步行大约 5 分钟
URL www.worldunion-sh.com
🛏 免费

Map 地图 🏠 地址 FAX 传真 ☎ 电话号码 S 单人间房费 T 双人间房费 SW 套间房费 E 加床费用 D 多人间 服务费 客房数 IN 办理入住手续 OUT 办理退房手续 🚇 地铁 URL 网址

装修华丽的古典酒店
Hotel

衡山马勒别墅饭店
像梦一样可爱的精品酒店

◆ 据说由于赛马成为富翁的英国商人马勒为了实现女儿想要一个"安徒生童话故事里描述的城堡"的梦想而于1936年建造了这栋私人住宅。饭店内有各种各样情趣不同的古董家具。

Map p.23-D1

🏠 陕西南路30号
☎ (021) 62478881　FAX (021) 62891020
Ｓ 1500元～　Ｔ 1500元～　SW 3000元～
服务 15%　🛏 28　IN 14:00　OUT 12:00
🚇 乘地铁1、10号线在陕西南路站下车后步行大约15分钟　URL www.mollervilla.com
🛁🧊🎀🔒🍵🧴🏊🧖📶 免费

左／被各种家具包围的饭店内部
右上／像城堡一样造型的1号馆建筑
右下／超级奢华的豪华套间

金门大酒店
新文艺复兴风格的感觉厚重的公馆

◆ 设有钟楼的感觉厚重的石造大楼引人注目，是建于1926年的新文艺复兴风格的住宿大楼。建设当初是外国人专用的公寓，大堂内还保留着当时那种浓郁的氛围，距离地铁人民广场站很近，交通也很便利。

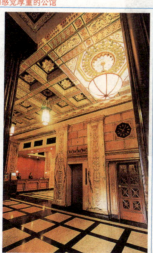

Map p.30-A1

🏠 南京西路108号　☎ (021) 63276226
FAX (021) 63723634　Ｓ 988元～　Ｔ 988元～
服务 15%　🛏 182　IN 12:00　OUT 12:00
🚇 乘地铁1、2、8号线在人民广场站下车后步行大约1分钟

左／可以充分体味古典酒店氛围的大堂
右上／豪华的可以观赏城市景观的客房
右下／饭店建筑保留着旧租界时期的浓郁气息

🛁 浴缸　🧊 冰箱　🎀 吹风机　🔒 保险柜　🍵 烧水壶　🧴 洗发液、润发乳　🏊 游泳池
🧖 SPA或桑拿　ℹ️ 旅游咨询柜台　📶 上网（LAN）

锦江饭店

曾经接待过 300 多 VIP 客人的高规格老字号酒店

◆ 占地辽阔，由锦北楼、贵宾楼、锦南楼三座建筑组成的老字号酒店。1929 年建成的哥特式的锦北楼，当时曾用作外国人专用公寓。如今的客人中有很多来自海内外的重要客户。

古典酒店（五星级）		Map p.30-B3
🏠 茂名南路 59 号	☎（021）32189888	

FAX（021）64725588

| S 3795 元～ | T 3795 元～ | SW 7476 元～ |
| E 250 元 | 服务 15% | 📶 528 | IN 14:00 | OUT 12:00 |
| 🚇 乘地铁 1、10 号线在陕西南路站下车后步行大约 5 分钟 |

90 元 / 天、2 元 / 分钟

上海大厦

位于外白渡桥旁边的历史悠久的古典酒店

◆ 1934 年创业，伴随着上海历史一起一路风雨走到今天的古典酒店。第 18 层的天台是非常好的观景地点，可以眺望外滩风景，客房内是现代化的装饰风格。

古典酒店（五星级）		Map p.17-D2
🏠 北苏州路 20 号	☎（021）63246260	

FAX（021）63241565

| S 2200 元～ | T 2200 元～ | SW 3800 元～ |
| E 200 元 | 服务 15% | 📶 253 | IN 14:00 | OUT 12:00 |
| 🚇 乘地铁 2、10 号线在南京东路站下车，或者乘 10 号线在天潼路站下车后步行大约 15 分钟 |

URL www.broadwaymansions.com

8 元 /10 分钟、80 元 / 天

衡山宾馆

在高大的梧桐树之间建造的古典酒店

◆ 1934 年建的法式风格建筑的酒店，位于利用旧租界时期的历史悠久的洋楼改造而成的餐厅与酒吧集中的衡山路上，是适合悠闲散步的地方。

古典酒店（四星级）		Map p.29-C1
🏠 衡山路 534 号	☎（021）64377050	

FAX（021）64335732

| S 2080 元～ | T 2080 元～ | SW 4000 元～ |
| E 280 元 | 服务 15% | 📶 254 | IN 12:00 | OUT 12:00 |
| 🚇 乘地铁 1 号线在衡山路站下车后步行大约 10 分钟 |

URL www.hengshanhotel.com

免费

瑞金宾馆

令人怀念旧时代的优雅酒店

◆ 20 世纪 20 年代到 30 年代在广大的庭院中建造的 4 栋酒店和 11 栋洋楼的别墅风格酒店。

古典酒店（三星级）		Map p.24-A3
🏠 瑞金二路 118 号	☎（021）64725222	

（021）64732277

S 1320 元～（含早餐）	T 1320 元～（含早餐）
SW 3680 元～（含早餐）	E 160 元	服务 10%
📶 61	IN 14:00	OUT 12:00	🚇 乘地铁 1、10 号线在陕西西路站下车后步行大约 7 分钟

URL www.ruijinhotelsh.com/cn/reservation.html

100 元 / 天、1 元 / 分钟

浦江饭店

卓别林和爱因斯坦也住宿过的地方

◆ 创业于 1846 年，是上海历史最悠久的酒店。装饰艺术风格的室内装修以及古老的地板使旧租界时期的氛围保留至今，卓别林等住宿过的房间可以参观。

三星级酒店		Map p.17-D2
🏠 黄浦路 15 号	☎（021）63246388	

FAX（021）63243179 S 1280 元～

| T 1280 元～ | SW 2800 元～ | E 150 元 | 服务 无 |
| 📶 129 | IN 14:00 | OUT 12:00 | 🚇 乘地铁 2、10 号线在天潼路站下车后步行大约 15 分钟 |

URL www.pujianghotel.com

60 元 / 天、0.8 元 / 分钟

特别讲究的**精品酒店**
Hotel

客堂间
想当成世外桃源的可爱酒店

◆ 这是 1936 年法国人设计的建筑，战后住了六代人的公寓于 2008 年重新改装成了酒店。重新布局的时候最大限度地保留了原来的风貌，全部原封不动地使用 20 世纪 30 年代的家具与门配件，新配置的柱子上添加了中国传统元素，形成了当地特色与西洋风格相结合的空间。早餐在与酒店内部相连的隔壁餐厅就餐。

住 永嘉路 335 号
☎（021）54669335
FAX（021）64669982
S 800 元（含早餐）
T 1500 元（含早餐）
6　IN 14:00　OUT 12:00
乘地铁 1、10 号线在陕西南路站下车后步行大约 10 分钟，或者乘 9 号线在嘉善路站下车后步行大约 12 分钟
URL www.ketangjian.com
免费

左 / 只有六间客房的精品酒店
右 / 吃早餐的餐厅

顶层阁楼的单人间

带腿的浴缸和彩绘玻璃使人陷入一种怀旧的情绪之中

尽可能清除一些无用的东西，使房间看起来充满温馨

浴缸　冰箱　吹风机　保险柜　烧水壶　洗发液、润发乳　游泳池
SPA 或桑拿　旅游咨询柜台　上网（LAN）

璞丽酒店
世外桃源般的酒店

◆以"新的城市度假村"为理念的酒店，店内绿植丰富，玻璃包围起来的大堂采光充足，前台与酒吧为一体的设计很新颖，可以在长吧的柜台接待来客。客房内有最新的电视与DVD影音播放系统，冰箱内的饮料全部免费。

左／宽敞的图书室
右／客房内使用简单干净整洁的白色亚麻布编织成的床套

精品酒店（五星级）　　　Map p.30-A2

🏠 常德路 1 号
☎ （021）32039999
📠 （021）32518989
Ⓢ 2880 元～
Ⓣ 3580 元～
ⓈⓌ 6380 元～
服务 15%　　229
IN 14:00　OUT 12:00
🚇 乘地铁 2、7 号线在静安寺站下车后步行大约 1 分钟
URL www.thepuli.com

免费

五重奏
评价很高的精品酒店

◆位于原法国租界区的长乐路，建于 1939 年，是由公寓改造成的，外观是普通公寓，但像一个世外桃源。有一间客房名为 Joffre，以 20 世纪 20~30 年代的上海为原型装修设计。一共五间客房，设计各不相同。

左／以浪漫为主题的客房 Fleur de Shanghai
右／一楼的咖啡厅兼做早餐餐厅

精品酒店（无星）　　　Map p.30-A3

🏠 长乐路 808 号
☎ （021）62499088
📠 （021）62492198
Ⓢ 800 元～（含早餐）
Ⓣ 800 元～（含早餐）
服务 15%　　5
IN 12:00
OUT 12:00
🚇 乘地铁 1、7 号线在常熟路站下车后步行大约 10 分钟
URL www.quintet-shanghai.com.cn

免费

吉阿上海
让人忘却都市喧嚣的世外桃源

◆位于南京西路的高档公寓般外观的酒店，门内是当代设计的现代化彩色空间，一共 55 间客房，客房内浓郁的东方色彩与很酷的现代化设计相融合。最上层是两间相连的阁楼套房。

左／大理石的浴缸
右／以红黑为主色调的增加工作室的客房

精品酒店（无星）　　　Map p.31-C2

🏠 南京西路 931 号
☎ （021）62179000
📠 （021）62879001
Ⓢ 2990 元～（含早餐）
Ⓣ 2990 元～（含早餐）
服务 15%
55
IN 14:00
OUT 12:00
🚇 乘地铁 2 号线在南京西路站下车后步行大约 3 分钟
URL www.jiashanghai.com

免费

上海天禧嘉福璞缇客酒店
极尽奢华的建筑

◆由明清时期的家具用品搭配的风格独特的酒店，入口装饰有明代使用过的私宅大门，门口有身穿旗袍的迎宾小姐。酒店内有超过800件的玉器装饰品或家宅用品被摆放在各个地方，简直很像一座小型博物馆。

左/以白色为基调的宽敞大堂
右/古朴风格的客房内放置着饭店特制的天空大床

精品酒店（无星）	Map p.21-C4

住 虹许路 358 号
☎ （021）34059898
FAX （021）34059890
S 3900 元～　T 3900 元～
SW 4200 元～　E 250 元～
服务 15%　244
IN 14:00
OUT 12:00
乘坐地铁 9 号线在漕河泾开发区站下车后步行大约 15 分钟，乘坐出租车大约 4 分钟
URL www.skyfortunehotel.com
120 元/天

首席公馆酒店
让人联想到古朴典雅古城的酒店

◆建于原法国租界区的罗马式外观的酒店，是通过改建 1932 年法国设计师设计的公馆而形成的酒店。酒店内部像博物馆一样摆放了很多古董家具和古董摆件，客人被包围在怀旧的沉静氛围之中。客房高大宽敞。

左/古典氛围的走廊
右/客房内有一种那些厚重的家具和木材带来的温馨感觉

精品酒店（无星）	Map p.30-B3

住 新乐路 82 号
☎ （021）54039888
FAX （021）54037077
S 2000 元～
T 2000 元～
SW 4800 元～
服务 无　30
IN 12:00
OUT 14:00
乘地铁 1、10 号线在陕西南路站下车后步行大约 5 分钟
URL www.chinamansionhotel.com
免费

上海巴越风酒店
泛着迷人色彩的室内装饰魅力无穷

◆酒店是以法国南部普罗旺斯农场为原型设计的酒店。18 个客房有亚洲风格的有欧洲风格的，由各种不同的主题设计而成，家具与小摆件都很讲究，搭配得非常协调，部分室内装饰品可以购买。距离新天地很近，地理位置优越。

左/走廊里也若无其事地摆放了一些家具用品
右/每间客房的室内装饰品都很讲究

精品酒店	Map p.31-D3

住 太仓路 68 号
☎ （021）53821600
FAX （021）33080181
S 1480 元～（含早餐）
T 1480 元～（含早餐）
服务 15%
18
IN 14:0
OUT 12:00
乘地铁 2 号线在黄陂南路站下车后步行大约 3 分钟
URL www.casaserenahotel.com
免费

浴缸　冰箱　吹风机　保险柜　烧水壶　洗发液、润发乳　游泳池
SPA 或桑拿　旅游柜台　互联网终端（LAN）

杭 州

Hangzhou

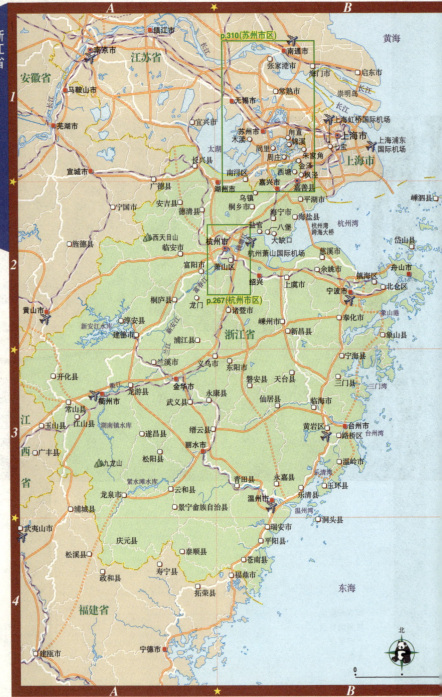

江苏省

安徽省

黄海

镇江市

南京市

马鞍山市

芜湖市

宣城市

宁国市

旌德县

黄山市

江
西
省

玉山县

广丰县

武夷山市

松溪县

政和县

寿宁县

福建省

建瓯市

宁德市

长兴县

广德县

安吉县

德清县

临安市

西天目山

富阳市

桐庐县

淳安县

建德市

新安江水库

开化县

衢
江

常山县

江山市

龙游县

衢州市

湖南镇水库

九龙山

紧水滩水库

龙泉市

庆元县

拓荣县

福鼎市

苍南县

平阳县

瑞安市

温州市

泰顺县

景宁畲族自治县

云和县

松阳县

丽水市

遂昌县

缙云县

青田县

永嘉县

乐清市

玉环县

洞头县

乐清湾

温州湾

东海

p.310(苏州市区)

南通市

张家港市

海门市

启东市

崇明岛

无锡市

常熟市

苏州市

木渎

同里

用直

甪直

锦溪

周庄

西塘

金泽

枫泾

长江

上海虹桥国际机场

上海市

上海浦东
国际机场

宜兴市

太湖

南浔区

湖州市

乌镇

桐乡市

嘉兴市

嵊泗县

平湖市

海宁市

盐官

八堡

大缺口

杭州湾
跨海大桥

杭州湾

岱山县

舟山市

宁波市

镇海区

北仑区

象山港

杭州市

临安市

萧山区

绍兴

杭州萧山国际机场

p.267(杭州市区)

龙门

诸暨市

嵊州市

新昌县

上虞市

余姚市

慈溪市

奉化市

象山县

宁海县

三门县

三门湾

浙江省

浦江县

兰溪市

义乌市

东阳市

磐安县

天台县

临海市

台州湾

台州市

黄岩区

路桥区

温岭市

金华市

武义县

永康县

仙居县

建瓯市

高速公路 高速公路(建设中·计划) 铁路 机场 省会 地级市 县、县级市(区) 乡、镇、村

北

0

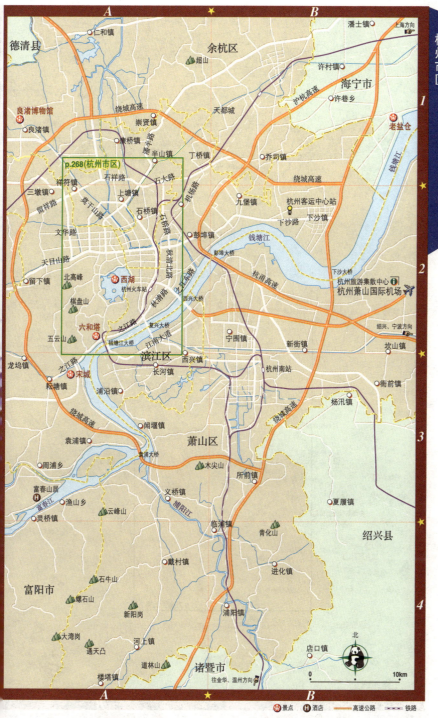

德清县

余杭区

□仁和镇

□潘士镇

上海方向

许村镇

海宁市

超山

绕城高速

天都城

沪杭高速

许巷乡

良渚博物馆

良渚镇

崇贤镇

老盐仓

康桥镇

潘半路

半山镇

丁桥镇

乔司镇

绕城高速

1

p.268(杭州市区)

石祥路

石大路

机场路

九堡镇

杭州客运中心站

三墩镇

祥符镇

上塘镇

下沙路

下沙镇

留祥路

莫干山路

石桥镇

石桥路

彭埠镇

钱塘江

文华路

天目山路

秋涛北路

彭埠大桥

下沙大桥

留下镇

北高峰

之江路

秋涛路

杭甬高速

杭州旅游集散中心

杭州萧山国际机场

西湖

杭州火车站

西兴大桥

2

棋盘山

六和塔

复兴大桥

之江大桥

宁围镇

绍兴、宁波方向

五云山

钱塘江大桥

江南大道

西兴镇

新街镇

坎山镇

滨江区

之江路

宋城

长河镇

杭州南站

衙前镇

龙坞镇

耙塘镇

浦沿镇

杨汛镇

绕城高速

闻堰镇

萧山区

绕城高速

3

袁浦镇

周浦乡

木尖山

所前镇

夏履镇

富春山居

富春江

义桥镇

浦阳江

渔山乡

云峰山

临浦镇

青化山

绍兴县

灵桥镇

戴村镇

进化镇

富阳市

石牛山

螺石山

新阳岗

北

店口镇

4

通天凸

河上镇

道林山

诸暨市

0   10km

楼塔镇

往金华、温州方向

A   B

景点 酒店 高速公路 铁路

267

A   B

1

2

3

4

临丁路
杭州火车北站
石桥中学
石祥东路
杭中路
石桥路
华中路
石祥路
杭州北站
湖州街
源清中学
上塘路
登云路
杨家路
下城区中西医结合医院
东新路
德胜东路
香积寺路
石桥立交
申花路
德胜东路
新昌路
机场路
绍兴路
汽车北站
泉于山路
和睦路
石桥立交
大关路
杭办大厦
德胜东路
浙江工业大学
杭州皇冠大酒店
天城路
杭州火车东站
杭州湾天酒店
天池宾馆
山水宾馆
之江饭店
文一路
文一西路
文二西路
学院路
文二路
杭州酒家
文晖路
昆山门街
浙江东方豪生大酒店
浙江省自然博物馆
天鹅饭店
和平路
天杭大酒店
文三西路
文三路
电子信息街区
银星饭店
环城北路
昆山西路
去西湖方向的31路公交车
杭州西溪悦榕庄
文三路
天目山路
杭州中豪大酒店
中山北路
保俶路
体育场路
去武林广场方向K56路公交车
天目山西路
曙光路
中国丝绸城
凤起路
杭州国际假日酒店
风起东路
庆春东路
长途汽车西站
五云路
武林路
保俶路
北山路
庆春路
浙江省第一医院
山外山
杭州植物园
大华饭店
西湖大道
解放路
西湖饭店
杭州火车站
浙江省电视发射台
九里松度假酒店
灵隐路
灵隐北路
西里湖
西湖
西湖大道
杭州旅游集散中心
长途汽车南站
灵隐寺
茅家埠
月桂峰
吉庆山隧道
杨公堤
柳莺宾馆
江城路
美人峰
玉泉峰
中国茶叶博物馆
马家坞
龙井路
南山路
杭州萧山国际机场方向
(约30km)
天喜山
龙井
五老峰隧道
凤凰山
钱塘江
龙井
狮子山
龙井问茶
龙井路
万松岭路
中河南路
天竺山
狮峰
静觉悦路
青龙山
九曜山隧道
天马山隧道
p.269(西湖周边)
九溪烟树
杭州动物园
大慈山
钱塘江
五云山
六和塔
之江路
白塔
北
云栖竹径
前往南昌、温州方向
0   3km

A   B

杭州旅游集散中心　景点　酒店　美食　商店　娱乐　咖啡馆与酒吧　医院　南屏晚钟 西湖十景　吴山天风 西湖十

A　　　　　　　B

文三路　电子信息街区
学院路　保俶北路
天目山路
五丈沟路　黄龙路
体育场路
浙江世界贸易中心大饭店大饭店
杭州旅游集散中心
(杭州旅游咨询服务中心)
杭州黄龙体育中心
杭州天伦精品酒店

杭州米兰富骊驿时尚酒店
杭州市客运码头
杭州万达商务酒店
坤和中心
环城北路
中北北路
纳德大酒店
华浙广场
民航售票营业厅
武林广场
体育场路
杭州国大酒店迪森广场店
杭州国际大厦
杭州国际大酒店
杭州大厦
杭州百货大楼
浙江省大酒店
杭州民间收藏品交易市场
中北大酒店

1

杭州黄龙洞圆缘民俗园
黄龙吐翠
宝石流霞
保俶塔
抱朴道院
玉皇山
杭州植物园
双峰插云
曲院风荷
浙江省中国国际旅行社
断桥残雪
白堤
北里湖
放鹤亭
孤山
西冷印社
西冷印社宝印山房
阮墩环碧
阮公墩
苏堤
湖心亭
天香楼
玉玲珑
杭州皇冠大酒店
都锦生专卖店
杭州维景国际大酒店
湖畔居
华侨饭店
杭州凯悦酒店
西湖之夜
杭州友好饭店
吴山夜市
火车票代售处
中山国际大酒店
杭州华辰国际酒店
联合售票处
青藤茶馆
新侨饭店
杭州解百购物广场
世贸·西湖四季都市酒店
大宅门
新新饭店
中山公园
平湖秋月
西冷书画院
浙江省博物馆
楼外楼
杭州香格里拉饭店
岳王庙
北山路
印象西湖
西子四季酒店
音乐喷水(夜间)
采芝斋
杭州湖滨国际名品街
涌金楼
西湖翡翠花园酒店
茶酒年代
杭州新宇购物广场
杭州索菲特西湖大酒店

2

西湖
西里湖
苏堤春晓
茅家埠
法云安缦
丁家山
九狮石
九曲桥
小瀛洲
御碑亭
我心相印亭
苏堤
三潭印月
西湖国宾馆
盖叫天墓创生元
杭州国际青年旅舍
柳浪闻莺公园
西湖国际家人邸
柳浪闻莺
闻莺馆茶楼
柳浪宾馆
杭州碑林
河坊街
惠民路
前往近郊的旅游车
出发站
吴山广场
杭州旅游集散中心
(杭州旅游咨询服务中心)
西湖茶社
张小泉剪刀店
王星记
玉清川
状元馆
吴山天恩
公安局出入境管理局

3

三台山路
浙江宾馆
龙井路
三台山路
知味观·味庄
龙泓涧
花中城藕香居大酒店
西子宾馆
雷峰夕照
雷峰塔
南山路
长桥公园
革命烈士纪念馆
紫阳山
太极茶道苑
五峰山
东方龙大酒店
花家山庄
五老峰隧道
高峰
三台山
净慈禅寺
南屏晚钟
章太炎墓
太子湾公园
南屏山
长桥宾馆
中国丝绸博物馆
凤凰山
报恩寺遗址
万松岭路
万松岭隧道

满陇桂雨
青龙山
九曜山
莲花峰
北观音洞
慈云岭
将台山
南宋皇室禁苑遗址
通明洞
满觉陇路
慈云岭造像
五代石刻
南观音洞
九溪山越古道
涵碧亭
玉皇飞云
月宝亭
七星亭
紫来洞
玉皇山
登云台
杭州动物园
得意亭
挹江亭
八卦田
南宋官窑博物馆

虎跑泉(虎跑梦泉)

北
0　　　　1km

4

自行车出租点

杭州旅游集散点　景点　饭店　美食　商店　娱乐　咖啡馆与酒吧　银行　邮局　南屏晚钟 西湖十景　吴山天风 西湖新十景

杭州 *Hangzhou*

因西湖而闻名天下，风光明媚的古都 　　　　　　　　　　电话区号 0571

杭州 概 况

　　浙江省省会杭州，位于上海市西南方向大约 150 公里的钱塘江畔，辖八个区和富阳、临安、建德、桐乡、淳安等五个市县。在杭州的中心，被喻为"春秋时代美女"、作为城市象征的西湖熠熠生辉，以它的美丽身姿迎接着各方游客。

　　杭州城历史最早可以上溯到 2200 多年以前秦始皇设置钱塘县的时候。之后，连接北京和杭州的大运河的开通为它带来生机，杭州作为贸易中心发展起来。9~10 世纪时这里是吴越的国都，12~13 世纪又成为南宋的首都，因此杭州又是中国六大古都之一。元朝来杭州游历的马可·波罗称它为"地上乐园"。

　　另外，首屈一指的江南旅游城市杭州的郊外又新添了很多休闲度假设施。作为都市型的度假地，融古都风情与现代气息为一体，杭州越来越受到人们的青睐。

杭州 漫 步

　　杭州繁华的地方在西湖东侧一带。那里面有非常热闹的南北走向的城市主干道——延安路。它的北部是高级酒店集中的武林广场，南端一直延伸到吴山广场。吴山广场是去近郊的旅游车的始发和终点站。它的东侧有呈现复古的街道面貌、游客云集的河坊街。

　　从延安路向西湖东岸步行 5~10 分钟，沿着湖畔南北走向的湖滨路和南山路一带分布着一些高级酒店。时尚餐厅集中的西湖天地及杭州湖滨国际名品街也在这一带。因为离西湖周边的风景区很近，所以在东岸一带投宿、观光也许是最好的安排。

　　说到游览杭州的交通工具，公交车、出租车之外，还可以选择游船、租赁自行车等各种各样的方式。交通工具的灵活运用使出行效率更高。乘坐出租车游览虽有便利的一面，但要注意如果碰到下雨的天气或是下班高峰时段会很难打到车。

　　从各大城市到杭州可以乘坐飞机、火车、长途汽车、轮船等交通工具，但是使用的交通工具及线路的不同到达的具体地点也不同。事先确认一下终点具体在什么位置非常重要。

■中国工商银行
Map p.269-B2
🏠 杭州市延安路 320 号
☎ (0571) 85011500
🕐 9:00~17:00
休 无

■邮局
Map p.269-B2
🏠 杭州市中山中路 313 号
☎ (0571) 87915721
🕐 8:30~18:00
休 无
　可以邮寄小包裹或处理 EMS 业务。

■浙江省第一医院
Map p.268-B3
🏠 杭州市庆春路 79 号
☎ (0571) 87236114,
　(0571) 87236111
紧急电话: (0571) 87236749,
87236300
🕐 7:00~17:00（周六至 16:30），周日 8:00~16:30
休 无
24 小时服务。

■市内交通
▼出租车
　3 公里以内起步价 11 元。之后，3~10 公里以内每公里 2.5 元；10 公里以上按每公里 3.75 元计算。
▼公交车
　没空调的公交车 1 元，有空调的 2 元（车号为"K"字头的）。运行时间为 5:00~22:00。
▼观光车
　车号为"Y"字头的是观光车。运行时间为 8:00~17:30，车费 2~5 元。

飞机

杭州萧山国际机场位于杭州市中心以东大约 30 公里处，机场内有旅游咨询中心（INFORMATION）。

【国内线（每周大约）】

北京 89 个航班	长春 14 个航班	长沙 49 个航班
成都 70 个航班	重庆 49 个航班	大连 35 个航班
福州 7 个航班	广州 154 个航班	三亚 49 个航班
太原 42 个航班	厦门 70 个航班	天津 42 个航班
青岛 63 个航班	深圳 133 个航班	郑州 56 个航班
桂林 28 个航班	贵阳 21 个航班	昆明 70 个航班
香港 42 个航班	海口 28 个航班	乌鲁木齐 49 个航班
西安 112 个航班	兰州 7 个航班	南宁 28 个航班
哈尔滨 42 个航班	武汉 42 个航班	济南 28 个航班
银川 14 个航班		

■杭州萧山国际机场

Map p.266-B2、267-B2

住 杭州市萧山区瓜沥镇

☎ （0571）86661234

FAX （0571）86662404

URL www.hzairport.com

去机场的班车每 15~30 分钟由市中心的武林门售票处或民航售票处发车，途中经停杭州火车站。单程票价约 20 元，大约 1 小时到达机场。乘坐出租车单程约 120 元。另外还有机场至绍兴的直达大巴，7:00~20:00 每 1 小时发一班，

大约 1 小时 10 分钟，单程票价 30 元，终点是绍兴玛格丽特酒店。去绍兴乘坐出租车可以请旅游咨询服务中心来安排，单程大约 180 元。去苏州的大巴 10:45~21:45 有 6 班，需要 2 个半小时，票价 95 元。

■民航售票中心

Map p.269-B1

住 杭州市体育场路 390 号

☎ （0571）86668666、（0571）85107160

营 7:00~21:00

休 无

这里销售 3 个月以内的机票。去机场的大巴从这里出发经停杭州火车站，5:00~9:00、17:00~21:00 的时间段每 30 分钟发一班，9:00~17:00 的时间段每 15 分钟发一班，票价 20 元，大约需要 1 小时。

杭州萧山国际机场

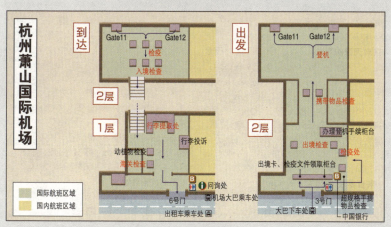

铁路

杭州市内有杭州火车站和杭州南站两个火车站。以杭州火车站为主，它距离西湖约3公里，且靠近市中心，从杭州始发的列车基本上从这里出发。以前的杭州东站在2010年就没有了，取而代之的是杭州南站，从外地来杭州的列车抵达南站的情况也很多，因此购买车票后一定要确认是哪个站。

▶**来自上海的列车** / 上海站发车：7:55~8:08，每天5班（G字头）、运行1小时22分钟~1小时31分钟、票价93~279元。上海南站发车：4:52~18:03，每天5班、运行1小时43分钟~3小时9分钟、票价75~83元。上海虹桥站发车：6:32~21:12，每天57班、票价52~156元。

▶**来自苏州的列车** / 到达杭州火车站：7:29~17:49，每天8班（D、G、T字头）、运行1小时35分钟~4小时9分钟、票价42~184元。到达杭州南站：每天12班（D、K字头）、运行2小时7分钟~5小时35分钟、票价44~142元。

▶**来自绍兴的列车** / 到达杭州火车站：8:59~22:35，每天16班（D、K字头）、运行49分钟~2小时4分钟、票价13~64元。到达杭州南站：10:17~21:05，每天13班（D、K字头）、运行28~43分钟、票价10~64元。

▶**来自北京的列车** / 北京西站发车：每天3班（G、T、K字头）。北京西站发车：只有22:30（T字头）出发一班。北京南站发车：每天7班（G字头，抵达杭州南站的是北京南站7:50发车的一班）、运行6小时19分钟~21小时51分钟、票价194~1058元。

▶**来自宁波的列车** / 宁波东站发车：7:47~21:00，每天18班（D、K字头）。到达杭州南站的9:07~20:00每天有23班）、运行1小时29分钟~3小时5分钟、票价29~83元。

▶**来自天津的列车** / 天津站、天津西站、天津南站发车：6:10~次日00:58，每天9班（D、G、K、T字头）。抵达杭州南站的是天津11:31出发的一班）、运行6小时~22小时9分钟、票价179~591元。

▶**来自济南的列车** /5:55~次日3:08，每天7班、（抵达杭州南站的是12:28、17:21出发的两班）、运行2小时7分钟~16小时8分钟、票价123~417元。

▶**来自泰山的列车** /6:47~20:04，每天5班、（T、K字头。抵达杭州南站的是17:48、18:29出发的2班）、运行9小时52分钟~16小时32分钟、票价137~390元。

▶**来自无锡的列车** /4:11~20:10，每天11班（D、G、T、K字头。抵达杭州南站的是4:22~次日2:56每天的9班）、运行1小时52分钟~6小时7分钟、票价51~219元。

▶**来自扬州的列车** /12:20发车的1班、运行8小时20分钟、票价138元、166元。

▶**来自镇江的列车** /6:24~次日2:47，每天12班（D、G、K、T字头。抵达杭州南站的是9:44~次日3:01每天发出的7班）、运行2小时49分钟~7小时33钟、票价65~229元。

▶**来自南京的列车** /6:00~次日2:06，每天14班（D、G、K、T字头。抵达杭州南站的是7:42~深夜2:14每天发出的13班）、运行2小时54分钟~7小时57分钟、票价63~221元。

▶**来自广州的列车** /15:08发车的一班（T、K字头。抵达杭州南站的每天有3班）、运行16小时50分钟~19小时43分钟、票价191~601元。

▶**来自南昌的列车** /13:19、13:38、21:04发车每日3班（D、K字头。抵达杭州南站的是8:10~次日3:18每天10班）、运行4小时41分钟~9小时21分钟、票价81~274元。

▶**来自合肥的列车** /4:34~次日2:25每天15班（D、K字头。抵达杭州南站的每天有3班，出发时间分别为7:55、13:07、13:50）、运行4小时56分钟~6小时42分钟、票价87~245元。

▶**来自武昌的列车** /8:29~15:51每天2班（只有K字头。抵达杭州南站的每天有3班，出发时间分别为16:15、19:59、20:07）、运行12小时23分钟~14时47分钟、票价74~365元。

■**杭州火车站**

Map p.268-B3 **住** 杭州市杭州城站火车站

☎ 列车时刻表查询与车票预约（0571）9500117788

营 24小时（电话8:00~17:00） **休** 无

车站二楼左右两边各有一个售票处，可以购买5天以内的车票。打电话须用中文。要注意买票需要时间。面对车站，它的左侧有一处自动售票机。另外，车站前的公交车站有去往西湖方向的K7、Y2路，大约需要20分钟，票价3元。乘坐出租车在地下一层，到西湖大约15元。

■**杭州南站**

Map p.267-B3 **住** 杭州市萧山区城厢镇

☎（0571）95105105 **营** 24小时 **休** 无

销售5天以内去往全国各地的车票。

■**武林门售票处**

Map p.269-B1 **住** 杭州市武林路423号

☎ 无 **营** 8:00~18:00 **休** 无

销售10日以内车票。

■体育场路售票处

Map p.268-B3　住 杭州市体育场路 149 号

☎（0571）87829987　營 8:00~11:30、12:10~18:45
休 无

　　销售 10 日以内去往全国各地车票。

长途汽车

　　杭州市内有东西南北 4 个公路客运汽车站。乘坐公路交通抵达后一定要先确认到的是哪一个车站。前往同里、南京的班车杭州汽车北站发车。杭州旅游集散中心前往乌镇等近郊的一日游大巴（→ p.273）的起点终点在吴山广场。

▶来自上海的汽车 /（从汽车北站始发）到达杭州汽车客运中心及长途汽车北站的大巴：6:50~20:30 每 30 分钟有 1 班，每天 28 班，大约运行 2 小时 30 分钟，票价 59 元。（从汽车南站始发）到达杭州汽车客运中心及长途汽车北站的大巴：6:40~20:50 每 15~30 分钟有 1 班，每天 35 班，大约运行 2 小时，票价 59 元。（从上海虹桥长途汽车西站始发）到达杭州汽车客运中心及杭州汽车北站的大巴：13:50~21:50 有 4 班，票价 80 元。（从浦东白莲泾长途客运站始发）10:20~19:00 有 4 班，票价 60 元。

▶来自苏州的汽车 /（从南门汽车客运站始发）到达杭州汽车客运中心及杭州汽车北站的大巴：6:40~19:00 每 20~40 分钟有 1 班，每天 34 班，大约运行 2 小时，票价 73 元。（从苏州汽车客运北站始发）到达杭州汽车中心站及杭州汽车北站的大巴：6:20~19:00 每 30~40 分钟有 1 班，每天 24 班，大约运行 2 小时，票价 72 元。

▶来自同里的汽车 / 到达杭州汽车北站的大巴：8:10、12:40、14:40 发车。大约运行 3 小时，票价 51 元。

▶来自南京的汽车 / 到达杭州汽车北站的大巴：6:50~20:20 每 30 分钟有一班，大约运行 4 小时 30 分钟，票价 123 元。

▶来自绍兴的汽车 / 到达杭州汽车客运中心及杭州汽车北站的大巴：6:20~20:30 大约每 20 分钟有一班，每天 50 班，大约运行 1 小时，票价 25 元。

▶来自乌镇的汽车 / 到达杭州汽车客运中心及长途汽车北站的大巴：6:25~17:55 每 30 分钟~1 小时有一班，每天 16 班，大约运行 1 小时 30 分钟，票价 27 元。

▶来自无锡的汽车 /6:40~18:35 每 40 分钟有一班，每天 21 班，大约运行 3 小时，票价 86 元。

▶来自屯溪（黄山市）的汽车 / 到达杭州汽车西站的大巴：6:50~17:10，每天 6 班，大约运行 4 小时 30 分钟，票价 80 元。

■杭州客运中心站

Map p.267-B2

住 九堡镇德胜东路 3339 号

☎（0571）87650678　營 6:00~11:30、11:40~20:30
休 无

　　售票处在该站二楼。售 5 日内车票。

※从杭州客运中心站前往杭州火车站，乘坐 K508 路终点站下车，车费 5 元。前往杭州汽车北站乘坐 K69 路终点站下车，车费 2 元。

■长途汽车西站

Map p.268-A3　住 杭州市天目山路 357 号

☎（0571）85222237　營 5:55~18:50　休 无

　　售 5 日内车票。前往市中心乘坐出租车大约 20 分钟 20 元。

■长途汽车南站

Map p.268-B3　住 杭州市秋涛路 407 号

☎（0571）86075352　營 5:40~11:00、11:30~19:30
休 无

　　售 3 日内车票。

■杭州汽车北站

Map p.268-A1　住 杭州市莫干山路 766 号

☎（0571）88097761　營 6:00~19:00
休 无

　　售 5 日内车票。从这里前往西湖湖畔或武林广场乘坐 188 路公交车大约 30 分钟，车费 2 元。出租车 30 元左右。

其他

　　任何一种交通工具的车票都可以在位于市中心联合售票处买到，因此不必特意跑到火车站或汽车站买票，这一点非常便利。

■联合售票处

Map p.269-B2

住 杭州市浣纱路 147 号

☎（0571）87067057　營 机票销售：8:00~17:00；火车票销售：8:00~20:00；长途汽车票销售：7:30~17:00　休 无

●飞机

☎（0571）87033645、87063427

　　销售 3 个月内机票。

●铁路

☎ 无

　　1~4 号窗口销售 10 日内火车票。每张票加收 5 元手续费。

●长途汽车

☎ 无

　　在六号窗口可以购买杭州东西南北各汽车站始发的 4 日内车票。

旅游专线车

公交车中"Y"字开头的是经由各旅游景点的旅游专线车，约开通了9条旅游专线。参考以下提供的信息，在当地了解线路情况，使用起来会非常便捷。各线路的主要停靠站点如下所示，每天运行时间为8:00~17:30。

■游1路（Y1）

这是一条以灵隐寺为起点和终点，几乎环西湖一周的循环旅游专线。费3元

灵隐→九里松→洪春桥→玉泉→杭州花圃→郭庄→丁家山景区→空军疗养院→浴鹄湾→苏堤→净寺→长桥→万松岭路口→清波门→西湖大道→湖滨→胜利剧院→少年宫→断桥→葛岭→新新饭店→岳庙→玉泉→洪春桥→九里松→灵隐

■游2路（Y2）

这是一条以杭州火车站为起点和终点，几乎环西湖一周的循环旅游专线。费3元

城战火车（杭州火车站）→西湖大道→清波门→万松岭路口→长桥→净寺→苏堤→浴鹄湾→空军疗养院→茅家埠→黄泥岭→九里松→灵隐九里松→洪春桥→玉泉→岳庙→新新饭店→葛岭→断桥→六公园→东坡路平海路口→开元路→耀江广厦→城战火车（杭州火车站）

■游3路（Y3）

这是一条由延南路开始，途经西湖北侧景区，尤其是路过龙井驶向西湖南侧的旅游专线。费2元

延安路→少年宫→葛岭→新新饭店→岳庙→玉泉→洪春桥→黄泥岭→芽家埠→双峰→南天竺→龙井寺→龙井茶室→龙井山园→翁家山→烟霞洞→杨梅岭→上满觉陇→水乐洞→满觉陇→石屋洞→苏堤→净寺→长桥→丝绸博物馆→玉泉飞云→八卦田→杭州陶瓷品市场

■游4路（Y4）

这是一条以岳王路为起点，途经玉泉，与主题公园宋城相连接的旅游专线。费3元

岳王路→东坡路庆春路口→省府路→省府大楼西→松木场→黄泥洞→浙大附中→玉泉→黄泥岭→普福路线→灵隐东大门→三天竺→中天竺→上天竺→梅灵隧道→小牙坞→梅家坞→梅坞南口→梅坞农居→云栖竹径→外大桥→梅灵南路→宋城

■游5路（Y5）

这是一条以杭州东边的皋塘村为起点，经过西湖西侧，与杭州南边的庙山公交相连接的旅游专线。费3元

皋塘村→艮新天桥北→闸弄口新村→公交总公司→宝善桥→武林小广场→武林门→胜利新村→松木场→黄龙洞→浙大附中→杭州花圃→郭庄→丁家山景区→空军疗养院→浴鹄湾→动物园→虎跑→六和塔→浙大之江校区→九溪→珊瑚沙水军→宋城→午山→庙山→庙山公交

■游6路（Y6）

这是一条连接凤山门公交和黄龙体育中心的旅游专线。费3元

凤山门公交→凤山门→六部桥→市第四医院→通江桥→鼓楼→高银路→清波门→万松岭路口→长桥（南山路）→净寺→苏堤→三台山路→芽家埠→黄泥岭→洪春桥→玉泉→浙大附中→求是路→玉古路天目山路口→庆丰村→黄龙体育中心

■游7路（Y7）

这是一条连接动物园和杭州东北部景芳六区的旅游专线。费2元

动物园→苏堤→净寺→万松岭路口→清波门→吴山广场→耀江广厦→市第三医院→葵巷建国路口→菜市桥→省青春医院→红菱新村→景芳亭→景芳三区→景芳五区南门→景芳六区

■游8路（Y8）

这是一条连接面对河坊街的吴山公园和位于杭州北边的蔡马的旅游专线。费2元

吴山公交→吴山广场→延安南路→湖滨→胜利剧院→延安新村→武林门→密渡桥路口→石灰桥→余杭塘上→董家新村→上塘路口→二纺机总厂→沈塘湾→善贤村→蔡马

■游9路（Y9）

这是一条从黄龙体育中心出发，环西湖一周的循环旅游专线，非常便于游览西湖。费5元

黄龙体育中心→浙大附中→岳庙→新新饭店→葛岭→断桥→六公园→三公园→一公园→涌金门→钱王祠路口→清波门→万松岭路口→

长桥→净寺→苏堤→浴鹄湾→空军疗养院→丁家山景区→郭庄→杭州花圃→浙大附中→黄龙体育中心

近郊一日游

面向散客，杭州旅游集散中心经营杭州周边景点的一日游观光巴士业务。大多数的情况下，费用包含门票和导游费。发车地点在黄龙体育中心或市中心的吴山广场售票处前。

■杭州旅游集散中心（杭州旅游咨询服务中心）（吴山售票处和一日游专线发车处）
Map p.269-B3 佳 杭州市吴山广场大门
☎（0571）96123 營 6:30~20:00
休 无
䴕www.96123.com
※车票可以提前三天购买。

以下是吴山广场（Map p.269-B3）的发车和返回时间。

▶乌镇一日游
每天 7:30 发车，17:30 左右返回。費 120 元
▶西塘一日游（只有周末）
周日 7:30 发车，15:00 左右返回。費 118 元

▶绍兴一日游
每天 7:30 发车，16:00 左右返回。費 175 元

自行车租赁

如果仅仅游览西湖湖畔或周边的繁华街道，自行车是便捷交通手段的选择之一。在西湖沿岸景区附近有几处租赁地点。

水上巴士

杭州水上巴士由沿着西湖北侧京杭运河的武林门出发，过古塘河北上，抵拱宸桥后返回。

■杭州市客运码头
Map p.269-B1 佳 杭州市环城北路 208 号
☎（0571）88024168
營 8:00~19:00（售票时间）、水上巴士（武林门～拱宸桥～武林门）19:30~20:30 費 100 元
䴕www.hzssbus.com

从武林门附近出发，欣赏夜景的游船

特辑6

全新推出
骑自行车
游览世界遗产
杭州·西湖

骑快了4个小时，慢慢骑6个小时

2011年6月，杭州西湖的文化景观被联合国教科文组织列入《世界遗产名录》。西湖有著名的西湖十景分散四处，游览西湖时这些景点都不容错过，环绕西湖一周15公里，最有效的游览方法是租一辆自行车痛痛快快地转上一圈。

如何使用租借的自行车（公共自行车）

URL www.hzzxc.com.cn

1 先去销售租车卡的地方买一张300元（200元是押金，100元是预付款，用于扣除租车费用）的IC卡，IC卡没有使用期限，下次来杭州还可以使用。

※在杭州市内有2000多个租车点，西湖沿岸也有很多。

2 借好自行车，朝着想去的地方前进。在专用的自行车存车处停好车，前往观光景点。

3 如果在1小时之内，把租赁的自行车停在专用的存车处，则自行车是免费使用的，2小时以内收费1元，3小时以内收费2元，以后每增加1小时加收1元。停车的时候要使用IC卡锁缆，如果不锁车，将显示为继续使用的状态。

※需要注意的是，西湖湖畔的行人通道是禁止骑车进入的

9 断桥残雪

8 平湖秋月

午餐在楼外楼吃最合适

双峰插云就从船上遥望吧

7 双峰插云

6 曲院风荷

苏堤

西湖

5 苏堤春晓

1 柳浪闻莺

从这里开始

10 小瀛洲
三潭印月

南山路东侧是上坡

4 花港观鱼

2 雷峰夕照

3 南屏晚钟

先到柳浪闻莺沿南山路前行波门下车

西湖十景

在西湖众多的景点之中，这十个景点是最负盛名的且最有代表性的，也是让人最想停留，最想游览的地方。

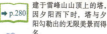
从塔上可以俯瞰西湖全景

 ① 柳浪闻莺（柳浪闻莺公园） → p.282

是个很漂亮的公园，东岸有一大片宽阔的柳树林，湖畔摇曳的柳条配合着夜莺的鸣叫，一起为游人营造出一种浪漫的景致，公园名字由此而来。

② 雷峰夕照（雷峰塔） → p.280

建于雷峰山山顶上的塔，因夕阳落下时，塔与夕阳勾勒出的无限美景而得名。

与日本的僧人有着很密切的关系

③ 南屏晚钟（净慈禅寺） → p.282

矗立在南屏山山麓的寺院，每到除夕之夜，人们都会聚集在这里，举行新年撞钟除旧迎新的活动，在钟声里迎接新年的到来。

④ 花港观鱼（花港公园）
→ p.281

可以观赏鲤鱼和各种花木，花家山山麓有一小溪，流经此处注入西湖。因此被称为"花港"。

有很多生气勃勃的五彩鲤鱼

⑤ 苏堤春晓（苏堤）
→ p.280

这是一条贯穿西湖南北风景区的林荫大堤。因"新柳如烟"、"好鸟和鸣"的美景，和其与苏东坡的渊源而命名为"苏堤春晓"。

全长2.8公里的漫步大道

⑥ 曲院风荷（曲院风荷） → p.281

"曲院"原是为制作宫廷御酒而开设的酿酒作坊。园内也可以品尝酒。同时这里也是著名的观赏荷花的好地方。

宫廷用的酿酒所遗址

⑦ 双峰插云（南高峰·北高峰） → p.283

从湖心亭远眺吧

南高峰与北高峰并称为"双峰"，云雾笼罩的时候，从湖面上远眺，就像是在欣赏一幅美丽的山水画。

⑧ 平湖秋月（平月台） → p.283

月圆之夜，从中山公园的平月台遥望湖面，可以看到一轮漂浮在水面上的明月。

赏月的著名景点

⑩ 三潭印月（小瀛洲） → p.279

从船上连远眺望到的小瀛洲

小瀛洲是一个人工岛，据说月明之夜，从湖面远眺湖中浮现的三座小塔，会看到湖面上闪烁着金色的光芒。

⑨ 断桥残雪（断桥） → p.279

进入民间传说《白蛇传》的情景之中

白堤东端架起的一座石桥，冬季从孤山远望，会发现连续的白堤在这里仿佛断开，犹如一座断桥，因此得名。

杭州

● 特辑6 全新推出 骑自行车游览世界遗产杭州·西湖

277

西湖【世界遗产】

2011年成为世界文化遗产

Map p.269-A·B2~3 ★★★

■西湖
🏠杭州市西湖景区
🚃距杭州火车站大约15分钟车程　Y9、K4、K12、K102路"涌金路"站下车
■西湖游船（电动船）
🕐春·夏7:30~16:30
　秋·冬8:00~16:00
💰根据船的种类和大小，价格为30~45元。※含小瀛洲（三潭印月）20元门票。湖畔12个码头都可以乘船，船票在乘船码头购买。
■手划船（可乘6人）
💰包租船夫：每艘船每小时80元
　只租船：每艘船预付100元押金，2小时40元（2小时起租，2小时后每30分钟加收10元）※若登陆湖中岛屿门票另付。小瀛洲（三潭印月）20元门票，湖心亭免费。

位列中国十大风景名胜之一的西湖，2011年被国际教科文组织评为世界文化遗产，是杭州首屈一指的游览胜地。西湖总面积5.6平方公里，周长15公里，水深处达3米。其周边遍布着以"西湖十景"为代表的上百处景点，游杭州最应先游西湖。

大约一万两千年前，这里不过是条浅浅的河水入江的地方，积年累月成为湖泊，因西湖之名而闻名天下大约是北宋年间的事。深爱西湖的大诗人苏东坡，将它的美喻为春秋时代的美女——西施，称之为"西子湖"，西湖因此得名。

游览西湖围绕着以下介绍的"西湖十景"为中心比较好。在这里介绍的西湖十处有名的景观中，不仅有浮在湖中的小岛，眺望西湖美景的寺庙，还有小桥和园林等丰富多彩的景致。

结合着新命名的"西湖新十景"，让我们全方位地尽情欣赏西湖的美丽吧！

坐船游西湖是游览西湖的乐趣之一

手划船也是一道风景

沐浴在夕阳中的西湖异常美丽，令人神往

西湖十景

Map p.269

西湖有代表性的 10 个有名景点 ★★★

① 三潭印月【小瀛洲】★★★

Map p.269–A3

小瀛洲是明代 1607 年用湖底的泥建造成的人工岛。浮于西湖的三岛（三潭印月、湖心亭、阮公墩）中规模最大，岛内有四个池塘，由九曲桥相连。树木郁郁葱葱，岛屿整体似水上乐园般美丽。

从岛的南侧向湖面望去，能看到两米高的三座石塔。仿照北宋苏东坡原建的三塔，重建于 1621 年。代表"西湖十景"的"三潭印月"，指的是在月明星稀的夜晚从船上眺望这三座石塔所看到的美丽景观。中秋明月在石塔灯火的映照下更加润泽，石塔灯火与月光相交织，湖面金光闪闪。

坐船到三潭印月的岛上

从小瀛洲望到的三座石塔

② 断桥残雪【断桥】★★★

Map p.269–B2

断桥指的是横跨在白堤东端的一座石桥。因从孤山绵延而来的白堤断裂在此而得名。这里又因是赏雪景的绝佳之地而闻名。降雪后，积雪从桥中央开始融化时，桥看起来仿佛从中间断裂一样，这道风景于是不知不觉被称为"断桥残雪"，成为"西湖十景"的代表性景观。另外，这座桥作为中国古代著名传说《白蛇传》中主人公白娘子与许仙相会、之后再次相遇的地方也非常有名。

石桥东边矗立着上面刻有清朝皇帝——康熙亲笔题字的碑亭。据说康熙帝格外喜爱西湖，曾多次造访。

断桥又名"段家桥"，来这里漫步、渡桥的人络绎不绝

■ 游览西湖的电瓶车

沿着西湖四周运行着招手即停的电瓶车。它将西湖一周分为四个区间，每跨入一个区间收取一份车费。环西湖一周大约一个半小时。

🕐 8:00~22:00（冬天 ~17:00）
🎫 环湖一周（含四个区间）
车票 = 乘车一次 40 元
　　每个区间车票 = 乘车一次各 10 元
※ 各区间按以下划分
· 孤山·白堤区 = 岳王庙 <=> 断桥
· 湖滨区 = 断桥 <=> 涌金门
· 南线区 = 涌金门 <=> 雷峰塔
· 苏堤区 = 雷峰塔 <=> 岳王庙

乘坐环湖一周的电瓶车游览西湖十景是非常高效的选择

■ 三潭印月
🏠 杭州市西湖小瀛洲
🕐 夏 7:30~16:30
　　冬 8:00~16:00
※ 由于只有乘船才能登岛，因此要参照游船的运营时间
🚫 无
🎫 小瀛洲 20 元
※ 门票多含在游船票价里
从湖畔乘船大约 10 分钟到达

■ 断桥
🏠 杭州市断桥
🕐 24 小时
🚫 无
🎫 免费
🚗 距杭州火车站大约 20 分钟车程
🚌 Y1、Y2、K7 路"断桥""葛岭"站下车

建于湖畔的断桥残雪的石碑

■苏堤
🏠 杭州市苏堤
🕐 24 小时
休 无
💰 免费
🚃 距杭州火车站大约 10 分钟车程
🚌 Y1、Y2、Y3、Y6、Y7、K4、K504、K808、315、822 路"苏堤"下车步行 10 分钟

■雷峰塔
🏠 杭州市南山路 15 号
☎ (0571) 87982111
🕐 7:30~21:00 (3/16~11/15)
8:00~17:30 (11/16~3/15)
(闭馆前 30 分钟停止售票)
休 无
💰 40 元
🚃 距杭州火车站大约 20 分钟车程
🚌 Y1、Y2、Y3、Y6、Y7、K4、K808、K822 路"净寺"站下车即是

夕阳西照下的雷峰塔

③苏堤春晓【苏堤】★★★　　　　　　　Map p.269-A2~3

公元 1090 年北宋诗人苏东坡就任第二任期的杭州知府时，构筑了一道贯穿西湖南北全长 2.8 公里的大堤。因他的姓氏，这条堤被称为苏堤。据说当时动员了许多军民，掘取西湖的淤泥，花费了大约半年的时间才完成这项巨大工程。

跨越六座桥梁的苏堤两侧，交错种植着柳树与桃树，漫步在这里能让人感受到悠闲的气氛。苏堤东部是浮于西湖上的小瀛洲，向东南部望去，可以眺望到耸立在雷峰山上的雷峰塔。

洒满阳光的春天清晨，垂柳的嫩枝下黄莺在婉转歌唱，这样一幅美丽的画面被北宋画家称为"苏堤春晓"。

来苏堤漫步的人总是很多

④雷峰夕照【雷峰塔】★★★　　　　　　Map p.269-B3

雷峰山顶上的雷峰塔始建于公元 977 年。据说当初为庆祝吴越王钱弘俶与黄妃喜得贵子而建，因此也被称作黄妃塔。动工时原本预计建成 13 层，中间由于吴越国战况不佳，只得缩小规模，变成了 7 层。原塔于 1924 年倒塌，现在看到的是 2002 年复建的雷峰塔。

复建的新塔内部是个博物馆，里面原样保存着倒塌的原塔底座和一部分残垣断壁。

乘坐电梯到达 70 米高的塔的最高层可以俯瞰西湖。

"雷峰夕照"描述的是雷峰塔与落日相重合而熠熠生辉时的美丽景象。从塔上眺望过去，西湖别有情调。

可以登上塔顶

⑤ 曲院风荷【曲院风荷】 ★★★ Map p.269–A2

这里位于岳王庙南侧，是观赏荷花的著名场所。这一带变成了一个大的公园，一到夏天，湖面上浓绿的荷叶和粉色的荷花相互映衬，美丽的画面使得人们不得不驻足观赏。

所谓"曲院'，说的是这里原是南宋时期酿造宫廷御酒的作坊。当年，洪春桥附近的湖面上开满荷花之时，周围飘来阵阵花香与酒香，因此而得名。2003年，介绍南宋酒文化的博物馆——风荷御酒坊开业了。它介绍南宋时期的酿酒文化，用人偶来演绎当年这里酿造黄酒的过程，非常易于理解。在这里，还可以花5元钱品尝一杯酒。

■ 曲院风荷
🏠 杭州市北山街与杨公堤交叉路口东南
☎ （0571）87975440
🕐 24小时
（风荷酒坊 8:00~16:00）
休 无
💰 免费（风荷御酒坊也免费）
🚗 距杭州火车站大约20分钟车程
🚌 Y1、Y2、Y3、K7、K27、K81路等"岳庙"站下车步行5分钟

在风荷御酒坊品尝美酒

开满荷花的夏天的庭院

⑥ 花港观鱼【花港公园】 ★★★ Map p.269–A3

这里是个大公园，可以观赏到舞动在水中色泽鲜艳的鲤鱼和牡丹花。它位于苏堤南端，在南山路与杨公堤的交叉处。很久以前，从背后花家山流出来的清泉经过这里流入西湖，因此这里被称作"花港"。在大约800年前的南宋，这里曾经是内侍官卢允升的私人庭院。那之后，经过几度施工扩张，占地面积达到了如今的20公顷。

园内有御碑亭、蒋庄（马一浮纪念馆）、红杉林等景点，其中不能错过的是牡丹园与红鱼池。种植在牡丹园里的牡丹有500个品种，1000多株，春暖花开时这里是名副其实的大花园。养殖着7000多条鲤鱼的红鱼池也是园中大受欢迎的好去处，水中舞动的鲤鱼争食鱼饵的情景似花开般美丽。

■ 花港公园
🏠 杭州市西山路 5-1 西湖杨堤
☎ （0571）87963033
🕐 24小时
休 无
💰 免费
🚗 距杭州火车站大约10分钟车程
🚌 Y1、Y2、Y3、Y7、K4、K504、K808、315、822路"苏堤"站下车即是

云集鲤鱼的红鱼池

花港公园内的牡丹亭

■净慈禅寺
住 杭州市南山路 56 号
☎ (0571) 87995600
开 6:00~17:00
休 无
费 10 元
🚗 距杭州火车站大约 20 分钟车程
🚌 Y1、Y2、Y3、Y6、Y7、K808、K822 路等"净寺"站下车即是

绿荫环绕的寺院

寺庙前建有南屏晚钟的石碑

■柳浪闻莺公园
住 杭州市南山路
开 24 小时
休 无
费 免费
🚗 距杭州火车站大约 15 分钟车程
🚌 Y6、Y7、K102、K504、K510 路等"清波门"站下车即是

倾听鸟鸣

⑦ 南屏晚钟【净慈禅寺】★★★   Map p.269–B3

　　建于公元 954 年矗立在西湖南岸南屏山麓的净慈禅寺，因中国著名的僧人——济公在此修行而闻名。传说济公凭借他的神力，利用这一带的水井运送木料得以建造了这座寺庙。

　　清朝末年，寺庙的钟楼焚毁于一场火灾，后有人捐赠了一口新钟。在这口重约 10 吨的青铜上，刻有 68000 字的《妙法莲华经》。

　　据说每年除夕夜晚，人们聚集在这里敲钟迎接新年。耳边传来钟声的夜景被称作"南屏晚钟"，是"西湖十景"之一。

虔诚的香客来寺里参拜

⑧ 柳浪闻莺【柳浪闻莺公园】★★   Map p.269–B3

　　这里位于西湖东岸，是一个因柳树的美丽而知名，而且占地面积很大的公园。南宋时期这里曾经是皇家园林，之后几经修建，1978 年成为如今这样具有江南别墅风格的园林。湖面摇摆的柳枝，柳枝上婉转啼鸣的鸟儿的歌声，别有情趣，被冠以"柳浪闻莺"的美名。园中有座名叫"闻莺馆"的茶楼，在那里一边品着龙井茶一边倾听黄莺啼鸣，是种不错的享受吧。

柳枝摇曳的公园里

⑨ 平湖秋月【平月台】 ★

Map p.269–A2

　　这里位于孤山南侧，是中山公园里赏月的有名景点。唐朝时期，最初在这里建造了一座名叫望湖亭的楼阁。到了南宋，这里已被称为"平湖秋月"，成了赏月的绝佳之所。后来更进一步，明代建了龙王祠，清代康熙帝改建了带有平台屋顶的御书楼。而今，把凭台远眺湖面而建的楼阁称作"平月台"。由于把它建得与湖面同等高度，据说月圆之夜从这里望向湖面，月亮看起来仿佛浮在湖面上一样。

■平月台
住 杭州市西湖孤山路
开 24 小时
休 无
费 免费
路 距杭州火车站大约 20 分钟车程
Y1、Y2、K7 路等"断桥"或"葛岭"站下车即是

写有"平湖秋月"的石碑

能看到一轮明月的平月台

⑩ 双峰插云【南高峰·北高峰】 ★

Map p.269–A2

　　西湖西岸有两座山，一座海拔 259 米叫作"北高峰"，另一座海拔 313 米叫作"南高峰"，合称双峰。"双峰插云"指的是从浮在湖面的船上眺望双峰所看到的景色。据说，雾气笼罩时眺望双峰，山顶在雾气中忽隐忽现，仿佛一幅美丽的山水画。其中，眺望双峰的绝佳赏景之所是浮在西湖上的岛屿——湖心亭。渡往因"三潭印月"而著名的小瀛洲的游船也途经湖心亭，经过时，一定要记得朝西面远望哦。

　　另外，山边的洪春桥畔虽建有"双峰插云"的石碑，从那里并不能看到山。所以想远眺双峰还是坐船游湖吧。

■南高峰·北高峰
住 杭州市灵隐路洪春桥畔
开 24 小时
休 无
费 免费
路 距杭州火车站大约 25 分钟车程
Y2、K27、K807 路等"洪春桥"站下车步行 1 分钟
※从湖畔去往湖心亭，乘坐游船需要 5~10 分钟

双峰插云的石碑

从湖南上眺望双峰。右边是北高峰，左边是南高峰

■ 杭州市北山路 81 号
☎ (0571) 87986653
开 夏天：7:00～18:00
　　冬天：7:30～17:30
休 无
￥ 25 元
🚇 距杭州火车站大约 20 分
钟车程
🚌 Y1、Y2、Y3、K7、
K27、K81 路等"岳庙"站
下车即是

岳王庙内岳飞与其子之墓

被出来的月亮门

■白堤
■ 杭州市西湖白堤
开 24 小时
休 无
￥ 免费
🚇 距杭州火车站大约 20 分
钟车程
🚌 Y1、Y2、K7 路等"断桥"
站下车即是

岳王庙

Map p.269-A2 ★★★

纪念北宋将军岳飞

　　这里是纪念著名的北宋爱国将领岳飞（1103～1142 年）的墓地。岳飞主张彻底收复被金国女真族夺去的江南的领土，却遭秦桧的阴谋陷害，致使他壮志未酬终以莫须有的罪名被杀害。冤案澄清的 1221 年，为了纪念这位民族英雄人们修建了这座庙。

　　投进墓前栅栏里的 4 个雕像是秦桧和他的老婆等迫害岳飞的罪人。

访客众多的岳王庙

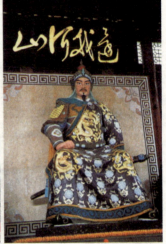
庙内供奉着巨大的岳飞像

白堤

Map p.269-B2 ★★

从断桥到孤山绵延不绝西湖最古老的湖堤

莲花覆盖下的北里湖

　　在西湖北侧有一道西湖最古老的大堤——白堤。它是唐朝诗人白居易任杭州太守时修建的，故被称为"白堤"。

　　从北端的断桥开始，一直向南连接孤山，白堤全长约 1 公里。白堤适于散步，堤两侧种植着柳树、桃树等树木，到处可见悠闲散步的人们。被白堤分开的湖的北侧称为北里湖，湖北侧隔着湖能够眺望到宝石山和保俶塔。

西湖最古老的大堤

西湖天地
杭州的时尚之地

2003 年诞生以来，这里一直是对流行颇为敏感的杭州人追逐时尚大受欢迎的地方。由于开发时以与自然共生为主题，面向西湖东侧湖畔的区域内设有散步的道路、石桥什么的，漫步在此感觉像庭院一样惬意。这里随处可见最前卫流行的时尚餐厅、酒吧、商店等。每家店都被绿色包裹，都是漂亮的宅子。在这里可以与时尚为伴小憩片刻。

因为很多店很晚打烊，可以在一天快结束时前往。

■西湖天地
🏠 杭州市南山路 147 号
☎ (0571) 87026161
🈺 因店而异
🈺 因店而异
🚉 距杭州火车站大约 15 分钟车程
🚌 Y9、K4、K12、K102 路等 "涌金门" 站下车即是
🌐 www.xihutiandi.com

西湖天地里布满了多家时尚商店

阳光映照下的咖啡屋

很多游客来这里逛街

河坊街
再现南宋时期市井街道的步行街

延伸于吴山广场东西端的河坊街早在南宋时期就是城里最繁华的地方。几年前以吴山广场东侧为中心再度开发，现在的河坊街作为再现往日市井风情的历史文化街已然成为杭州城的新景点。白墙黑瓦鳞次栉比的建筑物间的石板路上，连着一间间的古董店、老字号中药店、茶馆、小吃店等，是淘换纪念品的好地方。

■河坊街
🏠 杭州市河坊街
🚉 距杭州火车站大约 4 分钟车程
🚌 Y6 路 "高银巷" 站下车步行约 3 分钟

老字号的中药店很多

夜幕降临的河坊街依然热闹

怀揣各种各样技能的手艺人

杭州

主要景点

住 杭州市之江路 16 号
☎（0571）86591401
开 夏天：6:00~18:00
　　冬天：6:30~17:30
休 无
料 20 元（登塔加收 10 元）
交 距杭州火车站大约 20 分钟车程
　Y5、K4、K291、308、K504、K808 路等"六和塔"站下车即是

登塔隔着钱塘江能看到对岸的景色

■浙江省博物馆

住 杭州市孤山路 25 号
☎（0571）87980281
开 9:00~16:30（周一 12:00~）
　　（闭馆前 30 分钟停止入场）
休 周一
料 免费
交 距杭州火车站大约 20 分钟车程
　Y1、Y2、Y3、K7、K27、K81 路"岳庙"站下车步行 15 分钟
网 www.zhejiangmuseum.com

六和塔

登上塔的最高层眺望江南一带

Map p.268-A4

★★★

能够眺望江南的六和塔

流经杭州的大河——钱塘江的北岸耸立着一座高约 60 米的塔，北宋开宝三年（公元 970 年）为镇住海水逆流引起钱塘江水泛滥现象的发生，吴越忠懿王钱俶命人建造此塔。当年的塔在北宋末年已被毁坏，现存的六和塔是南宋兴隆元年（1163 年）的再造之物。

六和塔看起来 13 层 8 角，内部却是 7 层，实在是不可思议。登高一望，仿佛紧贴着钱塘江一般眼前会呈现出浩瀚雄伟的江南景观。

浙江省博物馆

了解长达 7000 年历史的浙江省文化

Map p.269-A2

★★

博物馆设立于 1929 年，是学习了解浙江省历史、文化的好地方。美丽的博物馆充分展示了江南园林建筑特点，与周边景观非常协调。馆内又按历史文物馆、青瓷馆、书画馆、工艺馆等不同的主题分成七个展馆，很现代地陈列了从新石器时代到现今大量贵重的文物，数量约达 10 万件。其中有代表性的是河姆渡遗址、良渚遗址中发掘的玉器陶器等文物，还有南宋官窑烧制的青瓷，以及浙江籍画家的山水画等，相当的值得一看。

馆内的文渊阁，是当年为了秘藏清代编纂的《四库全书》而建，被视为七大藏书阁之一，也是江南三阁里现在唯一一存世的。弥足珍贵，不可错过。

江南庭院式的博物馆外观

馆内并排的玻璃容器内陈列有大量南方青铜器

西泠印社

Map p.269-A2

存有 2000 年前碑文金石篆刻的研究之家 ★★

　　江南庭院的格局中散落着一处处金石篆刻的研究设施，这里就是坐落在孤山中的西泠印社。西泠印社是丁仁等研究家于 1904 年发起成立的一个学术团体，在金石篆刻、书法、中国绘画等领域里培养了大批优秀人才。其中，金石书画界的权威人物吴昌硕、沙孟海、赵朴初，还有李叔同、黄宾虹、马一浮等都是艺术文化界齐名的重要人物。

　　白居易、苏东坡、丁敬等人游历过的园林深处，会出现一个叫作"汉三老石室"的小石屋，里面收藏着大约 2000 年前雕刻的浙江省最古老的碑文。它作为西泠印社的镇店之宝被珍藏。

　　另外，西泠印社里同时设有印学博物馆和与中国传统工艺有关的一些设施。

■西泠印社
住 杭州市孤山路 31 号
☎（0571）87965465
开 8:30~17:00（11/1~ 次 年 3/31 ~ 16:30）
休 无
费 西泠印社·印学博物馆都免费
车 距杭州火车站大约 20 分钟车程
巴 Y1、Y2、Y3、K7、K27、K81 路"岳庙"站下车步行 15 分钟

这里展示着多种印章

园内散布着的楼阁

杭州黄龙洞圆缘民俗园

Map p.269-A1

传说龙曾经现身 ★★

　　南宋时期，这里曾经是举行向龙王祈雨仪式的地方。据说，泉水涌出的裂缝似龙王的嘴巴，因此被称为"黄龙洞"。之后，相继建了佛教、道教的寺庙，如今是再现南宋时期建筑与园林的著名景点。这里又被命名为"黄龙吐翠"，是西湖新十景之一，游人总是很多。

　　园内还可以欣赏浙江地方剧——越剧、中国传统音乐演奏等，可以花上半天时间，优哉游哉地游玩。

■杭州黄龙洞圆缘民俗园（黄龙吐翠）
住 杭州市曙光路 69 号
☎（0571）87979505
开 7:15~17:30
休 无
费 15
车 距杭州火车站大约 15 分钟车程
巴 K16、K28、K66 路等"黄龙洞"站下车步行 5 分钟
※传统音乐在 8:45~16:30 之间演出 8 场

明亮的夜景

每天上演的越剧

随处可见的"缘"字

■南宋官窑博物馆

住 杭州市复兴街南复路施家
山 42 号

☎ (0571) 86083990

🕐 8:30~16:30（闭馆前 30
分钟停止售票）

休 周一

💰 免费

🚗 距杭州火车站大约 15 分
钟车程

🚌 Y3、809 路"八卦田"站
下车即是

🌐 www.ssikiln.com

唯一现存的南宋官窑花口壶

■虎跑泉

住 杭州市虎跑路 39 号

☎ (0571) 87981900

🕐 6:00~18:00

休 无

💰 15 元

🚗 距杭州火车站大约 16 分
钟车程

🚌 Y5、K4、K194、K504、
K808、K822、315 路等"虎
跑"站下车即是

南宋官窑博物馆

Map p.269-B4

陈列专供宫廷的考究陶瓷 ★★

　　这座博物馆以发掘的南宋官窑出土文物为主展示藏品。南宋官窑非常有名，它有很多简洁而优美的瓷器作品。馆内除了按不同时期划分为五个展室外，另外一座展馆里还有作坊遗址，40.8 米长的"龙窑"遗址依坡而卧，不可错过。

展室按时代分开陈列　　　另一展馆里依坡而建的作坊遗址

虎跑泉（虎跑梦泉）

Map p.269-A4

用名泉沏杯龙井，小憩片刻 ★★

　　创建于公元 819 年的虎跑寺中的虎跑泉，是仅次于镇江中冷泉、无锡惠泉的天下第三名泉。

　　虎跑泉的名字由来有个传说。据说建立虎跑寺的性空禅师一日做梦梦见神仙，神仙派遣两只老虎愣是将水源贫乏的此地刨出泉水来。用富含矿物质的泉水沏出的龙井茶味道特别，甚至被称为"西湖双璧"。这里有几家茶馆，一定要试试哦。

　　富有传奇色彩的名泉泉水配上清香的茶叶，这块风光明媚的好地方因"虎跑梦泉"之名而成为西湖新十景之一。

　　另外，园内尚存性空禅师建造的虎跑寺，还有五百罗汉堂及五代经幢等。

原本是禅寺的缘故吧，静寂的空气在流动

天下第三名泉的虎跑泉

灵隐寺

西湖边最古老的禅宗寺院

★★

东晋咸和元年（公元326年）天竺高僧惠理创建的灵隐寺是中国禅宗十大名刹之一。根据记载，灵隐寺的全盛时期在五代十国末期，那时有3000僧人在此修行。

主殿供奉的金色释迦牟尼雕像有24.8米高，是中国最大的木雕佛像。除此以外，罗汉堂中央还有一座高达13米的铜质御殿。

另外，不可错过的是参拜道路途中飞来峰岩壁上雕刻的338个石佛。这些石佛从五代起一直雕刻到元代，其中公元951年雕刻的青林洞的西方三圣作为珍贵的文化遗产倍加珍惜保存。

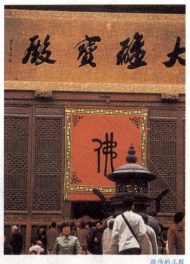

雄伟的正殿

玉泉

植物园里涌出的名泉

★

杭州植物园一角里涌出的泉水是西湖三大名泉之一的玉泉。这里曾经是寺院，近些年变身植物园，江南式样的园林中绿意浓浓，是休闲的好去处。前来远足旅行或散步的情侣很多，园中总是热热闹闹的。

走进植物园北门步行5分钟，左边是巨大的鲤鱼在游泳的鱼乐园。在与它相邻的茶馆里，可以品尝到用玉泉泉水泡的茶。另外，园内还有一家叫"天外天"的有名的杭州菜餐厅。

左／园内水池、凉亭互相映衬的园林景致随处可见
下／园内又有园林

■ **灵隐寺**
住 杭州市灵隐路法云弄1号
☎ （0571）87968665
开 夏 天 7:00~18:15（售票～17:30）
冬天 7:30~16:40
休 无
费 灵隐寺30元
飞来峰景区35元
※要参观灵隐寺，必须先进入飞来峰景区，所以实际票价是65元
交 距杭州火车站大约25分钟车程
交 Y1、Y2、K7、K807路"灵隐"站下车步行10分钟

西岩壁最古老的雕像——西方三圣

布袋和尚的像

■ **玉泉**
住 杭州市玉泉路1号杭州植物园内
☎ （0571）87975207
开 7:00~17:00
休 无
费 10元（杭州植物园门票）
交 距杭州火车站大约20分钟车程
交 Y1、Y2、Y6、K7、K15、K27、K28、K82、K807路"玉泉"站下车即是

鱼乐园里游来游去的巨大鲤鱼深受孩子们的喜爱

■孤山
住 杭州市孤山
开 24 小时
休 无
费 免费
距杭州火车站大约 20 分钟车程
Y1、Y2、Y3、K7、K27、K81 路"岳庙"站下车步行 15 分钟

■宋城
住 杭州市之江路 148 号
☎ (0571) 87313101
开 夏天 9:00~22:00
  冬天 10:00~20:30
休 无 费 120 元
距杭州火车站大约 25 分钟车程
Y4、Y5、K308、K504 路"宋城"站下车即到
※《宋城千古情》(另付费 100 元)于 14:00、18:00、19:20 开演(冬天只有 19:10 开始的一场演出)
网 www.songcn.com

《宋城千古情》里登场的著名的岳飞

临时演员在走场

孤山
名胜古迹随处可见

Map p.269-A2 ★

孤山海拔只有 38 米高,是杭州最低的山。大约一万年前,火山喷发形成了现在的小岛。也就是说,西湖诸岛中,只有孤山是唯一自然形成的岛屿。遥想当年,桥啊白堤啊什么都没有的时候,湖里卧着个小岛,怎么说都显得孤零零的,所以称它为孤山。

自古以来这里风光明媚。皇帝啦诗人啦没有不喜爱这里的,南宋的理宗、清朝康熙帝、乾隆帝等都在这里建有行宫。

掩映在绿荫之中的这座小岛,西泠印社、中山公园、浙江省博物馆、八角亭等名胜古迹散布其中,是个名副其实的风景区。

从中山公园进门可以到达孤山山顶

宋城
时间的脚步停留在宋代的主题公园

Map p.267-A3 ★★★

宋城是个巧妙再现宋朝时期市井街巷面貌的国内屈指可数的主题公园。穿着宋朝衣饰的临时演员们在园内来来往往,街角看热闹的老百姓、卖力打铁的工匠、传统的结婚仪式……富有感情的演出层层展开,让人感觉仿佛穿越到了宋朝。每天演出的音乐舞蹈《宋城千古情》也是不可错过的。

一根面的长度有好几米

主题公园内各种各样的演出节目

290

龙井

Map p.268-A4

来悠闲的中国茶主产地看一看 ★★

从杭州中心驱车40分钟来到狮峰脚下，眼前便是杭州特产龙井茶的产地——龙井村。村里有一望无际的茶园，采摘时节能看到采茶叶的情景。茶室里当地人一边饮茶一边悠闲交谈的样子也是一道风景呢。在茶叶店铺里可以买到自家焙制的当地龙井茶。这里更有新西湖十景之一的龙井问茶、中国茶叶博物馆。

空气清爽的一片茶园

■龙井
🏠 龙井路双峰楼
🚗 距杭州火车站大约40分钟车程

不用小茶壶直接将热水倒进玻璃杯

中国茶叶博物馆

Map p.268-A3

和茶有关的博物馆 ★★

从市中心驱车约30分钟，就到达了这座浓浓绿色中与茶有关的综合博物馆。博物馆有四座江南特色的建筑物，和谐地静静矗立在周边茶园的背景中。馆内按六个主题分别设有茶史、茶萃、茶事、茶具、茶俗、茶缘展室，陈列着

周围充满悠闲的气氛

从国内各地收集的200套以上茶具、351种茶的标本等，哪一件展品都很有意思，在别的地方很难见到。

■中国茶叶博物馆
🏠 杭州市龙井路88号
☎ （0571）87964221
🕐 8:30~16:30
（闭馆前15分钟停止入场）
🚫 周一（节假日也开馆）
💰 免费
🚗 距杭州火车站大约40分钟车程
🚌 Y3、K27路"双峰"站下车步行约5分钟
🌐 www.teamuseum.com

馆内也有茶馆

这里还能看到展示出的国内各地风格迥异的茶馆，以及日本等地的茶道表演。

另外，面对展厅左侧，同时设置着三个情趣迥异的茶馆。特别推荐品尝一下这里的名产龙井茶。清明节后是采摘一年中最好最香茶叶的时候，也是举办国际盛会"西湖茶会"之时。

"人间乐园"——杭州

浙江省省会杭州常被誉为"人间乐园"，作为文化之都、丝绸之府、茶叶产地、鱼米之乡而闻名天下。杭州历史悠久，名列中国六大古都（杭州、北京、西安、洛阳、开封、南京）之一。在杭州郊外发现有4000年前以上的良渚遗址。

秦朝设置钱塘县，公元前210年秦始皇曾经南巡到此地。但是，当时现在的市区和西湖周边与钱塘江相连，处在海中间，因此，当时设置的县的位置是现在市区的西面，灵隐山山麓处。那之后，从天目山系中被裹挟出的沙土堆积在钱塘江下游流域，形成了现在的杭州，西湖也成了淡水湖。

杭州的历史久远，但真正扬名还是在隋朝以后。公元589年，隋朝初次将钱塘县改名为杭州。随着公元610年连接杭州和北京的大运河的开通，这里成为大运河南端起点，杭州的繁荣开始了。

杭州作为真正的商业中转基地的发展是从唐朝开始的。由于位于钱塘江下游，西边又是西湖（原来的名字是明圣湖，唐朝以后使用现在的名称），杭州处在一处狭窄地形上，在唐朝作为城市的发展很不充分。据推测当时这里大概是一片杂草丛生的湿地。

龙井茶是中国茶叶的最高级品种，西湖周围也散布有很多茶馆

繁荣的开始

杭州一改旧貌始自五代时期的吴越国在此定都之后。长期统治中国的唐朝灭亡后，中国再次陷入了混乱时期，各地纷纷建立了地方政权。这个时期杭州积极整治，塑造了后来城市的原型。这个城市当时的基调以后也被基本传承了下来。

杭州的发展得益于江南农业生产力的提高和以丝绸为首的产业兴起。这样的结果，使得它在宋代成为江南屈指可数的城市。使杭州进一步发展的是南宋在此建都。

虽然公元1127年宋被金所灭，但当时皇族的一部分逃到江南，并以杭州为大本营称之为"临安府"，那就是现在的杭州。与此同时，大量的百姓迁居到此地。这样的结果是，南宋时期的杭州在文化方面、经济方面、贸易方面都得到了发展，文人墨客云集于西湖。

因此以杭州为中心的江南地区被誉为"江浙熟、天下足"（浙江·江苏两省的稻谷丰收的话，天下的粮食就充足了）的富庶粮仓地区，13世纪末杭州人口已超过90万人，成为世界上屈指可数的大城市。

马可·波罗的来访

这之后，虽然以杭州为都城的南宋于1279年被元朝忽必烈所灭，以后，元、明、清的首都移至北京，杭州在明清时期还是延续了它的繁华。

威尼斯商人马可·波罗所著的《东方见闻录》讲述杭州的繁华，他在书中赞美杭州是"世界上最美丽、繁华的城镇"，明确地传达了繁华的元代时杭州的样子。杭州风光的美丽众所周知，以至于清朝康熙皇帝5次、乾隆皇帝6次到访过这里。

杭州在明清时期因丝绸纺织产业的发展、茶叶生产巩固了经济基础，作为文人墨客云集的城市也闻名遐迩，已经和苏州一样成为江南的一流城市。

美食
Gourmet

知味观·味庄
在湖上山庄优雅用餐

◆餐厅位于西湖西南端。绿树环绕的主楼别墅之外，另有5座别墅风格的小楼好像别墅一样散布在西湖上一样散布在西湖上。猪肉层层叠叠像金字塔一样摞起来的传统菜肴——金牌扣肉68元/300克，另有很多在中国餐饮大会上的获奖佳肴。

左 / 鱼肉丸子汤，翡翠珍珠鱼圆 18 元
右上 / 用餐气氛豪华
右下 / 用猪肉烹制的金牌扣肉 68 元

Map p.269-A3

住 杭州市杨公堤 10 号
☎（0571）87971913
営 11:00~20:30 休 无
座 900 🚃 距杭州火车站大约 15 分钟车程
🚌 Y5、527 路"浴鹄湾"站下车即是
※需要提前 3 天预约

推荐美食 ┤大闸蟹 ·············· 108、180、238 元/1 份 ┤蟹粉狮子头 ·············· 25 元/1 个
（蒸上海蟹）　　　　　　　　　　　（放入蟹肉的肉丸子）

楼外楼
市内最大的杭州菜老字号

◆楼外楼是家创建于 1848 年的老字号杭州菜餐厅，据说孙中山、鲁迅等名人曾来此用餐。

在这里可以吃到叫花鸡（荷叶包好烤制而成）158元、龙井虾 148 元等地道的杭州菜。想坐在能看到西湖湖景的靠窗座位需要提前预约。

左 / 东坡焖肉
右上 / 受到众多名人青睐的餐馆
右下 / 西湖醋鱼 66 元

Map p.269-A2

住 杭州市孤山路 30 号
☎（0571）87969023 営
10:30~14:30、16:30~20:45
休 无 座 1300

🚃 距杭州火车站大约 15 分钟车程
🚌 Y1、Y2、Y3、K7、K27、K81 路"岳庙"站下车步行 20 分钟

推荐美食 ┤大闸蟹 ·············· 108、180、238 元/1 份~ ┤蟹粉狮子头 ·············· 25 元/1 个
（蒸上海蟹）　　　　　　　　　　　（放入蟹肉的肉丸子）

涌金楼
能一边欣赏湖景一边用餐的全席

◆这里是一家南宋时期建筑改建后的高级广东菜餐厅，可以品尝到大师傅的地道广东菜。菜单只有套餐，有 10 位 500 元起套餐，具体菜式因季节不同而变换。套餐里从凉菜到甜点都很考究，大约十道菜。

住　杭州市南山路 147 号西湖天地 1 号楼
☎（0571）87026098　🕐 10:00~21:00
休　无
座　60　🚗 距杭州火车站大约 15 分钟车程
🚌 Y9、K4、K12、K102 路等"涌金门"站下车步行约 5 分钟
URL www.xihutiandi.com

建在西湖东畔的富有情趣的建筑

蒸好的金华火腿浇上甜汁的"蜜汁火腿"是套餐中的一例菜

推荐美食　套餐最低 500 元起

玉玲珑
室内装修高端的个性化餐厅

◆这家餐厅的室内装修以红色和绿色为主调，在这里可以享受到结合各国烹饪方法精心烹制的极具个性化的中国传统菜肴。从餐具到烹饪用具全部可谓原汁原味。端上桌的菜肴哪一款都是色彩丰富的原创菜品。因为人气高涨，所以用餐前要提前预订。

住　杭州市中山北路 171 号
☎（0571）87070777
🕐 11:00~14:00（最后点菜时间）、17:00~23:00（21:30LO）　休　无
座　104
🚗 距杭州火车站大约 4 分钟车程
🚌 K517、K591、Y846、38 路等"众安桥"站下车步行 5 分钟

左/推荐店里的"华贵的冬瓜"
右/气氛很好的餐厅

推荐美食　华贵的冬瓜 —————— 38 元　主厨沙拉 —————— 48 元
（用鱼翅和南瓜汤汁浇盖在冬瓜上）　（玲珑特制沙拉）

大宅门
古寺再现之地的话题餐厅

◆大宅门改造了建后 100 多年历史的寺庙，于 2004 年开业。它位于西湖北岸，游览途中去用餐非常方便。推荐传统味道里融入原味的"蟹粉豆腐"，还有杭州名菜"东坡肉"。

住　杭州市北山路 60 号
☎（0571）87992399
🕐 11:00~14:00、17:00~21:00
休　无
座　150
🚗 距杭州火车站大约 30 分钟车程
🚌 K1、7、81 路"新新饭店"站下车步行 2 分钟

左/杭州菜之外也有各种各样的其他菜肴
右/位于西湖北岸的餐厅

推荐美食　蟹粉豆腐 —————— 68 元　东坡肉 —————— 38 元

天香楼
取名自唐诗的杭州菜老字号

◆天香楼在位于西湖东北的浙江饭店的二楼，是 1927 年开业以来美食家杭州人念念不忘的大型餐厅。特别值得一提的是杭州菜中的代表作"东坡肉"、"龙井虾仁"、"西湖醋鱼"等。

杭州菜	Map p.269-B1

住 杭州市延安路 447 号
☎ （0571）87076789
营 10:00～14:30、16:40～21:30
休 无
座 2000
🚌 距杭州火车站大约 15 分钟车程
🚌 K517、55、151 路"孩儿巷"站下车步行约 1 分钟

推荐美食	东坡肉 ⋯⋯⋯⋯⋯⋯⋯ 16 元 / 一块	龙井虾仁 ⋯⋯⋯⋯⋯⋯⋯ 98 元

杭州酒家
用心做出的新式杭州菜

◆ 1921 年建成的杭州酒家于 2004 年重新进行了时尚装修，加工发展了杭州传统味道的新式杭州菜，在厨艺大赛中屡屡获奖。海鲜类不错。推荐这里的"龙井虾仁"。

新杭州菜	Map p.268-B2

住 杭州市环城北路 10 号
☎ （0571）85091717
营 9:30～21:00
休 无
座 800
🚌 距杭州火车站大约 15 分钟车程
🚌 156、555 路"公交总公司"站下车即是

推荐美食	龙井虾仁 ⋯⋯⋯⋯⋯⋯⋯ 78 元

西湖翡翠花园酒家
在极品空间享受地道的广州菜

◆位于西湖天地内，四周竹林环绕，可以品尝到香港大师傅烹制的广东菜和创艺菜肴。用干贝粉虾肉粉炒的"蝴蝶带子"、浇盖牡蛎汁的豆腐与皮蛋的"中华豆腐"等都值得一尝。需要预约。

广东菜	Map p.269-B2

住 杭州市南山路 147 号西湖天地 10 号楼
☎ （0571）87026618
营 10:30～22:30
休 无
座 300
🚌 距杭州火车站大约 15 分钟车程
🚌 Y9、K4、K12、K102 路等在"涌金门"站下车步行约 2 分钟

推荐美食	干炒牛河 ⋯⋯⋯⋯⋯⋯⋯ 58 元

茶酒年代
绿意簇拥的西湖湖畔餐厅

◆这里位于西湖天地里，以经营麻辣的四川菜和扬州菜为主。有加了智利辣酱油的鳜鱼、大煮干丝等主菜。种类丰富的法国原产葡萄酒、甜点加上这里的菜肴，让人很想一起来享受一下。

　　推荐面朝庭院的露台席位。

川菜·扬州菜	Map p.269-B2

住 南山路 147 号 7 号楼
☎ （0571）87026933
营 10:00～24:00
休 无
座 100
🚌 距杭州火车站大约 15 分钟车程

推荐美食	雪蛤玉米挞 ⋯⋯⋯⋯⋯⋯⋯ 28 元 /3 个

深受当地年轻人喜爱

像上海的南京路、苏州的观前街那样根据城市规划建成终日步行街的城市不算新鲜，倒是拥有摊位相连、充满活力夜市的城市意外地少见。杭州的"吴山夜市"就是这种江南其他城市里少有的、规模相当大的夜市。

从繁华街道中山中路进入夜市所在的岳王路，映入眼帘的除了沿街列状摆开的货摊，就是摊位道路间充满的熙熙攘攘的人流。尤其是街道两侧不留缝隙地本来布满着的固定的饮食店、服装店、杂货店、眼镜店等店铺。根据杭州当地报道，吴山夜市的售货摊位达400家以上。

夜市的特点是当地的杭州人很多。主题纪念品、带有龙图案的丝绸商品、当场马上刻印的印章摊位等，但是更多的还是日用品商店：帽子、袜子、内裤、毛衣、披肩、指甲刀、掏耳勺、改锥、咖啡杯、茶碗、筷子、布质运动鞋、折叠伞、长靴、暖水袋……真是应有尽有，然后没有关联地杂乱摆放着。

听说每天下班后家里吃完晚饭的杭州人，常常穿着拖鞋来逛夜市消磨晚上的时间。

当然也有很多时代流行物品，最近吸人眼球的是 iPhone、HTC 等小巧玲珑手机用的外壳。逛夜市的乐趣之一在于砍价，就看你个人的本事了。

摆放着所有的生活用品杂货

边吃边走

摊位中也有"珍珠奶茶"等饮料和最近开始增加的"章鱼小丸子"等小吃摊。

需要注意的是，杭州有名叫"吴山广场"的地方，更有类似的名叫"吴山路"的景点和街道。同样叫"吴山"却各是完全不相同的地方，一定不要混淆。

吴山夜市

Map p.269-B2

🏠 岳王路
☎ 无
🕐 19:00～21:00
休 无
🚌 K822 "邮电路"、Y4 "岳王路"、K71、K801 "官巷口"站下车

夜市开在市中心，周围环绕着酒店、高楼

湖畔居
边眺望西湖边品茶

◆这里是西湖湖畔的大型茶馆。从面向西湖的宽大落地窗望去，能尽情欣赏宽阔的湖景。特别推荐这里的特产——特级西湖龙井茶、丹桂飘香。点茶时免费附送茶点。请悠闲地品上一口吧。

| 茶馆 | Map p.269-B2 |

住 杭州市圣塘景区 1 号
☎ (0571) 87020701
營 7:30~24:00
休 无
座 300
🚗 距杭州火车站大约 15 分钟车程
🚌 K7、5、18 路"六公园"站下车步行约 5 分钟

推荐美食 套餐 ·················· 180 元
（茶和茶点的自助套餐）

西湖国际茶人邨
矗立在西湖边富有古韵的茶馆

◆在时尚店铺一间接一间的杭州，这是一家保留古风古貌的茶馆。中式风格的装修，设有能望到竹林的单间，配合安静的传统音乐，这一切都是茶馆创始者——当地的茶农们精心布置出的幽雅空间。

| 茶馆 | Map p.269-B3 |

住 杭州市南山路 87-1 号
☎ (0571) 87080943
營 10:00~24:00
休 无
座 150
🚗 距杭州火车站大约 15 分钟车程
🚌 Y6、Y7、K504、K510、Y9、K102 路"清波门"站下车步行约 5 分钟

推荐美食 西湖龙井套餐 ·········· 100 元~
（西湖龙井茶和茶点的套餐）

闻莺馆茶楼
本地人小憩一下的茶馆

◆"西湖十景"之一的"柳浪闻莺"所在地，现在是柳浪闻莺公园，这里有一家名叫闻莺馆茶楼的茶馆。在这里发思古之幽情时，还可以享受龙井茶。能够俯瞰西湖的二楼平台的座位气氛很好。需要提前 3~5 天预约。

| 传统茶馆 | Map p.269-B3 |

住 杭州市南山路柳浪闻莺公园 6 号
☎ (0571) 87922540
營 9:00~17:00
休 无
座 400
🚗 距杭州火车站大约 8 分钟车程
🚌 Y6、Y7、Y9、K102、K504、510 路"清波门"站下车步行约 5 分钟

推荐美食 云水云录 ················· 68 元
（绿茶）

青藤茶馆
在中国传统茶馆中品茗品种丰富的中国茶

◆这是一家西湖附近的大型茶馆。店内采用综合江南样式的中式装修，汇集了除西湖龙井等绿茶、乌龙茶之外花茶、普洱茶等常见的 60 种以上的茶叶。晚上还有民乐演奏和茶艺表演。

| 传统茶馆 | Map p.269-B2 |

住 杭州市南山路 278 号
☎ (0571) 87022777
營 9:30~ 次日 1:30
休 无　座 1000
🚗 距杭州火车站大约 6 分钟车程
🚌 K102、4 路等"一公园"站下车即是
※需要提前 1 天预约（周六·周日·节假日时需提前 3 天）

推荐美食 野生花宝茶 ··············· 98 元

茶文化

　　唐中期以后，饮茶的风俗习惯普及到一般老百姓，宋朝以后更是传播到周边少数民族，茶叶已经成为主要流通商品。如今的杭州，种植着中国茶叶最高品种的绿茶——龙井茶，更有杭州名产白菊——杭白菊等茶中特产。

杭州的茶馆

　　杭州是龙井茶的产地，据说也是中国茶馆数量最多的城市。

清爽的龙井茶

杭州有赏湖景品香茶的文化风俗

　　茶馆中，一边眺望西湖一边品茗的湖畔居（→ p.297），古风古韵建筑风格的西湖国际茶人邨（→ p.297），矗立在西湖十景之一的柳浪闻莺公园里的闻莺馆茶楼（→ p.297），一边欣赏民乐演奏一边放松的青藤茶馆（→ p.297）等，各有各的情趣。其他的，还有像河坊街的太极茶道苑（Map p.269-B3）那样能够看到气派的茶艺表演的茶馆，也富含乐趣。寻访到一家喜欢的茶馆也是杭州旅行的乐趣之一吧。

　　另外，稍微跑跑路去探访一下龙井茶的著名出处也很不错。西湖西边龙井村的"龙井问茶"被选入西湖新十景，在那里可以享受到用名泉泉水泡制的龙井茶。山间周边到处是茶田，除了建有可以品茶的茶馆，也销售茶叶作为旅游纪念品，有合意的就购买一些吧。

在自然环境优美的"龙井问茶"中品茶

购物
Shopping

张小泉剪刀店
刀具名店

◆该店创建于 1663 年，是中国首屈一指的经营剪刀的老字号。出类拔萃超快的厨刀 18~148 元一把，剪刀 2~40 元一把，有 100 种以上的品种。作为厨师们常光顾的专业店也非常有名。买一把刻有三潭印月石塔图案的剪刀做纪念品很合适。

剪刀店　　　　　　　　Map p.269-B3

住 杭州市后市街 2 号
☎（0571）87830425
營 9:00~21:00
休 正月初一
🚌 距杭州火车站大约 4 分钟车程
🚏 Y6 路"高银巷"站下车步行 5 分钟

都锦生专卖店
大型丝绸出口公司的直营店

◆该店是中国最大的丝绸出口公司经营的丝绸专卖店。真丝围巾从便宜的 30 元到昂贵的 200 元左右的，档次很多。其中还不乏品质良好的真丝领带、丝绸上衣等。

丝绸杂货　　　　　　　Map p.269-B1

住 杭州市龙游路 48 号
☎（0571）87064420
營 9:00~20:00
休 无
🚌 距杭州火车站大约 20 分钟车程
🚏 K517、55、151 路"孩儿巷"站下车步行约 3 分钟

西湖茶社
经营各种龙井茶的茶叶店

◆该店是有着 50 余年茶叶生产历史的杭州茶厂的直营店，在河坊街步行街。作为杭州特产的著名龙井茶在这里以克为单位销售，每 500 克价格 120~2000 元。袋装茶的话一般 200 克 20 元左右。

茶叶　　　　　　　　　Map p.269-B3

住 杭州市河坊街 187 号
☎（0571）87807457
營 8:00~21:30
休 无
🚌 距杭州火车站大约 10 分钟车程
🚏 Y6 路"高银巷"站下车步行 5 分钟

采芝斋
在杭州买月饼要到这里来

◆该店是杭州有名的点心店，特别是月饼很受欢迎。生面粉里放入肉团儿的刚出锅的"榨菜鲜肉月饼"1 个 1.2 元，芝麻馅儿的"苏氏黑麻月饼"400 克 14.5 元都是这里的特色点心。

糕点　　　　　　　　　Map p.269-B2

住 杭州市延安路 217 号
☎（0571）87061510
營 8:00~21:00（周六~21:30）
休 无
🚌 距杭州火车站大约 10 分钟车程
🚏 K25、K56、K216 路"平海路"站下车即是

邵芝岩笔庄
创建 150 余年的杭州知名笔墨店老字号

◆该店创建于 1862 年，是一家外观看上去颇有明朝威严古风的笔墨专卖店。特别是毛笔的品种十分丰富，一支 3~25 元；墨，3~50 元；印泥，30~100 元。

文房四宝　　　　　　　Map p.269-B2

住 杭州市中山中路 298 号
☎（0571）87026608
營 8:30~17:00
休 无
🚌 距杭州火车站大约 10 分钟车程
🚏 K55、K195 路"官巷口"站下车步行 10 分钟

西泠书画院

拥有艺术性很高的书画作品、杭州为数不多的书画店

◆该店距离孤山的浙江省博物馆很近，是家经营书画用品的商店。店内摆放着水墨画、书法作品等各种各样的书画作品。作品品质之高在杭州数第一，陈列的作品也都很好。也有买来做纪念品、价格正合适的作品。

书画	Map p.269-A2

- 杭州市孤山路 21 号
- （0571）87967895
- 9:00~17:00
- 周六·周日
- 距杭州火车站大约 20 分钟车程
- Y1、Y2、Y3、Y9、K7、K27、K81 路等"岳庙"站下车步行 15 分钟

西泠印社宝印山房

经营确定品质的印章和书画作品

◆誉满天下的金石篆刻学术团体——西泠印社同时设立了此店，店中陈列的书法作品、中国画等全部是西泠印社会员作品。印章 120 元起，1~3 小时刻好后可以送到游客住宿的酒店。

印章·书画	Map p.269-A2

- 杭州市孤山路 31 号
- （0571）87965465
- 9:00~17:00（举办展览会时不营业）
- 无
- 距杭州火车站大约 20 分钟车程
- Y1、Y2、Y3、Y9、K7、K27、K81 路等"岳庙"站下车步行 15 分钟

王星记

始自清朝传承至今的老字号扇子店

◆该店 1875 年开业，是家很有历史渊源的扇子店。店内陈列着根据不同原材料制作的质地良好的扇子，口碑很好。檀香扇 15~2800 元不等，黑纸扇子 15~3800 元不等。还有丝绸雨伞和围巾。

扇子	Map p.269-B3

- 杭州市河坊街 203-205 号
- （0571）87830144
- 8:30~22:00
- 正月初一
- 距杭州火车站大约 4 分钟车程
- Y6 路"高银巷"站下车步行 5 分钟
- www.wangxingji.com

中国丝绸城

丝绸店林立的购物街

◆这条街上，经营杭州特产——丝绸制品的专卖店一家挨着一家，店铺数量多达 500 家以上。很高兴的是在这里购物比起市中心的土特产商店要便宜得多。也有卖丝绸料子的商店。

丝绸	Map p.268-B3

- 杭州市新华路 266 号
- （0571）85199810
- 8:30~18:00
- 无
- 距杭州火车站大约 20 分钟车程
- 21、32、35 路"环北市场"站下车步行约 1 分钟

杭州湖滨国际名品街

去西湖散步途中逛逛的商街

◆这是一家 2005 年开业的位于西湖湖畔的购物餐饮商业设施。除餐厅、咖啡屋之外，还有很多高级品牌商店。没有经营土特产的商店，很适合作为休息一下的场所。

商场	Map p.269-B2

- 湖滨路、平海路、东坡路、仁和路
- 各店铺不同
- 各店铺不同
- 无
- 距杭州火车站大约 10 分钟车程
- K12、Y2 路等"东坡路平海路"站、10、K55 路等"胜利剧院"站、K7、85 路等"湖滨"站下车即是
- www.hubinstreet.com

酒 店
Hotel

杭州西溪悦榕庄
在四平八稳的空间中放松

◆ 2009 年，超级豪华的度假酒店——杭州西溪悦榕庄在西湖西北部的西溪国家湿地公园内开业。它位于优美的自然环境中，园内环绕一池碧水静立着一座座江南传统建筑。室内装修统一为富有很高灵感的中式风格，除套房外，客房有 3 种类型别墅可以选择。

🏠 紫金港路 21 号（杭州西溪国家湿地公园内）
☎（0571）85860000
FAX（0571）85862222
S 3800 元～（含早餐）
T 3800 元～（含早餐）
🅿 72　服务 15%
IN 14:00　OUT 12:00
🚗 距杭州火车站大约 35 分钟车程（有奔驰 C200 接送服务，杭州火车站单程 200 元，杭州萧山国际机场单程 450 元）
URL www.banyantree.com
🛏🚿📺🛁🍴🏊 免费

大床的水上别墅

喝茶放松的一刻

中式风格的大堂

这里有原汁原味的 SPA

正餐菜品一例

法云安缦
时间静静流淌的安缦度假村

◆ 2010 年 1 月继北京之后，第二家安缦度假品牌的新酒店在杭州诞生了。其位于西湖西部的浓荫掩映之中。大约 14 公顷的园内面积中，除了龙井茶田外，建有 7 间利用建筑历史百年以上的民宅改建的客房。

住 西湖街道法云弄 22 号
☎（0571）87329999　FAX（0571）87329900
S 4725 元 ~　T 4725 元 ~
E 720 元　7
服务 15%　IN 14:00　OUT 12:00
距杭州火车站大约 35 分钟车程
URL www.amanresorts.com/amanfayun/home.aspx
免费

古色古香的风景

村庄式的套房

大房子餐厅里的 "Amanfayun Tea"

富春山居
湖景荡漾的顶级度假地

◆ 中国一流的超级度假村富春山居位于富春江畔，静静地矗立在茶园之中。自湖景房中能看到从茶田和湖面升起的朝阳。在这里可以享受到真正的整套高尔夫、SPA 的美容服务。

左 / 充满中式情调的客房
中 / 远眺茶田，喝着当地龙井茶的惬意一刻
右 / 进入主入口，里面豁然开朗

住 富阳市东洲街道江滨大道 339 号
☎（0571）63461111
FAX（0571）63461222
S 3100 元 ~
T 3100 元 ~
70、别墅 15 间
服务 15%　IN 14:00
OUT 12:00
距杭州火车站大约 50 分钟车程
URL www.fuchunresort.com
免费

杭州香格里拉饭店
西湖在眼前铺展

◆这是一家建在西湖岸边视野绝佳的酒店。预约时一定指名要湖景房。内部装饰呈现白色基调的雅致气氛。每周六、周日 88 元的自助午餐很受欢迎。

五星级酒店　　Map p.269-A2

🏠 杭州市北山路 78 号
☎ (0571) 87977951　FAX (0571) 87073545
Ⓢ 1150 元～　Ⓣ 1550 元～　服务 15%　🛏 383
IN 14:00　OUT 12:00
🚌 距杭州火车站大约 20 分钟车程
🚍 Y1、Y2、Y3、K7、K27、K81 路等"岳庙"站下车步行约 5 分钟
URL www.shangri-la.com
🖥🗄🏊💈🍴♨🎿🅿🛗 免费

杭州国大雷迪森广场酒店
耸立在市中心的五星级大饭店

◆这家酒店位于靠近西湖的武林广场，处于观光、购物都很方便的地理位置。大堂里静静地回荡着传统音乐的演奏曲调。房间宽敞舒适，还有感觉高档的中餐厅与意大利餐厅。

五星级酒店　　Map p.269-B1

🏠 杭州市体育场路 333 号
☎ (0571) 85158888　FAX (0571) 85157777
Ⓢ 2024 元～　Ⓣ 2024 元～
服务 15%　🛏 285　IN 24 小时　OUT 12:00
🚌 距杭州火车站大约 20 分钟车程
🚍 Y1、K106、801 路"延安新村"站下车步行约 5 分钟
URL www.landisonplazahotel.com.cn
🖥🗄🏊💈🍴♨🎿🅿🛗 免费

杭州凯悦酒店
充分领略西湖东岸的城市型度假地

◆这家饭店位于西湖东侧湖畔，兼具度假地风格。酒店里有可以望见西湖的游泳池、健身中心、太极拳、瑜伽等设施和项目。江南菜的餐厅口碑很高。

五星级酒店　　Map p.269-B2

🏠 杭州市湖滨路 28 号
☎ (0571) 87791234　FAX (0571) 87791818
Ⓢ 2473 元～　Ⓣ 2473 元～
服务 15%　🛏 390　(12:00)　IN 24 小时
OUT 12:00
🚌 距杭州火车站大约 15 分钟车程
🚍 Y7、Y9 路"三公园"站下车步行约 5 分钟
URL www.hangzhou.regency.hyatt.com
🖥🗄🏊💈🍴♨🎿🅿🛗 90 元 / 天

杭州索菲特西湖大酒店
优雅木雕装饰的房间

◆这家酒店紧邻无仅有好位置的西湖天地，购物用餐异常便利。六楼有可以眺望西湖的湖景餐厅。

五星级酒店　　Map p.269-B2

🏠 杭州市西湖大道 333 号
☎ (0571) 87075858　FAX (0571) 87078383
Ⓢ 2520 元～　Ⓣ 2520 元～
服务 15%　🛏 200　IN 14:00　OUT 12:00
🚌 距杭州火车站大约 5 分钟车程
🚍 Y9、K4、K12、K102 路"涌金门"站下车步行约 2 分钟　URL www.sofitel.com
🖥🗄🏊💈🍴♨🎿🅿🛗 免费

浙江东方豪生大酒店
设有眺望美景的超凡酒吧

◆这家酒店常获旅游团和商务客人的好评。寝具里加入中式装饰风格等，细节非常讲究。还有带计算机的房间。配设有火锅、西餐、中餐等餐厅。酒吧位于 24 层。

五星级酒店　　Map p.268-B2

🏠 杭州市艮山西路 288 号
☎ (0571) 86767888　FAX (0571) 86767666
Ⓢ 960 元～　Ⓣ 960 元～
服务 15%　🛏 239
🚌 距杭州火车站大约 20 分钟车程
🚍 K55、K516、802 路"闸弄口新村"站下车步行约 5 分钟　URL www.hojochina.com
🖥🗄🏊💈🍴♨🎿🅿🛗 免费

杭州维景国际大酒店
以周到的服务吸引的高档酒店

◆ 2006 年，洲际饭店改名为"杭州维景国际大酒店"。铺有大理石墙面的大堂、最新设备的店内设施都一如既往。可以在前台旁的柜台上领取游览信息资料。

五星级酒店	Map p.269-B2

住 杭州市平海路 2 号
☎ (0571) 87088088　FAX (0571) 87077618
S 1250 元～　T 1250 元～
服务 无　B 380　IN 14:00　OUT 12:00
🚋 距杭州火车站大约 10 分钟车程
🚌 K16 路 "平海路" 站下车步行约 1 分钟
URL www.metroparkhotels.com
免费

杭州国际假日酒店
亲切舒适的中档酒店

◆ 这家酒店位于西湖以东 2 公里的商务街上。工作人员亲切周到，游泳池、健身中心等店内设施也很完善，适合长期居住。商务中心还可以帮买火车票。

四星级酒店	Map p.268-B3

住 杭州市建国北路 289 号
☎ (0571) 85271188　FAX (0571) 85271199
S 1265 元～　T 1265 元～
B 321　IN 14:00　OUT 12:00　服务 15%
🚋 距杭州火车站大约 10 分钟车程
🚌 21、35 路等 "建国路口" 站下车步行约 1 分钟
URL www.holiday-inn.com
40 元 / 天

新侨饭店
西湖附近便利的地方

◆ 这家中档酒店面对穿过市中心的解放路。附近有购物中心、繁华热闹的街道，步行到西湖也就约 10 分钟的距离。店内同时设有11 家餐厅。

四星级酒店	Map p.269-B2

住 杭州市解放路 226 号
☎ (0571) 87076688　FAX (0571) 87071428
S 880 元～　T 880 元～（含早餐）　服务 无
B 409　IN 24 小时　OUT 12:00
🚋 距杭州火车站大约 10 分钟车程
🚌 7、56、151 路 "杭州解放" 站下车步行约
1 分钟
免费

黄龙饭店
游泳池及桑拿等店内设施完善的四星级酒店

◆ 这家饭店位于西湖新十景之一"黄龙吐翠"北侧，距离杭州旅游集散中心很近。在一楼咖啡厅每周五到周日可享用自助餐。共有三座建筑，价格各异。

四星级酒店	Map p.269-A1

住 杭州市曙光路 120 号
☎ (0571) 87998833　FAX (0571) 87998090
S 2500 元～　T 2500 元～
服务 15%　B 527　IN 14:00　OUT 12:00
🚋 距杭州火车站大约 15 分钟车程
🚌 23、28、K228 路 "杭大路口" 站下车步行约 5
分钟　URL www.dragon-hotel.com
免费

杭州友好饭店
以布局宽敞吸引人的酒店

◆ 1986 年建成，除中餐西餐外，第 18 层同时设有日本料理餐厅。房间布局宽敞舒适。散步可到西湖。

四星级酒店	Map p.269-B2

住 杭州市平海路 53 号
☎ (0571) 87077888
FAX (0571) 87073842
S 1080 元～　T 1680 元～
服务 无　B 230　IN 24 小时　OUT 12:00
🚋 距杭州火车站大约 10 分钟车程
🚌 K16 路 "平海路" 站下车步行约 3 分钟
免费

中山国际大酒店
建在杭州商业区

◆位于中山中路与平海路的交叉路口处。虽说是家中档酒店，但曲线弯弯的大堂气氛优雅。客房宽敞舒适。周边是商业区，十分便利。步行到西湖大约 15 分钟。

三星级酒店 Map p.269-B2

住 杭州市平海路 15 号
☎（0571）87068899 FAX（0571）87025233
S 1280 元~ T 1280 元~
服务 无 237 IN 24 小时 OUT 12:00
距杭州火车站大约 10 分钟车程
K16 路"平海路"站下车即是
URL www.zsgihotel.com
免费

百合花饭店
距离玉泉等西湖西北部风景区很近

◆位于西湖西北部，周围散布着玉泉、黄龙吐翠、岳王庙等景点。虽然离繁华街区稍远，也看不到湖景，但是有游泳池等设施还是很舒适的。自助早餐 20 元。

三星级酒店 Map p.269-A2

住 杭州市曙光路 156 号
☎（0571）87991188 FAX（0571）87991166
S 300 元~ T 600 元~
服务 无 155 IN 24 小时 OUT 12:00
距杭州火车站大约 30 分钟车程
Y5、6、28 路"浙大附中"站下车即是
URL www.lilyhotel.com
免费

世贸·西湖四季都市酒店
时尚的商务酒店

◆面向市中心解放路，步行到西湖大约 10 分钟。规模不是很大，有镶玻璃墙的浴室、特别设计的家具等，既考虑到了客房的功能又很时尚。另有足底按摩服务。

三星级酒店 Map p.269-B2

住 杭州市解放路 221 号
☎（0571）28033666
FAX（0571）28033668
S 580 元~ T 620 元~
服务 无 184 IN 14:00 OUT 12:00
距杭州火车站大约 15 分钟车程
URL www.ssaw-hotel.com
免费

杭州米兰富驿时尚酒店
独特造型的时尚酒店

◆位于西湖北边京杭大运河附近，精巧的设计独具匠心。从外观到客房皆以红色为基调，既融入了流行元素又显干净整洁。一楼设有餐厅，十分方便。

三星级酒店 Map p.269-B1

住 杭州下城区朝晖路 188 号
☎（0571）8530555 FAX（0571）85106311
S 358 元~ T 428 元~
服务 无 97 IN 14:00 OUT 12:00
距杭州火车站大约 15 分钟车程
URL www.fxhotels.com/wulininsquare.aspx
免费

杭州国际青年旅社
西湖边的舒适青旅

◆这家青年旅舍就位于西湖天地旁边，地理位置得天独厚。有 4 人间、6 人间的宿舍，在罕有便宜住宿酒店的杭州价格不贵且房间整洁。还可以租借 DVD、存行李。

三星级酒店 Map p.269-B3

住 杭州市南山路 101-3 号、101-11 号
☎（0571）87918948 FAX（0571）87087891
S 185 元~ T 350 元~
D 4 人房、6 人房各 60 元
服务 无 54 IN 12:00 OUT 12:00
距杭州火车站大约 15 分钟车程
Y9、K4、K12、K102 路"钱王祠路口"站下车步行约 3 分钟
URL www.yhachina.com
免费

苏州

Suzhou

A   B

泰州市

长江

又来沙
泗沙 东风沙

南通市

通州市

靖江市

南通港 南通市

双山沙

大新 锦丰

金港

1

江阴长江大桥
江阴市

山观 云亭 周庄

张家港市

乐余

苏嘉杭公路

海门市

南闸

盛泽市南路

华士

南丰

南通广场

沿江高速公路

新桥

塘桥

苏通大桥

长江

青阳

晨客

凤凰

海虞

新港

上海市

南京方向

马镇

无锡市

顾山

梅季

瑶泾

文林

王庄

常熟市

董浜

沈海高速公路

锡北

虞山

2

东北塘

羊尖

古里

支塘

沙溪

太仓市

无锡站

练塘

莫城

昆承湖

沙家浜

苏昆太高速公路

无锡火车东站

安镇

南湖荡

辛庄

双凤

沿江高速公路

旺庄 坊前

鸿山

北桥

周市

蠡湖 梅村

苏南硕放国际机场

澄湖

渭塘

阳澄湖

昆山市

华庄

硕放

阳澄湖

蓬朗

3

滨湖

望亭

东桥

黄埭

苏州火车北站

阳澄中湖

昆山火车站

通安

跨塘

微偏湖

沪宁高速公路

东渚

苏州市

苏州火车站

金鸡湖

陆家

花桥

安亭

光福

长桥

独墅湖

张浦

千灯

白鹤

上海市

香山

木渎

角直

太湖

胥口

p.310~311(苏州市中心)

澄湖

苏沪高速公路

锦溪

淀山湖

青浦

大桥

横泾

同里

朱家角

罗汉寺 包山禅寺

临湖

南星湖

周庄

淀山湖

禹王庙 紫金庵

元荡

商榻

西洞庭山 林屋洞 启园

金泽

西山 雕花楼

吴江市

春熙堂 石公山 东洞庭山

横扇

练塘

三山 东山

陆巷古村 轩辕宫

七都

平望

黎里

西塘

金山农民画村

嘉善

震泽

南浔

南汇

盛泽

王江泾

枫泾

沪渝高速

苏嘉杭高速

干窑

沪杭高速公路

4

桃源

北

浙江省

嘉兴

乌镇

杭州方向

0   20km

A   B

景点   高速公路(建设中·计划)   铁路   机场   地级市   县、县级市(区)   乡、镇、村

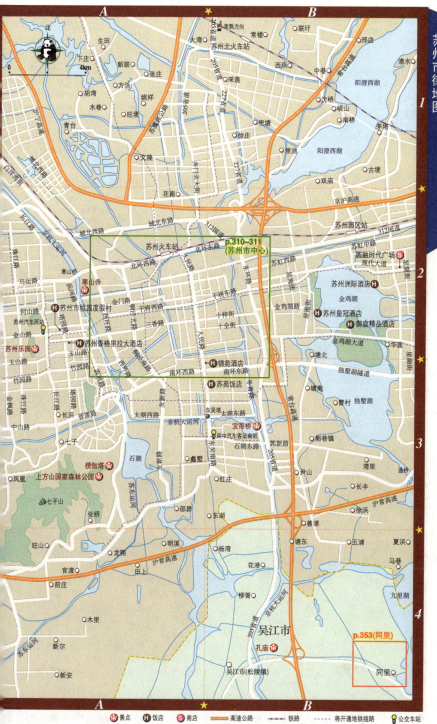

苏州市街地图

1

2

3

4

A

B

北

0   4km

205省道 常熟方向

常楼   联圩

大湾   西浜   邢店

苏州北火车站   中巷   清水

生田   希宁高速   阳澄西湖

下庄   张庄   采莲   沈桥   岘山

新联   姚祥   里塘   南桥   茅塔

胡湾   旺埠   205省道   里泄   阳澄西湖

木巷   文陵   花庙   双庙   古埂

青台   城北西路   京沪高速

苏州园区站   312国道

城北东路   312国道   苏州中路   圆融时代广场   现代大道

苏州火车站   p.310~311   (苏州市中心)   苏虹中路

北环西路   北环东路   苏州洲际酒店

寒山寺   东环路   苏红西路   金鸡湖

苏州市桃园度假村   干将东路   金鸡湖路   苏州皇冠酒店   御庭精品酒店

金门路   蠡墅   十梓街   金鸡湖大道   华莲

苏州汽车西站   十全街   星贸街

金山路   苏州香格里拉大酒店   塘北   独墅湖隧道

苏州乐园   锦苑酒店   塘南   独墅湖

玉山路   南环西路   南环东路   曹村

竹园路   苏苑饭店   全塘东路   郭巷镇

金枫路   东吴塔   太湖东路   尹山   湾里

中山路   宝带桥   通桥

七子   吴中汽车客运南站   石湖东路   长丰

楞伽塔   鳌聖   京杭大运河   沪常高速   徐浜

上方山国家森林公园   红庄   善浦

凤凰   七子山   邵舍   东湖   塘东   五浦   夏浜

旺山   明溪   杨湾   马巷

官渡   龙翔   花港   九里湖

前庄   沪常高速   田上

木里   吴江市   p.353(同里)

苏东运河   孔庙   同里

新尔   吴江市(松陵镇)

新安

景点   饭店   商店   高速公路   铁路   将开通地铁线路   公交车站

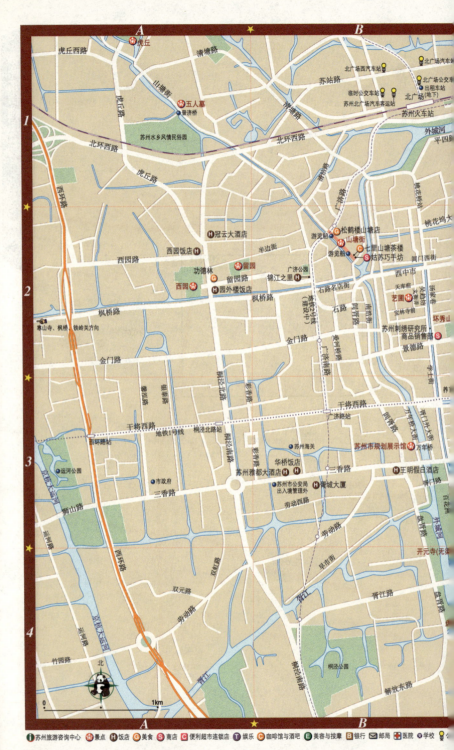

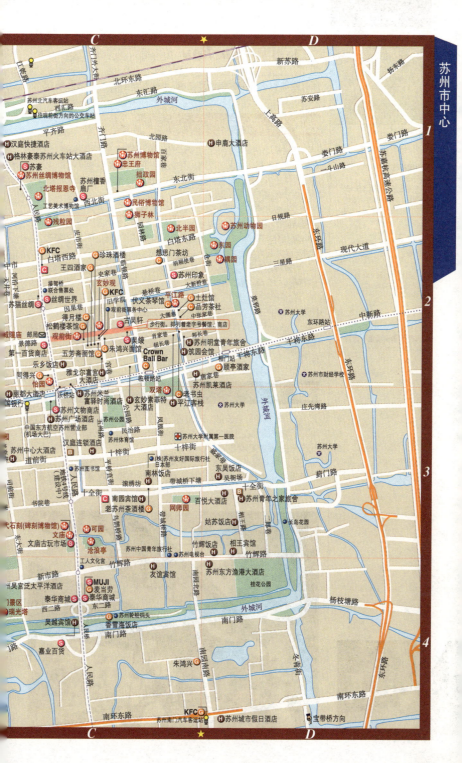

苏州 *Suzhou*

拥有园林和运河的世界遗产之都

电话区号 0512

■中国银行
Map p.311-C3
住 苏州市干将西路 188 号
☎ (0512) 65113558
开 8:15~11:30、13:30~17:30
休 无

■邮局
Map p.311-C2
住 苏州市人民路 487 号
☎ (0512) 67203447
开 8:00~18:00
休 无

■苏州大学附属第一医院
Map p.311-C3
住 苏州市十梓街 188 号
总机 (0512) 65223637
开 24 小时
休 无

苏州 概 况

苏州是太湖湖畔的水上之都。运河环绕的街区中，白墙黑瓦的一户户人家纵横排布在水道两侧，现今还能看到小船静静地穿梭其中来来往往的样子。自古以来就有这番秀丽的景象，不知从何时起这里被称为"东方的威尼斯"。

这座城市的历史要从春秋时期公元前 514 年吴王阖闾在这里建立起固若金汤的都城时算起，当时称为"吴州"。改名为"苏州"是隋朝公元589 年的事情了。唐以后，城市因丝绸产业而不断发展，明清时期已经发展成为国内数得上的大城市。

同丝绸产业一起使苏州举世闻名的还有当时的富豪们竞相打造的数个江南园林。截止到 2012 年 5 月，其中的 9 所——拙政园、留园、网师园、环秀山庄、沧浪亭、狮子林、耦园、芸圃、退思园（同里）被国际教科文组织评选为世界遗产，是苏州观光中最出彩的名胜。

另外，近些年，在市区东部与西部各诞生了新的街区（工业开发区），很多外资企业在这里投资发展，国内外众多商务客人不断来到这里。

苏州 漫 步

苏州的城中心是被叫作外城河的运河环绕的一片区域（以下称"城内"）。城内的中心有城中最繁华的街道——观前街，它与南北走向的主干道——人民路相交会。

苏州火车站与苏州北门长途客运站在外城河的北端，距离观前街 2 公里。与此相对，苏州码头在外城河南段，距离观前街也是 2公里。

再现明清时期风貌的山塘街　古风古貌苏州建筑一间挨着一间的十全街

无论谁来到苏州，都一定会去老字号餐馆、商店等铺挨着铺连成一片的观前街逛一逛。其半径1公里内有数家中档酒店，把这里当作游览苏州的据点住下来会很方便。

十全街、面向老百姓的商店散落在有网师园的城内东南部。也有以此处为据点游览的。

苏州观光引人入胜之处当然是参观园林和沿着运河散步休闲了。大多数园林和其他景点一样散落在城内，其范围也并不见得有多广。乘坐出租车，前往离市区稍有些距离的留园、虎丘等地效率会很高。另外，想欣赏运河风情的话，山塘街、耦园周边、十全街、盘门附近等地都不错。时间再富余的话，也可以去郊外的太湖看看。

2012年4月随着地铁1号线的开通，交通变得越来越便利。1号线穿过位于金鸡湖东侧工业园区的钟南街、城中心的干将路，向西到达水乡小镇——木渎，总长约26公里。地铁车票2～6元。地铁其他工程还在进行，公交车线路等市内交通也在频繁变更，所以到达现地后，应该在酒店先确认最新信息。

苏州观光的主要内容是游览作为世界遗产的园林

■市内交通

▼公交车

没空调的公交车1元，有空调的2元。运行时间5:30~21:30。

上车后先交费

▼出租车

3公里以内起步价11元。之后5公里以内每公里加收1.8元；5公里以上每公里加收50%空驶费。

▼三轮车

汽车无法进入的胡同深处的景点三轮车往往大显身手。起步价是1公里以内一辆5元，之后每公里加收2元。※电动三轮车（和出租车价格基本相同）虽然也有，但要注意行驶不稳。从安全方面考虑不太推荐。

在观前街等景点等待游客的三轮车

苏州的交通 *Traffic*

飞机

苏州没有机场，想坐飞机来苏州只能先飞到无锡或者上海。中国东方航空苏州营业处有发往各机场的机场大巴。

■机场大巴

Map p.311-C3

▶开往无锡苏南硕放机场方向

6:15、9:00、12:40发车，每天三班，大约1小时，￥30元。

▶开往上海虹桥国际机场、上海浦东国际机场方向

经停上海虹桥国际机场，前往上海浦东国际机场。6:20~17:00 19班，到上海虹桥国际机场大约1.5小时，费用53元；到上海浦东国际机场大约2.5小时，费用84元。

前往上海浦东国际机场的大巴

铁路

苏州火车站位于沪宁城际高速铁路途中，距离上海80公里处。因此苏州始发的列车很少，多为经停苏州的列车，但从各大城市进入苏州非常方便。从苏州前往其他城市，最好先去上海或南京。另外，2010年开通了苏州站东边的苏州园区站与西边的苏州新区站，2011年随着京沪高铁的开通，北边的苏州北站也投入使用。但是，苏州北站周边交通不便，所以一定注意买火车票时买抵达苏州火车站的。

■苏州火车站

Map p.310-B1　住 苏州市车站路 27 号
☎（0512）95105105　營 6:00~22:00
休 无

"火车站北广场"的北口为主要入口。背对北广场，东侧是出租车站（在地下），西侧与苏州北广场汽车客运站、北广场公交车站、临时公交车站相邻。从火车站前往市中心的观前街，可以在站前的北广场西侧汽车站乘坐 8 路等，或者从北广场的公交车站乘坐游 1、38 路等，大约 15 分钟。

出租车 11 元起。火车站的售票处销售 3 日内（含当天）火车票。也可以在接驾桥联合售票处（→p.315）购票。

来自上海的列车／上海站:6:05~23:48，每天 77 班（D、G、T、K 字头），运行 25 分钟~1 小时 6 分钟，票价 15~122 元。上海南站:4:19~22:33，每天 12 班（T、K），运行 1 小时 5 分钟~1 小时 35 分钟，票价 16~99 元。上海虹桥站:6:35~21:15，每天 33 班（D、G）、运行 31 分钟~47 分钟，票价 26~122 元。

来自杭州的列车／杭州火车站:7:50~18:46，每天 10 班（D、G、T 字头），运行 1 小时 30 分钟~3 小时 58 分钟，票价 42~184 元。杭州南站:6:43~次日 2:13，每天 13 班（D、K 字头），运行 2 时 2 分钟~4 小时 40 分钟，票价 44~265 元。

来自绍兴的列车／10:17、10:31、18:12 发每天 3 班（D、K 字头），运行 2 小时 39 分钟~4 小时 32 分钟，票价 51~153 元。

来自北京的列车／北京站:11:59、19:28、18:12 每天三班（D、T 字头），运行 10 小时 57 分钟~13 小时 49 分钟，票价 150~294 元。北京西站:只有 22:30（T 字头）1 班，运行 13 小时 41 分钟，票价 170~472 元。

来自宁波的列车／宁波东站:9:07~16:40，每天 4 班（D、K 字头），运行 3 小时 37 分

钟~6 小时 10 分钟，票价 65~183 元。

来自天津的列车／7:05~次日 1:28，每天 10 班（T、K 字头），运行 12 小时 38 分钟~16 小时 35 分钟，票价 154~429 元。

来自济南的列车／5:31~次日 3:08，每天 7 班（K 字头）、运行 9 小时 3 分钟~12 小时 33 分钟、票价 116~326 元。

来自泰山的列车／6:24~次日 2:21，每天 16、（K 字头），运行 9 小时 30 分钟~11 小时 22 分钟、票价 106~298 元。

来自无锡的列车／4:04~次日 3:45，每天 124 班（D、G、T、K 字头），运行 14 分钟~58 分钟、票价 10~90 元。

来自镇江的列车／4:46~次日 3:59，每天 93 班（D、G、T、K 字头），运行 54 分钟~1 小时 54 钟、票价 24~223 元。

来自南京的列车／南京站发车：4:03~次日 3:09，每天 103 班（G、T、K 字头），运行 1 小时 11 分钟~3 小时 33 分钟、票价 33~125 元。从南京站始发也有 22 班。

■苏州市观前街票务中心

Map p.311-C2　住 苏州市人民路宫巷 111 号
☎（0512）67706676　營 8:00~18:30
休 无

票务中心紧邻 KFC 的南边，售 10 日内（含当天）火车票。10 元以上车票每张收取 5 元手续费，不到 10 元车票不收手续费。不售学生票。

汽车

苏州市内有北站、北广场站、南门站、吴中南站、西站 5 个汽车站。其中发车线路多且离市中心不远、比较方便的是苏州北汽车客运站。南门汽车客运站虽然离市中心稍远点，不过到达和出发的线路很多。新设没多久的苏州北广场汽车客运站有中短途汽车出发与到达。另外，汽车时刻经常变动，最新信息要看汽车站内的时刻表介绍牌。除汽车站外接驾桥联合售票处（→p.315）也可以买到车票。

另外，北站和北广场汽车站销售去往同里、周庄等近郊水乡的汽车票与景区门票的优惠联票，价格很合适。

来自上海的汽车／（汽车北站发车）到达苏州南门汽车站，7:00~19:40，每天 20 班、票价 35 元。（汽车南站发车）6:27~20:00，每天 40 班、票价 30 元。（虹桥西汽车站发车）10:05~21:05，每天 19 班。

来自杭州的汽车 /（汽车北站发车）到达苏州北门汽车站：7:00~18:30，每20~30分钟1班，每天34班，运行2小时30分钟，票价71元。（杭州汽车中心发车）到达苏州南门汽车站：7:55~18:45，每30分钟~1小时发1班，每天19班，运行约2.5小时，票价73元。

来自周庄的汽车 / 到达苏州南门汽车站：6:45~17:10，每30分钟1班，每天18班，运行1小时10分钟，票价17元。

来自同里的汽车 / 到达苏州北广场汽车站：6:15~19:00，每15~20分钟发1班，每天48班，运行约1小时，票价8元。另外，每20分钟有1班开往苏州汽车南站与吴中南汽车站。

来自绍兴的汽车 /（从客运汽车中心发车）到达苏州汽车北站：7:05、8:35、9:50、14:00、15:10、16:40 每天6班，运行约2小时30分，票价81元。

来自用直的汽车 / 到达北广场公交汽车站：公交车518路 5:20~20:00 每15分钟1班，运行约1小时20分钟，票价3~4元。到达北广场汽车站经停汽车北站：7:00~17:30 每40分钟发1班，运行约1小时，票价9元。

来自无锡的汽车 / 到达北广场汽车站经停汽车北站：6:40~19:30 每15分钟1班，每天86班，运行约1小时，票价21元。

来自锦溪的汽车 / 到达北广场汽车站经停汽车北站：6:40~16:40，上午3班，下午1班，运行约1小时，票价14元。

来自南京的汽车 /（从南京中央门综合汽车站发车）到达苏州汽车北站：7:00~19:00，每30分钟1班，每天47班，运行约3小时，票价70~77元。到达苏州汽车南门站：9:30~17:30，约8班，运行约3小时，票价60~70元。

来自宁波的汽车 /（从客运汽车中心发车）到达苏州汽车北站：7:20~18:20，约1~2小时1班，每天6班，运行约5小时，票价105元。

■苏州北汽车客运站

Map p.311-C1　**住** 苏州市西汇路29号

☎（0512）67530686（总机）、（0512）65776577（统一咨询电话）　**营** 5:30~21:40（售票）**休** 无

从客运站到市中心的观前街，在西汇路沿线的公交车乘坐101、112、529路等大约需要15分钟。出租车10元起。汽车客运站销售含当天的7日内车票。

■苏州北广场汽车客运站

Map p.310-B1　**住** 苏州市苏州路·火车站北广场

（与苏州火车站相邻）

☎（0512）69355916　**营** 5:00~22:00　**休** 无

去同里、周庄的中短途汽车在这里出发到达。去用直在相邻的北广场公交车站坐车，去木渎在临时公交站坐车。

■苏州南门汽车客运站

Map p.311-D4　**住** 苏州市南环东路601号

☎（0512）87654321（到17:00）、（0512）87181605（到21:00）、巴士指南（0512）65776577

营 5:30~21:30　**休** 无

从这里去市中心的观前街乘坐出租车约15分钟。销售含当天的7日内车票。

其他

在综合售票处可以买到所有交通工具的车票。它位于城市中心，不必特意跑到火车站或客运站，因为集中在一处，所以十分方便。

■接架桥联合售票处

Map p.311-C2　**住** 苏州市人民路1606号

☎（0512）67296643（总机）

营 8:00~11:30、13:00~17:00　**休** 无

由于地处市中心十分便利，所以相当混乱。

※ 位于士大楼与接马大厦之间的建筑物的二楼

● **飞机**

☎（0512）67293447

这里销售3个月内的机票。

● **铁路**

☎（0512）67296643

2~6号窗口销售10日（含当天）内去往全国各地的车票。每张票手续费5元。也卖学生票。

● **长途汽车**

☎（0512）67290093

1~5号窗口销售苏州北站及南门站出发的3日内（含当天）车票。每张票手续费1元。

船

苏州运营着巡游观光景点的水上巴士。全程1小时10分钟，19:00以后大约隔30分钟一次，（其他时间段最小运营人数为4人）。白天每人100元（有中文导游）、晚上每人120元（有中文导游+苏州传统艺术——评弹演出）

■苏州轮船码头

Map p.311-C4　**住** 苏州市人民路8号

☎（0512）65208484　**营** 9:00~21:00

休 无

■拙政园

住 苏州市东北街 178 号
☎ (0512) 67510286
開 7:30～17:30（4/16～10/30）
　 7:30～17:00（10/31～次年4/15）
休 无
費 70 元（4/16～10/30）
　 50 元（10/31～次年4/15）
　（闭馆前 30 分钟谢绝入场）
　 距苏州火车站大约5分钟车程
　 游1、游2、游5、50路“苏州博物馆（拙政园/狮子林）”站下车即是
　 www.szzzy.cn

拙政园【世界遗产】

Map p.311-C1
★★★

中国第一江南名园

　　拙政园建于明正德嘉靖（16 世纪初）年间，是苏州四大名园中最大的园林。明代御史王献臣官场失意还乡建了此园，后根据诗人潘岳的《闲居赋》中一句"拙者之为政"暗喻把浇园种菜作为自己（拙者）的"政"事自嘲而取了此名，颇有嘲讽的意味。
　　园内由东园、中园、西园三部分组成，以水为主题一气呵成连在一起。大约 5 公顷的占地面积中，七成是池塘、人工小溪。以水为中心周边建起的楼阁与园林和谐共生，非常美丽。其中，从建在中园的远香堂眺望过去，美不胜收。

眺望荷花满池的景色

以水为主题的拙政园的庭院

夏天开满美丽荷花的池塘

从透明窗户中看到的景观别有情趣

留园【世界遗产】
清朝代表性的一步一景的园林

Map p.310-A2
★★★

留园是将清朝的园林建造样式保留至今的典范，不仅是苏州四大名园之一，作为中国四大名园也赫赫有名，它的创建可以上溯到明嘉靖年间（1522~1566 年）太仆寺卿徐时泰建造私人庭院之时。清朝 18 世纪末，因刘恕的改建而称"刘园"，清光绪年间（1875~1908 年）又经历了一场大规模的改造工程后，被称作留园。

园内可分为四个景区，各处楼阁被花窗、透珑镂刻装饰的长廊相连接。透珑镂刻的设计又各不相同，没有一个花色是重样儿的。长廊的廊壁上能看到历代著名书法家留下的 300 处以上非凡的墨宝《留园法帖》。

另外，园中有一块名叫冠云峰的太湖石，高达 6.5 米，是中国三大太湖石之一，不可错过。

被叫作"冠云峰"的太湖石

狮子林【世界遗产】
太湖石打造出中国特色的造型美

Map p.311-C1-2
★★★

狮子林建于元朝至正二年（公元 1342 年），是苏州四大名园之一。因园内广布形如狮子的太湖石，因而以奇石园林闻名于世，被叫作"狮子林"。

所谓太湖石，是采自苏州西边名叫太湖的一座湖里的白色石头。经过长年腐蚀身上布满无数小孔洞的太湖石自古以来就被珍视，具有非常高的价值。狮子林是其中的一座园林，4 公顷的占地面积中约一半被高昂的太湖石占去，着实令人惊叹。用太湖石堆造的人工小山中，穿插回旋着迷宫一样的小路，经常感觉别有洞天。

随处可见的太湖石的怪状石头

另外，园内还点缀着清朝皇帝眺望狮子林的真趣亭、隔窗相望能看到太湖石像在空中飘着的云彩一样的卧云亭。

能看到数量众多太湖石的园林

太湖石看起来似云彩的卧云亭

沧浪亭【世界遗产】
具有千年以上历史的苏州最古老的园林

Map p.311-C3
★★★

沧浪亭是吴越广陵王钱元璙在唐朝末期的公元 956 年建造的苏州最古老的园林。之后，宋代诗人苏舜钦作为别墅拥有这里的时候改建过一

■留园
苏州市留园路 338 号
(0512) 65579466
7:30~17:30（4/16~10/30）
7:30~17:00（10/31~ 次年 4/15）
无　40 元（4/16~10/30）
30 元（10/31~次年 4/15）
从地铁 1 号线"桐泾北路"站坐出租车大约 4 分钟
游 1、6、85 路"留园"站下车即是　www.gardenly.com

宽阔的池水周围连接的回廊

■狮子林
苏州市园林路 23 号
(0512) 67272428
9:00~17:30（4/16~10/31）
9:00~17:00（11/1~ 次年 4/15）
无　30 元（4/16~10/31）
20 元（11/1~次年 4/15）
地铁 1 号线"临顿路"站坐出租车大约 7 分钟
游 1、游 2、游 5、50 路"苏州博物馆（拙政园 / 狮子林）"站下车即是
www.szszi.com

皇帝眺望庭园的真趣亭

住 苏州市沧浪亭街 3 号
☎ （0512）65296567
开 7:30～17:30（3/1～11/15）
　 7:30～17:00（11/16～次年 2
月末）（闭馆前 30 分钟谢绝
人场）
休 无
費 20 元（4/16～10/30）
　 15 元（10/31～次年 4/15）
園 从地铁 1 号线"乐桥"站
步行大约 10 分钟
🚌 游 2、游 4、5、27、101、
102、103 路等"工人文化宫"
站下车即是

园中的看山楼

从月亮门里望到的景色

有上千年历史的名园

占地面积达 11000 平方米

次，再后来清朝时期又曾改造过。苏舜钦将此亭提名"沧浪亭"，感于战国时代诗人屈原所作"沧浪之水清兮"的诗句。

沧浪亭以依附自然、造型简朴为特色，与园前流淌的运河相拥，酝酿出一番水乡情调。

虽是四大名园中最小的，却以取来运河风景，融园内景致为一体而独有特色。另外其水边复式回廊的式样被后来建造的狮子林所采纳。

网师园【世界遗产】　　Map p.311-C3

保留清朝官僚宅邸原貌　　★★

■网师园

住 苏州市带城桥路阔家头巷
11 号 ☎（0512）65293190
开 7:30～17:30（3/1～11/15）
　 7:30～17:00（11/16～次年
2 月末）
（闭馆前 30 分钟谢绝人场）、
晚上开放时间 19:00～22:00
（门票 19:30-21:00、3 月中旬～
11 月中旬、100 元） 休 无
費 30 元（4/16～10/30）
　 20 元（10/31～次年 4/15）
園 从地铁 1 号线"临顿路"
站步行大约 15 分钟

网师园原是南宋藏书家史正志所建的万卷堂，后被清乾隆年间（1736～1795 年）宋宗元所有后再建，成为他的宅邸。"网师"是渔夫的意思，以前初名"渔隐（隐居的渔夫）"，所以叫网师园。网师园在苏州园林中算规模小

占地面积约 5400 平方米

从室内望去，园内风情种种

一探清朝官员生活

的，但是留有典型的清朝官员宅院的模样，因此可以一探那时的生活方式。园内以池塘为中心，西侧是花园，东侧是居住的建筑，构造颇为简洁。西侧的花园里种植着芍药等花卉。

🚌 游 2 路"网师园西"、47、55、202 路"网师园"站下车即是
🌐 www.szwsy.com

艺圃【世界遗产】　　　　Map p.310-B2
当地人云集的世界遗产的园林

胡同深处静静矗立的园林就是艺圃。艺圃原是明朝学者文震孟建造的草药园，后来被改建。园林由南北两块组合而成，占地面积约 3800 平方米。北边是住家，南边是花园。

以博雅堂为中心

花园中，以池塘为中心，建有乳鱼亭、延光阁等亭台楼阁，是典型的明代江南园林，被巧妙地设计成一步一景。当地人常聚在池塘北面的延光阁茶馆里喝茶，度过悠闲时光。

■艺圃
🏠 苏州市文衙弄 5 号
☎（0512）67271614
🕐 夏 7:30～17:00
　　冬 7:30～16:30
🚫 无　🎫 10 元
🚇 从地铁 1 号线"养育巷"站下车步行大约 16 分钟

在茶馆里小憩片刻

耦园【世界遗产】　　　　Map p.311-D2
对照欣赏园林美　　　　★★

耦园的前身是清光绪年间（1875～1908 年）建造的涉园，后来经过加建形成了现在的耦园。园子分为东花园、西花园两座园林，取汉语表示对称的文字"耦"字命名。
耦园的主要景观是耸立着狰狞假山的东花园。在东花园，可以沿着迷宫般的走廊将点缀其间的亭台楼阁转一遍。另一方面，西侧的西花园气氛静谧安详。这两个花园一静一动的对比，正是耦园的特点。

以黄石假山为中心的东花园

■耦园
🏠 苏州市小新桥巷 5-6 号
🕐 7:30～17:00（3/1～11/15）
　　7:30～16:30（11/16～次年 2 月末）
🚫 无
🎫 20 元（4/16～10/13）
　　15 元（10/14～次年 4/15）
🚇 从地铁 1 号线"相门"站下车步行大约 12 分钟

■环秀山庄
🏠 苏州市景德路 272 号
☎（0512）67537002
🕐 8:00～17:00　🚫 无
🎫 15 元
🚇 从地铁 1 号线"养育巷"站步行大约 12 分钟

环秀山庄【世界遗产】　　　Map p.310-B2
规模虽小别有情趣　　　　★★

位于苏州刺绣研究所所占地内的一端。清朝的假山名家戈裕良建造了这座小小的园林。它的看点在于运用山石的洞窟，从多个角度看到多样的风景，这一点可算是国内第一。

桥头岸边也有散步的小路

■怡园
住 苏州市人民路 1265 号
☎ （0512）65249317
开 7:30～21:00　休 无
料 15 元（7:30～16:30）
　　45 元（16:30～21:00）
交 从地铁 1 号线"乐桥"站
步行大约 2 分钟
交 游 4 路、1、5、38、101、
102、103 路等"东桥北"站
下车即是
※晚间有民乐演奏、品茶服务

太湖石精美绝伦的园林

■盘门
住 苏州市东大街 49 号
☎ （0512）65260004
开 7:30～17:30（3/15～11/10）
　　8:00～17:00（11/11～次年
3/14）
（闭馆前 30 分钟停止入场）
休 无
料 25 元（瑞光塔另付 6 元）
交 从地铁 1 号线"广济路"
站乘坐出租车大约 5 分钟
交 70 路"盘门"、游 2、游 3
路等"盘门景"站下车即是

■北塔报恩寺
住 苏州市人民路 1918 号
☎ （0512）67531197
开 夏 7:45～17:30
　　冬 7:45～17:00
（闭馆前 30 分钟停止入场）
休 无　料 25 元
交 距苏州火车站大约 3 分钟
车程
交 游 1、游 4、1、5、69 路
等"北寺塔"站下车即是

从塔上俯视的景观

■观前街
住 苏州市观前街
营 随店而异　休 无　料 免费
交 乘地铁 1 号线"乐桥"站
下车步行大约 5 分钟
交 游 1 路"玄妙观"、游 2
路"观前街东"站下车即是

怡园　　　　　　　　　　Map p.311-C2
凝缩苏州园林美的小小园林　★★

　　怡园占地 6000 平方米，是座离观前街很近的市中心的小规模园林。它原是明朝官僚的私人宅邸，苏州名士顾文彬在清光绪年间（1875～1908年）拥有后进行了改建，形成现在的样子。

　　园分东西，中间以走廊连接。东侧园林建有坡仙琴馆、拜石轩、王延亭等亭台楼阁，还能看到王羲之等名家的石刻书法；西侧园林虽然曲折狭窄，但巧妙地配有太湖石、九曲亭等，尽显园林之美。无怪乎据说当初建园时有画家参与，这里确实凝缩苏州园林 A 级设计灵感，打造出优美的园林造型。另外，晚间可以欣赏民乐演奏，品品茶。

盘门　　　　　　　　　　Map p.310-B4
兼做城寨象征水乡之都的城门　★★★

　　盘门是姑苏古城八座城门中现今仅存的一座。它初建于苏州城有最早历史记载的公元前 514 年，现在看到的是 1351 年重建的。盘门设计了一些阻止外敌侵入的招数，盘查所与兼具水位调整功能这些设计是它的特色。

眺望架在外城河上的石桥——吴门桥与盘门的亭台楼阁

　　城墙内引人注目的是高 43.2 米、像公园一样配设的八角七层的瑞光塔。由三国时期（220～280 年）吴王孙权作为舍塔所建，现存的是北宋时期修复之物。塔身能发出 5 种颜色的祥光，故称之为"瑞光塔"。

　　瑞光塔、盘门还有跨越运河的吴门桥，通称"盘门三景"，是苏州数得上的风景名胜。

北塔报恩寺　　　　　　　Map p.311-C1
好似守城而建的八角 9 层塔　★★★

　　北塔报恩寺里有一座可以说是城市象征的高达 76 米的八角 9 层的巨大的塔。这座塔矗立在三国时期孙权为报母恩所建的报恩寺内。1～6 层在南宋时期、7～9 层在明朝时期修复，2006 年又进行了大规模修复工程，一代代的人们努力保存着它的威严英姿。

苏州市中心的北塔报恩寺

　　沿着内部台阶上到 9 层，以南边笔直延伸下去的人民路为首，新旧建筑交织在一起的苏州城一览无余。由于一眼就可以把握城市的整体风貌，所以建议一到苏州先登此塔。

观前街　　　　　　　　　Map p.311-C2
穿过城市中心的时尚步行街　★★★

　　观前街是贯穿运河围绕的城市的中心 800 米的步行街，其作为玄妙观门前的街道发展起来，如今已经是城里最热闹的繁华商街。很多老字号餐厅、商店沿边散布在这条街上，或是它南边大街两侧。最近，这里又新添了时尚的商铺、休闲餐厅。驻足一下喜欢的店铺，随意休息一会儿也挺好的。

另外，观前街上跑着一元一位的电瓶车，一招手就停，走累了多坐坐吧。

热闹的市中心——观前街

忠王府
太平天国时期的王府

Map p.311-C1 ★★★

1860 年太平天国攻打苏州，忠王李秀成将这里定为王府。主府原是三国时期（220~280 年）吴国郁林太守的宅邸，据说曾经与相邻的拙政园相连。这里不仅有太湖石、池塘，还残存召开军事会议的大厅等。

另外，忠王府西侧 2006 年新装修开业的苏州博物馆与王府相连。里面分主题展示的佛教文物、青铜器等 21 个展室围合主园林而建，值得好好参观。

园内建筑也是重要的文化财富

与苏州博物馆相邻

虎丘
耸立东方斜塔的吴王阖闾之墓

Map p.310-A1 ★★★

被越王打败的吴王阖闾葬在一座小山丘上。葬礼 3 天后墓地上蹲踞着一只白色的老虎，根据以上传说这里被取名为"虎丘"。其实还有一说法是这座山丘的形状看似一只老虎在蹲踞着，故名"虎丘"。

据说这里原本是东晋时期建造的别墅改成的寺庙，被称为"虎丘山寺"。后来，不断地改建和改名，清代成为虎阜禅寺，一直延续至今。另外，阖闾的真墓在去斜塔的途中，就是现在"剑池"这个地方。

建在山丘上的云岩寺塔，始建于宋朝建隆二年（961 年），是苏州最古的一座塔。现塔顶轴心向北偏东倾斜约 2.34 米，赫赫有名。

现在的虎丘，变成了镶嵌着泉水和园林的市民的小憩场所，在这里能够享受到悠闲漫步的乐趣。另外，从山塘街坐船也可以来到这里。

玄妙观
建在城中心的中国三大木建筑之一

Map p.311-C2 ★★

这是一座居于市中心、面对观前街而建的道教寺庙。它始建于晋朝咸宁年间（275~280 年），初名"真庆道院"，之后几度更名，现在使用的名字是元朝 1264 年取的。

■ 忠王府
🏠 苏州市东北街 204 号
☎（0512）67541231
🕘 9:00~17:00
（闭馆前 1 小时停止入场，同苏州博物馆）
🈺 周一（苏州博物馆也同样）
💰 免费（苏州博物馆也同样）
🚃 距苏州火车站大约 5 分钟车程
🚌 游 1、游 2、游 5、202 路等"苏州博物馆（拙政园 / 狮子林）"站下车即是

■ 虎丘
🏠 苏州市虎丘山门内 8 号
☎（0512）65323488
🕘 7:30~17:30（11/16~ 次年 2 月末~17:00）
🈺 无
💰 60 元（4/16~10/30）
40 元（10/31~ 次年 4/15）
🚃 距苏州火车站大约 20 分钟车程
🚌 游 1、游 2 路"虎丘"站下车即是
🖥 www.tigerhill.com

■ 玄妙观
🏠 苏州市观前街 94 号
☎（0512）67276616
🕘 7:30~17:00
（16:45 后停止入场）
🈺 无 💰 10 元
🚇 从地铁 1 号线"临顿路"站步行大约 9 分钟
🚌 游 1 路"玄妙观"、游 2 路"观前街东"站下车即是

穿过寺院的大门，首先看到南宋时期再建的三清殿。它是中国三大木质建筑之一，里面供奉着道教三清尊神，即太清、玉清、上清的神像。当时的建筑存世的仅仅有山门和三清殿。虽经几度改建修复，但是由于一直忠实地保留宋朝的建筑式样，历经800年风雨后如今依然保持着往日的威严。

来这里参观拜访的人流络绎不绝，门外两旁伸展开的热闹的自由市场也充满着活力。

■山塘街

住 苏州市山塘街
☎ (0512) 67236980
⏰ 因店而异
休 因店而异
💰 免费
🚗 距苏州火车站大约5分钟车程
🚌 54路"南浩街"站下车即是

■游船

广济路附近等（Map p.310-B2）可以乘船
手划船4人以上/8名以上乘坐游艇
8:00~21:00

■苏州丝绸博物馆

住 苏州市人民路2001号
☎ (0512) 67536506
⏰ 9:00~16:30
休 无 💰 15元
🚗 距苏州火车站大约3分钟车程
🚌 游1、游4、1、5、69路等"北塔寺"站下车即是

■双塔

住 苏州市定慧寺巷68号
☎ (0512) 65227778
⏰ 8:30~16:30（闭馆前30分钟停止入场）
休 无
💰 10元
🚇 地铁1号线"临顿路"站下车步行大约6分钟
🚌 游2、游5、40、55路等"双塔"站下车即是

■西园

住 苏州市西园弄18号
☎ (0512) 65316034
⏰ 7:30~17:30（4/1~10/31）
　 8:00~17:30（11/1~次日3/31）
休 无 💰 25元
🚇 地铁1号线"桐泾北路"站下车后乘坐出租车大约4分钟车程
🚌 406路"西园"站下车即是

山塘街　　　　　Map p.310-B2

水乡街上的房屋风貌保留到了今天　　★★

白居易任苏州太守时，建了一座水路沿岸的城镇。这个水路城镇将苏州城与虎丘连接起来，全长4公里，它靠近旧城区的部分因近些年来的旅游开发受到关注。这里再现了明清时期古老的街上房屋排列的旧貌，水边一家家白墙相连，充满水乡风情。老字号餐馆、茶馆、画廊、印章店等散布在河两岸，在这里淘纪念品最适宜不过了。另外，有游船出没其间，白天不必说了，夜晚乘船也相当有趣。

夜晚也风情万种的山塘街

苏州丝绸博物馆　　　Map p.311-C1

苏州特产、了解丝绸的历史　　★★

展出运用技术的刺绣作品

这是一家介绍苏州丝绸历史与技术的博物馆。馆内展品丰富，有过去作为贡品的绸缎，有皇帝们穿戴的丝绸服饰，还有至今还泛着鲜艳光泽的丝绸文物的收藏品。这里除了能看到传统养蚕用具的展览外，还能参观到蚕农们实际操作机器制丝的情景。博物馆内同时设有"苏豪"丝绸店。

双塔　　　　　Map p.311-C2-3

耸立着一对舍利塔　　★

拥有同样构造的双塔

这是两座排在一起的高30米的八角7层的舍利塔。据说最开始建于982年，于雍熙年间（984~987年）完工。两座塔分别叫作"舍利塔"、"功德舍利塔"，双塔构造完全相同。塔不能登，可以拜一拜塔内安放的小佛像。

据说当初把塔建在一座罗汉院内，现在罗汉院已荡然无存，仅留下石柱什么的。环绕双塔两侧的回廊里展示着石柱的一部分遗迹，它们同双塔一起成为重点文物保护单位。

西园　　　　　Map p.310-A2

500尊罗汉像与西花园　　★★

位于留园西侧的戒幢律寺与同时建有的西花园总称西园。同留

园的起源一样，这里原是明嘉靖年间（1522~1566年）徐时泰建造的私人园林。徐时泰故去后，其子徐溶舍园为寺，称复古归元寺。公元1685年住持又将其改名为"戒幢律寺"。由于清朝末期焚于战火，所以现在看到的是同治、光绪年间（1862~1908年）的重建建筑。

走进西园，接着大王殿出现的是大雄宝殿。西侧建立的罗汉堂里，安放着500尊闪着金光的罗汉像。

再往罗汉堂里面走就是西花园。沿着以池中的湖心亭为中心的回廊散步，悠然自得。

中心的大雄宝殿

寒山寺　　Map p.311-A2
"枫桥夜泊"中吟颂的禅寺　★★

寒山、拾得的寺庙——寒山寺

从市中心驱车20分钟，有一所禅宗寺院。在创建当初的南北朝的天监年间（502~519年），这里被称为"妙利普妙塔院"。唐贞观年间，名叫寒山与拾得的两位僧人曾在这里任住持，寺庙于是改名为"寒山寺"。清后期焚于战火后，1860年重建成现在的寺院。院内建有钟楼，可以撞钟。

唐朝诗人张继在《枫桥夜泊》中吟咏到了寒山寺，于是有很多人通过这首诗知道了这座寺院。

■寒山寺
🏠 苏州市寒山寺弄24号
☎（0512）67236213
🕐 7:30~17:30（3~9月）
　 7:30~17:00（10~次年2月）
　（闭馆前30分钟停止入场）
🚫 无
💰 20元（撞钟3次5元）
🚗 距苏州火车站大约20分钟车程
🚌 游3、9、10路"来风桥"站下车即是
💻 www.hanshansi.org

宝带桥　　Map p.311-B3
中国最长拱形石桥　★

始建于唐元和年间（806~821年）的宝带桥，长317米、宽4.1米，有53个拱形桥洞，是中国最长的拱形石桥。当年地方官员王仲舒捐赠一条宝带（官员使用的玉带）作为建桥资金的一部分，由此而得名。之后，几度修复，清朝的1872年替换旧桥重新建造了现在的宝带桥。

宝带桥位于市中心以南约10公里处，它横跨在京杭大运河上。手摇船的时代，需要站在桥上用力拉拽逆风前进的船只。为了给拉拽船只的人提供个落脚的地方，修建了这座桥。游客可以一边在桥上漫步，一边眺望过往的船只。

石桥建于唐元和年间

■宝带桥
🏠 苏州市宝南路（石湖东路的尽头）
🕐 8:00~17:00
🚫 无
💰 免费
🚇 地铁1号线"相门"站下车后乘坐出租车大约20分钟车程
※ 一般往返出租车费50元

中国最长的石桥——宝带桥

平江路　　Map p.311-C2
排列着古建筑的小胡同　★★

从苏州市中心的中央——干将东路向北走约1.6公里，接下来就是平江路。这条街距离繁华大街观前街虽说非常近，但另有一种说不出的怀旧气氛，在这里沿着运河散步可以享受到悠然自得的乐趣。这条街上，

■平江路
🏠 苏州市平江路
🚇 地铁1号线"相门"站下车步行大约5分钟

游览细长的河流，心情愉快

平江路一带留存很多的古民居

有咖啡店、餐馆，也有商店，走进旁边的岔道，还看得到炸油条的、卖鸡蛋的等。另外，由明清建筑改建的酒店不断增多，这里越来越成为焦点。

■景区内的交通

东山也好西山也好，景区内景点都很多，包租出租车游览很方便。从苏州市内包车一日游览西山和东山大约800元。如果在景区内的酒店租车，仅仅是岛内的范围一日包车100元。

太湖之上的亭子

■西山

住 苏州市西山风景区

开 8:00~17:30
（各景区开放时间相同，闭园前1小时停止入场）

休 无

费 林屋洞50元、石公山50元、包山禅寺10元、罗汉寺5元
※ 其他很多寺庙都收费。门票10元左右

交 距苏州市中心出租车大约1小时车程

公 在苏州站前广场乘坐69路，终点站下车。约需2小时，票价4元
※ 5:45~21:00 每10~20分钟发1班车

苏州 郊外风景

苏州郊外有各种各样的风景区，其中市区以西45公里处的太湖周边自古以来作为避暑胜地非常有名，这里也是国家重要风景名胜区。太湖是个大湖，东西长56公里，南北宽67公里，范围辐射周边407公里。在太湖可以采集到装饰园林的太湖石，太湖也因此闻名天下。

太湖风景区中最受欢迎的是浮在湖中的小岛——西山和像海峡一样突出来的东山。很多景点遍布在这两座风景区中，想细细游览的话，即使包租一辆出租车东山西山也要各花一天的时间。

西山

太湖湖中最大的岛

Map p.308-A3-4 ★★

位于苏州西南大约46公里处的西山又称"包山"，其面积约为70平方公里，周围可达40公里，由全长4308米的太湖大桥与陆地相连。这座桥是中国跨湖桥梁中最长的桥，从湖上顺畅地延伸到彼岸，姿态优美。

满眼苍翠的岛上有41座很矮的山峰，清晨和傍晚被雾气笼罩仿佛一幅幅美丽的水墨画。岛上的这些自然风景、散布其间的寺庙等构成了各种景观。

【林屋洞】

这里是石灰岩形成的钟乳洞，自唐宋起就是道教圣地。洞内面积6000平方米，可以享受灯光通明中漫步其中的乐趣。里面还有小山上建造的驾浮阁、能看到1至2月盛开的梅花的美妙的林屋梅海等。

跨到西山的太湖大桥

西山林屋洞洞窟内部的情景

【石公山】

　　石公山位于岛的东南部，是座高33米的矮山。三面临湖，视野开阔，位列太湖第一道风景。从吴王开始作为君主的避暑地闻名天下，很多文人墨客在诗里吟诵它的美丽。岛内点缀着亭台楼阁、寺庙、绝佳的美景，其中从山顶附近的来鹤亭眺望太湖，美不胜收。

林屋洞的架浮阁

东山

Map p.308-A3-4

保留明代建筑与园林绿荫掩映的半岛　　★★

　　面积63平方公里、周长大约40公里的东山是从太湖中突出来的一个半岛。在有着17座矮矮的山峰的丘陵地带，遍布着花草和果树，因此又名"花果山"。在这里曾经发生的吴越之战是春秋战国时期的事情了。如今由于气候稳定、风景亮丽，这里已成为避暑之地。这里保留着的明朝的建筑、20座以上的园林等名胜古迹也是很好的游览景点。东山有多家住宿设施，推荐在这里多逗留些时日。

【启园】

　　启园位于半岛的东北部，1933年席家建造了此园。它的特色是取山丘、太湖之景融入并打造壮大的园林景观。镜湖厅、翠微榭构成了院中主要景观。周边配以人工小山、树林、池塘等，涓涓细流流向太湖。顺着太湖突出于湖上的御头，是当年迎接康熙皇帝驾临东山的地方。从建在御头湖边一端的亭子望去，太湖一览无余。

【雕花楼】

　　位于东山中心的雕花楼宾馆原是一所私人宅邸。第一次世界大战后，靠棉丝发家的金锡之建造了这所豪宅，当初叫作"春在楼"。一进大门夺人眼目的是遍布大门、石门的雕刻。看到这精巧细腻的美丽的雕花，就理解了难怪从1922

东山的漂亮建筑——雕花楼的厚德堂

年建造开始到完工共花掉了3年的时间。另外，北侧有将苏州狮子林等江南园林之美浓缩的迷你园林。

【紫金庵】

　　紫金庵矗立在离雕花楼两公里的山里，又名"金庵"。其初建年代可以追溯到唐朝，清朝末期重新修建了现在的建筑。这里不可不看的是里面罗汉殿里安放的16尊罗汉像和三尊大佛，前者出自南宋时期的巨匠雷潮和他的妻子之手，是国内有名的罗汉像之一，后者被认为是显示了古代高超技艺的珍贵作品，同16罗汉像一样是镇寺之宝。

紫金庵罗汉殿里的佛像

园林精巧的启园

东山里朝紫金庵方向的门

苏州

●主要景点

■东山
🏠 苏州市东山风景区
🕐 7:30~17:30
（紫金庵8:00~17:00）
（闭园前30分钟停止入场）
休 无
💰 启园30元、（紫金庵20元、雕花楼45元、轩辕宫5元、明善堂5元、三山岛45元）
🚗 距苏州市中心大约1小时车程
※ 公交车5:00~19:00约每隔15分钟1班
🚌 从苏州站前广场乘坐502路终点站下车。约2小时，票价4元

王四酒家
苏州三大餐厅之一

◆ 这是一家有着上百年历史的老字号，位列苏州三大餐厅之一。招牌菜"叫花童鸡"一只130元，做法是把鸡肚子里塞满配料用荷叶和泥巴包好后花上6小时烤制而成。从肉到骨头都烤得软软的，被认为是苏州最好吃的一道菜。

左／"叫花童鸡"至少一天前预订
右上／水煮白虾
右下／想安静就上二楼的单间

Map p.311-C2

住 苏州市观前街太监弄 35 号
☎ （0512）65232967、65227277
营 10:30~14:30、16:30~21:00

休 无
座 250
🚇 地铁 1 号线"乐桥"站下车步行大约 8 分钟
🚌 游 1 路"玄妙观"、游 2 路"观前街东"下车 10 分钟

得月楼
苏州历史最悠久的餐厅

◆ 这是一家位列苏州三大餐厅之一的著名老字号餐厅。把太湖产的鳜鱼炸好后浇上糖醋汁，就是这里168元的招牌菜"松鼠鳜鱼"。糖醋汁的甜味恰好调出了肉色白嫩的鳜鱼的美味。蟹粉狮子头也是一道回味无穷的名菜。

左／蟹肉上覆盖着蛋白酥皮的"雪花蟹斗"1个38元
右上／店内富有情趣的中式传统装饰
右下／点"松鼠鳜鱼"的人很多

Map p.311-C2

住 苏州市观前街太监弄 43 号
☎ （0512）65222230、65238940
营 10:30~14:00、16:30~21:00
（周六·周日·节假日：10:30~15:00、16:30~21:30）

休 无　座 1000

🚇 地铁 1 号线"乐桥"站下车步行大约 8 分钟
🚌 游 1 路"玄妙观"、游 2 路"观前街东"下车

松鹤楼（山塘店）
名菜"松鼠鳜鱼"的发祥店

◆这家有名的餐馆开业于 1732 年，苏州菜的代表作品"松鼠鳜鱼"最初就是在这里被做出来的。老店位于观前街。味道浓浓的糖醋汁配上薄薄炸上一层的嫩白的鱼肉，美味超群，像花朵盛开一样的切工也非常精美。

苏州菜　　Map p.310-B2

住 苏州市山塘街 198 号
☎（0512）65321398
營 11:00~13:30、17:00~20:00
休 无
座 260
🚕 距苏州火车站约 5 分钟车程
🚌 50、800 路"市立里医院北区"下车

| 推荐美食 | 松鼠鳜鱼 | 158 元 | 蟹粉豆腐 | 58 元 |

功德林
受到绝对欢迎的老字号素菜馆

◆这是一家开店 300 年以上，离面向大街的留园很近的餐馆。这里提供使用大豆、薯类、蔬菜等做食材，绝不使用鱼、肉。替代肉的炸豆皮卷做的"栗子烧肉"、魔芋看起来像虾仁的"百果虾仁"等，无论味道还是口感吃起来都像肉菜一样。

苏州菜　　Map p.310-A2

住 苏州市西园弄 5 号
☎（0512）65332494
營 7:00~15:00
休 无　座 100
🚇 地铁 1 号线"桐泾北路"下车后乘坐出租车约 4 分钟
🚌 Y1、6、85 路"留园"站下车

| 推荐美食 | 栗子烧肉 | 20 元 |

同得兴
美味汤汁配出的苏州面

◆这是一家一大早就人声鼎沸的超有名的苏州面的专营店。最具人气的是 20 元一碗的"水晶担面"，它在汤面上添有猪肉，清汤与细面是最基本的。把一起端上来的蔬菜和猪肉放入热汤里一起吃，食欲大增好吃极了。点好面后，其他的服务需要自助。

苏州菜　　Map p.311-C2

住 苏州市人民路嘉馀坊 6 号
☎（0512）65113808
營 6:00~13:00　休 无　座 150
🚇 地铁 1 号线"乐桥"站下车后步行约 3 分钟
🚌 游 4、1、5、102 路等"东桥北"站下车

| 推荐美食 | 水晶担面 | 20 元 | 葱油香菇面 | 9 元 |

顾亭酒家
名人来用餐的广东海鲜料理高档餐厅

◆这是一家使用鲍鱼、鱼翅等高级食材的广东海鲜餐馆。香港师傅亲自烹饪，早茶也大受好评。晚上是高档餐馆，在这里用午餐的话比较合适。周末客人多一些最好预约。

广东菜　　Map p.311-D2

住 苏州市干将东路甲辰巷 6 号
☎（0512）65213888
營 10:30~14:00、17:00~22:00（周六、周日·节假日：8:30~14:00、17:00~22:00）
休 无　座 100
🚇 地铁 1 号线"相门"站下车后步行约 1 分钟
🚌 游 5、518 路"相门"站下车

| 推荐美食 | 顾亭虾饺皇 | 15 元 |

苏州
●美食

朱鸿兴面馆
小说中出现的隐世店铺

◆这是一家开业于1938年的小吃店。虽说是一般老百姓光顾的地方，却因在小说《美食家》中的出现而名气很大。除了10~42元的汤面，鲜肉馄饨、鲜肉小笼等也大受欢迎。由于一大早就营业，可以来这里吃个早餐一饱口福。

小吃　　　　　　　　　　Map p.311-C2
住 苏州市宫巷108号
☎ (0571) 67704247
營 6:30~19:45　休 无　座 80
🚇 地铁1号线"临顿路"站下车后步行约8分钟
🚌 游1路"玄妙观"、游2路"观前街东"站下车

| 推荐美食 | 汤面 ······································· 10~42元 |

老苏州茶酒楼
深受当地人欢迎的苏州菜馆

◆这是一家面对十全街而建的苏州菜餐厅。深受口味讲究的苏州人的欢迎，到了中午吃饭的时间店里充满了当地的食客。老苏州茶酒楼提供使用太湖产的淡水鱼与当地蔬菜烹制的菜肴。

苏州菜　　　　　　　　　Map p.311-C3
住 苏州市十全街658号
☎ (0512) 65291988
營 11:00~13:30、17:00~20:30
休 无　座 50
🚇 地铁1号线"乐桥"站下车步行约12分钟
🚌 游2、47路等"南林饭店"下车

| 推荐美食 | 煎油虾 ················· 39元 | 松鼠鳜鱼 ················· 108元 |

七里山塘茶楼
勾起乡愁的山塘街传统茶馆

◆复古的中式木质建筑的外观令这家茶楼格外醒目。店内客人们谈笑风生，逛街的途中在这里坐一坐正合适。推荐黄山毛峰、菊花茶等。点了茶水则免费赠送茶点。

茶馆　　　　　　　　　　Map p.310-B2
住 苏州市山塘街72号
☎ (0512) 67239437
營 8:30~24:00
休 无
座 80
🚗 距离苏州火车站大约6分钟车程
🚌 54路"南浩街"下车

| 推荐美食 | 黄山毛峰（绿茶）················· 40元 |

品芳茶社
沿河而建的老字号茶馆

◆这是一家沿着保留旧日风貌的平江路而建的茶馆。除了茶水之外，还经营烧卖、春卷、粥之类的点心。选一个临窗的座位一边眺望河景一边悠闲消磨时间，到了夜晚掌了灯的平江路更是别有情趣。

茶馆　　　　　　　　　　Map p.311-C2
住 苏州市平江区平江路94号
☎ 15151444628
營 9:00~22:00　休 春节3天
座 100
🚇 地铁1号线"相门"站下车步行约9分钟
🚌 55、529、811路"观前街东"站、60、900路"相门"站下车即是

| 推荐美食 | 西湖龙井 ········· 25元/杯 | 八宝烧卖 ········· 6元/2个 | 荠菜春卷 ········· 8元/4个 |

购 物
Shopping

苏州文物商店
品种丰富的苏州美术工艺品

◆这家文物商店位于人民路与将东路拐角一座大厦的四层。这里专门经营面向外国人的苏州美术工艺品，书画、瓷器、古董、宝石等，品种之多位于苏州第一，同时出土文物也很多。

美术工艺店	Map p.311-C3
住	苏州市人民路 1208 号 4 层
☎	经营部（0512）65220017、办公室（0512）65233851
营	9:30~17:00
休	无
🚇	地铁 1 号线"乐桥"站下车即是
🚌	游 4、1、5、102 路"东桥下"站下车即是

苏州檀香扇厂
因高品质扇子而知名的小店

◆这家专营店销售代表苏州的传统工艺品、苏州扇子，店内都是技艺熟练的工匠做出的高品质商品。丝绸折扇一把 5~30 元，镂空雕刻的檀香扇 680~3000 元等，种类和价格各不相同。

扇子专门店	Map p.311-C1
住	苏州市西北街 90 号
☎	经营部（0512）67536992
营	8:30~17:00
休	无
🚇	距苏州火车站 5 分钟车程
🚌	游 1、游 2、1、202 路等"苏州博物馆"站下车即是

苏州刺绣研究所·商品销售部
出自能工巧匠之手像绘画一样的刺绣作品

◆为了继承中国四大刺绣之一"苏绣"的传统，1957 年开设了这家工厂兼商店的地方。如果事先预约，还可以参观到苏绣的制作情景，那样就可以近距离欣赏精细的刺绣了。这里以传统作品为主经营多种多样的商品。

刺绣制品店	Map p.310-B2
住	苏州市景德路 262 号
☎	（0512）65232297
营	8:30~16:30　休 无
🚇	地铁 1 号线"养育巷"下车后步行约 11 分钟
🚌	游 1、33、69、88、317、406 路"中医院"站下车即是

苏豪
经营各种各样的丝绸制品

◆2011 年一家经营各种各样丝绸制品的公司进驻了苏州丝绸博物馆。丝绸围巾、衬衫、领带、小物件等不仅商品种类丰富，还卖高品质的丝绸制品。

丝绸制品店	Map p.311-C1
住	苏州市人民路 2001 号苏州丝绸博物馆内
☎	（0512）67536506（博物馆）、65116402（生活馆）
营	9:00~17:30　休 无
🚇	距苏州火车站 3 分钟车程
🚌	游 1、游 4、1、5、69 路等"北寺塔"站下车即是

圆融时代广场
让你一天乐此不疲的大型购物中心

◆这里位于苏州工业区，是一家大型购物中心。除了香港 SOGO 系的久光百货之外，还有集中了餐饮店、专卖店的带拱顶的商店街。可以在园区内的运河坐游船。

购物中心	Map p.309-B2
住	苏州市园区金鸡湖东岸
☎	（0512）66966666
营	10:00~21:30　休 无
🚇	地铁 1 号线"时代广场"站下车后步行约 7 分钟
🚌	28、108、219 路等"圆融时代广场"站下车即是

平江客栈
在古民居和园林中度过假日

◆这是一家古代民居改造的酒店。民居建于450年前的明朝，是座2层建筑，改建后于2006年开业。入口很小里面宽敞，以中庭为中心四面设有房间，具有中式独特的造型。客房里配有中式古典家具，营造了非凡的气氛。平江路沿线有以中餐为主的混搭风格餐馆。

古民居酒店	Map p.311-C2

住 苏州市钮家巷33号
☎ （0512）65233888
FAX （0512）65233868
S 988元～（含早餐）
T 988元～（含早餐，一间房两人份）
服务 15%　 51
IN 14:00　OUT 12:00
地铁1号线"相门"站下车后步行约8分钟
55、529、811路"观前街东"站下车；60、900路"相门"站下车即是
URL www.pjlodge.com
免费

左／客房从标间到行政套房有6种类型
右／前台摆放着日用家具

筑园会馆
时光在宽敞舒适中流动

◆这是一家于2007年开业、将大约250年前的清代建筑改造而成的酒店。一楼与二楼的客房合起来只有4间。无论哪个房间都把白与亮看得很金贵，着重打造外面的光线倾泻进房间里时明亮的氛围。架子上放有书籍，可以一边喝茶一边读本心仪的书，悠闲地度过时光。

古民居酒店	Map p.311-C2

住 苏州市平江路31号
☎ （0512）65810618
FAX （0512）65810628
S 480元～　T 580元～
服务 无　 4
IN 14:00
OUT 12:00
地铁1号线"相门"站下车后步行约7分钟
55、529、811路"观前街东"站下车；60、900路"相门"站下车即是
URL www.archi-garden.com
免费

左／所有的房间顶棚都很高
右／可以在穿堂的图书室喝一杯茶

苏州明堂青年旅舍
价格适中、很舒适

◆这是一家于2008年开业的平江路沿线的青年旅舍。在这里感觉哪里透着点儿怀旧的情绪，又能体会到近代的气氛，是个很放松的地方。住宿费用合理，这里到繁华的观前街的距离也在步行范围之内，很方便。二楼有可以洗衣服的公用空间。

青年旅舍	Map p.311-C2

住 苏州市平江路28号
☎ （0512）65816869
S 150元～（带有浴室、厕所）
T 180元～（带有浴室、厕所）
D 6人间50元（公用浴室、厕所）
服务 无　 37
IN 24小时　OUT 24小时
地铁1号线"相门"站下车后步行约7分钟
55、529、811路"观前街东"站下车；60、900路"相门"站下车即是
URL www.yhachina.com
免费

左／一旦步入其中，随处可见古代建筑的遗迹
右／新居混搭的客房

苏州香格里拉大酒店
以宽敞的客房、从高层俯视的景观为荣

◆苏州香格里拉酒店位于外企进驻的市西部开发区。即使是普通标间挑高也高达 3.2 米，整体布局宽敞舒适。根据住宿计划，可以在 48 层的休息厅展望远景的同时享受早餐。

五星级酒店	Map p.309-A2

住 苏州市国家高新技术产业开发区塔园路 168 号
☎（0512）68080168　FAX（0512）68081168
S 2162 元～　T 2162 元～
服务 15%　■ 390　IN 14:00　OUT 12:00
🚇 地铁 1 号线"苏州乐园"站下车后步行约 10 分钟
🚌 38、51、33 路"飞利浦香格里拉"站下车即是
URL www.shangri-la.com
免费

苏州吴宫泛太平洋酒店
位于盘门景区的高档酒店

◆这里是旧喜来登集团的高级酒店，盘门、瑞光塔近在眼前。放入了明代园林的庄严的设计风格，带有花园景观的餐厅等完善的设施令人印象深刻。所有房间均可上网。位于外企进驻的市西部开发区。即使是普通标间挑高也高 3 米多，整体布局宽敞舒适。

五星级酒店	Map p.311-C4

住 苏州市新市路 259 号
☎（0512）65103388　FAX（0512）65100888
S 1880 元～
T 1880 元～　服务 15%　■ 400
IN 14:00　OUT 12:00　🚇 地铁 1 号线"养育巷"站下车后乘坐出租车约 6 分钟
🚌 游 2、游 5 路"盘门景区北"站下车即是
URL www.panpacific.com/cn/suzhou/overview/html
免费

竹辉饭店
带花窗的园林式外观

◆苏州园林陪衬着白色墙壁的竹辉饭店造型优雅。客房像环绕池塘似的排列在一起，十分明亮且色调统一。在很多细节上也体现着华丽的风格。室内、游泳池、健身房等很多设施都可以免费使用。

四星级酒店	Map p.311-D3

住 苏州市竹辉路 168 号
☎（0512）65205601　FAX（0512）65208778
S 460 元～　T 460 元～
服务 15%　■ 356　IN 24 小时　OUT 12:00
🚇 地铁 1 号线"相门"站、"临顿路"站下车后乘坐出租车约 6 分钟
🚌 游 5 路"竹辉宾馆"站下车即是
URL www.bg-hotel.com
免费

苏州凯莱酒店
位于市中心、设施完善

◆苏州凯莱酒店是拥有最新设备的一流酒店。大多数房间配有计算机和 DVD 机，可以满足外国客人的需求（提前 3 天预约）。中餐厅只在周六、周日提供早茶。

四星级酒店	Map p.311-C2

住 苏州市干将东路 535 号
☎（0512）65218855　FAX（0512）65233437
S 1127 元～
T 1127 元～　服务 15%　■ 294
IN 14:00　OUT 12:00　🚇 地铁 1 号线"相门"站下车后步行约 4 分钟
🚌 游 5、518 路"相门"站下车即是
URL www.gphsuzhou
免费

乐乡饭店
有 60 年历史的四星级酒店

◆从乐乡饭店散步到观前街只需几分钟，酒店处在一个适合逛街的好位置。同时其本身也是一个游览景点。虽然没有什么花哨，但是酒吧、餐厅、工艺品店等应有尽有。客房镶着木板，色调沉静。

四星级酒店	Map p.311-C2

住 苏州市观前街大井巷 18 号
☎（0512）65228888　FAX（0512）65222815
S 920 元～
T 920 元～　服务 15%　■ 197
IN 24 小时　OUT 12:00　🚇 地铁 1 号线"乐桥"站下车后步行约 5 分钟
🚌 游 1 路"玄妙观"站下车即是
URL www.lx-hotel.com（中文）
免费

苏州中心大酒店
同时设有会议场所，受到商务客人好评

◆苏州中心大酒店由设有会议场所的 8 栋楼组成，是家大型酒店。2006 年改建工程结束，店内配有全新设施，使用起来得心应手。同时设有印度泳池、按摩、保龄球场等，设施十分完善。

四星级酒店	Map p.311-C3

住 苏州市道前街 100 号
☎ （0512）65226691　FAX （0512）65245854
S 680 元～　T 680 元～
服务 无　■ 384　IN 24 小时　OUT 12:00
地铁 1 号线"养育巷"站下车后步行约 9 分钟
38、309 路"会议中心"站下车即是
URL www.szicc.com
🛏🚿🛁🚽🍴🛗〰🏊⛳T 免费

格林豪泰苏州火车站大酒店
距离苏州火车站 500 米

◆这是一家面朝人民路的连锁经营的商务快捷酒店。客房功能齐全、干净整洁，设备的完善程度超出费用的规格。2007 年改建后变得更加舒适。

没有星级酒店	Map p.311-C1

住 苏州市人民路 2156 号 ☎ （0512）67512010
FAX （0512）67527349
S 189 元～　T 209 元～　服务 无
■ 153　IN 24 小时　OUT 12:00
距离苏州火车站大约 3 分钟车程
游 1、游 4、1、5、69 路等"北寺塔"站下车即是　URL www.998.com
🛏🚿🛁🚽🍴🛗〰🏊⛳T 免费

苏州青年之家旅舍
距十全街 500 米的青年旅舍

◆这家旅舍离十全街很近，十分方便。客房明亮整洁，在观光景点是住宿正合适的旅舍。在十全街还有稍微高级一点的别馆。

青年旅舍	Map p.311-D3

住 苏州市相王路 178 号
☎ （0512）65109418　FAX （0512）65109418
S 120（会员 100）元～
T 120（会员 100）元～
D 45（会员 40 元）　服务 无　■ 12　IN 24 小时
OUT 12:00　地铁 1 号线"相门"站下车乘坐出租车约 7 分钟　47、204、501 路等"苏州饭店"站下车即是
🛏🚿🛁🚽🍴🛗〰🏊⛳T 免费

东吴饭店
其对外开放的一部分作为苏州大学留学生宿舍

◆距离十全街很近的苏州大学直接经营这家物美价廉的住宿设施。所有房间配有电视、空调、桌子。另有公共洗衣机，长期居住十分方便。全部 6 栋楼中有 3 栋是带公用厕所、浴室的。

没有星级酒店	Map p.311-D3

住 苏州市十全街吴卫场 24 号
☎ （0512）65194437　FAX （0512）65194590
S 80 元（浴室、厕所公用）、100 元（带独立卫生间）
T 100（浴室、厕所公用）、360 元（带独立卫生间）　服务 无　■ 200　IN 24 小时　OUT 12:00
地铁 1 号线"相门"站下车乘坐出租车约 7 分钟
47、204、501 路等"苏州饭店"站下车即是
🛏🚿🛁🚽🍴🛗〰🏊⛳T 免费

Column　浮在湖上的度假酒店

苏州市中心以东金鸡湖上有一座名叫"御庭精品酒店"的度假酒店。客房装修是中国与泰国的混搭摩登风格，在村舍似的房间内可以享受泰国极品 SPA。餐厅提供泰国和中国的混搭菜肴。

御庭精品酒店　Map p.309-B2

住 苏州市李公堤 2 号
☎ （0512）62950888
FAX （0512）62950260
S 2250 元
T 2250 元（含双人早餐）
D 45（会员 40 元）　服务 无
■ 44　IN 14:00　OUT 12:00
地铁 1 号线"金鸡湖西"站下车乘坐出租车约 8 分钟
URL www.regalia.com.cn

水乡古镇

The Old Canal Towns

水乡古镇住宅的特色

建筑式样

江南地区有很多水乡小镇，大多数建在河岸边。它们保留着自古以来江南特有的住宅特色和生活场景。其中最多的是四周的建筑围合天井而建的四合院，或者是三合院。

天井

天井除了作为家庭的休息场所外，还有采光和通风的功能，也是晾晒衣物和谷物的场所。所有房间的窗户和门都对着天井开。很多人家的入口处是手工精巧的砖雕堆砌而成的拱形门。建筑一般多为刷了白漆的墙壁顶上覆盖瓦片的一层或两层的楼阁建筑，也有用木料和石头做建筑材料的。木料上一般都刻有吉祥如意寓意的精美图案。

廊棚

在水乡经常能看到河岸边瓦片覆盖的屋檐连成了一条街，长的突出可达1米。据说这是为了防止商人、旅途中的人挨雨淋而做的考虑。

石台阶

江南水乡附近的人家多建在河边上，船是必不可少的交通工具。因此，设计住家的时候第一个考虑到的就是停船埠头和取水的方便性。也因此，很多人家面向河流建有石台阶，在那里还经常能看到人们洗衣服的身影。文人辈出的江南地区文化气氛浓厚，建筑式样是否令人愉悦是很重要的理念之一。

马头墙

　　人家与人家之间以一种叫作马头墙的高高围墙相隔。据说以前的建筑基本是木造的，为了防止火灾多发时火势蔓延烧到其他人家，于是采取了这种设计。民居建筑的底盘多用高高的石头堆砌而成，这样做是为了保护住宅不被湿气或长时间浸水所损坏。河边人家的建筑上不仅有窗框、隔板、扶手等，还有雕刻在它们上面的手工精巧的图案。

过街楼

　　过街楼有着过街天桥似的作用，由它来连接左右之间的建筑。经过连接，两个建筑之间不仅人能够往来，平地部分也恰好得到有效利用。

园林

　　大的宅邸内部都有大型园林，其特征是以池塘为中心建有回廊，再配以太湖石加以点缀。具有这种特征的好几家宅邸如今都成了江南的游览名胜。

门楼上的雕刻

　　在各个入口的门楼上都有石雕，鸟、花等都雕刻得十分精致。

大街·外观

　　为了有效地利用土地，密度高的住宅一座挨着一座，所以小巷就变窄了。很多地方小巷宽度只有窄窄的1米。高高的墙壁、白墙、灰砖、黑瓦、大门的雕刻等这一切要素构成了水乡住宅的具有独特氛围的外观。

水乡古镇导览

水乡古镇 概 要

江南地区自古以来深受水利之惠，运河所经之处"水乡古镇"星罗棋布。其中，周庄、甪直、同里"江南水乡三明珠"，还有后来加入的南浔、西塘、乌镇一起被称为"江南六镇"。下面就让我们去探访充满朴素生活气息的水乡古镇吧。

在水乡可以乘坐游船游览

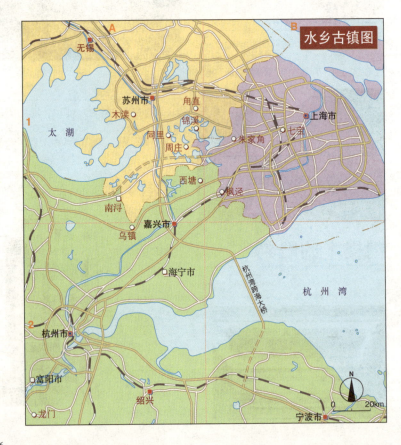

水乡古镇图

无锡
苏州市　甪直
木渎　锦溪
太 湖　同里
周庄
朱家角　七宝　上海市
西塘
枫泾
南浔
乌镇　嘉兴市
海宁市
杭州湾
杭州湾跨海大桥
杭州市
富阳市
绍兴　20km
龙门　宁波市
N

周庄 *Zhouzhuang*

有 900 年历史的江南水乡代表　　　　　电话区号 0512

THE OLD CANAL TOWNS

周庄　概　要

　　位于苏州东南方向大约 40 公里处的周庄是江南水乡的代表古镇之一。其历史最早可以追溯到北宋时期，明清时期周庄作为水上物流的交通要冲得以大力发展。象征古镇的双桥等古桥、以沈厅为代表的很多建在旧市区的成排居民居都是那时建造的，因此充满水乡古镇风情的街景保留至今。在那些百转千回的巷子里散步也是一种乐趣，因为可以看到镇上各种各样多姿多彩的生活场景，比如在工艺品作坊里劳作的工匠，再比如从湖里打来鱼叫卖的小贩的样子等。还有，如果时间充裕的话，就坐坐游船吧，一边倾听着船歌，一边从船上观望古镇，这样会更了解生长在水边的人们的生活状态。

周庄　漫　步

　　长途客运站距离中心景区 2 公里左右，在城镇北边。走到售票处（Map p.338-A1）需要步行 25 分钟，坐三轮车不到 10 分钟。售票处入口的左侧有周庄游客中心，可以领取免费地图。景区大约 1 公里见

从船上看到的风景

能看到的传统工艺

古镇的入口附近

交　通
周庄没有火车站。
▼ 从上海出发
🚌 在上海旅游集散中心总站（Map p.28-B4）乘坐前往周庄方向的一日游大巴（→ p.44），8:30 有一班，往返票价 155 元。在上海长途客运南站（Map p.48）出发：8:15、10:20、12:14、13:20、15:35、18:07 发车，大约运行 1 个半小时，票价 29 元。
▼ 从苏州出发
🚌 从苏州北广场汽车客运站（Map p.310-B1）出发，6:45~17:10 共 18 班，票价 17 元。从苏州北汽车客运站（Map p.311-C1）出发：7:00~17:25 共 18 班，票价 17 元。上述线路均运行大约 1 个小时 10 分钟。

❶ 旅游咨询处
周庄游客中心
Map p.338-A1
🏠 昆山市周庄镇
📞（0512）57211655
🕐 8:00~19:00　休 无
🖥 www.zhouzhuang.net

■ 景区门票
　　没有各景点单独的门票，只有包含各景点费用的联票。
🎫 ①古镇景区日游（一整天通用，3 日内有效）=100 元 ②古镇景区夜游 =80 元［16:00~19:00（夏天 ~21:00）当日有效］
※ 另外，要想①在 3 日内有效，需要游客的脸部照片。可以在周庄游客中心照相（免费）

■ 各景点开放时间
8:00~16:30 ※只有沈厅和张厅是 8:00~19:00（夏天 ~20:00）

■ 周庄的代表点心
● **沈万三系列食品**
　　沈氏款待客人时的菜肴被商品化销售。特别有名的是万三蹄。

■ 江南采珠游
乘船地点在景区内的梯
云桥（Map p.338-B2）附近。
🅿 一艘船100元（可乘6人，
20~30分钟）

■ 双桥
🅗 昆山市周庄镇
🅐 从周庄游客中心步行约3
分钟

跨过南北市河的世德桥

四方形的永安桥

方，可用1天时间悠闲地逛逛，面积大小正合适。除了在售票处北边
的全公路沿线的酒店、餐厅外，景区内也散落着古民居改造后的民营
旅店。另外，往上海方向的长途车班数不多，一定要事先确认好回程
的时间。

周庄游船
Map p.338-B2
村内的水路上所摇的船
★★★

运河里一井宇流淌着

在周庄，人们大多数坐船游览水乡景
色。摇船的70%是妇女，她们一边摇船
一边唱着江南小调，使得坐船观光别有
情趣。

双桥
Map p.338-B1
想来周庄看的桥
★★★

水路与石桥构成的周庄，架有好几
座古桥

双桥建于明万历年间（1573~1619年），由一座拱形的石桥——世德桥
和石质的永安桥连接在一起。从外观上看，
看起来像一把过去使用的钥匙，所以当地
人也把它们叫作"钥匙桥"。世德桥长16
米，宽3米；永安桥长13.3米，宽2.4米，
因为太小桥下只能过小船。另外，陈逸飞
在《故乡的回顾》中以这座桥为题材，令
周庄闻名世界，双桥也因此更为人所知。

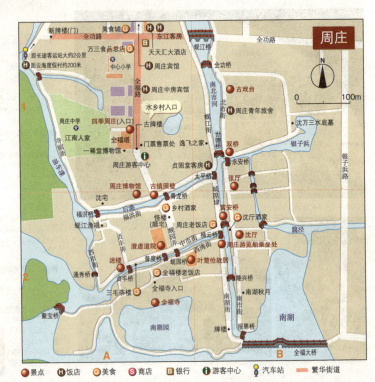

富安桥

应该说是象征周庄的桥

Map p.338-B2

★★★

富安桥的栏杆与台阶由取自浙江德清县的武康石建成。桥上雕刻着吉祥寓意的浮雕图案，虽经数百年的风风雨雨依然屹立在那里。墩实的底座和楼连成一体，造型实在独特。

富安桥周边排列着餐厅、商店

■ 富安桥
住 昆山市周庄镇城隍埭
从周庄游客中心步行约5分钟

■ 张厅
住 昆山市周庄镇北市街38
从周庄游客中心步行约5分钟

张厅

成为重要文化财产的宅邸

Map p.338-B1

★★

经历了500余年变迁的张厅原是一所资本家的宅子，原名"怡顺堂"。经过数年修复，这里现在是江苏省指定的重要文化保护单位。大约70间房间里装饰着明朝的家具、书画作品。主屋的客厅玉厅保留着明代住宅的遗风，是珍贵的建筑。宅子内流淌着一条小河。

张厅的大门

宅子好像浮在河上一样

布置着明朝家具的书房

全福寺

虔诚的信仰培育的湖上寺院

Map p.338-A2

★★★

这座寺院的历史可以上溯到北宋元祐元年（1086年），一位名叫周迪功的人将自己的家宅进献给了寺院。以此为开端，虔诚的他又将开垦的田地作为庄田捐赠出来。于是这庄田采用了他的姓氏，称为"周庄"，不久"周庄"也成了这座小镇的名字。寺院后来虽经扩建，却不幸毁于"文化大革命"。现存建筑是1990年的再建之物。指归阁、大雄宝殿、藏经楼三殿仿佛浮在湖上一般，相当美丽。

■ 全福寺
住 昆山市周庄镇渔池岸23
从周庄游客中心步行约6分钟

穿过山门进入寺内

好像浮在湖上一样的全福寺

指归阁的佛像（背后写有"皆大欢喜"）

大雄宝殿的佛像

■沈厅
昆山市周庄镇南市街85
从周庄游客中心步行约5
分钟

细细的纵向延伸的沈厅

■叶楚伧故居
昆山市周庄镇西湾街19
从周庄游客中心步行约5
分钟

叶楚伧的相片悬挂在这里

■周庄博物馆
昆山市周庄镇后港街38
从周庄游客中心步行约5
分钟

■澄虚道院
昆山市周庄镇中市街82
从周庄游客中心步行约5
分钟

澄虚道院的内部

沈厅

Map p.338-B2

砖瓦之间见识清朝富豪的生活方式

★★

沈厅建于清乾隆七年（公元1742年），是沈万三子孙的宅邸。进入大门前想象不出里面有这么宽敞，沈氏使用的书斋等大大小小的房间约有100间。沈万三的像被作为财神爷供着，这里还销售存钱罐、财运守护神等与沈氏相关的物品。

叶楚伧故居

Map p.338-A2-B2

留有贵重家具等物

★★

这里是周庄出身的国民党元老叶楚伧（1887~1946年）的故居。它面向西湾街而建，占地面积约1100平方米。原是清朝的建筑，有100年以上的历史。有做饭的厨房、书房等很多可看的地方。

故居外貌

周庄博物馆

Map p.338-A1-2

很好地了解周庄的生活方式

★★

这是一家从民居改造而成的博物馆。以地面为主展示着从镇北太师淀良渚文化遗迹出土的农具、耕具等。除此以外，还摆放着周庄人生活中使用的日用品、手工艺品、玩具什么的。

人偶形状的象棋棋子

澄虚道院

Map p.338-A2

静谧地矗立在中市街的寺院

★★

这家建立于宋朝的道教寺院规模虽小却富有情趣。从经营工艺品的店铺一家接着一家的热闹的中市街走进这所寺院，一下子仿佛忘记了周边的喧闹，感到时间在静静地流动。清朝诗人张冷对此有诗赞曰：幽深福地似蓬莱。

普度桥北侧的寺院

迷楼
南社会员秘密集会的店铺

Map p.338-A2

★★

据说在1920年年初，革命文学团体"南社"会员曾经四度在这里秘密集会。陈去病、柳亚子、王大觉等人在这里咏诗，热情放歌，关于文学与民主切磋商谈。当初的店名叫"德记酒店"，有一次一位会员痛饮后顺势赠名"迷楼"给这家店，于是改名"迷楼"。成员们在这里写的诗后来结集出版成《迷楼集》，于是店的名字也广为传播。

从迷楼上看到的水边风景

■ 迷楼
住 昆山市周庄镇中市街127
人 从周庄游客中心步行约5分钟

汉语里的"迷"是使人成为停房的意思

四季周庄
水边的华丽演出

Map p.338-A1

★

水乡每晚有一场在岸边举行的名为《四季周庄》的娱乐演出。有小船、石桥等相衬，在水乡特有的背景下进行的演出很值得一看。节目共分三章，融进水乡历史、四季等内容，再加上古典服装的造型，使场面十分华丽。

水乡夜晚进行的演出

■ 四季周庄
住 昆山市周庄镇江南人家水上舞台。
人 从周庄游客中心步行约5分钟
开 19:00～20:00（只3～11月）
费 150元

贞固堂客房
能够玩味水乡趣味的160年以上民居

◆这是一家开在景区内太平桥边的小型民居旅馆，一共有4间客房。古民居改造后的房间都安装了冷暖空调。配有古式家具的古典情调，使这里的房务能够小小地体验回水乡的传统生活。如果申请的话，还可以吃到粥之类的早餐。

没有星级酒店   Map p.338-B1

住 昆山市周庄镇后港街1号
☎（0512）57057120 FAX（0512）57057122
S 628元～
T 6280元 服务 无 ④ 4
IN 24小时 OUT 12:00
从长途汽车站步行约30分钟
从长途汽车站坐三轮车到景区门口约10分钟，下车后步行约5分钟
免费

Column 在《红楼梦》的舞台了解官宦生活

再现官宦生活的园林。在淀山湖以西，元荡湖东侧之间有一条通道，上海大观园正好被这条通道隔为东西两个部分。东侧有梅坞春浓、梅园，是可以观赏到大约4000株梅花的有名地点，西侧是忠实地再现古典名著《红楼梦》大观园的区域。在大观园怡

红院主人公贾宝玉生活的地方，再现了他本人的蜡像、家具、摆设。除此之外，潇湘馆、木质结构的稻香村等还有很多景点。

上海大观园   Map p.8-B3

住 上海市青浦区青商公路701号 ☎（021）59262831
开 8:00～16:15（门票～15:30）
休 无 费 60元
从上海旅游集散中心总站（Map p.28-B4）发车大约1个半小时（88元/含门票）

苏州市　★　上海市
朱家角
杭州市

交 通

没有地铁站、火车站

从上海出发

从普安路汽车站（Map p.24-B1）乘坐沪朱高速快车在"朱家角"下车后步行约5分钟，运行约1个小时，票价12元。另外，地铁2号线"徐泾东"站1号口出来，就看到公交车站（Map p.10-A3），从这里乘坐朱徐线，大约1小时10分钟，票价6元。在上海旅游集散中心总站（Map p.28-B4）乘坐前往朱家角的一日游大巴（→p44）10:00出发，票价85元。

ⓘ 旅游咨询处

游客接待中心（新风路沿线）

Map p.343-B2

🏠 青浦区朱家角镇新风路

☎ (021) 59243792

🕗 8:30~16:00
（冬季 8:00~16:00） 休 无

🖥 www.zhujiajiao.com

■ **景区门票**

虽然有各景点单独的门票，还是购买几个景点全含的一日通票比较合适。

也有各游船的门票。

🎫 ①80元（朱家角人文艺术馆＋大清邮局＋严芸堂＋城隍庙＋圆津禅院＋上海手工艺展示馆（阿婆茶楼）＋翰林匾额博物馆＋全华水彩艺术馆＋课植园＋游船）

②60元（大清邮局＋延宫堂＋城隍庙＋圆津禅院＋手工艺展示馆＋全华水彩艺术馆＋课植园）

③30元（朱家角人文艺术馆＋大清邮局＋课植园）

■ **放生桥**

🏠 青浦区朱家角镇

🚶 从新风路沿边的游客接待中心步行约5分钟

朱家角 *Zhujiajiao*

保留在上海的城市水乡　　　　　　　　　　　电话区号 021

朱家角　概 要

上海市青浦区的朱家角，位于市中心以西大约50公里处，是个可以当天去当天回的可以好好玩儿一番的水乡古镇。大约1700年前，这里开始形成小小的村庄。现在的小镇建有36座石桥，它们的原型始建于明万历年间（1573~1620年）。其中，架在淀浦河（漕港河）上的放生桥是上海地区最大的石桥，也是小镇的象征性景点。运河沿岸白墙与黑瓦的建筑一间连着一间的风景，酝酿出上海市内怎么也想象不出的一种水乡风情，对于生活在大城市的上海人来说，朱家角是很受欢迎的旅游目的地。

朱家角　漫 步

与游客接待中心并设的门票售票处共有两处，一处在老街区的东边（Map p.343-B2），另一处在老街区的北边（Map p.343-A1）。其中，距离大多数旅游车始发和到达的汽车站近一些的是新风路沿岸老街区东边的那一家，主要办事处也设在那边。无论哪一处，步行到门票售票处都需要5分钟。

景点散落的观光地区，以缓缓流淌的淀浦河（漕港河）为界向南向北延展着。河的南侧有旅游纪念品商店鳞次栉比的北大街，北侧有可以眺望朱家角街景的茶馆和园林等。

特别值得指出的是，朱家角是一座桥梁集中在狭窄地区而建的古镇，所以乘坐游船游览的人很多。

放生桥　　　　　　　　　　　　　　　Map p.343-B1

上海地区最大的古代石桥　　　　　　　　　　★★★

漕港河上的放生桥，由慈门寺僧人性潮和尚于公元1571年募集资金建造而成。桥全长72米，宽5.8米，高7.4米，是江南地区最大的一座桥。曾经禁止在桥下钓鱼，只允许放生，因此得名"放生桥"。从桥上能望见朱家角的古镇风貌和往来的游船。

代表朱家角的古桥　　　　　　　　祈愿后放生

廊桥

很稀有的带着屋檐的桥

Map p.343-A2 ★★★

廊桥是朱家角唯一的木造桥梁，别名"惠民桥"。红色的栏杆与砖质的屋檐组合在一起，使人感到一种与一般石桥不同的趣味。面对北大街的桥的入口在涵大隆酱园前面，渡过桥，就算是出了漕河街。

木质的带屋檐的桥

游船

从水上眺望古镇

Map p.343-A2·B1 ★★★

乘坐游船是游玩水乡的乐趣之一，在朱家角这更是大受欢迎的"加演节目"。一边坐在船上慢悠悠稳稳地前进着，一边从水上旁观走在人行道上的行人、人们生活的状态，这样可以用一种不同的角度来领会朱家角的街街角角。游船可以坐6人，是手划船。有通过3个主要景区的线路和5个的线路。

面向北大街的廊桥入口

■廊桥
住 青浦区朱家角镇
从新风路沿边的游客接待中心步行约7分钟

■游船
住 乘游船的地方除了放生桥还有好几处
营 8:30~16:30
费 6人乘坐的60元（放生桥→涵大隆→城隍庙）、［放生桥→翰林匾额博物馆（阿婆茶楼）→课植园］、120元［放生桥→翰林匾额博物馆（阿婆茶楼）→课植园→涵大隆→城隍庙］

小船交错在一起

钻过城隍桥就到了城隍庙边儿上的游船乘船处

朱家角

●景点　❶游客接待中心　汽车站

艺术馆里也展示有雕刻作品

一向热热闹闹的北大街

宽敞的园林里融入了园主想强调的理念

能了解到中国邮政的历史

朱家角人文艺术馆

Map p.343-B2

描绘朱家角生活的油画作品集合

★★★

在这家美术馆里，展览着大约130幅描绘朱家角传统生活的油画。大多数作品于2010年美术馆开馆之计创作，其中不乏俞晓、廖炯模等著名画家的作品。从这些贴近生活的作品中，可以更好地了解与当地百姓日常生活息息相关的古镇的历史、文化、传统活动等，颇有意思。

从油画中体会水乡生活

北大街

Map p.343-B1-2

朱家角的繁华街道

★★

北大街是朱家角的主干街道，街两旁多为明清时期的建筑。这里有太多可逛的地方，比如有百年以上历史的酱油与咸菜店——涵大隆酱园，再比如能学习工艺文化的上海手工艺展示馆等。一家一家的店铺鳞次栉比，卖传统口味的粽子、煮莲藕和毛豆，等等。在这里淘换些礼物最合适不过了。

巷子里的店铺熙熙攘攘

课植园

Map p.343-A1

融合了中西方艺术的园林

★★

课植园位于西井街北侧，别名"马家花园"。912年开始共用了15年时间打造了这座园林。东边是课园，西边是植园。课植园的特点是融合了中国与西方的园林美。"课植"的意思是：不光学问，农耕之事也不可忘记。

很想仔细地转一转园林里的各个地方

大清邮局

Map p.343-A2

清朝的邮局遗址

★★

这座两层建筑的小楼是建于清朝1903年的上海地区唯一现存的清朝邮局，也是青浦区的文物保护单位。馆内展板上展有清代的明信片、邮票、中国邮局的历史背景等数量不少的珍贵展品。

使用两种颜色的砖建造

清代的邮票等贵重的展品

城隍庙

祈愿通灵的寺庙

Map p.343-A2

这座有 230 年以上历史的寺庙，原来在南侧的薛葭浜，1769 年移至现在的位置。庙里有三宝——舞台、银杏树和算盘。观音殿里悬挂着一枚巨大的硬币。如果投一枚硬币恰巧从它中间的孔里钻了过去，据说你就有了财运。另外，城隍庙前有照壁和架起的一座城隍庙桥。

正殿内雕像

翰林匾额博物馆（阿婆茶楼）

收藏文人官吏匾额的博物馆

Map p.343-A1

在阿婆茶楼可以一边喝茶，一边欣赏现场民乐演奏

这家博物馆开在朱家角有名的茶馆——阿婆茶楼的一层。馆内收藏着中国各种文化人、官吏的匾额，数量达 800 以上。这些气派的匾额不仅在博物馆里，而且在上阿婆茶楼的台阶上也有展示。二层是茶馆，从此处望去，可以看到运河上往来的船只。店内还有二胡等民乐的演奏。在茶馆里可以一边品着粽子（当地名产），喝着铁观音或是普洱茶，一边悠闲地放松一下。

全华水彩艺术馆

有百年以上历史的中国水彩画世界

Map p.343-A1

这是一家由水彩画画家陈希旦担任馆长的水彩画画廊。建筑本身改造自一座明清时期的宅子。馆内展有大量以陈馆长为代表的著名中国水彩画画家的作品，其中也有以温柔的笔触描画的周庄风景画。也会定期地搞一些主题展览。

主题展览也是趣味之一

上海手工艺展示馆

陈列着细节处也相当精美的作品

Map p.343-B2

这里展示着大量从上海各地收集的珍贵美术工艺品。作品种类丰富，有大型木雕像、年代久远的陶瓷等。在画廊、古代美术品商店云集的北大街，上海手工艺展示馆算是规模超群的，是起着旗舰店效果的展馆。

细节处做工也非常精巧的作品

■城隍庙

住 青浦区朱家角镇曹河街69号
开 8:30~16:30 休 无 费 免费
A 从新风路上的游客接待中心步行大约 15 分钟

被认为祈了愿就灵光的树上挂满红色的丝带

■翰林匾额博物馆（阿婆茶楼）

住 青浦区朱家角镇东井街122 号 ☎ (021) 59231428
开 8:30~17:30 休 无 费 10元
A 从新风路上的游客接待中心步行大约 10 分钟

馆内展示的极有厚重感的精美匾额

■全华水彩艺术馆

住 青浦区朱家角镇西井街121 号 开 8:30~16:30
休 无 费 10元
A 从新风路上的游客接待中心步行大约 15 分钟

艺术馆面向河流

■上海手工艺展示馆

住 青浦区朱家角镇北大街323 号 开 8:30~16:30
休 无 费 10元
A 从新风路上的游客接待中心步行大约 7 分钟

位于北大街的展馆

七宝 *Qibao*

上海市内残存的最近的水乡

电话区号 021

交 通

地铁 9 号线 "七宝" 站下车步行 5 分钟

❶ 旅游咨询处

七宝旅游接待中心

Map p.346-A1

🏠 七宝镇 ☎ (021) 34100341

■ 景区门票

有各景点单独的门票，也有几个景点全含的套票。💰 40 元

江南名产 "叫花鸡"

代表团圆的汤圆

七宝 ▶ 概 要

七宝是离上海市中心最近的水乡古镇，有 1000 年以上的历史。由于自然灾害，自宋朝以来的古镇的样子已经消失了，但经过 2000 年秋天以来的修复，如今恢复到大家现在看到的样子。2007 年地铁 9 号线的开通，前往七宝的交通更为便利了。

七宝 ▶ 漫 步

从青年路往富强街南北延伸的细长的七宝老街是这里的主干道。南大街是小吃一条街，有名的小吃鱼头王、七宝羊肉、方糕等小吃店熙熙攘攘。主要景点散布在从镇中心向东约 600 米的七宝教寺、七宝老街附近。

南大街每天都很热闹

图例：🔴 景点　🏨 饭店　🅢 商店　ℹ 七宝旅游接待中心　⊗ 学校　▬ 繁华大街

张充仁纪念馆

在《当当的冒险旅行》中作为朋友出场 ★★★

`Map p.346-A1`

这里是七宝出身的画家、雕刻家张充仁的纪念馆。张充仁在漫画《当当的冒险旅行》中是当当的亲友张的原型。馆内除了绘画作品外，还展示着20件左右的雕刻作品。

馆内展示着中文版"当当"《丁丁历险记》

■张充仁纪念馆
住 浦溪广场75号
☎ (021) 54866011
开 9:00~16:00 休 无 费 5元

入口处有张充仁的雕像

七宝周氏微雕馆

展有数量众多的微缩作品 ★★★

`Map p.346-A2`

手工精细

清朝家具、装饰品的微缩版作品，小小展示架上的华夏之宝是这里的看点。另外，还展示着刻有古典小说《红楼梦》全文共100万字的作品。

■七宝周氏微雕馆
住 富强街64号
开 8:00~17:00 休 无 费 5元

■七宝酒坊
住 大街21号乙2楼
☎ (021) 64595524
营 9:00~21:00 休 无 费 无

■七宝教寺
住 新镇路1205号
☎ (021) 54861957
营 7:00~17:00 休 无 费 5元

七宝酒坊

坚守着传统做法的酒坊 ★★★

`Map p.346-A2`

在南大街，有一家一直延续着自古以来传统酿制方法的酒坊。这里的酒其酒精度数为38~60度。在七宝酒坊也可以试着品品这里的佳酿。

左/二楼食堂供应一般的家常菜
右/这里也销售七宝老酒

七宝教寺

离繁华街区稍远一些的有些年头的寺庙 ★★★

`Map p.346-B1`

七宝教寺起源于五代，由正殿和七重塔构成，原是私人寺庙。这里不同于热闹的街区，来访的人很少，相当安静。

可以登到塔顶

七宝的象征性建筑——七宝教寺

■游船码头
Map p.346-A2
住 新镇路1205号
营 8:30~17:00（30分钟10元）

从水上眺望古镇风貌也很有魅力。30分钟周游一圈，1人10元。坐上手划的小船可以悠闲地荡样在水上

苏州市 ★ 用直　上海市
杭州市

用直 *Luzhi*

有 40 座石桥的小小水乡　　　　　　　　　　　电话区号 0512

交 通

▣ 用直没有火车站
从上海出发
🚌 上海中山北路 806 号出发的巴士（Map p.12-A3）6:10~12:00 之间共 6 班，大约运行 2 小时，票价 27 元
在上海旅游集散中心总站（Map p.28-B4）乘坐前往用直的自由行一日游大巴（→p44），9:00 出发（只有周末不定时发车），票价 99 元
从苏州出发
🚌 在苏州北广场汽车客运站出发前往周庄的汽车经由苏州北汽车客运站前往用直，"用直古镇"站下车，6:45~17:10 每隔 40 分钟 1 班，票价 9 元
在苏州北广场公共汽车站（Map p.310-B1）乘坐 518 路公交车"甫登北路"站下车，5:30~20:30 每隔 15~20 分钟 1 班，票价 3~4 元
哪条线路都要走大约 1 个小时 20 分钟
在吴中汽车客运南站（Map p.309-B3）乘坐 52 路公交车，票价 3 元
从同里出发
🚌 没有直达的汽车，需要在苏州换车。
🚕 大约需要 30 分钟，车费是 100 元左右

■**景区门票**
没有各景点单独的门票，进入景区需要买含有所有景点费用的 1 日通票。
另外，开放时间以外的时间进入景区免费。
■**门票售票处（苏州市用直旅游发展中心）（Map p.349-A2）**
🏠 苏州市吴中区用直镇
☎ （0512）65019410
🕐 7:30~17:00（冬季 8:00~16:30）（各景点闭馆时间相同。门票销售截止至闭馆前 45 分钟）
休 无
票 78 元（保圣寺、万盛米行、沈宅、萧宅、王韬纪念馆、叶圣陶纪念馆、用直历史文物馆、万盛米行、用直水乡妇女博物馆等）

用直 概 要

　　位于苏州以东 28 公里的用直是个有着 2500 年以上历史的小小水乡。从前，吴王在镇的南北构筑离宫和园林，二者之间的这一段区域伴随着工程形成了村落，也就是现在古镇的原型。

　　水路蜿蜒曲折的老街区面积才区区 1.5 平方公里多一点，却架设有宋、元、明、清各个时期建造的 40 座石桥，构成无数条街巷，旧时的水乡风情就这样原汁原味地保留了下来。用直因其静穆之美，成为江南水乡三明珠之一。

用直 漫 步

　　景区入口位于景区售票处所在的老街区的西南处。苏州或周庄过来的汽车都停在紧邻入口西边的"用直古镇"汽车站那里。乘坐公交车 518 路的话，与其坐到用直汽车客运站，不如提前一站在"甫登北路"站下车，那样距离景区售票处近些，更方便。

漫步古镇时会过好几次桥

　　景点分布在景区内南北流向的河流两侧。西侧是有保圣寺、沈宅的旧街区，东侧是被称作"用直江南文化园"的再现水乡街区风貌的区域。后者 2010 年刚刚建好，有博物馆、园林、茶屋等。东西区域合起来有 2 平方公里，用 1 天时间就可以慢慢逛完了。

保圣寺　　　　　　　　　　Map p.349-A2
江南四大寺院之一

　　梁朝皇帝萧衍为了宣扬佛教，于梁代天监二年（503 年）建造了这所名刹。保圣寺与苏州寒山寺、杭州灵隐寺、南京鸡鸣寺并称江南四大寺院。走进大门，最先出现的是明代末期修建的天王殿。再往里走，是有着前庭的大雄宝殿。大雄宝殿中有 9 尊被认定为全国重点保护文物的塑壁罗汉。

　　大雄宝殿在宋大中祥符六年（1013 年）初建时原有 18 尊罗汉，在

西入口的景区联票售票处

保圣寺的入口大门

1927年的火灾中全部被烧毁。现存的是复建寺院的同时复原的罗汉像。在看似山峦的背景前矗立着形态各异的9尊雕像，仿佛一幅山水画，令观赏者浮想联翩。

寺院西侧还有两处看点，沿着通道从寺院直接过去就可以看到。一处是留下了多部以甪直为舞台的作品、热爱甪直的文人叶圣陶的纪念馆，根据其本人遗言，他的墓地建在这里。另一处是位于叶圣陶墓地北侧的陆龟蒙墓。陆氏是苏州出生的文人，在这里一边过着隐居生活一边吟诗作赋。他的墓前，修复保存着他待过的清风亭等处。

有很多景点的保圣寺

■保圣寺
🏠 苏州市吴中区甪直香花弄保圣寺
🚶 从门票售票处步行大约10分钟

可以称之为保圣寺之宝的塑壁罗汉

带庭院的天王殿是明朝末期的建筑

叶圣陶先生的墓地

保存着塑壁罗汉的大雄宝殿

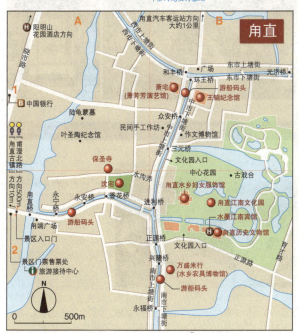

甪直

阳明山花园酒店方向

甪直汽车客运站方向 大约1公里

A

B

和丰桥
广场
环玉桥
东市上塘街
东市下塘街
光济桥

萧宅
(萧芳芳演艺馆)
游船码头
王韬纪念馆

晓市路

1

B 中国银行

陆龟蒙墓

甪澄北路 甪直古镇

叶圣陶纪念馆

众安桥
民间手工作坊
作文博物馆

三元桥

保圣寺

水沟弄

文化园入口

中心花园
古戏台

甪直水乡妇女服饰馆

甪直江南文化园

水墨江南宾馆

甪直历史文物馆

方向500m
方向10m

沈宅
香花桥

永安桥
进利桥

育才路

甪端广场

游船码头

景区入口门

正源桥

文化园入口

正源路

2

景区门票售票处
旅游接待中心

兴隆桥

万盛米行
(水乡农具博物馆)

南市上塘街
游船码头

N

南市下塘街

0   500m

永福桥

● 景点　H 饭店　B 银行　ⓘ 旅游接待中心　🚏 公交车站

在甪直可以感受到古老的水乡气氛

黑瓦与白墙相衬，很美

■甪直江南文化园
🏠 苏州市吴中区甪直正源路
江南文化园
☎ (0512) 65010067
🚶 从景区售票处步行大约
15分钟

甪直水乡妇女服饰馆

这里也有太湖石的园林

■沈宅
🏠 苏州市吴中区甪直西汇上
塘街23号
🚶 从景区售票处步行大约
10分钟

精通精巧雕刻的乐善堂

保存当年原貌的厨房

■万盛米行
🏠 苏州市吴中区甪直南市下
塘街62号
🚶 从景区售票处步行大约
15分钟

实际使用的农用具

介绍江南的农耕文化

甪直江南文化园 Map p.349-B1-2
原样再现了水路纵横的江南水乡 ★★★

再现水乡街道风貌的园内

这里的文化园以介绍水乡文化为目的，再现了一个原汁原味的水乡，里面布满了景点。园区内水路环绕，排列着代表江南地区的白墙建筑，配设着太湖石等园林。这里有以水为主题解说古镇历史的甪直历史文化馆，还有介绍甪直特有的服饰文化的甪直水乡妇女服饰馆等。除此之外，园内也点缀着可以小憩一下的茶屋。据说今后这里计划再增设一些景区。

沈宅 Map p.349-A2
有雕刻装饰的教育家兼富豪的宅邸 ★★★

奠定了现代甪直小学的基础的教育家沈柏寒的故居就在这里。里面的建筑建于同治九年（1870年），雕梁画栋，细致的雕刻充满了清代建筑的特色。其中，乐善堂里随处可见的雕刻更为精妙。

环绕天井而建的黑瓦建筑颇有趣味

宅子的入口

万盛米行（水乡农具博物馆） Map p.349-B2
在叶圣陶的小说中出场的米店 ★★

装卸大米的运河沿边的入口。请想象一下当时的热闹景象吧

创立于民国元年（1912年）的万盛米行由当时甪直的知名富豪沈家和范家共同经营。

作为村里头号米行，据说当年繁荣的时候店前河边往来着装卸大米的船只，相当热闹。那种充满活力的情景被叶圣陶写进了《多收了三五斗》当中。现在，这里变成了介绍江南地区农耕生活的展览馆，展示着传统的农耕机械、工具，以及与农耕生活的历史相关的一些资料。

王韬纪念馆

Map p.349-B1

循着中国近代史人物王韬的足迹

这家纪念馆展示着中国近代史上改良派思想家王韬（1828~1897年）的有关资料。用直出身的王韬，是中国最早的以政论为中心的报纸《循环日报》的创刊人物，他的革新思想对当时的社会影响很大。

■ 王韬纪念馆

苏州市吴中区用直中市下塘街6号　从景区售票处步行大约20分钟

王韬的青铜像

面对下塘街而建的带白色墙壁的入口

配有太湖石与池塘的园林

萧宅（萧芳芳演艺馆）

Map p.349-B1

用直保存状态最好的清代民居

这所宅子由住在用直的学者杨氏1889年所建，后来又被村里的名人萧冰黎买下，于是被称为"萧宅"。大约占地1000平方米的面积内建有典型的清代建筑，连接茶厅与大厅的沉稳的大门上，刻着精致的雕刻与文字。二楼是萧冰黎的孙女、活跃在香港舞台的女演员萧芳芳的演艺馆。

■ 萧宅（萧芳芳演艺馆）

苏州市吴中区用直中市上塘街8号　从景区售票处步行大约20分钟

清代建筑特征被充分展现

■ 游船码头

Map p.349-A2、B1、2

乘船的地方在萧宅对面，还有其他几处可以乘船的地方。　1只船60元~（4人乘坐，约40分钟）

看到招牌就找到乘船的地方了

2010年改装的二楼的萧芳芳演艺馆

清代建筑物

水墨江南宾馆

景区内可以充分领略水乡风情

◆这是一家2010年在江南文化园开业、便于观光的中档住宿设施。客房气氛安宁，浴室安装了最新设备，方便使用。

没有星级酒店

Map p.349-B2

用直正源路文化园
☎（0512）65020258
FAX（0512）65020268
S 180元~（含早餐）
T 230元~（含早餐）　服务 无　　17
IN 12:00　OUT 12:00
从景区门票售票处步行约15分钟
免费

苏州市 ★同里 上海市

杭州市

同里 *Tongli*

有世界文化遗产的江南水乡三明珠之一　　　　　　电话区号 0512

交 通

同里没有火车站

▼从上海出发

在上海旅游集散中心总站（Map p.28-B4）乘坐前往同里的自由行一日游大巴（→p.44），8:30出发，票价130元

▼从苏州出发

在苏州北广场汽车客运站（Map p.310-B1）出发6:00~19:10每隔15~20分钟1班。或者，在苏州北汽车客运站出发7:30~17:30每天11班，哪条线路都要运行大约50分钟，票价8元

▼从角直出发　没有直达的汽车，需要在苏州换车。大约需要30分钟，车费100元左右

▼从周庄出发　7:00~16:00每天10班。大约30分钟，4-5元。大约30分钟，车费100元左右

■游览时步行或乘坐三轮车

由于汽车不能进入老城区，所以除步行外唯一的交通工具是三轮车，1公里5元

■游船码头（Map p.353-A1）

得春桥（Map p.353-A1）北侧或中川桥桥下是起点

1只船90元（6人乘坐，约25分钟）

■景区门票

没有各景点单独的门票，进入景区需要买含有所有景点费用的1日通票。

另外，开放时间以外的时间进入景区免费。各景点开放时间相同，详情如下。

❶ 旅游咨询处

苏州同里国际旅游开发有限公司（景区门票售票处）

Map p.353-B2　苏州市吴江市同里镇东停车场（汽车客运站旁边）

（0512）63333120

※以上地点外，中川桥、退思园附近也有售票亭。

7:30~17:15（4~10月~17:30）

无　100元

同里　概 要

一进入老街区的入口，就看到了三元桥

　　与周庄、用直并称"江南水乡三明珠"。这里曾叫作"富土"，从名字上可以得知自古以来这里气候温暖、土地肥沃，有很多富豪住在这里。但是当权者看到富饶的土地再加上"富土"这样的地名，于是准备对此处加税。情急之下人们想出了改地名的对策，也就是把"富"字下面的"田"与"土"相合，于是变成"同里"。这就是古镇独特地名的由来。

　　古镇的观光景点集中为"一园、二堂、三桥"。这"一园、二堂"都是当时富豪们修建的有名的宅子，即退思园、嘉荫堂、崇本堂。其中被评为世界文化遗产的退思园成为富裕的江南水乡的象征性景点，深受人们青睐。另外，以留宋代以来历史为荣的老街区，曾经成为电影的拍摄地，也很有趣。

同里　漫 步

戏台上的演出剧目

　　汽车客运站位于老街区东南大约3公里处的同里湖附近。就在它旁边同时设立着景区门票售票处，在这里买票进去吧。配合着汽车的到达，运行有前往游览中心——老街区去的电瓶车，十分方便。到中川桥前的景区入口大约10分钟，票价2元。景点基本集中在老街区约1公里内，走过去可以再转回来。饭店、餐厅除了散落在老街区的明清街或中川南路、中川北路周围以及河边外，同里湖畔也有数家。

三桥（长庆桥、吉利桥、太平桥）

Map p.353-A1

★★★

结婚仪式后新娘新郎渡过的三座桥

　　跨在两条水路交接的老街区中心的三座桥，长庆桥、吉利桥、太平桥，合称三桥。同里旅游名胜的"一园、二堂、三桥"的三桥说的就是这三桥。根据这里古老的传言，这三座桥全部渡过去能够获得幸福。所以在同里结婚仪式结束后，一对新人马上并排来渡桥的习俗至今保留着。这幸福的情景也成为同里有名的一景。

位于三桥正中的吉利桥

■三桥（长庆桥、吉利桥、太平桥）
住 苏州吴江市同里镇丁字河
X 从中川桥步行大约15分钟

水乡古镇

● 同里

碰到结婚仪式

太平桥是四四方方的形状

吉利桥等夜景

同里

景点　饭店　银行　游客接待中心　邮局　医院　公交车站

退思园

住 苏州吴江市同里镇新镇街234 号

人 从中川桥步行大约 5 分钟

周边建筑以池塘为中心扩散开来

入口附近的厅堂上写有"退思园"三个字

嘉荫堂

住 苏州吴江市同里镇竹行街81 号

人 从中川桥步行大约 15 分钟

门上的雕刻也不可不看

退思园【世界遗产】

清代宅邸

Map p.353-A1

★★★

同里遗留有数量众多的历史建筑，其中最具代表性的是被评为世界遗产的退思园。被皇帝罢免的官员任兰生退居故乡同里，于光绪十一年（1885年）建了此园，退思的意思是"退下来，反思"，园林的名字里融入了主人自身的思考。

点缀着太湖石等的精美的庭院

使用黑檀等高级建材建造的宅邸，装饰着细枝末节都雕工精美的雕刻和很有品位的家具，无形中酝酿着一种优雅的情调。进到里面，是太湖石假

家具、书画作品也情趣盎然

山耸立的静谧庭院。仿佛包围着中央的池塘似的，周边环绕着楼阁与蜿蜒回转的小径，这些看起来好像浮在水面上一样，也被称为"贴水园"。园内占地面积 6500 平方米，虽说一点也不大，但庭院与建筑构成的美丽世界却绝冠群芳。

嘉荫堂

诗人生活过的三桥前的宅子

Map p.353-A1

★★★

长庆桥桥边建的"一园、二堂、三桥"中"二堂"之一堂的嘉荫堂。这是一座于 1922 年建在夹着长庆桥的崇本堂对面的宅子。据说在中国现代文学史上留名的诗人柳亚子曾经住在这里。雕刻花纹的门口、门等处集结了明清时期的建筑技术，拥有艺术作品般的美。

入口附近的迎客堂

从二楼的窗户能看见屋顶的瓦片、墙壁的雕刻也近在咫尺

珍珠塔景区

Map p.353-A1

地方戏曲《珍珠塔》的舞台

★★★

■珍珠塔景区
苏州吴江市同里镇石皮弄16号
从中川桥步行大约17分钟

这里是明朝官僚陈王道的豪宅。园内分为东边居住的房屋，西边庭园，还有北边的祠堂，总面积达 1.8 公顷。沿着前后相连的 5 栋房舍顺序前行，就到了配有池塘、假山的东边的园林。在这古典的江南园林中，模仿船的形状建造的楼阁浮在水池中，使人体会到富豪的优雅生活状态。另外，这里作为描写青年男女爱情故事的著名地方戏《珍珠塔》诞生的地方也很有名，是喜结良缘的佳处。

用蜡像还原当时的样子

作为喜结良缘的地方，这里大受欢迎

船形的楼阁是浮在水面的园林

崇本堂（江南水乡婚俗馆）

Map p.353-A1

雕刻异常精美的私邸

★★★

■崇本堂（江南水乡婚俗馆）
苏州吴江市同里镇富观街18号
从中川桥步行大约15分钟

同里出身的钱幼琴于 1912 年修建了这所宅子，现在被评定为市文化保护单位。从前厅到后厅直接有 4 栋房屋相连，660 平方米的面积内共有 25 个房间。其中吸引人眼球的是有着精致砖雕的三扇门和 100 处以上的

随处可见的精美雕刻

木雕。有一幅雕刻描绘了故事中的一个场景，请凑近了好好欣赏一下。

用蜡像再现的结婚仪式的场景

这里还展示着古老的结婚证书、照片

松石悟园

Map p.353-A1

收集岩石切片的天然石版画

★★

■松石悟园
苏州吴江市同里镇石皮弄26号
从中川桥步行大约18分钟

这里收集有 1200 幅以上的天然石版画。所谓天然石版画，是将切割岩石时呈现出的花纹，根据观看它的人的想象，提高到艺术层面上的自然艺术。树木、人，或者是看起来像宇宙的图像，全部是自然的石头本身，这一点着实令人惊叹。

装饰在白色墙壁上的天然石版画

馆内设有 5 个展室，天地篇、人文篇、禅意篇等分别展示着合乎各自主题的作品。

中庭两侧是展室

■耕乐堂
住 苏州吴江市同里镇上元街127号
大 从中川桥步行大约20分钟

明清时期的典型建筑

放置在堂楼里的木雕作品

■明清街
住 苏州吴江市同里镇明清街
因店而异 休 无 免费
大 从中川桥步行即是

游客迤来迤去的明清街

■王绍鏊纪念馆
住 苏州吴江市同里镇富观街35号
大 从中川桥步行大约12分钟

王绍鏊纪念馆的入口

耕乐堂

Map p.353-A1 ★★

配有精妙园林的高官宅子

　　老街区的西端矗立着明朝高官朱祥的宅子。居住用的房屋和庭园构成的这所建筑里共有41间房屋，从门口进到里面房屋相连，是典型的明清时期建筑样式。配有太湖石与莲花池的园林十分美丽。另外，馆内展示着巨匠张正的木雕作品。树龄400年的白皮松也气势非凡。

墙壁上精美的雕刻

面对莲花池而建的宅邸

明清街

Map p.353-A1 ★

在再现明清时期情趣的巷子里逛逛

　　从中川桥北侧向东延伸是再现明清时期氛围的巷子。只有200米的巷子里，纪念品店、商店一间连着一间，大多数卖着青团子、状元蹄等同里的土特产品。一边寻找着土特产，一边信步闲逛最合适了。途中向北转过去，是去往退思园南边广场的方向。

同里名产——青团子

土特产商店排成一排，充满活力

一种名叫"袜底酥"的小吃

王绍鏊纪念馆

Map p.353-A1 ★

与同里有关系的人物的展览馆

　　自古以来，有大量富豪居住的同里名人辈出，他们倾力于教育、文化等方面。以革命烈士费巩、革命文学者陈去病为首，馆内展有与同里有关系的很多人物的珍贵照片及资料，可以了解他们的功绩。

王绍鏊的青铜像

陈去病故居

缅怀革命先驱生涯的资料馆

　　陈去病（1874~1933年）是在苏州结社的革命文学团体"南社"的创始人之一，这里是他生活过的故居。馆内陈列着各种资料，有与革命烈士陈去病的诗作相关的资料，有批判专制统治的"南社"活动的资料，还有回顾他的足迹的资料等。故居里还有纪念馆、浩哥堂、绿玉青瑶馆、百尺楼等。

陈去病故居的简朴建筑

令人遐想当年情景的二楼书房

罗星洲

浮在同里湖上的小岛

　　古镇东面同里湖上浮着的这座小岛，有15分钟就可以转上一圈。船靠岸地的正面是大门威严的观音寺，它也是这个小岛上唯一的景点。寺院的建立要上溯到元代，1938年被日军烧毁，1996年再建。登上邻接的文昌殿的二楼可以撞钟。文昌殿前有着宽阔池塘的园林，也十分美丽。

二楼有一口大大的钟

一到了岛上，迎面就是观音寺

与观音寺邻接的文昌殿

■陈去病故居
住 苏州吴江市同里镇三元街15
从中川桥步行大约5分钟

一楼的陈去病雕像

■罗星洲
住 苏州吴江市同里镇罗星洲
开 7:30~17:00
（往岛上来的小船的运行时间）
休 无
　　从同里汽车客运站步行大约5分钟到达船靠岸地（Map p.353-B2），从那里坐船渡岛。每隔30分钟发1班船，10元（如果有景区门票则免费），大约5分钟。从船靠岸地前往中川桥（老街区入口），有电瓶车运行，票价2元。

古风园客栈

逛街方便，位于老街区园林的一角

◆这家客栈位于一座与饭店同名的园林内，有安静的气氛。客房十分干净整洁，即使是标准客房，在窗框、床板上也点缀着漂亮的中式装饰，令人有物超所值的满足感。

没有星级酒店　　　　Map p.353-A1
住 苏州市吴江市同里镇东溪街55号
☎ (0512) 63323388　FAX (0512) 63311011
S 190元~（周五·周六230元~）
T 190元~（周五·周六210元~）
SW 290元~（周五·周六330元~）
服务 无　16　IN 12:00　OUT 12:00
从中川桥步行约10分钟
URL www.catenainn.com/gufengyuan
免费

苏州市　上海市

西塘 ★

杭州市

西塘 *Xitang*

著名的廊棚连接不断的朴素的古镇　　　　电话区号 0573

交 通

■ 西塘没有火车站
▼ 从上海出发
■ 在上海旅游集散中心总站（Map p.28-B4）乘坐前往西塘的一日游大巴（→p.44），9:00、9:30 出发，票价 150 元
▼ 从苏州出发
■ 在苏州北广场汽车客运站（Map p.310-B1）7:00、9:00、11:00、13:00、15:10、17:00 出发，大约 2 小时，票价 37 元。
■ 大约 400 元，需要一个半小时
▼ 从同里出发
■ 没有直达的汽车，要在嘉善换车
■ 大约 50 分钟，车费 200 元左右
▼ 从杭州出发
■ 杭州客运中心站（Map p.267-B2）出发，6:55~18:15 间有 8 班，票价 39 元
　杭州旅游集散中心一日游大巴只有周日运行（→p.273）。另外，没有直接到达的公交车，要在嘉善换乘

■ **浙江西塘旅游文化发展有限公司**
可以领到景区的免费地图（Map p.359-A2）
住 嘉善县西塘镇南苑路 258 号
网 www.xitang.com.cn
■ **票务中心**
没有各景点单独入场的门票，进入景区需要买含有所有西塘景点费用的 1 日通票。
另外，开放时间以外的时间进入景区免费。
（Map p.359-A2）
住 嘉善县西塘镇真西苑路 258 号
☎（0573）84564161、84567890
开 8:00~16:30（夏季~17:00）
休 无　景区通票100元（含"景区区门票"+"所有景点门票"）
■ **游船码头**
Map p.359-B1　船 1 只船 30 分钟 100 元（可乘 8 人）
※ 16:30（夏季 17:00）~20:30 是 150 元

西塘 概 要

从上海西行约 90 公里就来到了小小的水乡——西塘。春秋战国时期，这里是吴国和越国为争夺领土而开战的地方，但开始形成现在的古镇还是元朝以后的事情。河沿边开始建造人家，水路上架起了小桥，进入明清时期，手工业、商业也发展了起来。2006 年放映的由汤姆·克鲁斯主演的好莱坞大片《碟中谍 3》曾经在此取景拍摄，古镇的知名度一下子提升起来，国内外的游客年年增加。即便如此，一跨进老街区，没有被旅游商业化的朴素的氛围依然还在。可以说是西塘风景似的河沿边街路上屋顶连在一起的廊棚、纵横交错的巷子、与水同生息的自古以来的人们的生活方式，在这里都能够一一窥见。

架在西塘市河上的万安桥

西塘 漫 步

夜幕降临，建筑物掌灯的时候也很美

来自各地的旅游巴士到达西塘的地点，是位于老街区西南的浙江西塘旅游文化发展有限公司南边的旅游巴士终点站（Map p.359-A2）。从这里到老街区的主干道——西街步行大约不到 15 分钟。所有的景点，都散落在西街和它周边约 1 公里以内的范围内，所以有 1 天时间悠闲漫步着就可以都游览到了。

另外，从浙江西塘旅游文化发展有限公司向南步行 5 分钟就能走到新设立的西塘汽车客运站，十分方便。从上海、苏州嘉善等各地来的公交车都在这里出发或到达。

中档住宿设施在邮电路、汽车客运站附近等地有数家之外，老街区里也有很多留存下来的淳朴的旅店或民宿。

巷子很多，利用三轮车更便利

烟雨长廊（廊棚）

下雨天也不怕的带屋檐的街道

Map p.359-A1

★★★

瓦片搭建的屋檐连在一起的河边街路叫廊棚。为了不让来访的商人或游客挨雨淋，人们费心想出了这样的构造，也可以说是西塘街道的特色。在老街区的塔湾街、北栅街、南栅街等地能看到廊棚，其中要数被称作"烟雨长廊"的塔湾街的廊棚有名，其全长达1公里。廊棚下小商店相

廊棚不光遮雨还能蔽日

连，还有长椅，可以不时休息一下再继续悠闲漫步。

■ 烟雨长廊（廊棚）
住 嘉善县西塘镇塔湾街
走 从浙江西塘旅游文化发展有限公司步行约15分钟

■ 西园
住 嘉善县西塘镇下西街
走 从浙江西塘旅游文化发展有限公司步行约15分钟

西园

位于老街区的曾经诗人云集的私家宅院

Map p.359-A1

★★★

面朝下西街而建的明朝富豪朱氏的宅邸就是西园。入口处很窄，往里走却很宽敞，里面有朱念慈扇面书法艺术馆、百印馆、南社陈列馆等展室。再往里走，就看到亭子与假山围合池塘构成的很有气势的园林。据说诗人柳亚子与陈巢南等人经常造访这里，与住在镇上的南社友人们一起探讨、吟咏诗歌。

西园深处很有气势的园林

可以从西园的回廊俯视窄窄的巷子

人们的生活近在眼前

往上海、青浦方向

王宅
西园
烟雨长廊(廊棚)
卧龙桥
北桥堍
里港
中国酒文化博物馆
护国随粮王庙
(七老爷庙)
纽扣博物馆
太安桥
戊寅桥
毛家弄
万安桥
狮子桥
醉园
送子来凤桥
东岳庙
环秀桥
安季桥
迎秀街
游船码头
永宁桥
安境桥
猫的天空之城
望仙桥
塔湾街
西街
圣堂
吴家桥
礼耕堂
苏家弄
鲁家桥
五福桥
石皮弄
书街
计家弄
俞府
嘉善二院
汛迅大酒店
邮电路
倪宅
江南明清民居木雕陈列馆
中国银行
塔市街
菁翘桥
塔市东街
西塘宾馆
纺织路
平川路
田园路
银川路
风雅颂
安仁桥
东国酒家
浙江省西塘旅游文化发展有限公司
西园路
景区入口
票务中心
宏福路
平川公园
江南瓦当陈列馆
来自上海、杭州的旅游巴士的出发与终点站
张生根雕艺术馆
前往苏州
义勇路
西塘假日大酒店
市场
警察
前往票务中心去的入口
南苑路
西塘镇政府
市场广场
西塘汽车客运站
前往嘉善、320国道、沪杭高速(大云)

N

0   300m

● 景点　H 饭店　S 商店　C 咖啡屋·酒吧　B 银行　i 旅游咨询中心　+ 医院　P 公交车站

使用工具把贝壳刷出来

一片瓦也能让人感到美

位于西街的陈列馆

纽扣博物馆　　　　　　　Map p.359-B1
一定要看看收集的约1000颗纽扣　★★★

规模宏大的纽扣展示

牛角纽扣　　　　　　　使用贝壳做的纽扣

汉代之后，西塘开始以纽扣生产基地而闻名。现在镇上有约500家纽扣企业，西塘生产的纽扣约占全国总产量的40%。这里有工匠们实际演示纽扣的制作过程，通俗易懂地介绍西塘纽扣产业的历史。博物馆还收集了汉代以来的约1000颗纽扣，不可错过。

江南瓦当陈列馆　　　　　Map p.359-B1
接触刻在瓦片上的江南建筑之美　★★

这里展示着收集来的大约300个瓦片的珍贵展品。砖瓦材质易碎，很难保存。狭窄的陈列馆里，从装饰宅邸的传统瓦片、寺庙等宗教设施用的彩色瓦片，到根据时代背景设计的带有政治色彩的瓦片，摆放着各种各样的展品。

珍贵的江南瓦片

张生根雕艺术馆　　　　　Map p.359-B1
巨匠张生的数个大胆的根雕作品　★★

这里展示着收集来的著名根雕师张生的作品。馆内按鹰、佛像等主题分为四个展室，摆放着大约300个描绘动物、自然的生机勃勃的作品。张生作品的特点是发挥树根本身所具有的个性，所以有很多大胆的作品。这些大胆又富有个性的作品在世界上也获得了很高的评价。

左/令人赞叹的根雕
右/坐在造型奇特的椅子上仰天而望。像这样坐在作品上实际是被禁止的

石皮弄

不到 1 米宽的狭窄巷子

Map p.359-A1

★★

　　在建筑物密集的西塘老街区，延伸着无数条狭窄得只能通过一个人的狭窄巷子，其中特别有名的就是这里。其宽度最窄处只有 80 厘米，两侧高达 6.8 米的房屋外墙的阻隔更加显得巷子狭窄。3 厘米厚的薄得像一层皮似的石板铺满了巷子，因此也得名"石皮弄"。

被白墙夹起来的石皮弄

中国酒文化博物馆

详细介绍黄酒历史

Map p.359-B1

★★

　　这家博物馆将中国以及西塘酿造黄酒的历史连同各种各样的资料一起介绍给参观者。除了通俗易懂地用人偶展示酿造工艺外，还展示着传说皇帝为提高军队的士气把酒倒到河里的酒壶等，都是些相当珍贵的展品。里面同时设立了西塘产高级黄酒的销售柜台。

展示着珍贵的酒樽

江南明清民居木雕陈列馆

展有 250 件装饰江南住宅的木雕装饰

Map p.359-B1

★★

　　装饰房梁、格子窗的木雕是江南住宅中不可或缺的物件。这家陈列馆里，展示着明清以后使用在一般住宅的约 250 件木雕作品，游客可以近距离地参观工匠的细腻工艺。说到木雕，其实还分镂空透雕、地雕等多种技法。欣赏木雕展览，能够感受到虽清贫却要使日常生活出点彩儿的江南人对美的不懈追求。

做月饼等用的模型

■ **石皮弄**
🏠 嘉善县西塘镇石皮弄
🕐 24 小时
休 无
🚶 从浙江西塘旅游文化发展有限公司步行约 15 分钟

最小宽度也就 80 厘米

■ **中国酒文化博物馆**
🏠 嘉善县西塘镇西塘桥竹19 号
🚶 从浙江西塘旅游文化发展有限公司步行约 25 分钟

馆内展示的铜器、陶瓷酒具

■ **江南明清民居木雕陈列馆**
🏠 嘉善县西塘镇烧香港北街56 号
🚶 从浙江西塘旅游文化发展有限公司步行约 25 分钟

清代的梁托

展示着很多朴素的木雕装饰

■醉园
住 嘉善县西塘镇塔湾街 31 号
人 从浙江西塘旅游文化发展
有限公司步行约 10 分钟

小小的园林次第展现

■王宅
住 嘉善县西塘镇下西街 142 号
人 从浙江西塘旅游文化发展
有限公司步行约 15 分钟

有陈邦彦书法的种福堂

肃静的外观

■护国随粮王庙（七老爷庙）
住 嘉善县西塘镇塔湾街 139 号
人 从浙江西塘旅游文化发展
有限公司步行约 8 分钟

还有一个"七老爷庙"的别称

醉园 Map p.359-A1

仿佛微雕般的江南园林

沿着塔湾街顺着带屋檐的回廊向西走，北侧出现了这个小小的园林。最初的修建可以上溯到明代，成了王宅的醉经堂后顺便被叫作醉园。一直往园内的回廊里走去，一个个赏心悦目的小小园林顺序出现。虽说很小，每个庭院里都配有太鼓桥、小池塘、假山，构筑了一个了不起的江南园林的世界。

园林虽小，里面也有金鱼游泳的池塘

王宅 Map p.359-A1

拥有种福堂的明清时期的私家宅院

祖先是宋代军队统帅的王氏家族在清代修建了这所家宅。前后 7 座房屋连接着花园，是典型的明清时期建筑，令人感觉厚重宁静。第三间建筑是整个宅子的中心——种福堂。挂在堂中央写有堂名的书法出自海宁出生的翰林院侍讲学士陈邦彦的手笔。

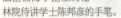
宅邸里典型的开间宽敞的种福堂

护国随粮王庙（七老爷庙） Map p.359-A1

供奉救人于旱灾之苦的七老爷

这座明朝后期修建的庙又被称为"七老爷庙"。所谓七老爷，是一位姓金的老爷，家中排行老七，人称金七，是个押运皇粮的小官，当时西塘近郊的人们深受旱灾之苦，他在没得到朝廷许可的情况下，就自作主张把运送的粮食救济给灾民，却因此被处死。人们感谢他的善举，于是建了这座庙。如今，每逢七老爷的生日——农历四月三日，人们还在此集会，像节日一样热闹。

左／静静矗立的金公殿
右／金公殿里供奉的七老爷像

倪宅

Map p.359-B1

古镇上最有学问的知识分子生活的宅邸

这里是西塘最有学识的家族倪氏的宅邸。从面向河流的大门进去，首先看到前面的承庆堂。这里是主人迎接客人进屋的地方。厨房、园林都保存状态良好，当时的生活情景历历在目。

■ 倪宅
住 嘉善县西塘镇烧香港南街
96号
从浙江西塘旅游文化发展
有限公司步行约25分钟

过去的生活状态一目了然

大门里面的承庆堂

展示着各种各样用具的厨房

展示中式服装的妇女的房间

圣堂

Map p.359-B1

曾经是祈愿生意昌盛的商人聚集的地方

静静地立在烧香港北街的圣堂是创建于明万历三年（1575年）的一座寺庙。当初因供奉巡按庞尚鹏，所以叫作庞公祠。进入清代，两次修复之后，变成了供奉关帝像，于是改名为圣堂。现在来的人虽然稀少了，但是从前可是一到春节镇上的商人就聚集的地方，热闹异常。

■ 圣堂
住 嘉善县西塘镇烧香港北街
29号
从浙江西塘旅游文化发展
有限公司步行约25分钟

重复修复到现在的圣堂

奉关帝像的圣帝殿

圣帝殿是这里的中心

风雅颂

大约500年前的木屋、很有情调的旅馆

◆这家旅馆位于老街区的运河边儿上。房间虽然有些窄，但是保留了古代民居的风格，改装得很有情调。房间内安装了暖气和浴室设备。不过每天只能用20分钟的热水。还有带阳台的房间。一楼有茶室。

没有星级酒店　　　　　Map p.359-B1
住 嘉善县西塘镇烧香港北街64号
☎ (0573) 84562180　FAX 无
S 380元～　T 380元～
服务 无（要发票的话另加8%）　6
IN 12:00　OUT 12:00
从浙江西塘旅游文化发展有限公司步行25～30分钟。从汽车客运站坐三轮车大约10分钟
免费

乌镇 *Wuzhen*

充满乡愁的江南六大水乡之一　　　　　　　　电话区号 0573

交 通
乌镇没有火车站
▼从上海出发
在上海长途汽车客运南站（Map p.48）7:44~18:17每隔1~2小时发1班车，共7班，大约2小时30分钟，票价33~46元。
在上海旅游集散中心总站（Map p.28-B4）乘坐前往乌镇的一日游大巴（→p44），7:30、9:30出发，票价165元。
▼从杭州出发
杭州客运中心站（Map p.267-B2）乘坐长途汽车，6:25~18:15每隔35分钟~1小时15分钟1班，共16班，大约1小时30分钟，票价28~31元。
大约1小时15分钟，250元左右。
▼从苏州出发
没有直达汽车，要在桐乡或枫泾换车。
▼从西塘出发
没有直达的汽车，要在嘉善或桐乡换车。
大约1小时，250元左右。

❶旅游观光咨询处
乌镇旅游开发有限公司
（西栅景区服务中心）
Map p.365-B1
桐乡市乌镇石佛南路18号
24小时
无　www.wuzhen.com.cn
www.ewuzhen.com（预约酒店专用）

■西栅景区的景点门票
门票分白天和夜晚两部分，景点只有白天开放，可以参观（开放时间全部一样）。晚上可以欣赏外观的夜景。
景点开放7:30~22:30（冬季~22:00）
※ 夜间门票入场时间：17:30~22:00（冬季~22:00）
景点：8:00~17:30（冬季~17:00）
西栅1日券=120元（含夜间）、只限于夜间的门票=80元，东西景区共通1日票=150元（含夜间。只有在景区住宿的游客可以购买2日有效门票）

乌镇　概 要

　　位于上海和杭州之间的乌镇，是京杭大运河畔江南六大水乡之一，自古以来作为交通要道就很繁荣，它的历史可以上溯到大约1300年以前的唐代。进入宋代，富裕的官僚、文人云集于此地，随着养蚕业的发展，这里的繁华热闹已经和大城市没有什么区别了。浮在河边的水上楼阁、古建筑相连的巷子，现在还流淌着以往的古镇风情。近几年从上海、杭州过来的旅行团急剧增加，大家来到这里寻求一股怀乡的情绪。2007年开放了新增加的西栅景区，与东栅合起来，游览区域更加宽广了。

乌镇　漫 步

　　乌镇有东西两个保留水乡风貌的景区，即东侧于2000年开放的东栅和西侧于2007年开放的西栅。以西栅为主，运河沿岸散落的充满水乡风情的酒店、上演的京剧表演等都是亮点。另外，东西景区相距1.5公里，有免费班车（7:30~17:30前后，每隔20分钟1班）穿梭其间。两个景区都有丰富的景点，想仔细游览一番的话，西栅需要1天时间，东栅要半天时间。

西栅游览攻略

　　各地来的长途汽车的出发和到达在东栅以南约1公里的乌镇汽车客运站。没有招手即停的出租车，从汽车客运站前往景区需乘坐公交车K350路（1元，20分钟1班），它经停东栅开往西栅。
　　首先从位于西栅景区东端的售票处旁边坐上渡船（7:20~21:30，10分钟1班）进入景区。然后向南步行，马上就能看见散布着景点、酒店、土特产商店的主干道——西栅大街。
　　这条街全长1.8公里，延伸在景区的东西方向，流动的运河平行于这条街，所以也可以坐船赏景。运河南侧散落着一些景点，来来往往几次渡过架在运河上的石桥，这种水乡独有的漫步也是乐趣之一。另外，景区内约7家酒店和70家以上的民宿，如果要住宿，可以在景区入口的乌镇旅游开发有限公司或网上预约。住在这里，请不要在意时间，应尽情好好欣赏夜景、享受清晨的散步。

西栅的景点

草木本色染坊　　　　　　　　　Map p.365-B1
色彩、设计都鲜艳的草木染坊　　　　　　★★★

　　这里是有着2500平方米规模的天然草木染坊。挂在高高的竹竿上摇动着的染布就是标志。蓝印花布是广为人知的乌镇传统工艺品，以它为开端，使用茶叶、桑树皮等当地自生的草木做原

大大的一面墙后面是草木本色染坊

用草木染料染好的布晾晒在中庭

左 / 在这里制作染色的
设计图片
右 / 整理布料的台子

料，染出五光十色的颜色是这里的特色。染坊里从设计到染色工艺的流程，连同工具、染料等都用实物一起介绍，十分有趣。

西栅大街有很多家土特产品商店

乌镇全体

■ 草木本色染坊
住 桐乡市乌镇西栅
从乘坐渡船处步行约1分钟

草木本色染坊的入口

将放了布的笼子浸到染料里

■ 游船
从乘坐渡船处到白莲塔南部的如意桥，1只船120元（夜间180元）。另外，1个区间1人5元。

■ 住在西栅很划算
仅限于在西栅景区内住宿的客人，入住酒店当天购买1次景区门票，第二天以后免门票，可以获得自由出入的"出入证"。退房前"出入证"都有效，所以长时间停留的话很合算。获得方法是向售票处出示身份证、酒店钥匙、当初购买的景区门票即可。

乌镇(西栅景区)

🔴 景点　🅷 饭店　ℹ 旅游咨询中心　🚌 汽车站

水乡古镇 乌镇

365

■ 叙昌酱园
住 桐乡市乌镇通安街
大 从乘坐渡船处步行约 3
分钟

酱油

制作酱油的工具

■ 昭明书院
住 桐乡市乌镇西栅大街
大 从乘坐渡船处步行约 6
分钟

园内的展览馆

■ 乌镇大戏院
住 桐乡市乌镇西栅大街
大 从乘坐渡船处步行约 12
分钟
开 席位 13:00~15:00、
19:00~19:30、20:00~20:30

园内里面的水上戏台

叙昌酱园　　　　　　　　　　　Map p.365-B1

使用中国 2000 年的传统工艺制造的酱油　　　★★★

　　1859 年陶叙昌在乌镇最早创办了这家大酱与酱油的制造、销售店铺。一进门先映入眼帘的是为了使黄豆自然发酵而在中庭并排摆放的一只只瓮。大约放上半年时间，在阳光作用下发酵后，黄豆被加工成酱油与大酱。在当时制

中庭里并排摆放着放有黄豆的瓮

造作坊的地方展示着制造酱油的工具，能够窥见长达 2000 年的中国酱油的历史真是很有意思。这里也销售小瓶酱油。

昭明书院　　　　　　　　　　　Map p.365-B1

南朝梁朝皇太子念过书的私塾　　　★★★

　　这里是为南朝时期的梁朝（502~557 年）皇太子萧统（昭明）建立的私塾。萧统由于编集了中国最早的诗、散文集《文选》而有名。后来书院成了废墟，明代一位名叫全廷训的乌镇学者为了纪念萧统建立了一座牌坊。近些年，

昭明书院在西栅大街稍微往北外边一点的地方

在牌坊的北侧复建了书院，使它与牌坊一起恢复了往日的威风。现在这里成了图书馆，把行李存在服务台就可以阅览图书。西侧里面有介绍茅盾文学奖获奖者及其作品的展览馆。

乌镇大戏院　　　　　　　　　　　Map p.365-A1

水乡才有的水上舞台　　　★★★

精美的雕刻装饰的彩色舞台

　　西栅大街上乌镇最大的剧场就是这里。在看戏是人们最好的娱乐方式的时代，据说镇上的人们云集于此热闹非凡。进门后左边的建筑，现在还不定期地上演一些剧目，游客与当地的人常常混杂在一起看戏。不能错过的是里

面的水上戏台，也就是水上搭建的舞台。据说戏曲剧团坐船来到这里，船停靠在舞台下面，然后登上舞台。一定要看看装饰在舞台周围的精美的雕刻。凝神细看，上面刻有栩栩如生的皇帝观戏的情景以及十八罗汉。

益大丝号

乌镇特产的绢织物——"乌锦"的作坊　★★★

来自纤细的手工作业的"乌锦"

　　这间绢织物作坊创建于1875年。创店之初只是一间以桑树种植起家的小店，如今已成为织物成品化生产的大规模作坊。在这里，可以近距离地看到使用第二代织锦机的工人以及其织锦时的情景等。一天时间仅能织出5~6厘米，对于这样几乎令人昏厥的手工业游人们不禁会惊叹。正因如此，这种中国传统工艺又融入了乌镇特色的织物——"乌锦"尤显金贵，以前都是献给皇帝的贡品。

益大丝号

桐乡市乌镇诗田广场

从乘坐渡船处步行约20分钟

昏暗的室内操作织机的妇女

亦昌冶坊

用传统的冶炼技术积累财富的铁锅作坊　★★

摆在中庭的巨大无比的"天下第一锅"

　　这间铁器作坊是沈家在大约140年里代代经营下来的。为了防止冶炼时火花四射酿成火灾，沈家使用了大量石材打造了这座独特的作坊，因此这里也叫作"石脚屋"。作坊里有一个直径有人的身高那么长的巨大铁锅十分引人注目。在它的下面印着"天下第一锅"的字样，仿佛在夸耀沈家当年的财力与高超的冶炼技术。

亦昌冶坊

桐乡市乌镇通安街47-48

从乘坐渡船处步行约4分钟

店里销售的锅等

喜庆堂

了解水乡特有的婚礼习俗　★★

　　这家博物馆介绍乌镇的婚礼习俗，使用蜡像真实地再现华丽的结婚仪式以及婚宴情景，其中有船形花轿等水上婚礼所特有的展品，还有穿着婚礼服装照相的摄影间。

喜庆堂

桐乡市乌镇西栅大街

从乘坐渡船处步行约3分钟

租借服装：20元~、租借服装＋摄影＋打印照片：39元

灵水居

伟人纪念馆散布的西栅最大的园林　★★

以九曲桥跨越的池塘为中心周围散布着一些景点

　　距今大概400年前的明崇祯初年，当时的进士唐龙修建了西栅这座最大的园林。大约2万平方米的占地面积内，以一个大大的池塘为中心配有九曲桥、亭子，可以尽享闲庭信步的乐趣。另外，池塘东侧是造型现代的石材建造的茅盾纪念馆，北侧是王会悟纪念馆和孔另境纪念馆，在这里可以寻到与乌镇有关的伟人们的足迹。

灵水居

桐乡市乌镇通安街

从乘坐渡船处步行约8分钟

建在池塘北侧的孔另境纪念馆

水乡古镇　乌镇

■三寸金莲馆
桐乡市乌镇洪昌弄
从乘坐渡船处步行约12分钟

离西栅大街稍微往北靠外边的位置

■乌将军庙
桐乡市乌镇将军庙街
从乘坐渡船处步行约16分钟

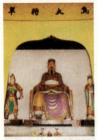

正殿里供奉的乌替将军像

■白莲塔
桐乡市乌镇升莲广场
从乘坐渡船处步行约18分钟

白莲塔是西栅的地标性建筑

三寸金莲馆　Map p.365-A1

介绍中国缠足文化的世界最早的博物馆　★★

旧时中国，女性以小脚为美的时代曾经持续了很长时间。这家博物馆介绍由此而生的缠足文化的同时，还展出了825双小脚鞋。"金莲"指的是过去女性的脚由于缠足而被矫正成小脚，从这些展示中，我们可以了解封建社会对女性的摧残和由此产生的畸形的审美观。按照时代分类摆放在玻璃展柜中的一双双小脚鞋，上面有精美的刺绣，本身就像是一件件艺术品。然而，只有15厘米长的小鞋，居然能穿进去成人女性的一双脚，真是令人惊叹。

施以美丽刺绣的小脚鞋

乌将军庙　Map p.365-A1

供奉乌镇的守护神　★

为了纪念成为乌镇名字由来的乌替将军，乌镇的人们大约1000年前修建了这座庙。从那以后，乌将军作为镇上的守护神一直备受崇敬。正殿里供奉在中央，左右两边有火神和水神侍卫的就是乌替将军像。

乌将军庙入口大门　　经历了1000年岁月依然矗立在那里的乌将军庙

白莲塔　Map p.365-A1

漫步中几度看到的优美的塔　★

据说乌镇以前有"一观、二塔、九寺、十三庵"，这二塔中的一塔就是耸立在升莲广场的白莲塔。用砖木搭建的阁楼式样的塔是典型的宋元时期建筑，高达51.75米，是乌镇最高建筑物。走到巷子的空当处、过运河时不经意间就看到了这座塔，确实很有趣。塔的夜景也很梦幻。

苏州香格里拉大酒店

以宽敞的客房、从高层俯视的景观为耀

◆ 2007年开业的乌镇景区内的大型酒店。明清时期的江南建筑风格让客人有机会充分玩味古镇的风情。入口处古韵犹存，客房内却修建得相当舒适。

没有星级酒店　Map p.309-A2

桐乡市乌镇景区内西侧大街129号
☎ (0573) 88731555　FAX 无
S 880元~　T 880元~
服务 15%
178　IN 15:00　OUT 12:00
从乘坐渡船处步行约3分钟
URL www.ewuzhen.com/TongAn/wel.html
免费

东栅游览攻略

治理得井然有序的东栅景区，沿着东市河呈东西方向伸展约1.3公里。景区内分为手工作坊区、文化区、饮食区等，可以沿着景点排列的东大街按顺序逛街。从各个城市旅游集散中心出发前来的旅游大巴都停靠在景区东端的售票处附近。另外景区内只有小型民宿，在子夜路、兴华路等地散布着价格合理的住宿旅店。除了子夜路、兴华路的餐馆外，景区西侧也有饮食区。

景点排列的大西街

东栅的景点

皮影剧馆

Map p.369-A1

欣赏动人心弦的皮影戏　★★★

这里是上演诞生在春秋战国时期的大众戏曲——皮影戏的剧场。对于从前娱乐方式贫乏的人们来说，皮影戏是兴盛一时的娱乐节目。据说那时从儿童到成人，人们每晚都聚集在这个剧场，给动人心弦的皮影戏鼓掌喝彩。现在，面向游客每天上演有19场大受欢迎的节目。随着锣、钹、锣鼓的响亮伴奏，同时在银幕上浮现的人物形态时跳时蹦的大剧目也随之展开。

隔着屏幕能看到透过来的细微之处

这样操纵

■ **乌镇旅游开发有限公司（东栅景区服务中心）**（Map p.369-B2）
住 桐乡市乌镇子夜路1号停车场内
☎ (0573) 88731088
开 7:30~17:30（冬季~17:00）
休 无　🌐 www.wuzhen.com.cn

■ **游船乘船处**
（Map p.369-A1、B1、B2）
乘船处沿着河岸有两处。
🚢 ①1人15元（逢源桥-永安桥。往返15分钟）
②1只船80元（福惠桥南侧~兴华桥。单程15分钟）
■ **东栅景区的景点门票**
没有各景点的单独门票，进入景区需要含有所有景点费用的1日通票，在东栅景区服务中心或兴华路售票处可以购买门票。另外，东栅区各景点闭馆后可以免费进入景区。
（Map p.369-A1、B2）
开 7:00~18:00（夏季~17:30）
休 无　💰 100元
开放时间与休息时间所有景点相同。另外，还有东西景区1日通票150元（含西栅夜景）。

■ **皮影剧馆**
住 桐乡市乌镇观前街6号
（与修真观、翰林第相连，从哪里都可以入场）
皮影戏8:50~16:20大约每20分钟1场，1天演出19场。大约10分钟。
💰 含在通票里
🚶 从东栅景区服务中心步行约20分钟

乌镇（东栅景区）

1

乌镇市河

距离西栅方向约1.5公里

西栅方向
翰林第
皮影剧馆
应家桥
饮食区
文化区
修真观
茅盾故居
观前街
横街
观音桥
茶叶弄
晴耕雨读
东大街
永安桥
美人靠
东大街
宏源泰染坊
三白酒坊
江南民俗馆
江南百床馆
周家弄
孔家弄
香山堂药店
财神弄
兴华桥
美人靠
汇源当铺
古戏台
乌镇牌楼
（景区入口门）
仁寿桥
太平桥
翰林府第
美人靠
江南木雕陈列馆
余榴梁钱币馆
游船乘船处
门票售票处
仁义桥
仁济桥
东市河
林中步道
传统手工作坊区·拳船
仁德桥
游船乘船处
逢源双桥
游船乘船处
福惠桥
门票售票处
景区入口门

2

乌镇大桥

兴华路

好运来客栈
广业大酒店
乌镇旅游开发有限公司（东栅景区服务中心）
前往西栅的区间班车乘车处
景区驻车场
银行
香香宾馆
子夜路
君悦假日酒店
君悦酒店
绿滋稀浙江特产超市（可以兑换外币）
林家客栈
牌楼
入口门
子夜酒店
距离乌镇客运站约1公里
植材路
长城宾馆

0 　　　　250m
N

● 景点　H 饭店　G 美食　S 商店　C 便利连锁超市　B 银行　i 东栅景区服务中心　公交车站

中庭里阳光下晾晒的蓝布

再现了传统婚礼的情景

馆内展示的数块木雕

宏源泰染坊
Map p.369-B1 ★★★
乌镇特产蜡染花布的染坊

乌镇作为国内数得上的蜡染布料的产地也很有名。当地拿出了一个蜡染作坊做展馆，公开展示印染工艺。进入展馆，引人注目的是在中庭里阳光下晾晒的蓝布随风飘摆的优美景象。在它背后的作坊里，原样展示着用染料浸染布料的大锅、工具等，从中可以了解到这是一种不用任何化学染剂基于传统手法的制作工艺。出口附近，同时设有销售蜡染箱包、服装等产品的商店。

江南百床馆
Map p.369-B1 ★★
展示着约上百张装饰华丽的床

这家博物馆收集高床，床的四周被木雕栅栏颇有气魄地围了起来。虽说是单单的一张张床，它的围栏的每个角落却都施以细密的雕刻，木雕之美已经达到了艺术领域，高超的雕工令人惊叹不已。动植物以及人物姿态，细致到脸部表情都雕刻得细致入微，里面还展示着据说花掉 3 年时间才完成的清代的一张床。

豪华的床

江南民俗馆
Map p.369-B1 ★★
了解江南地区的生活方式

这家博物馆介绍江南地区的传统生活方式以及一些风俗。馆内按照衣俗厅、节俗厅、婚俗厅等主题分别展示，更利用人偶或微缩模型真实地再现了结婚仪式、村里过节的情景。另外，主馆与江南百床馆相连，也可以从那里进来参观。

传统手工作坊区
Map p.369-B1 ★★
这里集聚着江南传统工艺作坊

这里集聚着 20 余家作坊，它们制作人们日常生活中传承下来的江南地区的传统工艺品。在排列着竹编织品、扇子、铜饰品、布鞋等作坊区里，可以近距离地观看匠人们制作的情景。兼营商品的作坊也很适合淘换土特产品。

江南木雕陈列馆
Map p.369-A1 ★★
一定要看宽达 4.1 米的花大梁

这里介绍装饰江南地区住宅时所使用的木雕的历史。这座建筑原是徐家的宅子，大门、房梁上到处能看到江南建筑特色的木雕装饰。馆内展示着数个贵重的作品，特别是中央大厅里放置的长达 4.1 米的花大梁不可不看。上面描绘了祝贺生日的宴会情景，整个作

花大梁上用浮雕表现的祝寿的情景

品用细致的浮雕表现，细微处雕得也认真仔细，生动地表达了盛大的宴会场景。

茅盾故居

Map p.369-A1

令乌镇自豪的作家茅盾出生的家

★★

因《子夜》等著作闻名的中国现代文学巨匠——茅盾（1896~1981年）就出生在这里。在这座典型的江南住宅里，茅盾度过了他14岁以前敏感的孩童时代。学习的房间、庭院都按原来的模样保存完好，可以一窥孕育了伟大文学家的环境。另外从照片等丰富的资料中，可以了解到茅盾后来参加革命运动，与鲁迅亲切交往等的生命足迹。

伟大作家茅盾的家

余榴梁钱币馆

Map p.369-A1

收集世界货币

★

这里作为中国屈指可数的硬币收藏馆名气很大，展示着余榴梁氏的贵重收藏。虽然没有称得上大古董的展品，但是可以近距离参观到国内以及从世界各地收集来的种种硬币、纸币等。

修真观

Map p.369-A1

江南3大道教寺院之一

★

同苏州的玄妙观、濮院翔云观并称江南三大道教寺院之一的修真观，建于北宋时期。道教作为民间信仰在汉代后期被广泛普及到全国范围，最盛时期乌镇有12座道教寺院。现在修真观是唯一留下的一座寺院。

翰林第

Map p.369-A1

清代高官住过的私宅

★

这里是就任清朝高官——翰林之位的夏同善（1830~1880年）的私宅。所谓翰林，是具有很高学识的人才能担任的官职，翰林担当着为皇帝提供所有领域专门知识的任务。幼年丧母的夏氏虽然幼年不幸，但这恰恰成为他勤学的原动力，最后成功通过了难度极大的翰林考试。这座家宅在他高升后又扩大了规模。

邻接修真观的翰林第

■ 茅盾故居
住 桐乡市乌镇观前街17号
人 从东栅景区服务中心步行约18分钟

■ 余榴梁钱币馆
住 桐乡市乌镇观前街20号
人 从东栅景区服务中心步行约15分钟

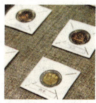
稀少，价值却很高的纪念硬币

■ 修真观
住 桐乡市乌镇观前街6号（与皮影剧馆、翰林第相连，从哪里都可以进入）
人 从东栅景区服务中心步行约20分钟

东岳大帝的像

■ 翰林第
住 桐乡市乌镇观前街6号（与皮影剧馆、修真观相连，从哪里都可以进入）
人 从东栅景区服务中心步行约20分钟

子夜酒店

建在景区前的时尚饭店

◆这是一家1996年开业的位于东栅景区入口对面的酒店，店内同时设有餐厅与咖啡馆。

该店与东栅入口的林家客栈为同一经营者。房间时尚而舒适。

没有星级酒店

Map p.369-B2

住 桐乡市乌镇子夜路3号
☎ (0573)88728088　FAX (0573)88728000
S 580元~　T 580元~
服务 无　31
IN 12:00　OUT 12:00
人 从东栅景区服务中心步行约3分钟
URL www.ewuzhen.com/zzl/zhiye.aspx
免费

苏州市　　　上海市

南浔

杭州市

南浔 *Nanxun*

中西合璧的建筑与园林交织的现代水乡　　　电话区号 0572

交 通

🚉 南浔没有火车站

▼ 从上海出发
在上海旅游集散中心总站（Map p.28-B4）乘坐前往南浔的一日游大巴（→p.44），8:30出发，票价150元
上海长途汽车北站（Map p.47-A1）6:50~19:20 共 15 班，大约 2 小时 30 分钟，票价 38 元
上海长途汽车南站（Map p.48）7:20、10:00、13:40、16:50 发车共 4 班，票价 41 元

▼ 从苏州出发
在苏州北广场汽车客运站（Map p.311-C1）出发 6:10~17:40 大约 12 班，运行 1 小时 30 分钟，票价 22 元

▼ 从乌镇出发
🚌 8:30、9:10、13:30、14:10 出发，票价 8.5 元，大约 45 分钟
🚗 大约 30 分钟，100 元左右

❶ 旅游咨询处

南浔旅游接待中心
🏠 湖州市南浔镇
☎ （0572）3015021
🕐 8:00~17:00（冬季 ~16:30）
休 无
🌐 www.chinananxun.com
※可以领取免费旅游介绍

■ 景区门票
没有各景点单独的门票，进入景区需要含有 9 个景点（小莲庄、嘉业堂藏书楼、张石铭旧宅、刘氏梯号、南浔辑里湖丝馆、求恕里、广惠宫、张静江故居、百间楼民居）费用的 1 日通票。另外，开放时间以外的时间进入景区免费。
💰 100 元
※各景点开放时间与南浔旅游接待中心营业时间相同

■ 小莲庄
🏠 湖州市南浔镇小莲庄路
🚶 从南浔旅游接待中心步行大约 5 分钟
■ 游船码头（Map p.373-B2）
💰 100 元~1 只船（15 ~ 20 分钟）

南浔　概 要

太湖南面的南浔，位于上海以西约 120 公里处的浙江省湖州市。南浔作为江南水乡名镇之一已经有可以夸耀的 740 余年历史，其中极度繁荣时期要算从清朝中期到后期这一段时间。因丝绸产业的飞速发展成长起来的超级富豪们，受最早传播到上海的西洋文化影响，依次建造了色彩浓重的豪宅以及园林。模仿异国情调的这些摩登建筑现在依然保存完好，成为镇上吸引人的旅游景点。

南浔　漫 步

南浔有两个汽车客运站。一个是上海、杭州、苏州等地过来的汽车到达的长途客运站（Map p.373-B1），另一个是乌镇等附近村镇来的汽车到达的泰安长途客运站（Map p.373-A2）（泰安长途客运站位于老街区向西外边一点的位置。在哪个汽车站都可以乘坐电动三轮车前往南浔旅游接待中心，大概 5 分钟，5~10 元。

小莲庄　　　　　　　　　　　　　　Map p.373-B2
融合了西洋与中国特色的园林　　　　　　　　　★★★

在老街区南端延展开来的小莲庄是江南名园之一。南浔四大富豪之一的刘镛于 1885 年开始建造此园，最后由他的孙辈在 1942 年完工。内园由家庙、义庄、园林三部分组成，园林部分又分为外园与内园两部分。其中融合了东西文化、可以具体体现了南浔建筑特点的外园不可不看。莲花池周围配有异国风格的建筑，真是美不胜收。

园内现代的亭子

刘家家庙前的御赐牌坊

张石铭旧宅

反映时代特征的巴洛克风格的西洋式公馆

Map p.373-B2

★★★

南浔四大富豪之一的张颂贤的孙子——张石铭于清光绪年间（1875~1908 年）建造了这座宅邸。作为中西两种风格混合的建筑，这里被评定为重要文化保护单位。馆内的几个建筑当中最有特色的是建造在后院具有巴洛克风格的西洋式公馆。连大量使用法国造的花砖及彩色玻璃的舞厅也设在其中，可以想见当时富豪们的生活方式多么奢华。

■ 张石铭旧宅
🏠 湖州市南浔镇南西街 132 号
☎ （0572）3912552
🚶 从南浔旅游接待中心步行大约 5 分钟

水乡古镇

● 南浔

香蕉叶图案装饰的芭蕉厅

中式迎宾堂

这里面能看到巴洛克式的建筑

红砖制造的洋公馆。柱子及细节的设计能看到巴洛克的风格

南浔

长途客运站
(前往苏州、杭州、上海方向)

浔溪大桥

百间楼

张静江故居

1

318国道

南浔大桥

宝善街

南宋御酒坊 洪济桥

东大街

下塘东街

三清桥

颖园

通津桥

颖园饭店

便民路

颖东街

广惠桥

广惠宫

南浔辑里湖丝馆

中万街

刘氏梯号

泰安长途客运站
(前往乌镇)

求恕里

张石铭旧宅

游船码头

通利桥

小莲庄

蒋家桥

巨象宾馆

嘉业堂藏书楼

雅亭商务新店

南浔旅游接待中心
(门票售票处)

小莲庄宾馆

N

0 200m

● 景点 H 饭店 B 银行 i 南浔旅游接待中心 公交车站

悬挂着"钦若嘉业"匾额的大厅

中西巧妙结合的外观

嘉业堂藏书楼 Map p.373-B2
个人出资收集古书 ★★

这里是清朝富豪刘镛的孙子——刘承乾在 1920 ~ 1924 年建造的一座藏书馆。当时，宋元时期珍贵的古书不断流向海外，刘承乾对这种状况深深忧虑，于是自己出资买断古书保管于此。花费了大约 20 年时间收集来的古书，以从宋代到清代的作品为主，据说最多的时期达到了大约 16 万册之多。藏书楼建筑本身包含西洋建筑的要素，太湖石建造的回廊式园林也十分美。

太湖石围了一圈儿的园林　　　　　　　　这里也收集了很多历史书籍

三古桥（广惠桥、通津桥、洪济桥） Map p.373-B1-2
象征水乡南浔的 3 座石桥 ★★

南浔有句谚语"五步一桥"，这里就是以桥多闻名。现在只剩十多座桥，其中被称为"三古桥"的广惠桥、通津桥、洪济桥成为镇上的标志。水面倒映的拱形石桥古色古香，十分俊逸。

洪济桥位于老街区的东北

现在还保留古韵的通津桥

美丽的拱形桥——广惠桥

使用大量红砖的刘氏梯号

刘氏梯号 Map p.373-B2
还有一个名字叫"红家" ★★

1905 年刘镛的三子梯青建造了这座宅子。由于建筑的外观大量使用了红砖又被称为"红家"。融中国传统与西方现代风格于一体的设计，显示了主人梯青曾深受西方文化的影响。

南浔辑里湖丝馆

通过丝绸产业了解南浔历史

Map p.373-B2 ★★

这家博物馆通过丝绸产业介绍南浔的历史。辑里是南浔以南大约 3.5 公里处的一个小村庄，1840 年开始盛行养蚕，南浔后来走向世界的丝绸产业在这里发展了起来，指引着不过是小小水乡的南浔走向了繁荣。

馆内展示着当时的照片以及实际使用的工具等展品，可以了解发生戏剧性变化的古镇历史。

实际使用过的织丝机器

■ 南浔辑里湖丝馆
🏠 湖州市南浔镇南西街
☎ （0572）3012105
🚶 从南浔旅游接待中心步行大约 9 分钟

展示的大量丝绸服装

广惠宫

集中了古今人们的信仰

Map p.373-B2

广惠宫是建于北宋（1056~1068 年）时期的道教寺院。元朝末年，农民起义领袖张士诚曾把这里作为王宫，因此也曾被称为张王庙。正殿里供奉的是黄大仙和观世音。每月的农历初一与十五，现在还有很多人来参拜，十分热闹。

建在广惠桥正面的广惠宫

■ 广惠宫
🏠 湖州市南浔镇南民街
📵 无
🚶 从南浔旅游接待中心步行大约 10 分钟

拥有圆形前院的大堂

百间楼

有趣的江南水乡代表性的民居建筑群

Map p.373-B1 ★

沿着老街区东北的河沿保留着明代的古民居建筑群。一位叫董份的官员当年在这里修建了家奴的住所，如今其中的一部分作为一般居所还有人住在这里。白色墙壁的建筑群倒映在河面上的情景，保留着与建造当初毫无二致的水乡风情，给人留下很深的印象。

白色墙壁的古民居排列在静静的河畔

■ 百间楼
🏠 百间楼河东
📵 无
🚶 从南浔旅游接待中心步行大约 20 分钟

颖园饭店

邻接园林的老街区里的老字号饭店

◆这是一家 1958 年开业位于老街区北侧的便民路边上的老字号饭店，占地内有同名的园林。大堂陈旧了一些，不过客房重新装修过，所有的房间都配备了浴缸，使用起来很方便。

没有星级酒店　　　Map p.373-B1-2
🏠 湖州市南浔镇便民路 31 号
☎（0572）3912025
📠（0572）3912025
Ⓢ 180 元~　Ⓣ 180 元~
服务 无　🅿 50
ⓘⓝ 12:00　ⓞⓤⓣ 12:00
🚶 从长途汽车客运站步行约 25 分钟
免费

枫泾 *Fengjing*

悠闲且稳稳当当的水乡　　　　　　　　　　电话区号 021

枫泾　概　要

　　有着 1500 年历史的水乡古镇——枫泾，是一个从上海驱车约 1 小时就可以到达的淳朴水乡。"三步两座桥、一望十条港"，说的是在枫泾走上 3 步，就能看到 2 座桥；放眼一望就能看到 10 个河港。枫泾的特产有著名的枫泾四宝，即黄酒、枫泾丁蹄、状元糕、豆腐干。近年来这里的农民画也受到关注，变得很有名。另外，枫泾因其地形形似荷叶，也被称作"荷叶地"。

枫泾　漫　步

　　为了便于游览，这里重新修建了古镇入口。走进入口，就能看到百姓的水乡生活场景。位于镇中央的中大街、北大街、和平街、生产街沿岸的景点是主要看点。景点虽然不多，由于还没有被完全旅游商业化，因此能看到在枫泾生活的人们质朴的样子。小镇有很多古桥，漫步在河边长达 268 米的细细的长廊里也别有风味。这里还经营着手划游船，可以从水上领略水乡风情。还可以看到生产街的消防局以及和平街的邮局等几处古迹。另外，枫泾没有住宿设施，从上海市内当天往返比较好。

刚出锅的特产——粽子

丁蹄作坊　　　　　　　　　　　Map p.377-A2
细致再现烹调现场　　　　　　　　　　　★★

　　这里是 1852 年在古老的石桥——致和桥的西侧修建的制作猪蹄的作坊。丁蹄作坊的前身是家酒馆。一进门先映入眼帘的是宽敞的厨房。这里用人偶再现了枫泾的名产——枫泾丁蹄的做法。从事先准备到完成加工细致地表现了各个细节。外边有猪圈（这也是为再现当年情景）。

详细再现了当年厨房里的情景

交通

从上海出发

🚇 乘坐地铁 1 号线在"锦江乐园"站（Map p.10-B4）下车，即是梅陇西南汽车站，从那里再乘坐枫梅线枫泾汽车站方向的公交车，大约 50 分钟，"牌楼"站下车即是。票价 11 元。
　　在上海旅游集散中心总站（Map p.28-B4）乘坐前往枫泾的一日游大巴（→ p.44），9:00 出发，票价 100 元。

旅游咨询处

景区门票售票处
（游客服务中心）
Map p.377-A2
🏠 金山区枫泾镇新枫路 39 号
☎ (021) 57355555
🕗 8:00~16:30　休 无
💰 50 元

景区门票

　　有各景点单独的门票，也有含有主要的 8 个景点（丁蹄作坊、朱学范生平陈列馆、施王庙、丁聪漫画陈列馆、三百园、人民公社旧址、程十发祖居、火政会）的通票，通票更合算。

古镇入口的大门

■ **丁蹄作坊**
🏠 金山区枫泾镇南大街 149 号
🚶 从游络服务中心步行大约 3 分钟

值得一看的门楼

朱学范生平陈列馆

可以探访朱学范的生活

Map p.377-A2 ★★

这里是我国杰出的爱国民主战士和政治活动家——朱学范的旧居。他当年作为邮政部部长声名赫赫。在这座两层的建筑中，能看到接待室、陈列高雅的书房以及卧室等当时生活的场景。这里还有朱学范的铜像。

朱学范的铜像

能感受到历史的旧居

■ 朱学范生平陈列馆
住 金山区枫泾镇新泾路36号
费 8元
交 从游客服务中心步行大约5分钟

枫泾三桥

代表枫泾的桥

Map p.377-A2-B1、B2 ★★★

跨越在古镇中心的中大街、北大街上的清风桥、竹行桥、北丰桥合称枫泾三桥。每座石桥情趣各不相同，它们是枫泾不可或缺的风景。

枫泾的绝佳风景处

■ 枫泾三桥
住 金山区枫泾镇中大街、北大街
交 从游客服务中心步行大约6分钟

写有「枫泾三桥」的石碑

施王庙

道教寺院

Map p.377-B1 ★★

施王庙建于1579年，1904年重修，是一所道观，通称叫"施王堂"。历史上，实际存在的施王的名字叫施全。在正殿里能看到常在古建筑上看到的龙的雕像。

当地人喜爱的寺院

■ 施王庙
住 金山区枫泾镇北大街409号
费 5元
交 从游客服务中心步行大约10分钟

枫泾

丁聪漫画陈列馆
施王庙
惠安桥
施王桥
清风桥
退古来
北丰桥
三百圆
朱学范生平陈列馆
和丰桥
人民公社旧址
毛泽东像章馆
竹行桥
生产街
程十发祖居
丁蹄作坊
火政会

金山农民画村方向
金山农民画院方向
上海方向
街城路
朱枫公路
白牛路
新泾路
新街弄
中大街
田园路
新泾路
桥丽路
竹枫路
新枫路
游客服务中心
景区门票售票处
汽车客运站
（前往金山农民画村·金山农民画院方向）
枫泾牌坊
亭枫公路
杭州方向
0 500m

● 景点　G 美食　✉ 邮局　ⓘ 游客服务中心　🚏 汽车站

Map p.377-B1

丁聪漫画陈列馆

■丁聪漫画陈列馆
住 金山区枫泾镇北大街421号
费 8元 从游客服务中心步行大约12分钟

放置着笔记用具的书斋

丁聪漫画陈列馆
驻足在独特的作品前观看

这家陈列馆里展示着20世纪90年代活跃在漫画界的著名漫画家丁聪的作品。一楼与二楼的展室里分类展示着作者充满幽默的讽刺画作品，同时也详细介绍丁聪的经历。这里还能看到卧室、书斋以及园内种植的400年树龄的银杏树、紫薇、芭蕉。

展板上的幽默的作品

■三百园
住 金山区枫泾镇和平街51号
费 18元 从游客服务中心步行大约8分钟

介绍许许多多职业的百行馆

三百园
有300个展品的壮丽的宅子

Map p.377-B2

这里是建在铺满石板的和平街上的宋代大宅院。所谓"三百园"，指的是这里展示着与百灯、百笼、百行相关的各100余个展品。这里仿佛是一家乡土资料馆，在这里能够看到活跃在枫泾农业、商业的精英们的作品。另外，园子里侧建着一座器宇轩昂的江南园林。

展示着很多种灯笼的百笼馆

■人民公社旧址
丁聪漫画陈列馆
住 金山区枫泾镇85号
费 12元 从游客服务中心步行大约10分钟

楼梯下面是防空洞

人民公社旧址
驻足在独特的作品前观看

Map p.377-B2

像章

利用人民公社旧址开设的博物馆。会议室和办公室等保持着当日的样子。另有毛泽东像章藏馆，一进去迎面看到的是1200枚纪念章。这是2003年有人捐赠的。旧址内还有防空洞、战机等可以参观。

■程十发祖居
住 金山区枫泾镇和平街151号
费 8元 从游客服务中心步行大约15钟

程十发祖居
代表中国的画家的故居

Map p.377-B2

这里是著名画家程十发住过的居所。里面长长的宽敞的建筑是建在明清时期江南地区特有的住宅样式。程十发的父亲是医生。在这里可以一窥画家生活的场景，还能欣赏到他的作品。

木头装饰的镂空窗户

有很多书画作品

中庭里也展示着作者的绘画作品

距离枫泾古镇很近的金山农民画村

从枫泾古镇驱车北上 15 分钟就来到了 2006 年开放的金山农民画村。村里排列着一间间农民画家的工作室，村口前的标牌上写着工作室的画家情况介绍。一进村，就看到装饰着大量从没画完的绘画作品到迄今为止完成的农民画。另外，还有一些销售农民画的工作室，买一些做纪念也蛮好的。各处的墙壁上描绘着表现农村风景以及生活场景的色彩鲜艳的农民画，从中可以了解到生活在这块土地上的人们的生活方式。

描绘农村生活的壁画

可以看到现场作画的情景

何谓农民画

将表现农作物的收获、节庆活动以及结婚仪式上孩子们玩耍的样子等这些农民日常生活的场景用鲜艳的色彩朴素地描绘出来的作品就是农民画。从一幅画上就能窥到当地的季节节庆与生活方式，手工绘制的画作新鲜地传达着生活的气息。吉林东丰、天津杨柳青、重庆綦江、云南腾冲、青海湟中、陕西户县、山东日照、湖北黄冈以及河南舞阳等地都是我国各地的农民画村。地域不同，所描绘的内容以及笔触也不同，在上海近郊的金山农民画村最有名。

在村里可以品尝到当地的家常菜

村里的餐厅
灶头屋里农家饭店
🏠 中洪村 1043 号（金山农民画村内）
☎ (021) 57359017
🕐 8:00~20:00 休春节 7 天 座 30

金山农民画村
Map p.8-B4、308-B4 🏠 朱枫公路 8258 弄 169 号
☎ (021) 57358960 🕐 8:00~16:30 休无 费 30 元
🚇 地铁 1 号线"锦江乐园"站（Map p.10-B4）下车后即是梅陇西南汽车站，从那里乘坐前往枫梅线枫泾汽车站的公交车，大约 50 分钟，在"牌楼"站下车，换乘枫泾一线路后大约 15 分钟，在"中洪村"下车即是。※包一辆出租车会更方便

有着农民画画廊的金山农民画院

这家画廊以金山当地画家作品以及农民画为主题收集原创作品，最普通的农民画 80 元起 1 幅，价格合理。其他还有一些绘有农民画的冰箱贴等多种多样的小商品，在这里找寻一些中意的作品吧。
Map p.8-B4
🏠 朱泾镇健康路 300 号
☎ (021) 57330851
🕐 9:00~16:30 休无

左／体验游船乐趣的人们 右／摆有很多杂货商品

从上海市内乘坐出租车大约 1 小时
　※包一辆出租车会更方便

绘有农民画的整套茶壶售价 480 元

描绘日常生活场景的一幅画

苏州市 ★锦溪 ★上海市

杭州市

锦溪 *Jinxi*

让妃子入迷的五保湖畔的美丽风景　　　　　电话区号 0512

锦溪没有铁路

▼从上海出发

在上海旅游集散中心总站（Map p.28-B4）乘坐前往锦溪枫泾的一日游大巴（→p.44），周末早晨发车（不定期），票价 88 元

从苏州出发

在苏州北广场汽车客运站（Map p.311-C1）出发，6:40～16:40 上午 3 班，下午 3 班，1 小时，票价 14 元。这趟车途经汽车客运北站

大约需要 1 小时 10 分钟，车费也 160 元左右

从周庄出发

5:30～18:00 约每隔 10 分钟发 1 班车，票价 7 元，大约 20 分钟。※返回各地的末班车一般在 17:00 左右出发，因为比较早，所以要提前确认回程汽车的发车时间。

旅游咨询处

这里没有旅游咨询处，在以下介绍的景区门票售票处可以领取免费的小册子

景点门票

没有各景点单独入场的门票，需要买含有本书介绍的景点以及锦溪杰出人物馆、近现代民间壶具馆费用的 1 日通票。另外，仅仅进入老街区的活不要门票。

景区售票处

（锦溪旅游发展有限公司）

Map p.381-B2

昆山市锦溪镇文昌阁风景区

☎（0512）57231352

🕐 8:00-16:30（夏季 7:30-17:00）

休 无　🎫 65 元

莲池禅院

昆山市锦溪镇莲池禅院

☎（0512）57224651

🚶 从景区门票售票处步行大约 3 分钟

游船码头（Map p.381-B2）

从莲池禅院前出发运行到唐志云金石篆刻艺术馆

🚢 1 只船 100 元（大约 30 分钟）

锦溪　概　要

矗立在五保湖畔的锦溪是个位于上海以西 60 公里处的小小水乡。南宋的陈妃尤其喜爱这里的湖畔风景，古镇曾经被称为"陈墓"。沿着河岸明清古民居鳞次栉比排列的老街区仅仅有 1 平方公里多的面积。仿佛象征古镇长达约 2500 年历史似的，保存至今的 36 座古桥在水面上映出它们多彩多姿的倒影。另外，锦溪作为"博物馆之乡"也很有名，博物馆数量达 10 处以上之多。

锦溪　漫　步

古镇在五保湖的北侧一带舒展开来。湖畔前广场是从上海等地来的旅游车的到达站以及景点门票售票处。另外，从苏州或周庄来的一般公交车出发与到达的锦溪汽车站（老汽车客运站前）位于古镇北端，前往景区门票售票处的话，从这里朝文昌路向南步行 10 分钟即可。隔过售票处西侧的古莲池看到的黄色建筑是观光起点——莲池禅院（文昌阁）。五保湖的湖水是贯穿老街区南北的水路，它两侧延伸着全长 500 米的上塘街与下塘街。排列着一座座博物馆的上塘街是游览的中心大街，这里也散布着土特产商店和餐馆。

莲池禅院　　　　　　　　Map p.381-B2
皇帝为爱妃修建的寺院　　　　　　　　★★★

南宋第二代皇帝赵眘为了给病死的陈妃（赵眘的妃子）还愿，修建了这座莲池禅院。2011 年 2 月重新修建了全新的殿宇。浮在寺院内五保湖南部的墓地里埋葬着特别喜爱这里的陈妃。寺院内的一座 3 层楼阁是象征文运昌盛的文昌阁。

莲池寺院里的文昌阁

面朝五保湖修建的莲池禅院

中国宜兴紫砂博物馆

罗列着宜兴紫砂陶器名品

★★

这是一家展示著名陶器产地——宜兴的紫砂陶器的收藏品的博物馆。这里不仅有茶壶、器物、佛像等名作，其他藏品风格也各式各样，从传统到现代艺术风格一应俱全。里面还有一个高约2米的巨大茶壶。展板上介绍有制陶流程。

带有精致花纹图案的茶壶

中国古砖瓦博物馆

装饰传统住宅房檐的数种砖瓦

★★

这家博物馆展示着用于装饰房檐以及大门等处的700多个砖瓦藏品。除了展有滴水或平铺用的实用砖瓦外，还有施以精致雕刻的艺术砖、装饰砖，尤其是展示在玻璃展柜里的大约5500年前的珍贵的红烧土的破碎瓦片等，都可以近距离观看。

房檐下垂落雨水的瓦片"滴水"

景点 H 饭店 S 商店 B 银行 i 旅游服务中心 邮局 公交车站

■中国宜兴紫砂博物馆

昆山市锦溪镇上塘街38号

（0512）51224652

从景区门票售票处步行大约7分钟

这里也曾被称为"紫砂馆"

身高过丈的巨大的茶壶

■中国古砖瓦博物馆

昆山市锦溪镇上塘街29号

（0512）57238096

从景区门票售票处步行大约9分钟

这里基本位于上塘街的中间位置

刻有植物图案的砖瓦是不是很艺术

河边的茶屋里传出笛声

闲散地流过老街区的河水

古董博物馆

Map p.381-B2

东亚第一的个人古董收藏 ★★

新嫁娘的轿子

这家博物馆里摆放着馆主薛仁生自己收集并所有的一些珍贵藏品。从北魏的石佛、清代的中式木床、唐代的熨斗，到书法及现代绘画作品，藏品数量达 3000 件以上。作为个人收藏，堪称“东亚第一古董馆”。

“文革”藏品陈列馆

Map p.381-B2

了解“文化大革命”时的中国 ★★

这家博物馆介绍从 1966 年开始的持续约十年的“文化大革命”的相关资料。以指挥“文化大革命”的毛泽东为首，墙壁上悬挂着斯大林、列宁等人物肖像。这里同时也展示着宣传毛泽东思想的海报、粮食配给制时期的票证等一些有趣的资料。

海报

近现代民间壶具馆

Map p.381-B2

扎根于人们日常生活的壶具收藏 ★★

一至三层的展室里成排摆放的是从近代到现代老百姓使用过的茶壶、茶碗等藏品。其中有形似人面狮子的茶壶等独特的展品。

锦溪杰出人物馆

Map p.381-B2

歌颂锦溪引以为荣的伟人们的功绩 ★

这家博物馆用照片等资料介绍锦溪出身的著名人物。他们是：天文学者，并曾经支持革命的朱文鑫（1883 ~ 1938 年）；抗日战争时期秘密参加革命，后来在南京雨花台殉命的陈定达（1902 ~ 1940 年）；微生物学者陈华癸（1914 ~ 2002 年）等。在这里可以追寻他们的足迹。

中国收藏艺术展览馆（流动馆）

Map p.381-B2

展示做工高超的木雕家具与陶瓷 ★

以雕刻精美的桌子、椅子以及百宝阁等木雕家具为主，介绍与日常生活息息相关的民间艺术品是这家博物馆的特色。1 楼主要是木雕家具的展室，展示着清代紫檀做的架子等。其他还有景德镇的壶、盘子等陶瓷收藏品。

雕有美丽花鸟图案的木质屏风

■**古董博物馆**

住 昆山市锦溪镇上塘街

☎（0512）57224653

🚶 从景区门票售票处步行大约 10 分钟

这里展示着 3000 件以上的个人藏品

■**文革藏品陈列馆**

住 昆山市锦溪镇上塘街

☎（0512）57224662

🚶 从景区门票售票处步行大约 13 分钟

当时使用的配给制票

■**近现代民间壶具馆**

住 昆山市锦溪镇上塘街 36 号

☎ 无

🚶 从景区门票售票处步行大约 11 分钟

展品数量相当多

■**锦溪杰出人物馆**

住 昆山市锦溪镇下塘街

☎ 无

🚶 从景区门票售票处步行大约 13 分钟

■**中国收藏艺术展览馆（流动馆）**

住 昆山市锦溪镇上塘街 27 号

☎（0512）57227781

🚶 从景区门票售票处步行大约 8 分钟

唐志云金石篆刻艺术馆（金石人家）
Map p.381-B2

展示印章的篆刻作品

　　这家艺术馆介绍代表中国的书法家——唐志云的书画及篆刻作品。唐志云1957年生于锦溪，幼时就喜爱书法、篆刻，如今其作品的艺术性在国际上享有很高声誉。

艺术馆位于静静的水边

■唐志云金石篆刻艺术馆
（金石人家）
🏠 昆山市锦溪镇锦溪街16号
☎ 无　🚶 从景区门票售票处步行大约13钟

雕刻精美的印章

张省美术馆
Map p.381-B2

锦溪出身的水墨画画家张省的作品收藏

　　张省1955年出生在锦溪，成为刘海粟的弟子后艺术天分才得以发挥。美国前总统比尔·克林顿是收藏他的作品的粉丝之一。一到二层的展室里，除了展有他的素描、水墨画以外，还展示着刘海粟的书法。

展示着水墨画等张省的作品

二楼展室里展示着水墨画的巨幅作品

■张省美术馆
🏠 昆山市锦溪镇上塘街
☎（0512）57225562
🚶 从景区门票售票处步行大约6分钟

柿园
Map p.381-B1

有一棵大柿子树的画家旧居　　★★

小小的园林里浓缩着美的意识

　　这里是与近代中国画坛名字连在一起的陆曙轮（1900~1980年）的旧居。院子里有一棵大大的古柿子树，因而被称为柿园。现在这里主要展示陆曙轮的次子——陆家衡的书画作品。

■柿园
🏠 昆山市锦溪镇柿园
☎ 无　🚶 从景区门票售票处步行大约16分钟

位于巷子里的柿园

燕月楼

眺望菱塘湾的景致真是美极了

　　◆面对老街区的菱塘湾修建的燕月楼是一家家庭经营的旅馆。房间虽然略微狭窄，却极为整洁。房间里设施完善，安装着最新式的浴室以及电器产品。提前打声招呼，可以在一楼的茶室享用早餐（10元）。

没有星级酒店
Map p.381-B2

🏠 昆山市锦溪镇菱塘湾16号
☎（0512）57231874
FAX 无
S 160元~　T 180元~
服务 无　🛏 10
IN 12:00　OUT 12:00
🚶 从景区门票售票处步行大约3分钟
免费

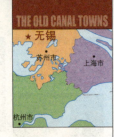

无锡 *Wuxi*

可以坐船游览太湖的大受欢迎的水乡　　　　　电话区号 0510

无锡　概　要

位于长江下游的水乡无锡拥有约 620 万人口。自古以来作为物流据点，无锡就很繁荣。带来都市繁荣的京杭大运河悠悠地流过城市。无锡南部舒展着带来太湖石和丰富的渔业资源的太湖，这里也称得上被水孕育的城市。它的历史自殷末期在这里筑城的句吴国。吴国时期这里作为锡的产地而闻名，到了汉代由于矿脉已尽又被起名"无锡"。近年来，虽然城市伴随着外国企业的增加现代化急速发展，但是还有许多地方保留着古色古香的水乡面貌。浮在太湖上风光明媚的自然公园、运河沿岸的老街区等作为观光景点都加以修整，无锡作为新旧美丽皆有的旅游城市越来越受到人们的关注。

无锡　漫　步

无锡有两个火车站。其中以靠近市中心的无锡火车站（Map p.385-B1）为主。另一个火车站是城东部新开通的高铁专用的车站，由于乘坐出租车需要大约 50 分钟才能到达市区，比较远，所以对旅行者来说意义不大。不过，2014 年预计开通地铁，那样的话连接市区的时间就会大大缩短。

无锡火车站分南北两个站区，中间有地下通道连接，步行 8 分钟。哪列火车在哪个站区出发与到达，因火车而异。和谐号等高速列车在北部站区（城际铁路），其他的在南部，差别很大。北部站区与新设立不久的无锡汽车客运站相邻。

百货商店等商业大厦林立的繁华街道在火车站西南约 2 公里处的中山路与人民中路十字路口附近。从无锡火车站北部乘坐出租车（10元）或公交车 11 路、35 路、118 路（1~2 元）也可以过去（10 分钟）。在十字路口附近有各种各样商铺云集的崇安寺步行街，每天都因购物人群热闹不已。

另外，从繁华街道向西南方向 10 公里左右就是太湖方向的旅游景点。可在无锡火车站北侧的公交车站坐车或是坐南广场前兴源路边频频发车的 1 路、87 路前往，交通非常方便。也可以乘坐从无锡市人民政府旅游咨询中心出发的旅游小巴士。

新开设的无锡火车站北侧

鼋头渚公园

被誉为太湖第一名胜的风光明媚的公园

Map p.385 无锡地区图

★★★

突出于太湖之上的半岛的一部分经过修整而形成的自然公园就是鼋头渚。从地图上看去，它的形状颇似乌龟的头，所以被命名为"鼋头渚公园"。首先，乘坐门票售票处旁出发的巡回车（15分钟1班，10分钟），前往游览中心的公园西部。这一带除了有长春桥、被称为包孕吴越的景观外，还有前往园内第一景点——太湖仙岛（三山）的游船码头。坐船上岛大约10分钟。那里有凌霄宫、大觉湾石窟、玉皇大帝像等很多景点。

雕刻着巨大石佛浮雕的大觉湾石窟

■ 前往太湖仙岛的游船

从巡回车的车站步行至游船码头大约5分钟。游船码头大约每隔20分钟发1班船，大约运行10分钟到太湖仙岛。

从船上看到的鼋头渚公园

■ 前往太湖方向的旅游小巴士

旅游小巴士从无锡市人民政府旅游咨询中心出发直接到达以下景点。不过，是单行线，回来的时候需要乘坐公交车。

① 鼋头渚公园和太湖仙岛
圆 105元（含门票及船费）
9:00~13:00 每30分钟1班，每天7班

② 三国城与水浒城
圆 150元（含2城的门票）
只有9:00出发的1班

水乡古镇

● 无锡

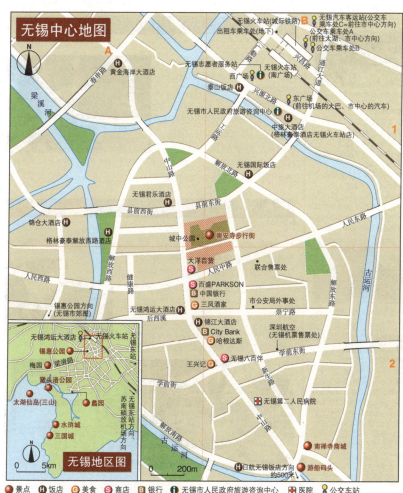

无锡中心地图

N

A

B

无锡火车站(城际铁路)
出租车乘车处(地下)
无锡汽车客运站(公交车乘车处C=前往市中心方向)
公交车乘车处A
(前往太湖、市中心方向)
公交车乘车处B

春申路
黄金海岸大酒店
无锡志愿者服务站
西广场
无锡火车站(南广场)
泰山饭店
兴源北路
无锡市人民政府旅游咨询中心
东广场
(前往机场的大巴、市中心的汽车)
中旅大酒店
(格林豪泰酒店无锡火车站店)

梁溪河

中山路
解放北路
无锡国际饭店

无锡君乐酒店
其前东街
其前西街

锦仓大酒店
格林豪泰解放西路酒店
解放西路
城中公园
崇安寺步行街
人民东路

人民西路
健康路
大洋百货
人民中路
联合售票处

百盛PARKSON
中国银行
三凤酒家
市公安局外事处
崇宁路
解放东路

无锡鸿运大酒店
西后溪

锦江大酒店
City Bank
哈根达斯
深圳航空
(无锡机票售票处)
学前东街
新生路

王兴记
无锡六百伴

学前街

无锡第二人民医院

通江大道
火车路

古运河

1

2

古运河

无锡鸿运大酒店
无锡火车站
锡惠公园
梁溪路
无锡东站
梅园
鼋头渚公园
蠡园
太湖仙岛(三山)
水浒城
三国城
无锡东站方向
苏南硕放机场方向
解放南路
古运河

N

0   5km
无锡地区图

南禅寺商城

日航无锡饭店方向
约500米
游船码头

0   200m

● 景点　 H 饭店　 G 美食　 S 商店　 B 银行　 i 无锡市人民政府旅游咨询中心　 ✚ 医院　 公交车站

■三国城

■三国城
🏠 无锡市大浮
☎（0510）85552687
⏰ 7:30~17:30　休 无
💰 90元（与水浒城的联票150元）
🚍 从无锡火车站乘坐82路"三国城"下车即是
🌐 www.ctvwx.com
※ 9:15~16:45 共 10 场演出，具体演出时间和地点要在门票售票处事先确认

■三国城与水浒城之间的交通
园区范围很大，虽然可以步行游览，但是使用以下方式效率更高。
①租赁自行车
💰 1天100~150元（可以弃置在三国城与水浒城的任何地点）
②电瓶车
💰 ①1台200元~（游览三国城45分钟）
　②1台300元~（三国城+水浒城90分钟）

也有双人自行车

■水浒城
🏠 无锡市大浮
☎（0510）88556127
⏰ 7:30~17:30　休 无
💰 85元（与三国城的联票150元）
🚍 从无锡火车站乘坐82路"水浒城"下车即是
🌐 www.ctvwx.com
※ 9:15~16:00 共 7 场演出，具体演出时间和地点要在门票售票处事先确认

连巨大的城墙也真实再现了

■锡惠公园
🏠 无锡市惠山直街 4 号
☎（0510）28728121
⏰ 5:30~17:30　休 无
💰 10元。其他30元（锡惠公园+惠山缆车）、75元（锡惠公园+锡惠园林文物名胜区+吟苑公园+杜鹃园）等
🚍 从无锡火车站乘坐2、87、98路"锡惠公园"下车即是。从市内乘坐10、27、56、71路也可以
※ 有 3 个人口，公交车基本在东侧的锡山大门出发与到达

三国城
时光停留在《三国志》的时代

Map p.385 无锡地区图
★★★

　　三国城是用于拍摄电影《三国志》的中央电视台（CCTV）的影视剧拍摄基地。和后面介绍的水浒城一样，都是对公众开放的再现古代景观的主题公园。规模宏大的吴王宫殿、巨大的木造船只停泊的港口等，园内的景观仿佛把我们带回了三国时期。在斗技场、竞马场、聚贤堂等地上演着有关三国的演出，能欣赏到骑兵飞速疾走等扣人心弦的场面。

建在三国中心的吴王宫殿

实物般大小的吴国水军的船只

水浒城
拍摄电视剧《水浒传》仍在使用的摄影基地

Map p.385 无锡地区图
★★★

　　为了拍摄中国四大名著之一《水浒传》而建造的水浒城，至今还在拍摄各种各样的作品。园内的各个地点除了再现《水浒传》的时代舞台——宋代末期的街巷风貌、不定期地举行杂技表演外，还定期上演模仿电视剧的演出，深受游客欢迎。另外，这里与三国城相连，出示联票就可以通过。

一定要观赏演员在空中飞舞的扣人心弦的演出

锡惠公园
拥有很多景观、与自然协调的公园

Map p.385 无锡地区图
★★★

　　锡惠公园里东有锡山，西有惠山这两座山。海拔74.3米的锡山山顶上耸立着城市的象征建筑——龙光塔。宽广的园区内散布着湖、园林、动物园等多处景点，其中不可错过的是文物保护单位指定的名胜集中的西北部地区。除《茶经》的作者陆羽称为"天下第二泉"的泉水、保留着银杏古树的御碑亭、明代建造的寄畅园之外，在惠山横街周边还保留着白墙相连的水乡风景。

惠山横街的古街巷

围着池塘的回廊环绕的寄畅园

《茶经》里记述的天下第二泉

蠡园　Map p.385 无锡地区图 ★★

在与范蠡有渊源的地方建造的江南园林

蠡园舒展在东蠡湖畔，是无锡有代表性的江南园林之一。据说越王勾践的忠臣范蠡与中国四大美女之一的西施隐居于此，园内建有两人的像。宽阔的园区内，

千步长廊里设计的月亮门（好似从墙上剜出一个门来）

浮在池塘上像船一样的楼阁"莲舟"

散布着延伸到湖上的289米的回廊——千步长廊、船形的楼阁——莲舟，以及书法家刘海粟书写的"春秋阁"匾额等景点。

南禅寺商城　Map p.385-B2 ★★

历史悠久的寺院与购物区域融为一体

建于547年南朝梁朝时期的南禅寺是江南屈指可数的名刹。近些年来，寺院周边得到了进一步开发，重新变身为小商铺合并的购物区域。地上以餐饮店为中心，地下是时尚系列的店铺。在夜景下散步也别有情趣。

热闹的南禅寺商城

美丽的夜景

■蠡园
住 无锡市青祈村70号
☎ (0510) 85101380
开 7:00-18:00　休 无
费 45元（10/17~次年3/15间30元）
🚍 从无锡火车站乘坐1、20、82、211路"蠡园"下车即是

■游船码头
乘船处在流经南禅寺南边的古运河沿岸。
Map p.385-B2
住 无锡市南禅寺游客中心
☎ (0510) 82823359
开 9:00~21:00　休 无　费 每人38元/45分钟（夜间45元）

■崇安寺步行街
顺着繁华街道的人民中路（Map p.385-A·B1~B2）走到了这条步行街。这一带变成了有拱顶的商业街，无论白天还是夜晚都十分热闹。

地下也有很多商店

■南禅寺商城
住 无锡市南长区南禅寺
开 9:00~21:00（因店而异）
休 无　费 免费
🚍 从无锡火车站乘坐19、快5路"南禅寺朝阳广场"下车步行大约1分钟

三凤酒家
大受欢迎的无锡名产——酱排骨

◆将排骨制成三凤桥酱排骨（1个15元~）的老字号店铺就是这里。店里还经营银鱼蛤蜊羹（38元）、葱油太湖鲜（10元）等以太湖产的鱼为食材的菜品，也很受欢迎。这里同时还经营着专门做外卖的三凤桥肉庄。

无锡鸿运大酒店
位于市中心

◆位于城市最繁华的街道——中山路上，占尽地利优势。房价可以是右侧记载价格的6折（节日除外）。

上海菜　Map p.385-A2
住 无锡市中山路240号
☎ (0510) 82725132
营 11:00-13:30、17:00-20:15
休 无
🚍 从无锡火车站乘坐出租车大约15分钟

四星级酒店　Map p.385-A2
住 无锡市中山路317号
☎ (0510) 82737557　FAX (0510) 82722823
S 780元~（含早餐）
T 780元~（含早餐）　服务 无
🛏 183　IN 7:00~　OUT 12:00
🚍 从无锡火车站乘坐出租车大约10分钟
URL www.wxhyhotel.com
免费

木渎★ 苏州市
上海市

杭州市

木渎 *Mudu*

保留着名士修建的美丽园林

电话区号 0512

交通

▼从苏州出发

🚇 地铁1号线"乐桥"站下车大约步行27分钟，"木渎"站下车大约步行17分钟

🚌 苏州北广场汽车客运站（Map p.311-B1）的临时公交车站出发，69路车5:30~21:00每10~15分钟1班。北广场公交车站乘坐游4路也可以，票价2~3元，在"木渎严家花园"站下车，大约50分钟

🚗 大约30分钟，50元左右

▼从杭州、同里、周庄出发

🚗 没有直达的车，需要在苏州换乘

❶ 旅游咨询处

木渎旅游发展实业公司
Map p.389-A2
🏠 苏州市木渎山塘街188号
☎ （0512）66514042
🕐 8:30~17:00（11月~次年3月7:30~16:30）（闭馆前30分钟停止售票）
休 无

■景点门票

可以自由出入老街，6个景点（严家花园、虹饮山房、古松园、榜眼府第、明月寺、瀚海楼收藏馆）收费。除了各景点的门票外，还有含有4个景点（严家花园、虹饮山房、古松园、榜眼府第）的很划算的60元通票，在木渎旅游发展实业公司及各景点都可以购买。

■游船码头

Map p.389-A2
乘船处在木渎旅游发展实业公司旁边或永安桥桥边。
💰 每只船30元

■严家花园

🏠 苏州市木渎山塘街88号
💰 30元
🚶 从木渎旅游发展实业公司步行大约3分钟

木渎 概 要

位于苏州西南约12公里处、太湖湖畔的木渎是个游客较少、小巧而舒适的水乡。大约2500年前，吴王夫差为中国四大美女之一的西施修建的宫殿就在近在咫尺的灵岩山。修建工程所需的采集来的大量木材妨碍了水路（＝渎）的流通，从这段趣话而来，古镇被叫作"木渎"。后来到了明清时期，大量富豪隐居于此。他们留下的30座以上的私家园林中的一部分，现在作为木渎的名胜，向一般公众开放。

木渎 漫 步

从苏州来的汽车停靠在位于老街区北端的中山西路的汽车站。钻过汽车站旁看得见的南面的牌坊，朝老街的方向走去，沿着土特产商店、餐馆排列的明清街前进500米，眼前就是沿着运河延伸的老街区的主干道——山塘街。木渎旅游发展实业公司、主要景点都集中在这条全长1公里的街两边，所以即使从苏州当天往返的话，也能够比较轻松地逛逛街。有数家饭店位于稍微离开老街一点的金山路上。2012年4月，苏州开通了地铁1号线，来古镇木渎的交通变得很方便。

严家花园　　　　　　　　　　Map p.389-B2

远眺灵岩山的木渎第一园林　　　★★★

迎宾用的怡宾厅

苏州名士沈德潜于清朝1792年最早修建了这座园林。后来，经过诗人钱端溪之手，1902年转到了园林最后的主人——木渎首富严国馨的手上。现在看到的是严氏重新修建完成的园林。园内有春景区、夏景区等以季节为主题，情趣各不相同的园子，四季色彩各不相同的树木、花草迎接着来访的游客。

冬景区里的闲木水乡

虹饮山房

皇帝也喜爱的美丽园林

Map p.389-B2

★★★

这座园林建造于清乾隆年间。据说乾隆皇帝对木渎情有独钟，每次下江南都要到这里来，不光坐船观赏园林景致，还要看戏。园内分西园（秀野园）与东园（小隐园）两个区域，东园是后来沈寿的住所。沈寿自幼年时期学习刺绣，后来被誉为刺绣皇后。现在的东园变为沈寿纪念馆。

透过镂空的门看到的西园

古松园

耸立着据说树龄在 500 年以上的古松

Map p.389-B2

★★

这座园林是清朝末期有名的木渎富豪蔡少渔住过的宅邸。园内至今还有一棵成为园林名字由来的约 500 年树龄的古松，深深地扎根此处。隔着池塘一边眺望假山，一边享受沿着连廊在园中散步的乐趣吧。里面同时设有姚建萍刺绣艺术馆。

榜眼府第

倡导革命的政治家住过的宅邸

Map p.389-B2

★★

这座宅子是倡导革命的清朝政治家冯桂芬的旧居。"榜眼"指的是在科举考试中取得第二名的成绩而成为进士的人。1840 年，冯桂芬赢得了这个荣誉，所以这里被称为"榜眼府第"。宅邸与园林前后相配的构造说明这里是典型的清代园林建筑，装饰细节的精美雕刻也十分美。

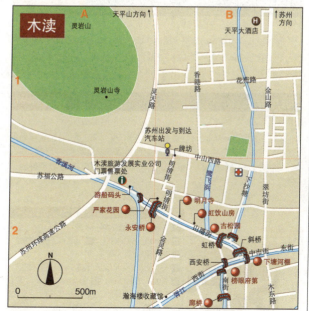

■ **虹饮山房**

住 苏州市木渎山塘街

費 30 元

木 从木渎旅游发展实业公司步行大约 7 分钟

秀野竹堂居中的西园

■ **古松园**

住 苏州市木渎山塘街

費 20 元

木 从木渎旅游发展实业公司步行大约 9 分钟

木渎富豪住过的古松园

■ **榜眼府第**

住 苏州市木渎下塘街

費 10 元

木 从木渎旅游发展实业公司步行大约 13 分钟

从亭子观赏园林的冬景

河边响起孩子们的笑声

太湖蟹的麻辣串，1 串 5 元

● 景点　H 饭店　ℹ 旅游咨询中心　✚ 医院　Y 汽车站

389

廊桥
Map p.389-B2
水乡里珍贵的带木质屋檐的桥
★★

从南街向南走数十米，穿过右侧像隧道似的巷子，就被引导到了这座有屋檐的桥边。当初修建的时候，是想让这座桥起到连接河两岸住家的通道的作用，因此全长仅有 4 米。虽然是座小而精巧的桥，但是在以石桥为主流的水乡，作为一座经历了百年以上的木桥保留至今还是相当罕见的。

小巧的廊桥

下塘河棚
Map p.389-B2
这难道不是水乡低洼地区带拱顶的商店街吗？
★★

沿着老街东端的运河延伸着全长 175 米带屋檐的街道，这里就是下塘河棚。不带装饰的杂货店等店铺一间连着一间，空气里飘浮着当地的气味，感觉就像洼地地区的带拱顶的商店街。

杂货铺一间连着一间的下塘河棚

永安桥
Map p.389-A2-B2
架在香溪上的有 500 年历史的石桥
★★

在严家花园对面可以看到一座建于明弘治十年（1497 年）的拱形石桥。侧面看它携着茂盛的青草的姿态威严十足，能使人深深感觉到它 500 余年的历史。

明月寺
Map p.389-B2
拥有神秘的千年历史的古刹
★

面对山塘街修建的明月寺建于后唐清泰二年（935 年）。清朝李果用"梨花明月寺，芳草牧牛庵"来吟咏它的美丽，于是明月寺变得广为人知。现存的天王殿、大雄宝殿、居士楼等很多建筑都在 2000 年得到了修复。

天平大酒店
虽然稍微远离老街，但是住得放心、舒适

◆这家酒店创建于 1998 年，是木渎最大的酒店。有的时期，房费是右侧记载价格的一半以下。房间都安装了浴缸、宽带网络。早餐为中西式自助餐。

四星级酒店
Map p.389-B1
住 苏州市木渎金山路 168 号
☎（0512）66268888 FAX（0512）66267802
S 650 元～（含早餐）
T 650 元～（含早餐） 服务 10% 277
IN 6:00～ OUT 12:00 乘坐 69、38 路"天平大酒店"站下车即是 大 从老街区步行大约 25分钟 URL www.sz-tianpinghotel.com
免费

龙门 *Longmen*

吴国皇帝孙权的后裔现今生活的地方　　　电话区号 0571

THE OLD CANAL TOWNS

苏州市　上海市

杭州市

★龙门

水乡古镇

●龙门

龙门　概　要

　　从杭州往南大约 50 公里，就是位于富春江南面的、置于山峦间的静静的水乡——龙门。发端于龙门山的剡溪与南北流向的龙门溪这两条小河交汇于龙门，注入富春江。宋朝初期，吴王孙权（182~252年）的后裔们移居到这山河交织的美丽地方。其子孙不断繁衍、人口渐渐增加的皇帝后裔们，不久形成了布满纵横无垠的街巷的村庄原型。街巷之复杂程度，足以使清朝末期想要占领这里的太平天国军队却步。明清时期的有趣的建筑至今仍保留在街巷两边。现在龙门的人口大约有 7000 人，据说孙权的后代就占其中的 90%。

龙门　漫　步

　　龙门旅游的中心地区——老街位于东西流向的剡溪南侧大约 2 公里处的一个四方形地段。渡过剡溪上的耀龙桥，首先修建的龙门牌坊稍微偏西一点就是龙门老街的入口。从入口附近的思源堂前面一直延续到东端的诚德堂，全程大约 1 公里长的老街是龙门的主干道，路两边

著名水乡里生活的人们

排列着杂货店、餐馆等店铺。老街沿线与散落在老街南边街巷里的景点都值得好好逛逛。依照随处设立的旅游指示牌来走一般不大会迷路吧。另外，虽然换乘公共汽车也可以从杭州来龙门，但是如果想当天来当天回的话还是包租一天出租车效率比较高。

孙氏宗祠　　　　　　　　　　　**Map p.392-A2**
孙家祖先安寝的祠堂　　　　　　　★★★

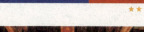

　　供奉着孙氏祖祖辈辈排位的祠堂是龙门被视为最重要的建筑物。门口的抱鼓石上雕刻的是象征皇帝的"龙头鱼尾"图案。祠堂内，有现在孙家举行仪式时的大广间（明前园）、节日、活动时使用的戏台，以及收集了木雕作品的老东西博物馆等。

悬挂孙氏肖像的余庆堂

交　通

▼从苏州出发
🚆 龙门没有火车站
▼从杭州出发
🚌 没有直达的汽车。首先乘坐出租车去龙翔，换乘后去富阳，再换乘中巴
🕐 大约 1 小时，包车 1 日连同等候费用在返最低 550~600 元

■景点门票
　　各景点没有单独的门票，需要买含有所有景区门票费用的 1 日通票。

ℹ 旅游咨询处
门票售票处
（龙门古镇旅游发展有限公司）
Map p.392-A1
🏠 富阳市龙门镇
☎ （0571）63507799
🕐 8:00~16:30
休 无　68 元
🌐 www.hzlongmen.com

停车场前的门票售票处

■孙氏宗祠
🏠 富阳市龙门镇
🚶 从门票售票处步行大约 18 分钟

孙氏宗祠的门口

■工部（承恩堂）
住 富阳市龙门镇老街
入 从门票售票处步行大约
13分钟

工部中有承恩堂

■义门
住 富阳市龙门镇赖义门
入 从门票售票处步行大约
17分钟

工部（承恩堂）

赞颂建造大型军舰的孙坤的厅堂 ★★

明朝的"工部"，以建造大型船只为主要工作。为了称赞在工部任要职的孙坤的功绩建造了此堂。龙门出身的孙坤是孙权第43代子孙，郑和曾使用过他建造的军舰。全长138米的大型军舰彻底改变了当时人们的常识。堂内展示着军舰的模型。

在军舰制造上做了贡献的孙坤的像

义门

供奉拯救村庄于干旱的伟人的牌楼 ★★

明嘉靖年间，龙门百姓深受干旱之苦，孙潮代替百姓们交了岁贡。为了表彰孙潮救民于干旱之苦的善举，人们修建了这个牌楼。牌楼上清晰留下的"义门"二字是当时的县令溪朴的亲笔书法。雕刻狮子图案的砖造大门显示着当时典型的建筑样式，非常珍贵。

白墙间的狭窄街巷

左／面朝广场的义门
右／进了门就是休憩的场所

被称作售厅的建筑所在地

龙门

A　↑杭州、富阳方向　B

•龙门广场
↖杭州方向
G 知鱼轩酒楼
跃龙桥
龙门牌坊　杭州方向的公交车站
古镇入口
剡溪
i 龙门古镇旅游发展有限公司
门票售票处
孙权家菜馆
G 旧厅
思源堂　工部(承恩堂)
余荫堂　龙街
深巷幽居　世德堂
龙门宾馆 H　义门
天子堂　积善堂
明哲堂　百步厅
明前园
老东西博物馆　孙氏宗祠　砚池
剧台
山乐堂　龙门溪

N
0　约500m　约3km
↓ H 龙门客栈静休园方向
大约3km

● 景点　H 饭店　G 美食　i 旅游咨询中心　公交车站

明哲堂
能看到旧时影子
Map p.392-B2 ★★

　　砚池前修建的明哲堂原是孙权第41代孙孙润玉在明朝初期修建的建筑。"文革"期间这里是农业生产管理办公室，所以墙壁上还留有当时的农业生产情况记录表，并展示着当时使用的农机具。

这里可以接触到传统农具

贴在墙上的生产管理表

山乐堂
美丽精巧的木雕梁柱
Map p.392-B2 ★★

　　这里是因经营竹子成功的孙权第50代孙孙仁有建于清朝的私宅。到处是精致的雕刻，据说到竣工时工程共耗费了7年的岁月。《二十四孝》故事、百姓日常生活等浮雕栩栩如生，但遗憾的是"文革"时期头部大都被削掉了。

令人惊异的精巧的木雕

世德堂
为表彰为村里做贡献的孙念阳而建造的木质古堂
Map p.392-B2 ★

　　从明朝末期开始修建到清朝初期的世德堂是为了表彰孙权第44代孙孙念阳的善举。作为商人成功的孙念阳积极参与公共事业，为了龙门村尽心尽力，超越时代现今仍为村民们所尊敬。墙壁上仿佛象征他的为人似的刻着"福"字。

左/供奉着村人尊敬的孙念阳
右/墙壁上刻有"福"字

■明哲堂
住 富阳市龙门镇溪哲路
大 从门票售票处步行大约20分钟

明朝初期建造的明哲堂

■山乐堂
住 富阳市龙门镇义德路173号
大 从门票售票处步行大约21分钟

面对砚池的山乐堂入口

静谧的山乐堂内部

■世德堂
住 富阳市龙门镇赖家弄
大 从门票售票处步行大约17分钟

面朝石板路街巷建造的气派的白墙大门

苏州市　上海市

杭州市

★绍兴

绍兴 *Shaoxing*

因绍兴酒知名的鲁迅的故乡　　　　　　　　　　电话区号 0575

■ 绍兴没有机场。距离绍兴 40 公里的杭州萧山国际机场有前往绍兴的大巴（p.271）。在绍兴市内的机票代理处也可以买到机票
■ 高铁停靠绍兴，所以与上海、杭州、宁波等地的中短途交通十分便利
■ 市内有 5 个汽车总站，但以杭州、上海出发到达班次较多的绍兴市公路客运中心为主（→ Map p.395-B1）。它位于绍兴市北边，乘坐出租车到达鲁迅故居大约 15 分钟
▼ 上海出发　■ 上海虹桥站发车 :706-1531 每天 10 班（只有 D 字头），1 小时 40 分钟~2 小时 17 分钟，票价 65 元、78 元　■ 上海长途汽车南站（Map p.48）发车 :7:10~19:55 每隔 30 分钟 1 班、票价 64~86 元　上海长途快捷汽车站（Map p.10-B2）发车 :7:30~19:00，每 30 分钟 1 班、票价 65~70 元
▼ 杭州出发　■ 7:00~ 深夜 2:59 有 12 班（D、K 字头），运行 42 分钟~1 小时 46 分钟，票价 13~22 元。杭州南站也有 10 班列车（D 字头）　■ 汽车客运南站（Map p268-B3）出发 : 6:20~18:45 每 5~10 分钟发 1 班车，大约 50 分钟，票价 20~24 元
▼ 苏州出发　■ 9:27、10:49、深夜 3:28 出发，2 小时 34 分钟~4 小时 26 分钟，票价 51 元~　■ 苏州汽车北站（Map p311-C1）出发 : 635、830、10:10、13:00、15:00、17:10 出发 6 班。汽车南站出发 : 655、855、10:35、13:30、15:25、17:40 出发 6 班，大约 3 小时 30 分钟、票价 82 元

■ 鲁迅纪念馆
■ 绍兴市鲁迅中路 393 号
■ 门票、开放时间、休息日等详细信息请参考鲁迅故里部分
■ www.luxunhome.com

绍兴 概 要

杭州东南大约 60 公里的绍兴位于浙江省中部，是个人口大约 430 万的水都。市内水路纵横，这个城市特有的脚踏船稳稳地行进在水上。

绍兴的历史可以上溯到石器时代，后来，到了春秋战国时期，越国在此定都。这里世代流传着受尽苦难的越王勾践向吴国复仇的勇武的"卧薪尝胆"的故事。那时已经生产出来的绍兴酒，不用说如今已经是人人皆知的绍兴名产。

另外，以鲁迅为首，这个城市不断涌现出周恩来、秋瑾等众多文化人士、大政治家。和他们有关的地方都成了象征"文化之都"——绍兴的观光景点。

绍兴 漫 步

三味书屋。运河沿岸并排修建的著名游览景点

绍兴火车站向南延伸的解放路是城市主干道。集中了和鲁迅相关的景点的鲁迅故里在解放路向南 2 公里的地方。从火车站乘坐出租车或公交车（2、4、5 路）可以到达。

鲁迅故里指的是鲁迅纪念馆、鲁迅故居、三味书屋、鲁迅祖居四处景点集中的地区，沿着鲁迅中路排列的各个景点之间的距离非常近，步行只需几分钟。不过，由于郊外的三个景区（兰亭、东湖、大禹陵）各自离得比较远，本书所介绍的所有景点都看一遍需要两天的时间。没有时间的朋友，考虑一下包出租车吧。

鲁迅纪念馆　　　　　　　　　　　　　　Map p.395-B3
踏着文学巨匠的足迹　　　　　　　　　　　★★★

这家纪念馆详细介绍了中国近代文学创始者——鲁迅的生平事迹。

鲁迅故里四大景点之一的鲁迅纪念馆

1881 年，出生于绍兴的鲁迅，原名周树人。他曾经在日本仙台留学学医，与内山完造的交往也众所周知。不久，转向文学的鲁迅致力于改革中国的封建思想，后来创作了《阿 Q 正传》、《狂人日记》等名作，成

为伟大的文学家。馆内展示着他充满变化的人生的各种各样照片及资料，可以按照他的生平年代顺序参观。一楼有咖啡屋。

与日本关联很深的鲁迅

■**市内交通**
🚌 市中心票价 1 元，前往兰亭等近郊票价 3~4 元
🚕 起步价（2.5 公里）7 元，以后每公里 2 元，燃油费 1 元。
※ 去离得很近的景点游览乘坐三轮车、摩托三轮车更方便，但是车费与出租车差不多

■**绍兴市游客中心**
有免费的旅游景点介绍小册子。
（Map p.395-B3）
🏠 绍兴市鲁迅中路 241 号
☎ (0575) 85132080
🕐 8:30~17:00
（闭馆前 30 分钟停止入场）
休 无
🖥 www.shaoxingtour.cn

水乡古镇

● 绍兴

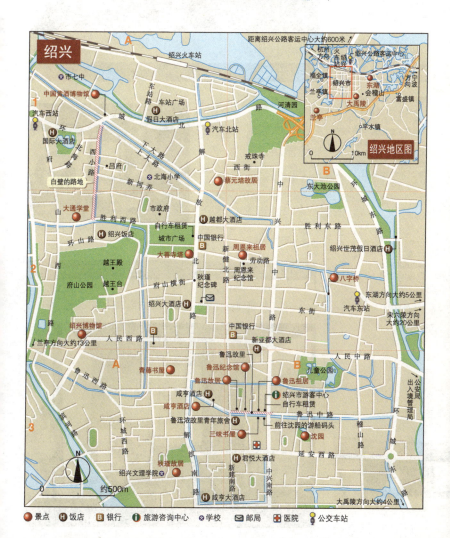

绍兴

● 景点　🅗 饭店　🅑 银行　🅘 旅游咨询中心　✿ 学校　✉ 邮局　✚ 医院　🚏 公交车站

■鲁迅故里（Map p.395-B3）
鲁迅故里是鲁迅纪念馆、鲁迅故居、三味书屋与鲁迅祖居 4 处景点的总称。全部免费参观。开放时间也都全部一样。
开 8:30~17:00
从绍兴火车站乘坐出租车大约 10 分钟
2、4、5 路等在"鲁迅路口"站下车步行 5 分钟
www.luxunhome.com

■鲁迅故居
绍兴市鲁迅中路 229 号

■三味书屋
绍兴市鲁迅中路 264-1 号

■自行车租赁（Map p.395-A2）
在鲁迅故居、大善寺塔等主要景区附近都设有便于游览的自行车租赁处。需要购买 200 元的 IC 卡（含押金）。结算时返还卡内余额。
开 8:00~11:30，13:00~16:00
费 24 小时 20 元（1 小时内免费）

■鲁迅祖居
绍兴市鲁迅中路 237 号

鲁迅故居

Map p.395-B3

小说《故乡》的舞台，鲁迅从小生活的家 ★★★

　　1881 年鲁迅出生在这里。从出生到 1898 年的 17 年与作为教师回乡的 1910~1912 年的两年，鲁迅生活在这里。大部分建筑是后来重建的，厨房所在的老屋保留着鲁迅当时生活的样子。老屋后面宽阔的园林是幼年鲁迅捕虫游戏的百草园。东侧叫作笔录风情园，建在池塘上的楼阁、再现传统婚礼的展览等景点都可以好好参观。

鲁迅玩耍要过的绿意浓浓的百草园　　　　留有生前情景的鲁迅住过的家

三味书屋

Map p.395-B3

鲁迅上学的小小私塾 ★★★

　　三味书屋是清朝末期绍兴最有名的私塾，位于鲁迅故居对面。鲁迅从 12 岁到 17 岁之间都在这里学习。虽说是名校，里面的教室也就能坐下十几个学生，实际上是小巧的氛围。教室一角还保留着鲁迅当年使用过的桌子。上面刻的"早"字是他迟到后对自己的告诫。

鲁迅总是使用角落里的桌子

鲁迅祖居

Map p.395-B3

鲁迅祖父住过的家 ★★

　　鲁迅祖父生活的宅子位于鲁迅故里的东端。鲁迅祖父曾经任职翰林

馆内还有刺绣的房间

各个房间都有宽敞的宴会大厅

院的高官，很有学识。不久，家况急转直下，目睹了家庭没落的鲁迅性情大变，最终立志于文学道路。馆内有图书室、储藏室等，可以了解当时的生活状态。

气派的书画室

咸亨酒店

Map p.395-A3

这家酒馆是小说《孔乙己》的背景舞台 ★★★

　　鲁迅小说《孔乙己》中登场的咸亨酒店是一家创建于 1894 年的酒馆。店前的铜像就是小说中的主人公——孔乙己。店里并排摆放着木质桌子，充满了旧时酒馆的风情。往一小碗里倒上 8 年的绍兴酒，喝起来其乐融融。逛街的途中进来坐坐，点上绍兴名产——茴香豆、臭豆腐什么的当下酒菜，喝上一杯，那是相当惬意的。里面也有准备好菜肴的自助餐。

来这里一定要喝喝绍兴酒啊！

无拘无束的气氛很有吸引力

八字桥

Map p.395-B2

残存有从前风貌的老街的古石桥 ★★★

　　从运河两边延伸的道路面向的桥上铺着石板路，它的形状看起来是个八字，所以起名为八字桥。桥周边排列着白墙黑瓦的民居，是个充满水乡风情的地方。对想在纵横无垠的街巷里逛逛的人来讲这里是个不错的地方。

周边是民居排列的老百姓的生活区域

人们来来往往的八字桥

■咸亨酒店
住 绍兴市鲁迅中路 179 号
开 7:45-20:30
休 无
费 免费（餐饮费另付）
🚗 从绍兴火车站乘坐出租车大约 10 分钟
🚌 2、4、5 路等在"鲁迅路口"站下车步行大约 5 分钟

店头迎接顾客的孔乙己像

上酒时，用酒舀子从酒壶里取酒再注入碗中

■八字桥
住 绍兴市八字桥
开 经常开放
休 无
费 免费
🚗 从汽车客运东站坐三轮车大约 10 分钟

■秋瑾故居
住 绍兴市和畅堂35号
☎（0575）88063369
开 8:00~17:00
休 无　费 10元
🚗 从绍兴火车站乘坐出租车大约10分钟
🚌 乘坐13、35、36路等公交车"秋瑾故居"站下车即是

秋瑾使用过的书斋

■中国黄酒博物馆
住 绍兴市下大路557号
☎（0575）85397288
开 8:00~17:00　休 无
费 60元
🚗 从绍兴火车站乘坐出租车大约5分钟
🚌 乘坐5、35、108路等公交车"小城北桥"站下车步行2分钟

被叫作"木榨"的酿造工具

■绍兴博物馆
住 绍兴市越城区偏门直街75号
☎（0575）85096366
开 9:00~16:30　休 周一
费 免费　URL www.shaoxingmuseum.com　🚌 乘坐28、31、52、603路等公交车"市城建大楼"站下车即是

绍兴博物馆入口

■青藤书屋
住 绍兴市前观巷大乘弄10号
☎（0575）85134986
开 8:00~17:00　休 无
费 5元　🚗 从绍兴火车站乘坐出租车大约10分钟
🚌 乘坐2、4、11、21路等公交车"鲁迅人口"站下车步行5分钟

■沈园
住 绍兴市鲁迅中路318号
开 8:00~17:00（沈园之夜：18:30~21:30。演出：每晚19:40~）　休 无
费 40元，沈园之夜70元

秋瑾故居

Map p.395-A3

革命运动的女诗人生活过的家

★★★

这里是号召推翻清朝、指挥革命运动的女诗人——秋瑾的故居。出生于福建省的秋瑾16岁的时候随父母移居到此地，就义前一直生活在这里。在这期间，她与鲁迅几乎同时期留学日本，同时参加革命运动以及妇女解放运动。回国后，秋瑾在绍兴继续秘密开展革命活动。1907年，秋瑾31岁的时候，因组织武装起义的罪名被处死。在解放北路的行刑地点，建有记述这些情况的碑文。

中国黄酒博物馆

Map p.395-A1

深度了解绍兴产的酒

★★

这是一家详细介绍关于绍兴酒的代表产品——黄酒的历史、文化的博物馆。在2009年刚刚开业的现代化博物馆里，有使用人偶、照片介绍绍兴酒的酿造过程的一角，也有造酒时不可或缺的传统工具等有趣而内容充实的展览，实在值得参观。在这里还可以参观被叫作"花雕"的酒壶的制作过程以及品尝这里的绍兴酒。

绍兴博物馆

Map p.395-A2

一窥长达2500年绍兴的历史

★★

这家博物馆上溯到石器时代介绍绍兴的历史。现在由3个展室构成，展示石器、青铜器、铁剑、陶器、玉器等各种各样点缀古越文化的发掘文物。地下一层的展室也预计开放。

青藤书屋

Map p.395-A3

街巷里悄然矗立的徐渭的故居

★★

展示着的书法作品、水墨画、文学作品

徐渭，明朝文学家，作为书法家也很有名。这里是他的故居。徐渭从出生的1521年到去世的1593年一直静静地生活在这里，勤于创作。从入口进去，沿着优美曲线向前延伸的小路往前走，就是他的书斋。不太宽敞的室内展示着他的书画、文学作品的原作。

沈园

Map p.397-B3

市内唯一留存的南宋名园

★★

这里也有配有小小池塘的箱庭

被指定为浙江省文物保护名园的沈园是南宋时期的沈家园林。经过三度修复的园林，由古迹区、南苑、东苑三部分组成，巧妙地再现了亭台楼阁交织的宋代园林之美。

另外，这里因宋代诗人陆游的诗作《钗头凤》而闻名。陆游

在这里再次见到被父母逼着离异的妻子唐婉，再婚的妻子与前夫相见悲从中来，殉情而亡。这个悲剧故事就刻在墙上，园内建有这块诗碑。这里还有《沈园之夜》，可以欣赏到日落后园内梦幻般的夜景。园内还上演将《钗头凤》的故事演绎成戏剧的演出。

大通学堂
Map p.395-A2

设立培养革命军官的秘密学堂 ★

设立于 1905 年的旧体育学校大通学堂由女革命家秋瑾担任校长。不过，体育学校只是个名字而已，实际目的是培养推翻清朝的革命军官。馆内展示着学生们使用过的训练用枪械等。徐锡麟安庆起义失败的 1907 年夏天，秋瑾等几位大通学堂的领导人被处死，同时学校也被关闭。

里面环绕池塘的气派的学堂

蔡元培故居
Map p.395-A1

培育了绍兴出身的民主革命家的旧居 ★

既是教育家又是学者的蔡元培投身于推翻清朝的民主革命，他在这所旧居里度过了少年时期以前的岁月。馆内悬挂的照片等资料可以令人了解他的生平事迹。这所江南大门式的建筑被指定为文物保护单位。

大善寺塔
Map p.395-A2

耸立在市中心城市广场的塔 ★

大善寺建于 504 年，和它同时修建的还有高达 40 米的大善寺塔。寺庙在火灾中烧毁，现存的六角七层塔是明朝 1403 年时重新修建的。

大善寺塔

周恩来祖居
Map p.395-B2

并设有纪念馆的周家祖祖辈辈生活的家 ★

周恩来总理曾有一段少年时光在这里度过。周家祖祖辈辈生活在这里，周恩来的祖父去江苏赴任的时候大家离开了绍兴。2150 平方米的占地面积内建有优美的明代风格建筑。

展示

从绍兴火车站乘坐出租车大约 5 分钟
乘坐 52 路公交车"沈园"站下车即是
鲁迅祖居前坐游船大约 10 分钟

夜晚上演《沈园之夜》

■大通学堂
住 绍兴市胜利西路 563 号
☎ (0575) 85154056
开 8:00~17:00 休 无 费 5元
从绍兴火车站乘坐出租车大约 5 分钟
乘坐 3、52、66、77 路等公交车"府山桥"站下车即是

教室内摆放的训练用枪支

■蔡元培故居
住 绍兴市笔飞弄 13
☎ (0575) 85110652
开 8:00~17:00 休 无 费 5元
乘坐 1、4、5 路等公交车"咸亨第五医院"站下车步行 2 分钟

■大善寺塔
住 绍兴市城市广场
开 平时开放
休 无 费 免费
从绍兴火车站乘坐出租车大约 5 分钟
乘坐 60、52 路等公交车"城市广场"站下车即是

■周恩来祖居
住 绍兴市劳动路 369 号
开 8:00~17:00 休 无 费 18元（周恩来祖居＋周恩来纪念馆）
从绍兴火车站乘坐出租车大约 5 分钟
乘坐 17、29、31 路等公交车"长桥"站下车步行 3 分钟

东湖

住 东湖景区（市东面大约 5 公里处）

开 8:30~17:00　**休** 无

景 往返 90 元（1 只 3 人乘坐的乌篷船）

从绍兴火车站乘坐出租车大约 15 分钟

乘坐 1 路公交车 "东湖游览景区" 站下车即是

坐船穿桥洞很受欢迎

兰亭

住 兰亭景区（市西南大约 13 公里处）

开 8:30~17:00

休 无

景 40 元

从绍兴火车站乘坐出租车大约 30 分钟

乘坐 3、303 路公交车 "兰亭景区" 站下车即是

大禹陵

住 会稽山景区（市东面大约 4 公里）

开 8:30~17:00

休 无

景 50 元（大禹陵＋百鸟乐园）

从绍兴火车站乘坐出租车大约 15 分钟

乘坐 10 路公交车 "禹陵岔口" 站下车步行大约 8 分钟

※由于园区面积很大，建议园区内的交通使用免费电瓶车会很方便。

东湖　　　　　　　　　　　Map p.395 绍兴地区图

耸立着断崖的浙江三大名湖之一　　★★★

　　东湖与杭州西湖、嘉兴南湖并称浙江省三大名湖。这里展现在人们眼前的是断崖绝壁与湖泊交织而成的绝佳景观。断崖原来是座山，汉代开始在这里采石，看着看着山被削成断崖，地下水与河水交汇成为湖泊。断崖里有三个被凿成半圆形的洞，可以坐着绍兴有名的乌篷船转一转这些洞。

贴着峭壁前行

兰亭　　　　　　　　　　　Map p.395 绍兴地区图

位于兰渚山麓的书法圣地　　★★

池畔立有 "鹅池" 的石碑

　　从市区往西南 13 公里处就是与东晋时的书法家王羲之有着很深渊源的兰亭。王羲之于东晋穆帝永和九年（353 年）书写的《兰亭序》被高度认可，从此以后他作为书法大家令人敬仰。现在每年 3 月还举办 "兰亭节"，有名的书法大家在这里展示书法作品。池塘边立有 "鹅池" 碑，其上 "鹅" 字由王羲之书写，"池" 字由他的儿子王献之书写。兰亭之名来自越王勾践在这里种植兰花，园内的楼阁等是明代再建的建筑。

大禹陵　　　　　　　　　　Map p.395 绍兴地区图

祭奠传说的夏朝创始者　　★★

　　自然环境丰富的会稽山山麓自然风景区里有禹的陵墓——大禹陵。传说中禹创建了 4000 年前夏王朝，作为治水的神大家在这里供奉他。北侧建有放进高约 6 米的大禹立像的禹庙。这里虽然创建于 545 年，不过现存的建筑都再建于明清时期。

建在山上的大禹立像

绍兴饭店

配设着江南风格园林的老字号酒店

◆这是一家创建于 1958 年的拥有 5 栋建筑的高级别老字号酒店。店内统一为江南装饰风格，一部分使用有 50 余年历史的建筑。店里有 5 个餐厅，土特产品之外也有园林设施。客房内配有浴缸。

5 星级饭店　　　　　　　Map p.395-A2

住 绍兴市环山路 8 号

电（0575）85155888　**FAX**（0575）85155565

S 660 元~（含早餐）　**T** 660 元~（含早餐）

服务 15%　**房** 268　**IN** 24 小时　**OUT** 12:00

从绍兴火车站乘坐出租车大约 10 分钟

URL www.hotel-shaoxing.com

🈶 免费

旅行的准备与技巧
Travel Information

季节·旅行用品·服装

气候与服装

上海四季也算分明,有短暂的梅雨季节,只是上海的温差变化较大。

春 3 月份的时候需要带一件薄外套,从 3 月下旬开始气候变得温暖而稳定,所以身穿薄点儿的毛衣比较合适。

夏 从 6 月下旬开始进入梅雨季节,需要随身携带雨具,从 7 月开始的一个月是一年中最热的时间,为了防晒最好随身携带帽子和遮阳伞,还要注意随时补充水分。

秋 昼夜温差很大,不过整体来说秋高气爽,是一年中最好的季节。最好在衬衫外面套件毛衣。

冬 天气寒冷干燥,需要穿防寒服,手会冻得冰凉,最好准备手套。

最好的季节

可以通过网络提前查询上海的天气预报。

上海天气夏季炎热,冬季寒冷,还有梅雨季节,秋季是一年中气候最温和的时候,是最好的旅游季节。

需要随身携带的东西

酒店之外的厕所里很多都没有备用的手纸,所以需要随身携带纸巾,另外很多餐厅没有备用擦手巾,如果随身携带湿纸巾比较方便。

通过戴帽子或者打遮阳伞预防中暑

寒冷的季节里需要准备帽子和手套

●上海的月平均气温、降水量

	1 月	2 月	3 月	4 月	5 月	6 月	7 月	8 月	9 月	10 月	11 月	12 月
上海平均气温(℃)	4.3	9.3	10.8	16.7	22.5	26.3	29.0	28.1	25.4	21.4	12.4	6.9
上海平均降水量(mm)	51.4	133.8	88.2	98.8	50.6	163.2	242.0	273.9	125.6	24.9	141.7	63.8

资料来源:气象局、上海统计年鉴

●旅行携带物品清单

项目	详情	确认
常用药品	带一些感冒药或者肠胃药等常用药	
洗涤剂、晾衣夹、晾衣绳	如果长住的话比较方便	
牙刷、牙膏	酒店里有时候没有,准备小包装就够了	
洗头液、润发乳	使用习惯了的品牌比较放心	
洗面奶	跟自己肌肤相配的品牌	
剃须刀	用惯的剃须刀	
笔记本电脑	酒店或者咖啡厅大多数可以连接宽带	
纸巾	上厕所时使用	
雨具	梅雨季节很方便	
简易拖鞋	在飞机或者酒店内使用的一次性拖鞋	
数码相机	为了留下美好的回忆	
塑料袋	需要的时候很方便	
旅游指南	带《走遍全球》出行是最佳选择	

线路推荐

确定日程表

不光是上海市内，上海近郊也有很多保留着古老城镇氛围的水乡，在那里可以享受到跟上海城区完全不同的风土人情，比如上海周边的杭州和苏州也是很受欢迎的城市，从上海出发有很多可以当日往返的观光车，所以制定好适合自己的行程线路，然后好好地在上海逛一逛吧！

两晚三天 只选择上海精华景点的线路

第一次到上海的人不容错过的著名景点与美食，属于精选线路。

第一天

上海市内观光

上午到达上海的情况下

① **在南京东路步行街上**（p.80）
漫步

无论昼夜都很热闹的繁华街，挤满了国内外的游客，也是商店扎堆儿的大街

② **从上海环球金融中心展望台**（p.57）
观赏上海夜景

如果天气好可以清楚地一览上海城区的景色

③ **浏览外滩的历史性建筑群**（p.76）

欣赏旧租界时期的欧风建筑群，这些可以说是上海的象征性建筑

④ **在成隆行蟹王府**（p.159）
品尝大闸蟹晚餐

在专做大闸蟹的餐厅享受蟹宴

第二天

上海市内观光

⑤ **在陈师傅馒头专卖店**（p.189）
买外卖早餐

刚出锅的热腾腾的肉包子

⑥ **在豫园**（p.63）
里欣赏江南古典园林

在著名的江南古典园林中欣赏随处可见的月亮门和美景

⑦ **在豫园商城**（p.69）
购物

传统的建筑群构成的购物中心里有种特别的购物氛围

⑧ **在南翔馒头店**（p.167）
吃小笼包午餐

在上海著名的小笼包专卖店吃一口一个的汤汁丰富的小笼包

⑨ **在上海博物馆**（p.80、114）
鉴赏珍宝作品

有世界上评价很高的青铜馆等，可看的展室很多

⑩ **在泰康路**（p.104）
散步

穿过几条小巷，就会发现很时尚的小店铺

⑪ **在新天地的新吉士酒楼**（p.163）
品尝上海菜晚餐

在新天地人气很高的餐厅用餐

⑫ **在正宗的剧场**（p.217）
欣赏上海杂技

近距离观赏扣人心弦的演技

第三天

回程

⑬ **在春风得意楼**（p.200）
品茶

出发前购买点礼品，然后踏上回程

一个人旅行的时候，你总是很发愁应该在哪里用餐吧？为了解决这种烦恼，我们特意把一些可以一个人轻松用餐的餐厅列入了日程表之中。

第一天

上海市内观光

上午到达上海的情况下

① 在上海静安寺（p.82）
参观

这个上海著名的古寺里总是人很多

② 坐游船（p.221）
游览黄浦江

可以观赏东边的浦东一带的夜景和西边亮灯后的外滩建筑群

③ 在小杨生煎馆（p.167）
吃晚餐

在上海著名的生煎小笼包店里用餐

④ 在艾维庭（p.228）
做按摩

不只是女性喜欢，在男性中也很受欢迎的SPA

第二天

上海市内观光

⑤ 在虹口周边（p.90）
散步

跟鲁迅有渊源的虹口地区有鲁迅公园和鲁迅故居等很多景点

⑥ 在老地方面馆（p.191）
吃午餐

去晚了会销售一空的面条店

⑦ 在上海动物园（p.98）
与大熊猫相遇

可以看到大熊猫和金丝猴等珍稀动物

⑧ 在家乐福大食代的美食广场（p.193）
用晚餐

在品种丰富的美食广场可以选择自己喜欢的风味

⑨ 逛新天地（p.85）

在品种丰富的美食广场可以选择自己喜欢的风味

第三天

新天地的店铺和咖啡厅都营业到很晚

回程

⑩ 在上海第一食品商店（p.151）
购买当地礼品

出发前购买礼品，然后踏上回程

对于中级玩家，还可以把一些特别推荐的景点加入行程之中。

第一天

上海市内观光

上午到达上海的情况下

① 在卢浦大桥（p.75）
观赏上海街景

站在室外观景台上观赏，两腿都有些发软的感觉

② 在古董花园（p.134）寻找古董家具或杂货商品

可以一边淘古董家具一边喝咖啡

③ 在静安别墅（雅瓷轩等）（p.122）
逛商店

前往位于住宅街之中的商店或者咖啡馆

④ 在四牌楼（p.195）

享受屋顶晚餐，潜入深处的夜市

第二天

上海市内观光

⑤ 前往农民画的故乡金山农民画村（p.379）

参观农民画家的画室

⑥ 在灶头屋里农家饭店（p.379）
吃午餐

在位于农民画村里的餐厅品尝当地的家庭菜风味

⑦ 访问悠闲的水乡枫泾（p.376）

漫步在具有1500年历史的水乡古镇

⑧ 在奥特莱斯（p.140）
充分享受购物的乐趣

大型的商场内聚集了200多家品牌商户

⑨ 在雍福会（p.184）
品尝上海菜晚餐

在氛围卓越的洋楼餐厅内品尝正宗的上海菜

⑩ 在JZ club 沉醉于爵士乐之中

享受每天22:00开始的现场演奏

第三天

回程

⑪ 在黄浦公园（p.74）
参加太极拳练习

出发前购买礼品，然后踏上回程

三晚四天　当天往返杭州的线路

这条线路是针对那些想在行程中增加一天去其他地方参观的游客设定的，这种当天往返的行程中一般都包含午餐，而晚餐基本上都不含，可以等返回上海之后再去餐厅用晚餐。

太湖　⑤④上海市

杭州市③　杭州湾

第一天

上海市内观光 ▶

上午到达上海的情况下

① 跟两晚三天　只选择上海精华景点
　的第一天行程（p.403）一样

第二天

上海市内观光 ▶

② 跟两晚三天　只选择上海精华景点的
　第二天行程（p.403）一样

第三天

杭州 ▶

③ 乘火车或者汽车前往
　杭州（p.265），当天往返

以西湖为主，参观西湖十景以及中国茶叶博物馆、河坊街等景点。午餐是杭州菜（根据各一日游旅行团而不同）

④ 回到上海在来福楼（p.190）
　用晚餐

前往营业到深夜的火锅店

第四天

回程 ▶

⑤ 在万寿斋（p.170）
　品尝新鲜出锅的馄饨

出发前购买礼品，然后踏上回程

三晚四天　当天往返苏州的行程

这条线路是针对那些想在行程中增加一天去其他地方参观的游客设定的，这种当天往返的行程中一般都包含午餐，而晚餐基本上都不含，可以等返回上海之后再去餐厅用晚餐。

太湖　苏州市③　⑤④上海市

杭州湾

第一天

上海市内观光 ▶

上午到达上海的情况下

① 跟两晚三天　只选择上海精华景
　点的第一天行程（p.403）一样

第二天

上海市内观光 ▶

② 跟两晚三天　只选择上海精华景
　点的第二天行程（p.403）一样

第三天

苏州 ▶

③ 乘火车或者汽车前往
　苏州（p.307），当天往返

在世界文化遗产的拙政园、狮子林、寒山寺等地参观游览，午餐是苏州菜（根据一日游旅行团而不同）

④ 返回上海在滴水洞湘菜馆（p.176）
　用晚餐

在营业到很晚的湖南菜餐馆用餐

第四天

回程 ▶

⑤ 在黄浦公园内（p.74）
　散步

出发前购买礼品，然后踏上回程

三晚四天 参观水乡古镇的线路

前往距离上海市内比较近的水乡古镇参观，感受那里的风土人情与朴素的城镇街貌，把水乡代表性城镇周庄列入日程之中。

太湖
苏州市
周庄③
⑤④
上海市

杭州湾

第一天

上海市内观光

上午到达上海的情况下
① 跟两晚三天　只选择上海精华景点的第一天行程（p.403）一样

第三天

周庄

③ 乘坐汽车前往水乡古镇周庄
（p.337），当天往返
参观双桥和福安桥等美丽的古桥，以及明清时期建造的沈厅等景点。午餐是周庄名菜（根据各一日游旅行团而不同）

④ 返回上海在汤司令土灶煨汤馆
（p.190）用晚餐
前往营业到深夜的药膳汤餐厅用餐

第二天

上海市内观光

② 跟两晚三天　只选择上海精华景点的第二天行程（p.403）一样

第四天

回程

⑤ 在天山茶城（p.147）购买茶叶

出发前购买礼品，然后踏上回程

只有一天的话就这样度过！ 上海最新景点线路

如果只有一天的自由时间，可能会发愁到底应该去哪里，那请选择一下上海的最新景点吧。

① 在外滩源的**上海外滩美术馆**（p2）以及周边地区散步
参观位于开发进展很快的外滩源的美术馆，探访那些古老的历史建筑

② 在老麦咖啡馆（p.204）喝咖啡休息
体验旧租借风情

③ 乘坐双层巴士（p.44）
在市内观光
乘坐巴士参观上海市内中心区，观光线路包括上海市中心巡回线路和浦东巡回线路

上海站
苏州河
①
②④
③
⑥
⑤
黄浦江

④ 在上海外滩华尔道夫酒店享受下午茶
在最高级酒店优雅的沙龙里享受豪华下午茶

⑤ 泰康路（p.104）
在日新月异的泰康路上寻找新的亮点

⑥ 在原法国租界（安福路周边）
（p.96）散步
在原法国租界地区散步，这里有很多时尚的店铺

交通概述

城际间利用铁路

上海有三个火车站，分别是上海中心部北侧的上海站（→ p.50）、上海南部的上海南站（→ p.50），以及位于上海西部 2010 年开始启用的上海虹桥站（→ p.51）。以前上海站是最主要的火车站，不过现在上海虹桥站逐渐变成了最主要的车站，发往杭州和苏州的和谐号（动车组）以及高铁等大多数从这里发车，除此之外，与北京之间的高铁和与南京之间的沪宁都市间铁路也都是从这里发车。根据列车的种类、目的地不同，发车站也不一样，乘坐前一定要注意确认（→ p.50~51）。

车次： 列车号　G= 高速动车组　D= 动车组
　　　　T= 特快　K= 快车

市内利用地铁

几乎覆盖了整个上海市内

上海市内最便捷的交通就是既不堵车车费又便宜的地铁，如果游客知道乘车方法的话，就会成为前往主要观光景点的重要交通工具。

每年地铁线路都在增加，到 2013 年 6 月，已经开通了 12 条线路去郊外也可以乘坐地铁了，交通越来越便捷。

地铁票的购买方法·乘坐地铁的方法

可以在自动售票机或者售票窗口买票，自动售票机不能使用大额的纸币，如果没有零钱的话就要去购票窗口买票。自动售票机的画面上显示线路图，点击目的地车站和张数，就会

前往各城市需要的时间

无锡　苏州　0:15
苏州　0:25
0:35 上海
木渎　0:50　同里　角直　1:00　2:00
太湖　同里　1:20　锦溪　1:30
　　　1:30　0:30　周庄　朱家角　1:00　七宝
　　　2:00　　　　　　　1:45
南浔　西塘　枫泾　0:50
　　0:45　　2:00
乌镇　0:45
杭州湾
1:30
杭州　0:42　绍兴

有○标记的城市之间最短的路线，如果有火车，火车优先，如果没有火车就用汽车显示。

汽车　火车

0　50km　N

江南的铁路线路图

南京
无锡站
昆山站
安亭站
上海站
苏州站
上海虹桥站
太湖
松江站
上海南站
宣城
湖州站
枫泾站
嘉兴站
杭州湾
杭州站
绍兴站
上虞站
宁波站
金华西
N
0   50km

显示出需要的金额，把钱放进去就可以购买。车票是磁卡车票，进站时在读卡器上刷卡后推开闸门进入站内，出站时把车票放入插入口后推闸出站。使用上海公交卡（p.39）的话，把卡放在读卡器上刷卡出站。

上下车时，在车内的注意事项

　　早上或傍晚的上下班高峰期，换乘车站尤其拥挤，需要特别小心。还有下雨的日子，出

租车很难打，乘地铁的人增加，换乘车站也特别拥挤。

　　在站台上等车的时候，需要在标注的位置排队等候，下车的时候如果特别拥挤的话，要提前换到车门附近，否则上车的蜂拥而上，很难下车。

地铁网站

上海地铁

URL www.shmetro.com

　　可以查看上海地铁的线路以及车费等情况。

市内利用出租车

用公道的价格乘坐出租车

　　出租费不同的地区稍有不同，上海的起步价是3公里14元，杭州的起步价是3公里11元，苏州的起步价是3公里11元。需要注意的是乘车的时候一定要把计价器放倒，只要不坐黑出租，就不会挨宰受骗。

有站台门的地铁站站台

街上的出租车

乘坐方法

在机场或者大的车站、酒店都有专门的出租车乘车处，排队等候。在市区招手即可。到达目的地之后，根据计价器显示的金额付费，别忘了要发票，这样如果有东西遗忘在车内可以联系。乘坐出租车的时候也可以使用上海公交车卡。

需要注意的事项

早晚的上下班高峰时段或者下雨的日子，很难打车，而且堵车严重，有时候到达目的地需要花费很长的时间。

机场或者车站前有一些多收费的黑出租车，为了防止被卷入犯罪事件，尽量不要乘坐那些主动来打招呼的出租车。

包车

一天观光，去的地方交通又不方便的时候，乘坐出租车是最方便的，包车费用不同的出租车公司报价不一样，需要谈判讲价。如果想避免麻烦与纠纷，也可以委托当地的旅行社，虽然有点儿贵，不过很放心。

市内利用公交车

乘坐市内公交车

车站都有显示线路的车牌，车费上海市区一般在1~4元，由于不设找赎，所以必须准备零钱或者使用上海公交卡。上海市区以外的城镇无法使用上海公交卡，需要准备零钱。

乘坐观光巴士

有发往上海市观光景点的车，也有仅限周末的观光旅游线路车，基本上都是从上海旅游集散中心总站发车，如果是特别受欢迎的线路有时候车票会销售一空，最好提前一天购买车票。另外上海市内行驶的双层巴士也有两条线路。

乘坐长途客运车

上海市内各地都有发往杭州、苏州、无锡等地的车，主要的大型长途客运站有上海长途客运站虹桥站（p.48）、上海长途客运总站（p.46）上海长途客运南站（p.48）、浦东白莲泾长途客运站（p.49）。杭州主要有杭州客运中心站（p.273）、长途汽车南站（p.273）、长途汽车北站（p.273）。苏州有苏州北汽车客运站（p.315）、苏州南门汽车客运站（p.315）。

上海近郊道路网

无锡市　太湖　苏州市　上海市　湖州市　嘉兴市　杭州市　杭州湾　绍兴市

0　50km

行驶在市区路上的方便的市区公交车

名 称		交 通	需要时间	票 价	备 注
周庄	从上海	上海旅游集散中心总站发车的旅游巴士	1时45分钟	155元	8:30 发车一趟车次
		上海长途客运南站	1时30分钟	29元	8:15、10:20、12:14、13:20、15:35、18:07一共6车次
	从苏州	苏州北汽车客运站	1时10分钟	17元	7:00~17:25一共18车次
		苏州北广场汽车客运站	1时10分钟	17元	6:45~17:10一共18车次
朱家角	从上海	上海旅游集散中心青浦旅游线B线巴士	1小时	85元	
七宝	从上海	乘地铁9号线在七宝站下车后步行	5分钟	无	从地铁站步行
甪直	从上海	中山北路806号发车的汽车	2小时	17元	上午6车次、下午6车次
		从上海旅游集散中心总站发车的旅游巴士	2小时	99元	周末9:00点发车（不定期）
	从苏州	苏州站езда巴士乘车场518路	1时20分钟	4元	5:30~20:30 每隔15~20分钟1班
		苏州北门汽车客运站	1时20分钟	9元	一天18车次
同里	从上海	从上海旅游集散中心总站发车的旅游巴士	2小时	130元	8:30一次
	从周庄	汽车	30分钟	4~5元	7:00~16:00一天10车次
		出租车	30分钟	80元左右	
	从苏州	苏州北广场汽车客运站	50分钟	8元	6:00~19:10 每隔15~20分钟一班
		苏州北汽车客运站	50分钟	8元	7:30~17:30一共11车次
西塘	从上海	从上海旅游集散中心总站发车的旅游巴士	1时45分钟	150元	9:00、9:30
	从杭州	杭州旅游集散中心的一日游巴士	1小时	118元	仅周日
		杭州客运中心站	1小时	39元	6:50~18:15一共8车次
	从苏州	出租车	1小时	400元左右	
		苏州北广场汽车客运站	2小时	37元	一天6车次
	从同里	出租车	50分钟	200元左右	
乌镇	从上海	上海长途客运南站	2时30分钟	33~44元	7:44~18:17 每隔1~2个小时发车一次，一共7车次
		从上海旅游集散中心总站发车的旅游巴士	2时30分钟	165元	7:30、9:30
	从杭州	杭州客运中心站	1时30分钟	28~31元	6:25~18:25一共16车次
		出租车	1时15分钟	250元左右	
	从西塘	出租车	1小时	250元左右	
南浔	从上海	从上海旅游集散中心总站发车的旅游巴士	2时30分钟	150元	8:30
		上海长途客运南站	2时30分钟	38元	6:50~19:20一共15车次
		上海长途客运南站	2时30分钟	41元	7:20、10:00、13:40、16:50一共8车次
	从苏州	苏州北汽车客运站	1时30分钟	22元	6:10~17:40一共12车次
	乌镇	汽车	45分钟	8.5元	8:30、9:10、13:30、14:10
		出租车	30分钟	100元左右	
枫泾	从上海	乘地铁1号线在锦江乐园站或者梅陇西南汽车站乘坐枫梅线汽车	50分钟	11元	
		从上海旅游集散中心总站发车的旅游巴士	1小时	100元	包括景点门票
锦溪	从上海	从上海旅游集散中心总站发车的旅游巴士	1小时15分钟	88元	早上发车（不定期）
	从周庄	汽车	20分钟	7元	5:30~18:00 每隔10分钟一班
	从苏州	苏州北广场汽车客运站	1小时	14元	上午3车次、下午3车次
		出租车	1小时10分钟	160元左右	
无锡	从上海	铁路	1小时17分钟	37~95元	上海站、上海虹桥站发车
		从上海旅游集散中心总站发车的旅游巴士	2小时	190元	8:00
		上海汽车客运站虹桥站	2小时	72元	11:20~20:50 共10车次
	从杭州	铁路	2小时	74元~	
	从苏州	铁路	15~24分钟	12~30元	
		苏州北汽车客运站	1小时30分钟	21元	6:30~19:30 每隔40分钟1班
	从同里	出租车	30分钟	100元左右	
木渎	从苏州	苏州北广场汽车客运站	50分钟	2~4元	5:30~21:00 每隔10~15分钟1班
		出租车	30分钟	50元左右	
		地铁1号线乐桥站	27分钟	无	从木渎站步行大约17分钟
龙门	从杭州	出租车包车	1小时	往返550~600元	
绍兴	从上海	铁路	1小时40分钟	65元、78元	上海虹桥发车
		上海长途客运南站	2小时30分钟	80元	7:10~19:55 每隔30分钟1班
		上海长途快捷客运站	2小时30分钟	65~70元	7:30~19:00 每隔30分钟1班
	从杭州	铁路	42分钟~1小时46分钟	13~22元	7:00~凌晨2:59 共12车次
		杭州南汽车客运站	50分钟	20~24元	6:20~18:45 每隔5~10分钟1班
	苏州	铁路	2小时34分钟~4小时26分钟	51元~	9:2、10:49、凌晨3:28
		苏州北汽车客运站	3小时30分钟	81元	6:35、8:30、10:10、13:00、15:00、17:10、18:45
		苏州南汽车客运站	3小时30分钟	82元	6:55、8:55、10:35、13:30、15:25、17:40

上海·江南概况

现在的上海

上海人口大约 2347.46 万人。

行政区划

930 年以前隶属江苏省，1930 年成为直辖市。

上海的管辖行政区，分为黄浦区、徐汇区、长宁区、静安区、普陀区、闸北区、虹口区、杨浦区、浦东新区、宝山区、闵行区、嘉定区、金山区、松江区、青浦区、奉贤区、崇明县 16 区 1 县。

气候

6 月下旬开始进入梅雨季节，多阴雨天气，需要随身携带雨具。7~8 月是一年中最热的季节，有时气温会超过 35℃，注意防暑。9 月昼夜温差较大，不过却是一年中最舒服的季节。12 月气候持续寒冷干燥，最冷的是 1 月，有时最高气温还不到 0℃。

上海的园林

上海正式的园林建设是以宋代开始的，最初是跟佛塔阁楼一起建造的，到了明清时期，是上海建造园林最鼎盛的时期，明朝时在嘉定建了 48 处，在上海和华亭（现在的松江区）各建了二十多处，另外清光绪年间（34 年），建造了 13 处园林，这个时间规模最大的园林是后乐园（当时的上海县）和熙园（华亭县）两处。除此之外，上海的代表性景点豫园也是在这个时代建造的，山水结合的中国园林建筑风格独特，布局富于变化，把人工美与自然美完美和谐地结合在一起，这些园林建筑，山水与地形、花、草、树、木、亭、台、回廊、桥等相搭配，装饰精美，使山、石、水等都充满生机和情趣。

建筑

作为近代都市的上海，保留了很多古老的建筑，中国传统建筑的四合院和石库门建筑也分散其中。很多历史性建筑集中的地方是外滩，这里在 19~20 世纪曾经是外国的租借地，欧风建筑群绵延了 1.5 公里左右。

策　　划：高　瑞　虞丽华
统　　筹：北京走遍全球文化传播有限公司　http://www.zbqq.com
责任编辑：王欣艳
封面设计：董星辰
责任印制：冯冬青

图书在版编目（CIP）数据

上海　杭州·苏州·14个水乡古镇/日本大宝石出版
社编著；霍春梅译.--北京:中国旅游出版社，2014.1
（走遍全球）
ISBN 978-7-5032-4831-3

Ⅰ.①上…　Ⅱ.①日…②霍…　Ⅲ.①旅游指南–上
海市②旅游指南–杭州市③旅游指南–苏州市　Ⅳ.
①K928.95

中国版本图书馆CIP数据核字（2013）第262123号

北京市版权局著作权合同登记号　图字：01-2013-1218
审图号：GS（2013）2192号　本书插图系原文原图

书　　名：上海　杭州·苏州·14个水乡古镇

原　　著：大宝石出版社（日本）
译　　者：霍春梅
出版发行：中国旅游出版社
　　　　　（北京市建国门内大街甲9号　邮编：100005）
　　　　　http://www.cttp.net.cn　E-mail: cttp@cnta.gov.cn
　　　　　营销中心电话：010-85166503
制　　版：北京中文天地文化艺术有限公司
经　　销：全国各地新华书店
印　　刷：北京金吉士印刷有限责任公司
版　　次：2014年1月第1版　2014年1月第1次印刷
开　　本：889毫米×1194毫米　1/32
印　　张：13.25
印　　数：1–8000册
字　　数：505千
定　　价：78.00元
ＩＳＢＮ　978-7-5032-4831-3